종교변호학▽종교학▽종교철학

종교변호학 · 종교학 · 종교철학

[황필호 지음]

철학과현실사

▣ 책머리에

 우리는 흔히 종교를 연구하는 모든 학문을 '종교학'이라고 부른다. 일반적으로는 이런 관행이 있을 수 있으나, 엄밀하게 학문적으로 따지면 이런 관행은 전혀 옳지 않다. "가장 단순하게 말한다면, 종교학은 종교를 연구하는 학문이다. 그러나 그런 언급은 상식적인 발언 이상의 아무런 의미도 가지지 못한다. 그런 규정은 학문성 자체를 훼손할 뿐이다."[1] 종교를 연구하는 학문도 자신이 신봉하는 종교의 입장에서 접근하는 종교변호학, 객관적 입장에서 역사 속에 나타난 종교 현상을 연구하는 종교학, 그리고 종교학과 마찬가지로 객관적 입장에서 접근하면서도 역사 속에 나타난 종교 현상보다는 차라리 각기 상이한 종교 교리의 논리적 정합성을 연구하는 종교철학의 세 가지로 분류할 수 있기 때문이다.

 나는 이 책의 제1장에서 이런 세 가지 접근 방법의 차이점을 고찰하고, 제2장에서는 그들이 우리에게 줄 수 있는 교훈을 고찰한다. 나는 제3장과 제4장에서 일반 종교학과 한국 종교학의 오늘과 내일을 토론하고, 제5장과 제6장에서는 일반 종교철학과 한국 종

---

1) 박규태, 「종교학 연구사 서설」, 대한민국 학술원, 『한국의 학술 연구』, 인문·사회과학 편, 제1집, 2000, p.276.

교철학을 토론하는데, 여기서 내가 종교변호학을 제외한 이유는 간단하다. 물론 종교학에는 역사적 접근 방법과 해석적 접근 방법이 있을 수 있고, 종교철학에도 현상적 접근 방법과 분석적 접근 방법이 있을 수 있다. 그러나 종교변호학은 본질적으로 이 세상에 존재하는 모든 종교의 가지수만큼 존재할 수 있으며, 그럼에도 내가 여기서 기독교의 신학이나 불교의 불교학만 따로 토론하는 것은 다른 종교들에 대한 형평성에 어긋나기 때문이다.

나는 제7장, 제8장, 제9장, 제10장에서 21세기에 가장 첨예하게 대두될 것으로 예상되는 네 가지 종교적 쟁점을 주로 철학적인 입장에서 토론한다. 첫째는 엄연한 종교변호학인 기독교가 역시 엄연히 앞으로 전개될 종교 복수주의에 어떻게 대처할 것이냐는 쟁점이고, 둘째는 종교 복수주의의 문제를 해결해줄 수 있는 대안으로서의 가종(加宗)에 대한 쟁점이며, 셋째는 현재 서양에서 요원의 불길처럼 퍼져나가고 있는 선불교가 전통적인 서양철학과 어떻게 만날 것이냐는 쟁점이고, 넷째는 21세기에 가장 주목받게 될 철학자인 비트겐슈타인의 사상과 종교의 관계에 대한 쟁점이다.

일반적으로 21세기의 종교변호학·종교학·종교철학에 가장 큰 영향을 미칠 것으로 예상되는 학자로는 단연 하이데거와 비트겐슈타인을 지목하는데, 그들은 다같이 자신을 종교인으로 고백하지 않은 사람들이라는 공통점을 가지고 있다. 제7장과 제8장은 종교와 종교의 관계에 대한 토론이고, 제9장과 제10장은 종교와 철학의 관계에 대한 토론이다.

나는 제11장과 제12장에서 각각 바람직한 대학 교수상과 현대 한국인의 성격을 토론하는데, 이 두 글은 지금까지의 철학적 방법 보다는 종교학적 방법에 의한 고찰이다. 즉, 그들은 종교 교리 자체에 대한 논리적·철학적 토론이 아니라 대학 교수상과 한국인의 성격이 현재 현상적으로 어떻게 나타나 있느냐는 쪽에 초점을 맞춘 것이다. 여기서 독자는 종교학적 방법과 철학적 방법의 차이점을 구체적인 응용 과정에서 보게 될 것이다.

나는 이 책을 '황필호의 종교철학 시리즈'의 19번째로 선사한다. 종교를 연구하는 사람들이 자신의 학문적 정체성을 찾는 데 조금이나마 도움이 되기를 바란다.

2004년 1월 3일
弗居 황 필 호 씀

차 례

제Ⅰ부 종교에 대한 세 가지 접근 방법

제1장 종교변호학·종교학·종교철학의 구별 ····················· 17
　1. 머리말 ·· 17
　2. 변호학적 방법 ·· 20
　3. 종교학적 방법 ·· 25
　4. 철학적 방법 ·· 29
　5. 맺음말 ··· 33

제2장 종교변호학·종교학·종교철학의 교훈 ····················· 36
　1. 머리말 ·· 36
　2. 종교변호학의 교훈 ··· 37
　3. 종교학의 교훈 ·· 39
　4. 종교철학의 교훈 ··· 47
　5. 맺음말 ··· 51

제Ⅱ부 종교학과 한국 종교학의 오늘과 내일

제3장 종교학의 오늘과 내일 ····································· 55
　1. 머리말 ·· 55
　2. 종교학의 오늘 ·· 57
　3. 종교학의 내일 ·· 66

차 례

4. 21세기의 화두 : 정보화 시대 ……………………………… 73

5. 맺음말 ……………………………………………………… 80

제4장 한국 종교학의 오늘과 내일 ……………………………… 82

1. 머리말 ……………………………………………………… 82

2. 한국 종교학의 시대 구분 ………………………………… 85

3. 한국 종교학의 시대별 특성 ……………………………… 88

4. 한국 종교학의 내일 ……………………………………… 96

5. 맺음말 ……………………………………………………… 104

제Ⅲ부 종교철학과 한국 종교철학의 오늘과 내일

제5장 종교철학의 오늘과 내일 ………………………………… 111

1. 머리말 ……………………………………………………… 111

2. 20세기의 회고 : 제1기 …………………………………… 113

3. 20세기의 회고 : 제2기 …………………………………… 117

4. 20세기의 회고 : 제3기 …………………………………… 125

5. 20세기의 회고 : 제4기 …………………………………… 129

6. 21세기의 전망 …………………………………………… 131

7. 맺음말 ……………………………………………………… 136

차 례

제6장 한국 종교철학의 오늘과 내일 139

  1. 머리말 : 한국 종교철학의 오늘 139

  2. 첫째 사회적 원인 : 종교의 몰락 142

  3. 둘째 사회적 원인 : 철학의 타락 147

  4. 세 가지 학문적 원인 : 신앙의 반논리성과 초논리성과

     체험성 151

  5. 한국 종교철학의 내용 158

  6. 맺음말 : 한국 종교철학의 내일 162

제IV부 21세기의 쟁점 : 종교와 종교의 관계

제7장 기독교와 종교 복수주의 173

  1. 머리말 : 새로운 문제 173

  2. 만남의 필요성 176

  3. 만남의 태도 179

  4. 만남의 조건 183

  5. 종교 복수주의의 몇 가지 형태 191

  6. 종교 복수주의에 대한 몇 가지 비판 208

  7. 맺음말 : 종교 복수주의를 넘어서 211

차 례

제8장 개종과 가종 ………………………………………… 220

  1. 머리말 : 동과 서 ………………………………………… 220

  2. 개종의 남용 ………………………………………………… 222

  3. 개종의 서양 이원론적 성격 ………………………… 224

  4. 순수한 개종의 불가능성 ……………………………… 226

  5. 대안으로서의 가종 ……………………………………… 228

  6. 자신의 종교 안에서의 구원 ………………………… 232

  7. 하나의 모범으로서의 한국 ………………………… 235

  8. 맺음말 : 우리의 선택 ………………………………… 239

제Ⅴ부 21세기의 쟁점 : 종교와 철학의 관계

제9장 선불교와 서양철학 ……………………………… 245

  1. 머리말 ……………………………………………………… 245

  2. 영성과 신비주의 ………………………………………… 248

  3. 무념과 소크라테스 ……………………………………… 252

  4. 무심과 틸리히 …………………………………………… 254

  5. 돈점과 아우구스티누스 ……………………………… 257

  6. 선교의 대립, 돈점의 대립 ………………………… 261

  7. 선불교와 서양철학의 유사성 ……………………… 265

차 례

8. 맺음말 ……………………………………………… 271

제10장 기독교·불교·비트겐슈타인 ……………………… 276

1. 머리말 ……………………………………………… 276

2. 사실과 의미 ………………………………………… 277

3. 봉헌과 봉헌의 대상 ………………………………… 287

4. 자아와 무아 ………………………………………… 292

5. 비트겐슈타인은 불교의 영향을 받았는가 ………… 300

6. 맺음말 ……………………………………………… 306

제VI부 부록 : 현대 한국인의 자화상

제11장 새로운 대학교수상 ………………………………… 311

1. 머리말 : 누워서 침 뱉기 …………………………… 311

2. 진리의 세 기능 ……………………………………… 314

3. 추구할 수 없는 진리는 없다 ……………………… 318

4. 보직파·정치파·연구파·낭만파 ………………… 324

5. 새로운 교수 문화의 정립 …………………………… 328

6. 맺음말 : 새로운 교수상의 정립 …………………… 331

차 례

제12장 종교학적으로 본 현대 한국인의 성격 338
 1. 머리말 338
 2. 질문의 가능성 340
 3. 종교학적 방법 348
 4. 한국인의 성격 355
 5. 종교학적으로 본 한국인의 성격 368
 6. 어떻게 개조할 것인가 378
 7. 맺음말 380

제 I 부

종교에 대한 세 가지 접근 방법

제 1 장
종교변호학 · 종교학 · 종교철학의 구별

1. 머리말

종교에 대한 학문적 접근은 과연 가능한가? 이 질문에 대한 종교인들의 부정적인 답변은 의외로 우렁차다. 그리하여 『노자』는 '도가도비상도(道可道非常道)'로 시작하는데, 이것은 말이나 언어로 표현할 수 있는 도는 진정한 도가 아니라는 뜻이다. 또한 선불교에서는 아예 불립문자(不立文字)를 주장하는데, 깨달음의 진수는 문자로 전달될 수 있는 것이 아니라 스승과 제자의 맞대면의 상태에서 '역설의 언어' 혹은 '침묵의 언어'를 통해서만 전달될 수 있다는 뜻이다.

이런 답변은 기독교에서 더욱 힘을 갖는다. 첫째로 종교란 문자그대로 '무조건' 믿는 것이기 때문에 어느 특정 종교를 진정 이해하려면 바로 그 종교 집단의 일원이 되는 길밖에 없다는 처지에서 종교와 학문의 무관성(無關性)을 주장하고, 둘째로 종교의 외적 현상은 학문적 연구의 대상이 될 수 있겠으나 종교의 내적 본질은 논리적 탐구의 대상이 될 수 없다는 입장에서 학문에 대한 종교의 초월성(超越性)을 주장한다. 그리하여 키에르케고르(1813~1855)는 "진리는 주관성"이라고 선언하며, 터투리아누스(160~220)는 "나는 불합리하기 때문에 믿는다"고 선언하며, 서양 종교철학사에서 가장 정교한 존재론적 신 존재 논증을 제시한 안셀무스(1033~1109)도 "믿지 않으면 이해할 수 없다"고 선언한다.

또한 파스칼(1623~1662)은 '철학자와 학자의 하느님'과 '아브라함과 이삭과 야곱의 하느님'을 구별하고, 종교인들은 냉철한 지성으로 발견한 하느님이 아니라 삶에 의미를 부여해주고 일상 생활 속에서 인격적으로 교제할 수 있는 성서의 하느님을 추구한다고 선언한다. 그래서 그는 하느님의 존재를 논리적으로 증명하려는 데카르트의 시도를 '불확실하고 쓸데없는 일'이라고 비난한다.[1]

특히 틸리히는 이 점을 "종교는 종교철학에 대하여 문을 닫는다"고 표현하는데, 우리는 여기서 그의 '종교철학'을 종교에 접근하려는 모든 학문으로 넓게 생각할 수 있을 것이다. 비록 틸리히는 여기서 종교는 철학이나 종교학의 대상이 아니라 신학의 대상이 될 수 있을 뿐이라고 말하지만.

　

종교철학의 주제는 종교다. 그러나 이러한 종교철학의 정의는 처음부터 하나의 문제를 제기한다. 그것은 종교가 철학의 대상이 되기를 거부한다는 사실이다. 특히 종교가 더욱 강력하고 더욱 순수하고 더욱 근원적일수록, 그 종교는 모든 일반적인 개념 체계로부터 제외된다고 주장한다.

예를 들어서, 계시나 구속과 같은 개념은 확실히 종교라는 개념에

---

1) B. Pascal, *Pensee*, 제78절.

반대된다. 계시는 근원에서 초월적이면서도 결과적으로 실재에 영향을 주는 단 한 번의 행위지만, 종교는 모든 정신적 행위와 문화적 창조를 일반 개념에 예속시킨다. 계시는 하느님의 행위를 말하고, 종교는 인간의 행위를 말한다. 계시는 절대적이며 일회적이며 배타적이며 스스로 만족할 수 있는 사건을 지시하지만, 종교는 반복적이고 배타적일 수 없는 단순하고 상대적인 사건을 지시한다. 계시는 새로운 삶과 영혼으로 들어가는 새로운 실재를 말하지만, 종교는 삶에 주어진 실재와 영혼의 필요한 기능을 말한다. 종교는 문화를 말하지만, 계시는 문화를 초월한다.

종교가 '종교'라고 불릴 때, 종교는 그것의 내적 본질에 공격을 받았다고 느낀다. 그러므로 종교는 철학에 대하여 문을 닫고 계시에 근거를 둔 신학에 대해서만 문을 열어준다.[2]

그러나 나는 이 글에서 종교에 대한 학문적 접근이 가능하다고 가정하겠다. 종교에 대한 학문으로는, 신학으로 대표되는 종교변호학뿐만 아니라 종교학과 종교철학이라는 학문이 현실적으로 존재하고 있는 것은 자명한 일이며, 내가 다른 곳에서 말했듯이[3] 우리는 그런 학문의 정체성을 인정할 수 있는 충분한 이유를 가지고 있다. "도가도비상도"를 외친 노자가 아마도 동양에서 가장 형이상학적 저서인 『도덕경』을 남기고, 불립문자를 주장한 선사들이 방대한 어록(語錄)을 남기고, 파스칼이나 키에르케고르가 서양 종교철학사에 빛나는 저서들을 남긴 이유도 여기에 있다.[4]

다만 우리는 종교의 본질은 학문의 대상이 될 수 없다는 수많은 종교인들의 주장으로부터 한 가지 중요한 교훈을 얻을 수 있다. 그것은 우리들의 종교 경험이 진정한 객관적 종교 지식이 되려면, 우

---

2) Paul Tillich, 황필호 역, 『종교란 무엇인가』, 전망사, 1984, p.35.
3) 황필호, 『서양종교철학 산책』, 집문당, 1997, pp.193-204.
4) 파스칼과 키에르케고르에 대해서는 각각 다음을 참조할 것. 황필호, 『문학철학 산책』, 집문당, 1998, pp.203-254 ; 255-310.

리는 종교 경험에 대한 실험 가능성·진위 판별 가능성·예측 가능성 등의 합리적인 탐구뿐만 아니라 그 종교 경험의 내용을 — 비록 단편적이나마 — 직접 체험해야 된다는 것이다. 종교 지식이 다른 어떤 종류의 지식과도 상이한 점이 바로 여기에 있으며, 앞으로 지적하겠지만 종교변호학은 이 체험성을 끝까지 견지하려는 입장이라고 말할 수 있다. 한마디로 '종교'에 대한 종교인의 항변은 종교와 학문의 무관성이나 학문에 대한 종교의 초월성보다는 종교 경험의 체험성을 강조하려는 것이다.

그러면 종교에 대한 학문적 접근이 가능하고 바람직하다고 할 때, 거기에는 어떤 접근 방법이 있는가. 그것은 크게 세 가지로 나눌 수 있다. 첫째는 자신이 몸담고 있는 종교의 입장에서 접근하는 변호학적(apologetic) 방법이며, 둘째는 객관적인 입장에서 역사 속에 나타난 종교 현상을 연구하는 종교학적(religiological) 방법이며, 셋째는 역시 객관적인 입장에서 어느 종교 교리의 일관성과 여러 종교 교리들의 정합성을 연구하는 철학적(philosophical) 방법이다. 나는 이제 세 입장의 특성과 거기에 얽힌 문제들을 간단히 고찰하겠다.

2. 변호학적 방법

변호학적 방법이란 본인이 신봉하는 특정 종교인의 태도나 거기에 동정하는 태도를 그대로 견지하는 방식인데, 기독교인의 신학이나 불교인의 불교학이 여기에 속한다. 지금까지 서양에서는 이 입장을 주로 '신학'이라고 표현해왔다. 그러나 이 표현은 몇 가지 점에서 애매하다.

첫째, '신학'이라면 으레 기독교 신학을 지칭한다. 그러나 엄격히

말하면 유대교 신학이나 이슬람교 신학도 있을 수 있으며, 귀신을 섬기는 무교 신학도 있을 수 있다.5)

둘째, '신학'이라는 표현은 무신론적 혹은 비신론적 종교의 입장을 포용할 수 없다. 특히 어떤 종류의 신도 믿지 않는 테라바다 불교에서는 불교학(buddhology)이나 교학(教學, dhammadology)이라는 표현이 더욱 적당하다.

셋째, '신학'이라는 표현은 종교를 역사적·언어적·과학적으로 탐구하려는 노력과 자신이 믿는 종교 신앙을 의도적으로 혹은 더욱 세련된 모습으로 표현하려는 노력을 구별하지 않는다. 후자는 일종의 설교이거나 자신의 입장을 선전하려는 태도로서, 이것은 종교에 대한 기술적·과학적 태도와는 전혀 동일하지 않다.

하여간 변호학적 입장은 자신이 믿고 있는 신조를 다른 사람들에게 변호하기를 원하며, 그래서 이 입장은 어떤 식으로든지 자신이 믿고 있는 종교에 대한 호교적 역할을 수행하지 않을 수 없다. 다시 말해서, 이 접근 방법은 현재 자신이 속해 있는 종교에 대한 우호적인 입장을 끝까지 견지하면서 종교를 학문적으로 연구하는 태도다. 스마트(N. Smart)가 이런 종교변호학자의 작업을 '입장을 표현하는 행위(the activity of expressing a position)'라고 규정한 이유도 여기에 있다.6) 이런 뜻에서, 이 입장은 선교적 입장이 되기 쉽다. 그러나 변호학과 선교학이 항상 동일한 것은 아니다. 특히 종교 복수주의 상황에 처해 있는 종교인들은 당연히 일종의 변호적 입장을 가져야 하겠지만, 그렇다고 해서 그 입장이 필연적으로 이 세상의 모든 인류를 꼭 한 종교의 신도로 만들려는 선교적 태도가 되어야 하는 것은 아니다.7)

---

5) 황필호, 「무교는 종교인가」, 『한국 巫教의 특성과 문제점』, 집문당, 2002, pp.77-104.
6) Ninian Smart, *The Phenonenon of Religion*, Seabury Press, New York, 1973, p.13.
7) 이 문제를 토론한 개종(改宗, conversion)과 가종(加宗, addversion)에 대해서

어느 학자는 변호학적 입장과 선교학적 입장의 차이를 복음주의 (evangelism)와 개종주의(proselytism)의 차이로 설명한다. "복음주의는 모든 민족의 종교적 발전에 나타난 유전 법칙의 가치를 인정한다. 예를 들어서 인도에는 수세기 동안 하느님이 관여한 독특한 종류의 종교적 사고와 종교적 삶이 존재해왔으며, 이런 사고와 삶은 인도와 전 세계를 위하여 그대로 보존되어야 한다. 이런 뜻에서 모든 힌두교인은 힌두교인으로 구원받아야 한다."[8] 그러므로 복음주의는 개종주의가 아니다.

또한 라다크리슈난은 미국평신도협의회(American Commission of Laymen)의 보고서 내용을 토론하면서 이렇게 말한다. "선교사의 진정한 임무는 그가 가진 종교를 다른 종교와 합병시키는 것인데, 기독교가 자신을 심화시킬 수 있는 가장 주요한 희망은 동양적인 삶을 완전히 공유(共有)함으로써만 성취될 수 있다. 이제 모든 종교간의 관계는 진리를 탐구하는 공동 추구의 형태를 취해야 한다. 인식의 창조적인 상호 관계와 서로 상이한 마음·사상·문화에 대한 동정적인 이해를 통해서만 진리는 더욱 영향을 받는다. 진리에 관한 한, 모든 장벽과 개인 소유의 개념은 이제 쓸데없는 것이다. 최후의 진리는 — 그것이 무엇이든지간에 — 현존하는 모든 신앙에 대한 새로운 증언(new testament)이어야 한다. 이 보고서는 현재의 모든 종교는 마지막 단계가 아니며, 모든 종교는 더욱 훌륭한 표현 방식을 지속적으로 추구한다고 주장한다."[9]

는 다음을 참조할 것. 황필호,『서양종교철학 산책』, 앞의 책, pp.229-240 ; 343-352 ;『종교철학 에세이』, 철학과현실사, 2002, pp.353-376 ; 이 책, pp.220-224.
8) Bernard Lucas, *Our Task in India* (Carrin Dunn, 황필호 역,『석가와 예수의 대화』, 다미원, 2000, p.186 각주에서 재인용).
9) S. Radhakrishnan, *Eastern Religion and Western Thought*, 제8장 (같은 책, pp.187-188에서 재인용). 원문 : "No religion in its present form is final. Every religion is seeking for a better expression."

우리는 변호학적 입장을 "하나의 종교를 알면 모든 종교를 알 수 있다"는 명제로 성격지을 수 있다. 자신의 입장을 고수하는 기독교 신학자, 불교학자, 유교학자 등이 모두 여기에 속한다. 이런 뜻에서 이 입장은 주관적이고 평가적이며, 그가 얼마나 엄격한 객관성을 유지하느냐에 따라서 그의 학문의 위치가 결정된다.

예를 들어서,『기독교와 세계 종교의 만남』의 저자인 틸리히는 자신을 종교변호학자인 기독교 신학자일 뿐만 아니라 종교철학자라고 말한다. 그러나 그는 이 책에서 종교간의 대화에 임하는 사람을 크게 '관찰하는 참여자'와 '참여하는 관찰자'로 분류하고, 자신은 전자의 길을 택하겠다고 선언하면서 "예수는 그리스도"라는 기준을 가지고 모든 종교들과 유사 종교들을 판단한다.[10] 그러므로 엄격히 말하면, 그는 종교철학자가 아니라 자신의 입장을 끝까지 고수한 변호학적 신학자라고 할 수 있다.[11]

종교변호학자는 자신의 신념이나 신앙을 그대로 간직하면서 종교를 연구한다는 점에서 앞으로 설명할 종교학자나 종교철학자보다 실존의 문제에 더욱 가깝게 있다고 말할 수 있다. 그래서 그는 '신앙의 주관성'과 '학문의 객관성'에 대한 갈등을 느낄 필요도 없을 것이며, 대부분의 경우에는 자신의 학문적 탐구가 신앙적 체험의 내용을 더욱 풍요롭게 만들 수도 있다. 참으로 축복 받은 사람이다.

그러나, 바로 그렇기 때문에, 종교변호학자는 자신의 입장을 객관적·과학적인 것으로 위장하지 말아야 한다. 이런 태도는 객관적 입장을 고수하려는 종교학이나 종교철학에 대한 모독일 뿐만 아니라 종교 신앙 자체에 대한 모독이기도 하다. 열렬한 기독교인

---

10) Paul Tillich, *Christianity and the Encounter of the World Religions*, Columbia University Press, 1964, pp.2-3.
11) 황필호,『철학적 인간, 종교적 인간』, 범우사, 1983, p.183.

이었던 칼 바르트와 비기독교인이었던 비트겐슈타인이 — 물론 그 근거는 서로 다르지만 — 종교를 과학적으로 설명하려는 모든 시도를 비신앙적 혹은 비종교적 태도라고 비판하는 이유도 여기에 있다. 왜?

객관적·과학적 방법은 크게 합리주의와 경험주의로 나눌 수 있다. 그러나 어떤 방법이든지간에 그것이 초합리적 신앙의 본질이나 초경험적 실재를 증명하는 데는 아무런 힘을 발휘할 수 없다. 이런 뜻에서 합리주의와 경험주의는 결국 학문적 호기심의 발로일 뿐이다. 여기서 우리는 서양 종교의 근간을 이루고 있는 기독교의 성서가 하느님의 존재를 합리적으로 증명하려는 아무런 노력조차 하지 않고 있다는 사실에 새삼 관심을 쏟아야 한다.

성서의 저자들에게 합리적인 신 존재 논증은 마치 물리적인 세상이나 이웃 사람의 존재를 증명하는 것과 같이 아무런 필요가 없는 것이다. 그들에게 하느님은 인격적으로 만날 수 있는 의지였으며, 성서는 마치 큰 건물을 통과하는 거인과도 같이 하느님의 현존과 명령으로 충만해 있다.

선지자들과 사도들에게 모든 유신론적 증명은 마치 아내와 자녀의 존재를 남편과 아버지에게 증명하는 것과 같이 순수한 — 그리고 단순한 — 학문적 흥미거리에 지나지 않는다.[12]

어느 날 비트겐슈타인은 스완씨라는 곳을 방문해서 늙은 목사로부터 예수 그리스도야말로 이 세상에서 가장 위대한 철학자라는 말을 들었다고 한다. 물론 그는 예수는 절대로 철학자가 아니라고 설명했다. 그러나 비트겐슈타인은 나중에 왜 그 목사가 그렇게 말했는지를 이해할 수 있다고 말했다. 즉, 비트겐슈타인은 그 목사가 말로는 자신을 철학자라고 생각하면서도 실제로 그는 종교변호학

---

12) John Hick, 황필호 역, 『종교철학 개론』, 종로서적, 1980, p.271.

자였다는 사실을 알게 되었던 것이다.

신학을 포함한 모든 종교변호학은 엄연한 학문이지만 어디까지나 주관적인 학문이다. 우리는 모든 종교변호학의 이 두 측면을 잊지 말아야 한다. 마치 예수가 진정한 하느님이면서 동시에 진정한 사람이라는 사실을 잊지 말아야 하듯이. 이 말을 거꾸로 하면 이렇다. 예수의 신성을 무시하는 것이 이단이라면 예수의 인간성을 무시하는 것도 이단이다. 이와 마찬가지로 우리는 신학의 학문적 객관성과 실존적 주관성을 동시에 인정해야 할 것이다.

종교변호학과 다른 학문의 차이점을 망각하는 실수는 다시 종교학이나 종교철학을 종교변호학의 전 단계로 취급하거나 아예 종교변호학의 일부분으로 취급하는 실수를 범할 수도 있다.

현재 우리나라 대학에서 강의되고 있는 종교학이나 종교철학이라는 이름의 대부분 강의들은 객관적 학문이 아니라 실제로는 신학, 불교학, 유교학 등과 같은 종교변호학의 한 분야일 뿐이다. 우리나라 신학교에서 종교철학을 가르치지 않는 곳은 별로 없다. 그러나 실제로 그것은 진정한 종교철학이 아니며, 다만 타종교에 대한 기독교의 우월성을 암묵적으로 선전하려는 내용이다. 또한 유학대학이나 불교대학에서도 종교학이나 종교철학을 가르친다. 그러나 실제로는 '모든 사상을 포함하는 인(仁)'이나 '불타의 오묘한 세계'를 강조하는 종교변호학일 뿐이다.

3. 종교학적 방법

종교학적 방법이란 역사 속에 나타난 여러 가지 종교 재료, 종교 표현, 종교 현상을 객관적으로 연구하는 방법이다. 그러므로 변호학적 방법이 주관적이고 평가적이라면, 종교학적 방법은 객관적이고 기술적이다. 다만 여기서 말하는 종교 현상은 기도문이나 주문(呪文)과 같은 말의 현상(verbal phenomena)일 수도 있고 몸짓이나 의례와 같은 말없는 현상(nonverbal phenomena)일 수도 있다. 우리는 이 입장을, "하나의 종교를 알면 모든 종교를 알 수 있다"는 변호학적 입장과는 달리, "모든 종교를 알아야 하나의 종교를 알 수 있다"는 명제로 성격지을 수 있다.

그러나 종교학의 이런 객관적이고 다종교적 태도는 과연 가능한가? 이 질문에 대한 부정적인 근거는 너무나 많은 듯하다.

첫째, 모든 인간은 존재 구속성을 갖는다. 자신의 의견, 견해, 신념, 편견, 신앙 등을 완전히 벗어날 수 있는 사람은 이 세상에 하나도 없다. 일부의 철학자들이 방법론으로서의 판단 정지를 현상학적 속임수(a phenomenological hoax)라고 말하는 이유도 여기에 있다. 한국에서 태어난 사람은 어떤 면에서든지 미국에서 태어난 사람과 다르게 마련이며, 현대인의 사고 방식은 고대인의 사고 방식과 절대로 동일할 수 없다.

둘째, 모든 종교를 진정 객관적으로 연구하려는 사람은 현재 이 세상에 존재하는 모든 종교를 연구해야 할 뿐만 아니라 앞으로 새로 태어날 모든 종교에 대해서도 알아야 할 것이다. 그러나 어느 유한한 인간이 종교의 다원성과 종교 경험의 다양성을 전부 터득할 수 있겠는가. 그는 수많은 종교 현상 중에서 자신이 연구할 재료를 취사 선택하지 않을 수 없으며, 이런 재료의 취사 선택은 이미 자신의 주관에 의한 것이 될 수밖에 없다.

셋째, 종교는 전체적이다. 그런데 어떤 사람이 종교를 역사학적, 심리학적, 사회학적, 인류학적으로 전부 종합해서 탐구할 수 있겠는가.

넷째, 종교학에 대한 가장 강력한 비판은 종교학적 방법 자체에 대한 것이다. 이미 말했듯이, 종교학은 겉으로 나타난 종교 현상의 연구를 통해 종교 본질을 탐구하려고 한다. 그러나 모든 현상은 본질의 정확한 복사판이 될 수 없다. 가슴으로 눈물을 철철 흘릴 정도로 슬픈 코미디언이 겉으로는 이 세상에서 가장 행복한 사람처럼 보일 수도 있다.

내적인 본질과 외적인 현상의 이런 차이점은 종교의 경우에 더욱 확실히 나타난다. 그리하여 예수는 "주여! 주여!"라고 겉으로만 외치는 사람이 꼭 천국에 들어가는 것은 아니라고 선언한다. 그래서 종교학자 바흐(Joachim Wach)는 모든 종교 현상은 그것이 표현하려는 능력을 스스로 '제한'할 수밖에 없다고 말하면서,13) 종교 현상에 대한 파악은 어떤 관습 현상 · 언어 현상 · 예술 현상에 대한 파악보다 더욱 쉽지 않다고 주장한다. "종교적 표현은 그 어떤 표현보다도 높은 차원에서 유지되어 왔다. 그리고 우리가 그것을 볼 수 있을 때도, 우리가 진실로 그 의미가 무엇인가를 이해하기는 아주 어려운 일이다."14)

이런 비판에 대한 종교학자의 적극적인 변명은 없는 듯이 보인다. 다만 그는 '깨어진 거울(a broken mirror)'이라는 비유를 통한 소극적인 답변을 제시할 수 있을 뿐이다. 여기에 금이 많이 가고 먼지가 낀 거울이 있다고 하자. 그 거울에 비친 나의 이지러진 얼굴은 진정한 나의 얼굴이 아니다. 그러나 그것은 — 정확하지는 않아도 — 나의 얼굴일 수밖에 없다. 그것이 다른 사람의 얼굴일 수는 없기 때문이다.

이와 마찬가지로, 종교 현상에 나타난 본질은 본질의 전부가 아니며 본질의 정확한 표현도 아니다. 그러나, 비록 희미하기는 해도, 그것은 어디까지나 그 종교의 본질의 한 모습이다.

---

13) Joachim Wach, "Introduction", *The History of Religions : Essays on the Problem of Understanding*, Joseph M. Kitagawa, ed. University of Chicago Press, 1967, p.6.
14) 같은 글, p.10.

예를 들어서 기독교인들은 예배를 드릴 때 「사도 신경」을 암송하는데, 여기에는 "나는 …… 을 믿으며"라는 표현이 수없이 반복된다. 그러나 불교인들이 예불을 드릴 때 낭송하는 「반야심경」에는 '믿는다'는 단어가 한 번도 나오지 않는다. 종교학은 이런 현상의 상이점에 주목하면서, 이렇게 각기 다른 현상이 나타난 이유를 추구한다. 그러면 결국 기독교는 '밖으로부터의 구원(salvation from without)'을 추구하는 믿음의 종교며, 불교는 '안으로부터의 깨달음(enlightenment from within)'을 추구하는 수양의 종교라는 사실을 알게 된다. 물론 이 한 가지 차이점이 본질의 모든 차이점은 아니다. 그러나 그것이 기독교와 불교의 여러 가지 본질적 차이점들 중에 하나라는 사실에는 의심의 여지가 없다.

이렇게 보면, 우리는 종교학이 주장하는 객관성은 절대적이 아니라 상대적이라고 말할 수밖에 없다. 분명히 종교학은 종교변호학과는 달리 객관적이고 기술적이다. 그렇다고 해서 종교학이 마치 차가운 실험실의 카드 정리와 동일한 방식으로 끝날 수는 없는 것이다. 이것이 바로 종교학의 '오묘한 입장'이다.

　　고백적이고 평가적인 종교변호학에 비교해보면, 분명히 종교학은 역사적이고 기술적이다. 그러나 종교학이 마치 차가운 실험실의 카드 정리가 될 수는 없는 것이다.
　　우리는 종교 경험의 본질을 알기 위하여 종교 현상을 연구하는 것이며, 종교 현상 자체를 위하여 종교 현상을 연구하는 것이 아니라는 본래의 입장을 잊어버리는 주객 전도의 태도로 전락하지 않도록 부단히 주의해야 할 것이다. 그렇지 않으면, 그것은 마치 아름다운 공주를 찾아 집을 떠난 왕자가 보물에 눈이 어두워서 공주를 찾기 위해 집을 떠났던 본래의 목적을 잊어버린 옛날 동화의 경우가 되고 말 것이다.[15)

---

15) 황필호, 『철학적 인간, 종교적 인간』, 앞의 책, p.185.

4. 철학적 방법

철학적 방법이란 종교 교리 자체의 일관성과 정합성을 역시 객관적으로 연구하는 방법이다. 즉, 종교철학은 종교학이 유일한 연구 대상으로 인정하는 '문화적으로 나타난 종교 현상'이라는 한계를 넘어서서 그런 현상을 낳은 교리 자체의 일관성과 각기 다른 종교 교리들 사이의 정합성을 추구한다. 이런 뜻에서 종교철학은 종교 현상을 기술(describe)하는 데 만족하지 않고 그 현상을 설명(explain)하려고 노력한다.

몇 가지 실례를 들자. 불교는 인간에게 모든 욕망을 버리라고 가르친다. 왜? 깨달음을 얻기 위하여. 즉, 우리는 깨달음이라는 큰 욕망을 위해 모든 조그만 욕망들을 버려야 한다는 뜻이다. 그러면 깨달음이라는 큰 욕망과 작은 욕망들의 차이점은 무엇인가? 그 차이점은 양적인 것인가 혹은 질적인 것인가? 아니, 깨달음을 위해 모든 욕망을 버리라는 주장은 모순이 아닌가? 이런 것들이 바로 교리자체의 일관성에 관련된 문제들이다.

기독교 교리의 일관성에 관련된 전통적인 문제로는 '악의 문제'를 들 수 있는데, 이것을 도식으로 나타내면 다음과 같다.

첫째 전제 : 하느님은 모든 인류를 사랑한다.
둘째 전제 : 하느님은 전능하다.
셋째 전제 : 그러나 이 세상에는 엄연히 악(정당화되지 않은 고통)이 존재한다.

첫째 결론 : 하느님은 사랑의 하느님이 아니거나,
둘째 결론 : 하느님은 사랑의 하느님이지만 전능의 하느님이 아니거나,

셋째 결론 : 하느님은 사랑의 하느님도 아니고 전능의 하느님도
아니다.

이 문제는 바로 우리가 어떻게 사랑의 하느님과 진노의 하느님
을 동시에 일관성 있게 받아들일 수 있느냐는 문제며, 다른 말로
표현하면 우리가 엄연히 존재하는 악 앞에서 어떻게 하느님을 변
호할 수 있느냐는 변신론(辯神論)의 문제가 된다. 이렇게 종교철학
은 종교학과 동일한 객관적 학문이지만 그들이 취급하는 대상은
전혀 다르다.

여기서 독자는 변신론의 문제는 종교철학자가 다루어야 할 문제
이기 이전에 종교변호학자가 다루어야 할 문제라고 생각할 것이며,
그의 이런 주장은 분명히 옳다. 모든 기독교 변호학자는 우선 이 문
제를 설명해야 할 의무를 가지고 있다. 그러면 변신론의 문제에 대한
신학자와 철학자의 차이점은 무엇인가? 그들 사이에는 오직 주관적
태도와 객관적 태도의 차이점만 있는가? 허드슨(D. Hudson)은 그
들의 근본적인 차이점을 세 가지로 제시한다.[16]

첫째, 철학자는 신학자가 제공한 설명의 논리적 일관성을 검토
한다. 예를 들어서 신학자는 변신론의 문제에 대하여 하느님이 인
간에게 자유 의지를 주었는데 인간이 그 자유 의지를 남용했다고
설명한다. 그러나 종교철학자는 신학자의 이런 설명이 과연 우리
가 일상적으로 사용하는 '자유 의지'라는 어휘와 양립할 수 있느냐
는 더욱 근본적인 질문을 제기한다.

신학자들의 견해와는 반대로, 하느님이 일상적인 의미의 자유 의지
를 인간에게 주면서도 인간이 이기적인 행동을 할 수 없도록 만들
수 있다는 주장에는 아무런 모순이 없다고 일부의 철학자들은 말한다.

---

16) 허드슨은 두 가지로 설명하지만 나는 그것을 세 가지로 나눈다.

일반적으로 어떤 사람이 자유 의지를 가지고 있다는 말은 그가 강제에 의해 행동하지 않으며, 강압·공포·세뇌에 의해 행동하지 않는 상태를 말한다. 즉, 자유 의지란 자신이 의도한 것을 행하는 자기 결정적 의지다.

그렇다면 자신이 원하는 것을 하면서도 언제나 비이기적으로 행동하는 인간을 만들 수 없는 논리적 불가능성은 존재하지 않는다. 만약 하느님이 그런 인간을 창조했다면, 인간은 언제나 자신의 의도대로 행동한다는 뜻에서 자유 의지를 가지고 있으면서 동시에 세계의 굶주림의 원인이 되는 이기적 행위를 할 수 없었을 것이다. 이런 주장이 모순적이라는 신학자의 가정은 '자유 의지'라는 어휘의 일상적 의미와 일치하지 않는다. 비록 그는 일상적이라고 생각하겠지만.17)

둘째, 철학자는 신학자가 제공한 설명의 전제를 검토한다. 예를 들어서 괴테는 리스본에 지진이 났을 때 "하느님은 지금 어디에 있으며, 그는 지금 무엇을 하고 있는가?"라고 질문했다고 한다. 우리는 동일한 질문을 오사카의 지진, 터키의 지진, 대만의 지진에 대하여 던질 수 있다. 물론 괴테가 "하느님은 그때 붉은 옷을 입은 사람 옆에서 삽질을 하고 있었다"는 식의 답변을 기대한 것은 아니다. 그의 질문은 하느님의 선한 목표와 상반되지 않는 지평에서의 지진에 대한 설명을 요청한 것이다. 여기서 우리는 괴테가 하느님을 '육체를 가지고 있지 않은 행위자'로 간주하고 있다는 전제를 쉽게 발견할 수 있다. 종교철학은 바로 이런 전제의 타당성을 토론한다.18)

셋째, 철학자는 종교적 질문과 비종교적 질문의 '논리적 변경선(logical frontier)'을 보여주는데, 허드슨은 철학자의 이런 임무를

---

17) Donald Hudson, *Ludwig Wittgenstein*, Lutherworth Press, London, 1968, 제7장(황필호, 『분석철학과 종교 언어』, 종로서적, 1984, p.99에서 재인용).
18) 같은 책, p.100.

표면 문법(surface grammar)과 심층 문법(depth grammar)의 차이점을 밝히는 것이라고 말한다.

표면 문법에 사로잡힌 사람들은 종교에 대한 질문과 다른 종류의 질문을 쉽게 혼동한다. 어떤 사람은 종교적 질문과 과학적 질문을 동일시하여 그런 혼란에 빠지고, 다른 사람은 모든 신학적 명제를 바로 인간 경험에 대한 명제로 환원시킴으로써 그런 혼란에 빠진다. 종교 신앙을 과학적으로 증명하거나 반증하면 종교 신앙의 문제가 해결된다고 생각하는 사람은 전자에 속하며, 예를 들어서 "예수는 부활했다"는 명제를 결국 "제자들은 새로운 자유를 경험했다"는 명제로 받아들이는 사람은 후자에 속한다.19) 그러나 종교철학자는 표면 문법보다 깊은 심층 문법을 설명하려고 한다.

여기서 나는 종교철학의 특성을 언급하겠다. 종교변호학의 경우와 마찬가지로, 종교철학은 기독교 철학·이슬람교 철학·불교 철학·무교 철학 등으로 나눌 수 있다. 그래서 종교철학의 객관성의 문제는 종교학의 경우만큼 심각하지 않은 듯이 보인다.

그러나 진정한 종교철학은 한 종교 교리의 일관성뿐만 아니라 여러 종교의 각기 다른 종교 교리들을 비교적 입장에서 공평하게 설명하려고 노력한다는 점에서 종교학보다 더욱 엄격한 객관성을 요구한다. 다시 말해서, 종교학자는 모든 종교 현상을 있는 그대로 관찰·이해·기술하면 되지만 종교철학자는 그것을 일관성 있게 설명할 뿐만 아니라 여러 종교가 주장하는 각기 다른 진리의 근거들을 정합적으로 설명하려고 한다.

종교간의 대화의 문제를 생각해보자. 물론 이 문제는 변호학적 입장이나 종교학적 입장에서도 접근할 수 있다. 그러나 변호학적 입장은 당연히 우리가 앞에서 지적한 틸리히와 같은 결론에 도달할 것이며, 종교학적 입장은 여러 종교 현상의 유사성과 상이성을

---

19) 같은 책, p.100.

객관적으로 나열하면 된다. 그러나 종교철학자는 여러 종교의 상충하는 진리 주장들(conflicting truth-claims)을 모든 사람이 납득할 수 있도록 설명하려고 노력한다. 이런 뜻에서 종교간의 대화의 문제는 종교철학의 고유한 영역이라고 할 수 있다. 종교철학이 다른 종교변호학이나 종교학보다 더욱 철저하게 이름의 독재(the tyranny of names)와 신조의 경쟁(the rivalry of creeds)을 초월하여 종교에 접근해야 되는 이유가 여기에 있다.[20]

물론 종교에 대한 변호학적 탐구, 종교학적 탐구, 철학적 탐구가 언제나 확연히 구별되는 것은 아니다. 실제로 그들은 서로 얼키고 설켜 있다. 또한 이 세 가지 방법이 꼭 상호 배타적일 필요는 없다. 오히려 가장 이상적인 길은 그들이 상호 보충적으로 되는 것이다.

5. 맺음말

우리는 종교에 대한 이상의 세 가지 방법들 중에서 어떤 길을 선택해야 하는가? 물론 이 문제는 각자의 성향과 환경에 따라 다를 수밖에 없을 것이다. 그러나 나는 여기서 몇 가지를 언급하고 싶다.

첫째, 우리는 자신이 선택한 길만이 옳다거나 적어도 다른 길보다 더욱 훌륭하다고 믿기 쉽다. 그러나 이런 태도는 이제 용납될 수 없다. 우리는 '우리가 선택하지 않은 길'에 대한 정당한 존경심을 잃지 말아야 한다.

일반적으로 종교에 대한 한국인의 태도는 극히 배타적이다. "우리는 불교를 열심히 비방하면 기독교의 신앙심이 증명되고, 기독교를 망국병의 징조라고 강조하면 불교의 신심이 증명된다고 믿고 있다. 그러나 이른바 위대한 고립주의의 시대는 이미 지났다. 이제

---

20) Dunn, 『석가와 예수의 대화』, 앞의 책, p.126.

우리는 진리의 다면성(多面性)을 솔직하게 인정하고, 그런 인정 위에서 현대에 들어와서 '새롭게 대두된 문제'를 신중하게 고려해야 한다. 우리가 '신앙의 주관적 절대성'과 '종교의 객관적 상대성'을 동시에 인정해야 되는 이유가 여기에 있다."[21]

그래서 바흐는 이렇게 말한다. "진리를 사랑하는 것은 비진리를 증오하는 것이지만, 자신의 신앙을 높이기 위하여 반드시 다른 사람의 신앙을 훼손해야 되는 것은 아니다."[22] 물론 이 말은 각기 다른 종교에 대한 우리들의 바람직한 태도를 기술한 것이다. 더구나 동일한 종교에 대한 각기 다른 학문적 접근 방법의 우열을 따지는 것은 시대착오적인 발상일 뿐이다.

둘째, 종교변호학과 종교학과 종교철학은 이제 손을 잡아야 하며, 종교에 관한 한 우리는 이 세 방법을 전부 알아야 종교에 대하여 안다고 주장할 수 있다는 사실을 정확히 인식해야 한다. 신앙이라는 미명 아래 종교학과 종교철학을 전혀 모르는 종교변호학자, 객관성이라는 미명 아래 주관적 종교변호학과 또 다른 객관적 학문인 종교철학을 전혀 모르는 종교학자, 종교변호학의 실존성과 종교학의 유용성을 무조건 배척하는 종교철학자, 그들은 이제 독불장군의 시대가 끝났다는 사실을 새롭게 인식해야 한다. 바야흐로 우리는 벌써 21세기를 살고 있다.

강돈구는 이렇게 말한다. "서구의 사상을 이해하기 위하여, 우리는 철학만 알아도 안 되고 기독교 신학만 알아도 안 될 것이다. 일반적으로 우리 학계의 현실은 철학자는 철학만 알고 신학자는 기독교 신학만 알면 되는 것으로 되어 있다. 따라서 두 학문의 밀접한 관계에도 불구하고, 두 학문간의 교류는 거의 이루어지지 않고 있

---

21) 황필호, 『서양종교철학 산책』, 앞의 책, p.96.
22) Joachim Wach, *The Comparative Study of Religions*, Columbia University Press, 1958, p.9.

다." 그러나 여기에는 두 가지 문제가 있다. 우선 "우리나라 철학계에는 기독교 신학을 학문으로 이해하려고 하지 않는 습성이 있다. 그래서 서구의 철학과 신학은 분명히 밀접한 관련을 맺으면서 전개되고 있음에도 불구하고, 우리 학계는 그런 사실을 외면하고 있다. 우리 학계의 이런 경향은 철학과 기독교 신학 양 분야의 발전에 결코 바람직한 결과를 초래하지 못할 것이 분명하다."

또한 종교철학이란 문자 그대로 종교에 대한 철학적 탐구다. 그럼에도 "현재 우리나라에서는 철학적 신학(philosophical theology)을 종교철학으로 이해하고 있다. 그래서 진정한 의미의 종교철학이 제대로 발전하지 못하고 있는 실정이다."[23]

셋째, 종교에 대한 세 가지 방법은 종교가 근본적으로 인간을 위해 존재한다는 점에서 서로 만날 수 있다. 종교나 종교에 대한 모든 학문도 종국적으로는 모두 인간을 위해 존재하는 것이다. 인간을 저버린 종교는 진정한 종교가 아니다. 바흐가 "기독교인은 태어나는 것이 아니라 만들어지는 것이다"라고 주장한 이유도 여기에 있다.[24]

---

23) 강돈구, 「다석 유영모의 종교 사상(Ⅰ)」, 『정신 문화 연구』, 제19권 제4호, 통권 65호, 1996, pp.185-186.
24) 황필호, 『철학적 인간, 종교적 인간』, 앞의 책, pp.187-188.

제2장
종교변호학 · 종교학 · 종교철학의 교훈

1. 머리말

나는 제1장에서 종교에 대한 학문적 접근이 가능하다는 전제 아래 세 가지 접근 방법을 토론했다. 첫째는 자신이 가지고 있는 신앙을 끝까지 견지하면서 자신의 종교나 다른 사람들의 종교를 연구하는 신학 · 불교학 · 유학 등의 변호학적(apologetic) 방법이며, 둘째는 역사 속에 나타난 종교 현상을 탐구하는 종교학적(religiological) 방법이며, 셋째는 종교 교리 자체의 일관성과 정합성을 따지는 철학적(philosophical) 방법이다.

또한 나는 앞에서 이상의 세 가지 방법은 우열을 따질 수 없으며, 오히려 우리는 이 세 방법을 '전부 알아야' 종교에 대하여 안다고 주장할 수 있다는 사실을 정확히 인식해야 한다고 말했으며, 그 이유로는 종교에 대한 모든 학문적 접근은 결국 종교가 근본적으로 인간을 위해 존재한다는 점에서 서로 만날 수 있다고 주장했다.

그러나 우리는 여기서 더욱 본질적인 질문을 할 수 있다. 그런 학문적 방법은 구체적으로 우리에게 어떤 도움을 줄 수 있는가? 이런 학문적 접근이야말로 아무런 교훈도 줄 수 없는 모래 위에 세운 성이 아닐까? 우선 신앙의 길은 멀고 험하다. 그렇다면 차라리 학문보다는 수행 쪽을 택해야 하지 않을까? 학문의 길도 멀고 험하다. 종교변호학·종교학·종교철학 중에서 어느 하나를 선택하더라도 평생 걸리는 작업이다. 그렇다면 차라리 우리는 그 중에서 한 길만 추구하고 다른 길은 완전히 무시하는 것이 더욱 바람직하지 않을까?

그러나 나는 이 글에서 종교에 대한 학문적 탐구가 종교인의 신앙과 종교에 대한 지적 이해에 도움이 될 수 있다고 가정하고 종교변호학, 종교학, 종교철학이 우리에게 줄 수 있는 몇 가지 교훈을 토론하겠다.

2. 종교변호학의 교훈

종교변호학은 우리에게 무엇을 가르쳐줄 수 있는가? 종교변호학은 종교학자와 종교철학자에게 종교의 본질은 이성보다는 계시, 이론보다는 수양, 경전보다는 신앙, 논리보다는 의지가 훨씬 중요하다는 '자명한 진리'를 지속해서 전달한다. 그래서 종교학과 종교철학이 진실로 실존적으로 완성되려면 종교변호학의 품으로 돌아와야 한다는 교훈을 준다.

그러나 종교변호학의 품으로 돌아와야 한다는 충고는 종교학과 종교철학이 자신의 정체성까지 포기하고 신학의 한 부분이 되어야 한다는 것은 아니다. 이것은 종교학과 종교철학을 위하여 불행한 일이며 종교변호학을 위해서도 결코 바람직하지 않다. 다만 종교학과 종교철학의 본질적인 목적은 '학문'이 아닌 '구원'이나 '깨달음'이라는 사실을 결코 잊지 말아야 하며, 이런 뜻에서 종교학과 종교철학은 점차적으로 종교변호학으로 수렴되고, 언젠가는 다시 종교변호학도 사라지는 단계로 올라가야 한다는 뜻이다. 종교변호학의 궁극적 목표도 학문 자체가 아니기 때문이다.

그러면 종교변호학의 궁극적 목표가 학문이 아니라는 주장의 의미는 무엇인가? 언뜻 보기에 이 명제는 단순한 모순같이 보인다. 그러나 이 명제는 "A는 A가 아니다"가 아니며, "A의 목표는 A가 아니다"라는 점에서 모순이 아니다.

또한 이 명제는 종교변호학은 오직 앞으로 토론할 종교학이나 종교철학의 예비 단계나 전 단계로서만 의미가 있다는 뜻으로 잘못 해석될 수 있다. 그러나 우리는 여기서 신학·불교학·유학 등의 종교변호학뿐만 아니라 — 그들과 내용적으로는 서로 겹치면서도 — 적어도 형식적으로는 완전히 독립된 종교학과 종교철학이 지금까지 존재해왔으며 또한 앞으로도 존재할 것이라는 엄연한 사실을 부인할 수는 없으며, 이런 뜻에서 종교학과 종교철학은 종교변호학과 마찬가지로 자체의 목표와 의미를 가지고 있다.

이렇게 보면, 종교변호학의 궁극적 목표가 학문이 아니라는 주장은 이론적인 측면에서의 주장이 아니라 실천적인 측면에서의 주장이다. 우리가 『논어』를 배우는 궁극적 목표는 『논어』에 대한 해박한 지식이 아니라 바로 『논어』의 가르침을 따라 살 수 있는 삶의 지혜를 얻는 것이며, 우리가 "삼사라(samsara)는 니르바나(nirvana)"라고 주장하는 이유는 바로 그런 불이(不二)의 경지로 들어가는 깨달음을 얻기 위한 것이며, 우리가 신 존재 논증들을 토론하는 궁극적 목표는 '머리의 하느님'이 아니라 '가슴의 하느님'을 직접 대면하기 위한 것이다. 이렇게 보면, 종교변호학을 포함한 모든 학문의 궁극적 목표는 이론이 아니라 실천이며, 종교의 궁극적 목표는 지식이

아니라 진리다. 종교변호학은 이 사실을 종교학이나 종교철학보다
더욱 우렁찬 목소리로 우리에게 전달한다.

3. 종교학의 교훈

종교학은 우리에게 무엇을 가르쳐줄 수 있는가? 우리는 이 질문
을 종교학이 종교변호학에 줄 수 있는 교훈과 종교철학에 줄 수
있는 교훈으로 구분해서 생각할 수 있는데, 나는 전자를 위해서는
이 문제를 기독교에 국한시켜서 '종교 신학'을 주장한 틸리히의 사
상을 소개하고, 후자를 위해서는 종교학을 사회학문으로 본 스마
트의 사상을 소개하겠다.

원래 종교학이 종교변호학 중에서도 이론적으로나 역사적으로
가장 배타적인 기독교를 박차고 나온 학문이라는 점을 감안한다면,
종교학과 종교변호학의 관계는 한마디로 정의할 수 없을 정도로
복잡하다. 그들은 분명히 대립적 관계로부터 출발하여 점점 독립
적이고 대화적인 관계로 발전하고 있으나, 양자간의 뿌리깊은 불
신은 아직도 완전히 사라지지 않고 있다.

그러나 배국원은 종교학이 신학에게 줄 수 있는 교훈으로 다음
의 세 가지를 제안하는데, 우리는 그것을 종교변호학에 대한 종교
학의 교훈으로 받아들일 수 있을 것이다. 첫째로 종교학은 신학의
가정 교사가 될 수 있다. 모든 종교에 대한 풍부한 재료를 전달함으
로써 호교론적 신학자들에게 진실로 다른 종교를 이해하도록 만든
다. 둘째로 종교학은 신학에게 비평가의 역할을 할 수 있다. 실로
종교학은 '나'를 통해 '너'를 보는 단계를 벗어나서 '너'를 통해 '나'
를 보게 하고, 결국 '너'와 '나'는 모두 '우리'로 수렴되어야 한다는
교훈을 줄 수 있다. 셋째로 종교학은 신학의 동반자가 될 수 있다.

그러면 객관적인 종교학자가 호교적인 신학자를 구체적으로 어떻게 도울 수 있는가? 배국원은 이렇게 말한다.

우선 종교학과 신학은 절대자, 구원, 죄, 영원, 불멸, 내세, 희생, 축제, 예배, 성전, 경전 등의 두 관심사가 거의 일치한다고 할 수 있다. 즉, 신학과 종교학이 가려고 하는 목표는 동일한 것이다. 목표가 같다는 것은 이 둘이 오랫동안 함께 길을 갈 수 있음을, 또 이미 함께 길을 걸어왔음을 암시한다. 다만 아직 제대로 대화를 서로 시작하지 못하고 있어서 안타까울 뿐이다.

공통의 관심과 목표를 가지고 있다는 것을 알게 될 때 그들은 서로 친구가 될 수 있다. 그리고 서로 전혀 다른 방법과 기질을 가지고 있다는 것을 확인할 때 실망할 수도 있겠지만 오히려 더 좋은 친구가 될 수도 있다. 신학과 종교학은 이처럼 좋은 동반자가 되기 위한 필요 충분 조건을 모두 갖추고 있는 것으로 보인다. 두 학문은 공통적 관심에도 불구하고 전혀 다른 방법과 기질을 가지고 있기 때문이다.

잘 알려진 것처럼, 신학은 고백적·교리적 학문이고 종교학은 비교적·기술적 학문이다. 이런 방법론적 차이는 두 학문의 건설적 관계 정립을 위하여 방해가 될 수도 있지만 도움이 될 수도 있다. 두 시각은 서로 상반되기보다 서로 상이할 뿐이라서 얼마든지 상호 보완의 관계를 유지할 수 있다고 생각된다.[1]

그러면 종교학과 기독교 신학은 오늘날 어떤 형태로 그들의 만남을 추구하고 있는가? 이 질문에 대한 답변으로는 당연히 요즘 많이 거론되고 있는 종교 신학(theology of religions)을 들 수 있는데, 나는 그 중에서 틸리히의 종교신학론을 잠시 소개하겠다.

틸리히는 그의 생애의 마지막 논문인 「조직 신학을 위한 종교학의 의미」라는 글에서, 종교학은 신학자에게 ① 자신의 종교만이 진

---

1) 배국원, 『현대 종교철학의 이해』, 동연, 2000, pp.231-232.

리의 종교라고 믿는 정통주의자들의 견해와 사신(死神) 신학(혹은 세속 신학)의 견해로부터 동시에 벗어날 수 있는 '두 가지 기본적 결단'을 갖게 하며, ② 지금까지 기껏해야 '신학의 종교학'에 머물러 있던 기독교의 영역을 모든 종교를 포용할 수 있는 '종교학의 신학'으로 승화시키며, ③ 기독교의 교리와 의례를 기독교적인 차원뿐만 아니라 모든 종교 현상의 차원에서 해석할 수 있게 한다고 주장한다. 틸리히는 이 과정에서 정통주의적 신학을 반대하는 사람은 이미 다음의 다섯 가지 전제를 받아들여야 한다고 말하는데, 우리는 이 다섯 가지 전제를 종교학이 신학에게 줄 수 있는 다섯 가지 교훈으로 볼 수 있다.

첫째, 일반적으로 모든 계시적 경험은 인간적 경험이라고 말해야 한다. 종교는 인간이 어디에 살고 있든지간에 그에게 주어진 어떤 것에 근거하고 있다. 그는 거기서 계시를 받는다. 즉, 그는 언제나 계시로부터 특수한 종류의 구원 경험을 갖는다. 계시와 구원은 절대로 분리될 수 없다. 그리고 계시의 힘과 구원의 힘은 모든 종교에 있다. 이것이 첫 번째 전제다.

둘째, 인간은 언제나 계시를 유한한 인간 상황 안에서 받아들인다. 인간은 생물학적, 심리학적, 사회학적으로 유한하다. 우리는 이런 인간의 소외된 성격의 조건 안에서 계시를 받아들인다. 그래서 특히 종교가 목적이 아니라 어떤 목적에 대한 수단으로 사용될 때, 인간은 그 계시를 왜곡된 형태로 받아들이게 된다. 이것이 두 번째 전제다.

셋째, 조직 신학자가 종교학의 의미를 인정할 때, 그는 인간 역사를 통한 특수한 계시적 경험이 존재할 뿐만 아니라 그 계시의 적용의 한계와 왜곡은 비판받아야 한다는 것을 동시에 인정해야 한다. 이런 비판은 신비적, 예언적, 세속적 비판의 세 가지 형태를 취한다. 이것이 세 번째 전제다.

넷째, 종교사에 나타난 모든 비판적 발견들이 가지고 있는 긍정적인 결과들을 계시적 경험이 진행되고 있는 상황 밑에서 혹은 그 안에서 통합시키는 어떤 중심적인 사건이 — 그리하여 보편적인 의미를 갖는 구체적인 신학을 가능하게 하는 중심적인 사건이 — 있을 수도 있다. 이것이 네 번째 전제다.

다섯째, 본질적으로 종교학은 문화사와 병행하여 존재하지 않는다. 성(聖)은 속(俗)의 옆에 있는 것이 아니라 그 깊이에 있다. 성은 창조적인 근거며, 동시에 속에 대한 비판적 판단이다. 그러나 종교는 자신을 엄격히 판단할 때, 즉 속을 도구로 사용하여 자신을 판단할 때만 이런 역할을 할 수 있다. 이것이 다섯 번째 전제다.[2]

틸리히가 종교 신학의 가능성을 주장하는 근거는 무엇인가? 그는 우리가 모든 종교의 본질인 성(聖)을 경험할 때는 언제나 다음과 같은 세 가지 요소가 거기에 포함되어 있기 때문이라고 말한다. 첫째, 모든 유한하고 특이한 존재는 나름대로의 성의 요소를 가지고 있다. 이런 요소는 흔히 고등 종교의 성례에 단편적으로 나타나 있는데, 이런 성의 요소가 없는 종교는 종교가 아니라 사교 클럽일 뿐이다. 둘째, 그러나 성례에 나타난 성은 어디까지나 궁극자의 진정한 표현이 될 수 없는 제2차적 표현일 뿐이다. 여기서 개별성과 구체성은 궁극자를 위해 부정된다. 셋째, 모든 성의 경험에는 일종의 윤리적인 요소가 포함된다. 여기서 극단적인 경우에는 성례 자체를 비판하기도 한다.[3]

틸리히는 이 세 가지 요소가 기독교, 특히 사도 바울의 성령론에 잘 나타나 있다고 말한다. 그리고 이것이 바로 종교 신학을 가능하게 한다고 말한다. 그러나 틸리히는 여기서 한 걸음 더 나아가서 기독교의 교리나 의례는 기독교적 차원뿐만 아니라 일반 종교 현

---

2) Paul Tillich, "The Significance of the History of Religions for the Systematic Theology", Joseph Kitagawa, ed. *The History of Religions : Essays on the Problem of Understanding*, University of Chicago Press, 1967, pp.242-243.
3) 같은 글, p.248.

상의 입장에서 해석할 수도 있다고 말하면서, 종교학이 종교 현상을 해석하는 단계를 몇 가지로 설명한다.

첫째, 종교학은 신학적 작업을 하는 사람들이 실존적으로 경험한 전통적 자료를 사용한다. 그러나 신학적 작업을 하려는 종교학자는 실재를 관찰하는 데 필요한 어느 정도의 초연한 태도를 가져야 한다.

둘째, 종교학자는 종교적 질문이 우리들 자신과 우리들의 세계 안에 있는 인간 경험에 위치하고 있다는 사실을 보여주기 위하여 자연주의적 방법론으로부터 정신과 실재의 분석을 이어받는다. 그것은 존재의 의미에 관한 관심의 경험, 성을 성으로 받아들이는 경험 등이다.

셋째, 종교학은 종교사에 흔히 나타나는 상징·의례·이념·행위 등의 모든 현상을 현상학적으로 제시한다.

넷째, 종교학은 이 현상들의 연관성·차이점·모순성을 전통적인 관념과 여기서 나오는 문제들과 연관해서 지적한다.

다섯째, 종교학자는 이렇게 재해석된 개념들을 종교적이면서 세속적인 역사의 활동성의 골격, 특히 현재의 종교적 및 문화적 상황의 골격과 결부시키려고 한다.4)

그러나 우리는 틸리히의 이런 주장이 너무 서구적·기독교적·변호학적이라는 인상을 버릴 수 없다. 그래서 배국원은 종교 신학을 '신학적 다원주의의 한 변형'에 불과하다고 말하면서, 차라리 그보다는 최근에 새롭게 대두되고 있는 '비교 신학(comparative theology)'이 더욱 밝은 장래를 가지고 있다고 제안한다.

비교 신학은 종교 신학과 비슷한 듯하면서도 정반대의 전제를 가지고 있다. 종교 신학이 종교학의 자료를 이용하면서도 신학적 관심을 잃지 않는 기독교 신학의 한 변형이라면, 비교 신학은 기독교 신학의

---

4) 같은 글, pp.253-254.

자료를 활용하면서도 종교학적 관점을 견지하는 종교 현상학의 한 분야가 될 수 있기 때문이다. 그럴 경우 두 분야가 모두 신학임에는 틀림이 없지만, 종교 신학의 신학은 기독교 신학이고, 비교 신학의 신학은 보편 신학(generic theology), 즉 전 세계 종교에 나타난 신의 개념을 비교 검토하는 신학이 된다.

그 자신 유명한 기독교 신학자인 트레이시(David Tracy)도 비교 신학의 중요한 전제는 신학이 더 이상 그리스적·기독교적일 필요가 없다는 것이라고 밝히고 있다. 따라서 비교 신학은 기독교 신학뿐 아니라 힌두 신학, 이슬람 신학, 유대교 신학, 도교 신학, 심지어 불교 신학까지도 포함하는 포괄적 개념이 되는 것이다.[5]

우리는 지금까지 종교학이 신학에게 줄 수 있는 교훈을 틸리히의 이론으로 설명했다. 그렇다면 종교학은 종교철학에 어떤 교훈을 줄 수 있는가? 스마트에 의하면, 1956년에 출판된 『철학적 신학의 새로운 논문들(*New Essays in Philosophical Theology*)』 (Antony Flew & Alasdair MacIntyre, ed. Macmillan, New York)은 종교철학을 한 단계 높이는 결과를 초래했지만, 다른 한편으로는 맥락(context)에 대한 관심과 다양성(plurality)에 대한 관심을 결여하고 있다는 것이다.

여기서 맥락이란 종교 언어가 실제로 사용되고 있는 의례 등과 같은 실제적인 배경을 말한다. 그런 배경에 대한 관심이 없는 형이상학적 주장으로서의 언어 분석은 종교 주장의 의미성을 따지는 경험주의자들에게는 굉장한 힘을 발휘할 수 있으나 '종교성'이라는 더욱 본질적인 부분을 간과하는 결과를 초래했다는 것이다. 또한 다양성이란 여러 가지 형태의 각기 다른 종교 주장들과 종교 언어들을 말하는데, 하다 못해 우리는 동일한 기독교 전통 안에도 각기 다른 특이한 형태의 참여와 감정이 있다는 것을 잘 알고 있다. 그런

---

5) 배국원, 앞의 책, p.222.

데 언어 분석은 기독교 전통 밖에 있는 전통, 혹은 기독교 정신을 반대하는 마르크시즘과 같은 신앙 체계에 대해서는 거의 아무런 관심을 쏟지 않았던 것이다.

이런 뜻에서, 스마트는 종교학은 종교철학에게 몇 가지 교훈을 줄 수 있다고 말한다. 첫째로 종교의 의례, 상징, 몸짓 등을 연구하는 종교학은 종교철학에게 종교 언어를 철저하게 문맥화시켜야 될 필요성(the necessity for the rather heavy contextualization)을 일깨워준다. 둘째로 종교학은 신화의 진정한 이해는 그 신화 속에 담긴 신성의 성스러움(the numinosity of the divinities)을 전제로 해야 충분히 이해할 수 있으며, 그러한 성격은 의례에 나타나 있다고 주장한다. 그리고 종교학은 종교철학의 한 가지 중요한 임무가 성(聖)에 대한 경험의 본질과 타당성을 제시하는 것임을 일깨워준다. 셋째로 종교학은 사회학문이며, 그 중에서도 역사적 사회학문이다.6) 그러므로 종교학은 진리의 기준과 설명의 일관성을 객관적으로 제시하려는 종교철학에 큰 도움을 줄 수 있다. 종교 현상에 대한 종교학적 이해나 기술이 현상에 대한 직접적인 설명은 아니라고 해도 그런 설명을 위한 첫 번째 필수적 단계가 될 수는 있기 때문이다.7)

스마트의 이런 주장은 어느 정도의 타당성을 가지고 있는가?

첫째, 종교학을 사회학문으로 본 스마트가 종교 현상에 대한 종교학적 탐구를 종교 현상을 설명할 수 있는 '첫 번째 필수적 단계'로 보는 것은 극히 당연한 일이다. 그러나 우리는 여기서 종교 현상의 완전한 설명을 위한 두 번째 단계와 마지막 단계는 무엇인가를

---

6) 나는 인문과학, 사회과학, 자연과학이라는 표현 대신에 인문학문, 사회학문, 자연학문이라는 표현을 사용한다. Cf. 황필호, 『인문학·과학 에세이』, 철학과현실사, 2002, p.337.
7) Ninian Smart, *The Phenonenon of Religion*, Seabury Press, New York, 1973, pp.5-7.

질문할 수 있을 것이다. 스마트는 이 문제를 심각하게 토론하지 않는다.

둘째, 종교학이 '성에 대한 경험의 본질과 타당성'을 제시해준다는 주장은 자타가 공인하는 종교학자 엘리아데의 성속(聖俗)의 변증법을 염두에 두고 한 말인 듯하다. 그러나 우리가 엘리아데의 작업을 순수한 사회학문적인 것이라고 한정할 때, 그 경우에도 그의 이론은 과연 성의 실체를 우리들에게 보여줄 수 있을까? 절대 그렇지는 않을 것이다. 다만 우리가 그의 작업을 객관적인 재료를 객관적으로 제시하는 사회학문적 단계를 벗어나서 그 재료의 의미를 설명하려는 인문학문적 단계로 볼 때, 그의 이론은 — 소크라테스의 표현을 빌리면 — 신의 은총이 있는 사람에게 성의 실체를 보여줄 수 있을 것이다.

이렇게 보면, 우리는 오토・엘리아데・바흐・반델루 등과 같은 종교학의 선구자들은 종교학을 신학으로부터 분리시키려고 굉장히 노력하면서도, 종교학이 엄연한 인문학문의 한 분야라는 더욱 커다란 인식을 절대로 망각하지 않았다는 사실을 알 수 있다. 그럼에도 종교학의 정체성을 오직 '신학이 아니다'라는 조그만 명제에서, 즉 신학 등과 같은 인문학문이 아니라는 명제에서 찾으려는 종교학자들이 (특히 우리나라에) 아직도 굉장히 많다는 것은 슬픈 일이다.[8]

셋째, 종교 언어를 의례, 기도, 제사, 몸짓 등의 구체적인 종교 행위로 문맥화시켜야 한다는 충고는 특히 후기 분석적 종교철학에서 이미 시작되었다고 말할 수 있는데, 나는 앞으로 이 문제를 종교철학의 교훈을 토론하면서 약간 언급하겠다. 그러나 종교철학의 이런 자각은 종교학으로부터의 경고에서 시작된 것이 아니라 언어

---

8) Cf. 황필호, 「종교학이란 무엇인가 : 종교학과 신학의 관계」, 『종교학 연구』, 제1집, 1978.

에 대한 분석철학자들의 새로운 시각에서 시작된 것이며, 이런 새로운 시각은 지금까지 명제론적 해석만을 고집해온 종교변호학자들에게 큰 충격을 주고 있다.[9]

4. 종교철학의 교훈

종교변호학이 인간의 실존의 문제로부터 한 발자국 떨어져 있다면, 종교학은 두 발자국 떨어져 있으며, 종교철학은 세 발자국 떨어져 있다고 말할 수 있다. 그래서 종교철학자는 언제나 "지금 내가 하고 있는 일이 과연 나의 구원이나 깨달음과 무슨 상관이 있는가? 차라리 이 모든 작업을 포기하고 실존의 세계로 뛰어들어야 하지 않을까?"라는 고뇌로부터 영원히 벗어날 수 없다. 그래서 스마트는 종교철학의 '특이한 입장'을 다음과 같이 설명한다.

기독교 신학의 예를 들면, 종교철학은 자연 신학의 분야를 포함하고 있으며, 이런 뜻에서 종교철학은 조직 신학의 일부까지 토론한다. 물론 종교철학자가 자신이 토론하고 있는 조직 신학적 내용을 믿거나 믿지 않거나 하는 것은 여기서 중요하지 않다. 다만 예를 들어서 "모든 신 존재 논증은 실패했다", "아퀴나스의 유추론은 결점이 많다", "자연 신학은 은혜를 강조하는 사도 바울의 사상과 공존할 수 없다" 등의 종교철학적 주장들은 동시에 조직 신학의 고유한 영역이라는 것이다.

또한 종교철학은 각기 다른 종교가 주장하는 진리 주장들의 정합성과 진위의 기준의 문제를 토론하는데, 이런 토론은 조직 신학

---

9) 계시, 신앙, 성서, 신학에 대한 명제론적 해석과 비명제론적인 해석에 대해서는 다음을 참조할 것. John Hick, 황필호 역, 『종교철학 개론』, 종로서적, 1980, pp.94-116.

과 밀접히 연관되어 있으면서도 조직 신학의 범위를 벗어나는 것
이다. 종교철학은 서로 다른 종교의 변호학적 입장을 표현하는
법칙에 대하여 토론하는 것이기 때문이다. 이런 종교철학은 우리
에게 무엇을 가르쳐줄 수 있는가?

첫째, 종교철학은 종교변호학자들의 독단적 횡포에 제동을 거는
도움을 줄 수 있다. "절대로 종교철학은 종교 자체를 대신할 수 없
다. 종교는 본질적인 것이다. 그러나 종교철학은 종교의 자발적 및
실존적 운동에 일종의 정당성을 부여하며, 종교가 단순한 환상이
나 감정적 유혹이 아니라는 사실을 증거하며, 가장 엄격한 이성의
시험에 대해서도 답변을 제공해준다. 종교철학은 종교의 독단적
태도를 정화시킨다."10)

둘째, 종교철학은 종교학자들이 신주처럼 모시고 있는 객관성이
라는 덕목이 어디까지나 상대적 객관성이라는 사실을 일깨워줌으
로써, 마치 종교학과 종교철학이 실존적으로 완성되려면 변호학
속으로 들어가야 하듯이, 종교학이 이론적으로 완성되려면 종교철
학을 포용해야 된다는 교훈을 인식시켜줄 수 있다.

여기서 종교학자들은 내가 종교학을 종교변호학이나 종교철학
이 되지 못한 불완전한 학문으로 취급하거나 아예 후자로 환원시
킨다고 불평할 것이다. 내가 종교학을 종교변호학만큼 뜨겁지도
않고 종교철학만큼 차지도 않은 미지근한 학문으로 취급한다고 불
평할 것이다. 그러나 이것은 절대로 종교학에 대한 평가절하가 아
니다. 그만큼 종교학은 — 서로 분리되지 말아야 함에도 불구하고
— 실제로는 서로 완전히 분리되기 쉬운 종교변호학과 종교철학의
다리가 될 수 있는 '오묘한 입장'을 가지고 있다는 뜻이다.

---

10) Jean Danielou, "Phenomenology of Religions and Philosophy of Religion",
M. Eliade & J. Kitagawa, eds. *The History of Religions : Essays in Methodology,*
University of Chicago Press, 1959. p.68.

종교학의 다리 역할은 두 가지로 생각할 수 있다. 우선 종교학은 종교를 주관적 신앙의 차원에서 접근하는 종교변호학의 강점과 약점 그리고 종교를 객관적 차원에서 접근하는 종교철학의 강점과 약점을 동시에 향상시키거나 보완하는 중매자의 역할을 할 수 있다. 또한 종교학은 동일한 문제 의식을 가지고 씨름하면서도 그 대상 선정과 방법론의 차이로 인하여 발생한 종교변호학과 종교철학의 간격이 사실은 겉으로 보기에만 좁힐 수 없는 간격(a seemingly unbridgeable gap)이라는 사실을 인식시키며, 급기야 그들의 관계를 창조적인 간격(a creative gap)으로 승화시킬 수 있는 화해자의 역할을 할 수 있다.[11]

셋째, 최근의 종교철학이 기여한 점으로는 특히 기도·제사·몸짓 등의 종교 의례에 관심을 집중시킨 '수행적 전회(performative turn)'를 들 수 있는데, 이런 사실은 이미 종교학에서 당연한 것으로 받아들여져 왔던 것이다. 이 문제에 대해서는 나의 「종교 의례와 분석철학 : 핑가레트의 공자 해석을 중심으로」를 참고하기 바란다.[12]

넷째, 사회학문이 아닌 인문학문으로서의 종교학과 역시 인문학문인 종교철학은 진정한 신앙과 광신의 차이점을 깨닫게 할 수 있다. 그래서 크리스턴센(1867~1953)은 종교인이 본 종교와 비종교인이 본 종교의 차이점을 토론하면서, 모든 종교인은 다음과 같은 두 가지 상호 모순되는 듯한 원리를 지켜야 한다고 말한다.

종교에 대한 지식이 반드시 경건한 종교인을 만들지는 않는다. 전통적으로 종교의 성자들은 대부분 형식적 교육에서 얻은 지식이 없는 현자들이었다. 그러므로 종교를 지적으로 연구하면 신앙을 잃게 된다고

---

11) 황필호, 「종교학이란 무엇인가」, 앞의 글, p.82.
12) 황필호, 『중국종교철학 산책』, 청년사, 2001, pp.162-192.

염려하는 사람은, 종교에 대한 지식이 바로 종교의 지혜나 진리가 될 수 없다는 원리를 무시한 사람이다. 그럼에도 종교를 지적으로 심각하게 탐구하지 않는 사람은 극히 위험한 인물이 되기 쉽다. 종교에 대한 지식이 바로 종교적 참여를 대신할 수는 없지만, 무비판적 종교 참여는 종종 피상적으로 된다.13)

이제 우리는 한편으로 종교에 대한 학문적 연구가 바로 종교성을 줄 수 없다는 사실을 인식하고, 다른 한편으로는 학문적 비평을 결여한 신앙은 종종 피상적이거나 광신으로 변하기 쉽다는 것을 알아야 한다.14)

철학은 철학 자체의 한계를 알고 있다. 이것은 모든 위대한 철학의 공통된 현상이다. 철학이 자신의 한계를 망각할 때, 그것은 오직 언어 유희에 불과하게 된다. 이런 이유로, 철학은 자신의 한계를 쉽게 망각할 수 있는 종교인의 망상에 제동을 걸 수 있다. 다시 말하지만, 종교의 본질은 종교에 대한 변호학적, 종교학적, 철학적 지식이 아니다. 그러나 학문적 지식 — 특히 철학적 지식— 을 결여한 종교는 진정한 종교가 아니라 망상이거나 광신이거나 겉치레일 뿐이다. 그래서 야스퍼스는 소크라테스, 공자, 석가, 예수를 '진실로 모방한다'는 망상을 가진 광신자에 대하여 이렇게 말한다.

그들의 가장 중요한 점이나 근본적인 사상을 무시하는 사람만이 진실로 예수를 모방한다거나 석가를 모방한다는 망상을 가질 것이다. 이런 위선은 우리가 일반적으로 말하는 진정한 모방의 가능성과는 아무런 관련이 없다. 이런 위선이 실제로 일어났을 때 그 위선은 존경을 명령한다. 그러나 철학을 공부하는 사람은 이런 경우가 실제로 일어날 수 있는 상황을 감지하고, 거기로부터 나오는 어쩔 수 없는 결과를 알아야 한다. 그리고 이것을 알았을 때, 그는 구체적인 삶의 현장에서 자신이 무엇을

---

13) 원문 : "Religious commitment that is uncritical is often superficial."
14) 황필호, 『철학적 인간, 종교적 인간』, 범우사, 1983, p.216.

하고 있으며 또한 무엇을 원하고 있는지를 알 수 있을 것이다.[15)]

5. 맺음말

우리는 지금까지 종교에 대한 탐구를 자신이 현재 가지고 있는 종교 신앙을 끝까지 견지하면서 접근하는 종교변호학, 역사 속에 나타난 종교 현상을 객관적으로 접근하는 종교학, 종교 교리의 일관성을 역시 객관적으로 접근하는 종교철학의 세 가지 각기 다른 입장에서 설명했다. 그러나 나는 여기에 두 가지 단서를 붙이고 싶다.

첫째, 엄격히 말하면, 이 세상의 모든 사실은 야만적 사실(brute facts)이 아니라 해석된 사실(interpreted facts)일 뿐이다. 이런 뜻에서, 그리고 유한한 인간이 학문의 주체라는 뜻에서, 이 세상의 모든 학문은 어느 정도 주관적이 아닐 수 없다. 다만 이렇게 주관성을 완전히 벗어날 수 없는 학문들 중에서, 우리가 다시 자세히 보면, 우리는 그들을 주관성 혹은 객관성을 더욱 강조하는 학문으로 나눌 수 있다는 뜻이다. 오늘날 많은 학자들이 '주관성'에 정반대가 되는 '객관성'이라는 단어 대신에 '간주간성'이라는 단어를 선호하는 이유도 여기에 있을 것이다.

둘째, 나는 여기서 종교변호학과 종교학과 종교철학의 구별을 아는 것과 실제로 하는 것은 전혀 별개의 문제라는 점을 강조하고 싶다. 종교를 학문의 대상으로 삼는 사람은 자신의 학문적 위치가 어디 있는지를 정확히 알아야 한다. 그러나 그는 동시에 종교에 대한 모든 학문적 접근을 서로 조화시키려고 노력해야 한다. 한마디로, 종교변호학과 종교학과 종교철학은 개념적으로는 분명히 구별

---

15) K. Jaspers, 황필호 역,『소크라테스, 공자, 석가, 예수, 모하메드』, 강남대, 2001, pp.281-282.

되어야 하지만 이념적으로나 현실적으로는 서로 협동해야 한다. 종교는 종교변호학자 · 종교학자 · 종교철학자 중 어느 한 사람의 독점물이 될 수 없으며, 자신의 접근 방식은 다른 접근 방식들을 전제로 해서만 완성될 수 있다.

나의 이런 주장은 전혀 새로운 것이 아니다. 예를 들어서 반데루(Van der Leeuw)는 이미 1950년 암스테르담에서 열린 세계종교학 대회에서 종교학과 신학의 우정어린 관계의 필요성, 그리고 종교학과 철학 · 고고학 · 인류학 · 심리학 · 사회학 등 다른 학문과의 접촉의 중요성을 적극적으로 강조했던 것이다.

결론적으로 우리는 이렇게 말해야 할 것이다. "종교는 우선 실존적이며, 그 다음에 학문적이다. 그리고 후자에서 종교는 변호학적이며 종교학적이며 철학적이다."

제Ⅱ부

종교학과 한국 종교학의 오늘과 내일

제3장
종교학의 오늘과 내일

1. 머리말

우리는 가끔 종교에 대한 모든 학문을 그냥 '종교학'이라고 부른다. 이렇게 되면, 종교변호학과 종교철학뿐만 아니라 종교심리학이나 종교사회학도 모두 종교학이 된다. 그러나 이런 호칭은 일반인들이 사용하는 것이며, 우리는 그것을 종교변호학이나 종교철학과는 다른 독특한 학문 분야로 엄격히 제한하여 사용해야 한다.

생각해보면, 종교변호학의 역사는 굉장히 오래 되었다. 기독교의 변증학은 이미 초대 교회 때부터 시작되었으며, 불교의 변증학은 거의 불교의 탄생과 더불어 시작되어 아소카 왕 때는 절정을 이루었다. 더구나 종교철학의 역사는 종교변호학의 역사보다 훨씬 오랜 시간 지속되었는데, 서양의 소크라테스와 동양의 공자 때부터 이미 종교철학은 시작되었다고 말할 수 있다.

여기에 비하여 종교학은 고작 100년의 역사를 가지고 있다. 그럼

에도 종교학은 서양에서 — 특히 미국에서 — 현재 가장 각광받는
학문으로 떠오르고 있다. 그래서 배국원은 이제 신학은 유대교 신
학·이슬람교 신학 등과 비슷한 종교학의 한 분야로서의 신학이
되어가고 있으며, 종교철학도 종교학의 한 분야로 정립되는 것이
가장 바람직하다고까지 말한다.

　　종교학은 이제 겨우 100년을 넘긴 신생 학문이지만 그동안 급속한
발달을 거듭해왔다. 특히 제2차 세계대전 이후 미국에서의 종교학의
성장은 괄목할 만하다. 미국 내 일반 대학에 있던 전통적 신학과들이
거의 종교학과로 간판을 바꿀 만큼 종교학이 자리잡게 되었다. 종교학
의 대두와 더불어 기존의 신학은 종교학이 다루는 여러 종교들 중에
하나인 기독교 신학으로 재정립하게 된다.
　　또한 종교학이 신학에 가져다준 충격은 종교철학의 내용에도 큰 시
사를 준다. 이제 더 이상 종교철학은 신학과 철학의 문제가 아니라 종교
학과 철학의 문제로 자리바꿈할 단계에 와 있는 것이다. 그래서 종교철
학은 어떤 의미에서는 종교학의 한 분야로 정립되는 것이 가장 바람직
할지 모른다. 일종의 통합 과학으로서의 종교학과 그 한 분야로서의
종교철학으로서의 가능성이 점쳐지고 있다.[1]

　　미국에서 신학과의 명칭이 종교학과로 변경된 실례는 꽤 많이
있으며, 이런 추세는 앞으로도 계속될 것이다. 한국에서도 이런 일
은 이미 일어나고 있다. 그 이유는 무엇인가?
　　첫째, 현재 미국이나 한국에는 너무 많은 신학교가 존재하고 있
으며, 그 중에는 영세성을 벗어나지 못한 보따리 장사에 속하는 신
학교가 상당히 많다. 이런 신학교의 과다 현상을 정리하는 방법이
바로 종교학과로 명칭을 변경하는 것이다. 명칭은 종교학과로 변
해도, 그들은 그대로 변호학적 입장을 고수할 수 있기 때문이다.

---

1) 배국원, 『현대 종교철학의 이해』, 동연, 2000, p.34.

둘째, 모든 종교변호학은 교리의 일관성과 논리성을 따지는 종교철학으로부터는 언제나 도전을 받는다고 생각해왔다. 그러나 역사 속에 나타난 객관적 현상을 탐구하는 종교학은 종교변호학을 공격하지 않으며, 오히려 종교변호학은 종교학적 성과물을 자신의 의도에 맞게 이용할 수 있다고 믿는다. 그래서 종교변호학과 종교철학은 공존할 수 없어도 종교변호학과 종교학은 쉽게 공존할 수 있다고 믿는다. 물론 이런 발상은 전혀 옳지 않지만.

2. 종교학의 오늘

앞으로 종교철학은 종교학의 한 분야로 정립되는 것이 가장 바람직하고, 또한 '일종의 통합 과학으로서의 종교학과 그 한 분야로서의 종교철학'이 될 것인가? 우선 배국원 자신도 완전히 그렇게 믿는 것 같지는 않다. 그는 이렇게 주장한 다음에 곧이어 "지난 2000년 동안 기독교 신학과 서구 철학과의 긴장 속에서 성장해왔던 종교철학이 이제 세계 종교들과 세계 철학과의 변증을 주도하는 학문이 될 가능성이 높다"고 말하며,[2] 그는 오늘날의 현실이 종교철학의 정체성을 재정립하는 기회가 될 것이라는 점을 종교 복수주의 문제를 토론하면서 상세히 밝히고 있기 때문이다.

더 나아가서 내가 보기에는 이른바 '종교학의 괄목할 만한 성장'도 서구에 국한된 것이며, 그 중에도 영미에 국한된 것이다. 유럽의 대륙에서는 아직도 신학과 종교철학이 ― 특히 종교철학이 ― 강세를 이루고 있으며, 종교변호학보다 종교철학이 주류를 이루고 있는 동양에서의 종교학의 위치는 극히 미미할 정도다. 그러므로 종교철학이 종교학의 한 분야로 정립되는 것은 바람직하지 않을 뿐

---

2) 같은 책, p.35.

만 아니라 전 세계적으로 볼 때 그런 주장은 정말 시기상조가 아닐
수 없다. 오히려 종교변호학과 종교학은 앞으로 종교철학자들의
작업을 더욱 신중히 경청하게 될 것으로 기대된다. 물론 종교변호
학자와 종교학자의 의도는 서로 다르겠지만.

자료적인 측면에서 보면, 종교철학자들은 종교학자들의 도움을
더욱 많이 받게 될 것이다. 대체로 종교철학자들은 팔리어·아랍
어·티베트어 등의 원어로 된 서적들을 읽을 수 있는 훈련이 부족
한 데 비해, 전문 지식을 가진 종교학자들이 필요한 중요 문서들을
번역해주고 있기 때문이다.3) 이런 뜻에서 앞으로 비교학적으로 나
아갈 수밖에 없는 종교철학은 "진정한 비교 철학의 탄생을 위하여
열심히 길을 닦아주고 준비해주는 종교학이라는 든든한 동반자가
있으며, 종교학자들이 전해주는 많은 정보들로 인해 비교 종교철
학은 더 이상 관념적 접근이 아니라 구체적·경험적 접근을 통해
차근차근 윤곽을 드러내고 있다"고 말할 수 있다.4)

그러나 내용적인 측면에서 보면, 모든 사람은 인간과 세계에 대
한—틸리히의 표현을 빌리면—일종의 예비적인 해결책보다는
궁극적 해결책을 추구하지 않을 수 없으며, 그래서 종교학자도 자
신의 작업을 마치 '차가운 실험실의 카드 정리'에 만족하지 않고
더욱 본질적인 질문을 하게 될 것이며,5) 그는 이 과정에서 종교철
학자들의 논쟁과 성과물에 더욱 관심을 갖게 될 것이다.

또한 종교변호학자들은 자신의 주관적 입장을 냉철한 논리성을
가지고 연구하는 종교학자들 및 종교철학자들의 객관적 입장과 비
교해보지 않을 수 없을 것이다. 물론 이런 주장은 종교에 관한 한,
우리는 종교변호학과 종교학과 종교철학을 다같이 해야 한다고 믿

---

3) 같은 책, p.57.
4) 같은 책, p.59.
5) 황필호, 『철학적 인간, 종교적 인간』, 범우사, 1987, p.185.

는 나의 편견일 수도 있겠지만.

그러면 종교학은 어떤 학문인가? 베티스(Joseph D. Bettis)는 종교학의 특성을 이렇게 설명한다. 첫째, 종교학은 종교의 이념이나 교리에 직접 관여하지 않는다. 또한 종교학은 의례・상징・주술・몸짓 등에 나타난 모든 형태의 종교 표현을 기술하려고 하면서도, 그들을 어떤 이념적 내용으로 환원시키려고 하지 않는다. 둘째, 종교학은 종교 표현의 문화적 형식 밑에 있는 어떤 공통점에 도달하려고 하지 않는다. 즉, 종교학은 종교의 본질을 기술하려고 하면서도 각기 다른 문화적 형식 밑에 있는 어떤 공통성을 추구하지 않는다. 다만 종교 행위 안에서 실제로 일어나고 있는 현상을 반성적 인식의 대상으로 끌어올리려고 할 뿐이다. 셋째, 종교학은 종교 행위를 설명(explain)하지 않고 단지 기술(describe)한다.[6)

베티스의 이런 주장은 현재 종교학이 받고 있는 처지를 잘 표현하는 듯하다. 특히 종교학은 주관적 종교변호학과 다른 객관적 학문이라는 사실과 그러면서도 교리 자체의 일관성과 논리성을 따지는 객관적 종교철학과도 다른 또 하나의 객관적 학문이라는 것인데, 이런 주장은 우리나라의 대부분 종교학자들의 견해와 일치한다. 이제 나는 종교학을 — 종교에 대한 모든 학문이라는 일상적인 뜻에서가 아니라 — 지금까지 토론한 종교변호학이나 종교철학과 상이한 독특한 학문이라는 입장에서 그것의 정체성을 몇 가지로 토론하겠다.

첫째, 우리는 종교학이란 종교 현상을 연구한다는 점에서 종교 현상학(science of religious phenomena)이라고 부를 수 있다. 또한 우리는 그 종교 현상이 역사 속에 나타난 현상이라는 뜻에서 종교 사학(history of religions)이라고 부르거나, 그 종교 현상을 과학적으로 연구한다는 뜻에서 역시 복

---

6) Joseph Bettis, ed. *Phenomenology of Religion*, Harper & Row, 1969, p.3.

수 종교를 가리키는 종교 학문(science of religions)이라고 부를 수도 있다.

그러나 우리는 여기서 현상(phenomenon)과 현상학(phenomenology)의 구별을 잊지 말아야 한다. 현상은 현상학적으로 탐구될 수도 있고 분석학적으로 탐구될 수도 있다. 현상은 탐구의 대상이며, 현상학이나 분석학은 탐구의 방법이다. 그러므로 종교 현상을 현상학적으로 탐구하는 종교학은 현상종교학(phenomenological religiology)이 될 것이며, 종교 현상을 분석학적으로 탐구하는 종교학은 분석종교학(analytical religiology)이 될 것이다. 하여간 종교학의 모든 분야는 '종교학'이라는 어휘로 끝나야 한다.

그러나 우리는 동일한 현상을 종교학적으로 연구할 수도 있고 철학적으로 연구할 수도 있다. 가령 우리가 철학을 방법론적인 측면에서 크게 현상학과 분석학으로 나눌 수 있다면, 종교 현상을 현상학적으로 탐구하는 것은 종교현상학(religious phenomenology)이 될 것이며, 종교 현상을 분석적으로 탐구하는 것은 종교분석학(religious analytics)이 될 것이다. 이 경우에 종교현상학과 종교분석학은 모두 종교학의 한 분야가 아니라 철학의 한 분야가 된다. 여기서 종교현상학은 심리현상학(psychological phenomenology)이나 사회현상학(social phenomenology)과 비슷한 과목이 될 것이며, 종교분석학은 심리분석학(psychological analytics)이나 사회분석학(social analytics)과 비슷한 학문이 될 것이다.

그런데 학자들은 지금까지 '종교현상학'이라는 명칭을 '현상종교학'의 뜻으로 사용해왔다. 한국종교학회에 종교현상학이 여러 분과 중에 하나로 행세하고 있는 이유도 여기에 있다. 그러나 정확히 말하면, 종교적 현상학의 줄임말인 종교현상학은 엄연한 현상학의 한 분야며, 사회적 현상학의 줄임말인 사회현상학도 엄연한 현상학의 한 분야며, 그리고 현상학은 종교학의 한 분야가 아니라 철학의 한 분야다. 그러므로 우리가 이 분야를 종교학의 한 분야로 사용하려면, 우리는 지금까지 사용했던 '종교현상학'보다는 '현상종교학'이라고 부르고, '종교분석학'보다는 '분석종교학'이라고 불러야 한다. 다시 말하지만 분석학과 현상학은 엄연한 철학이며, 종교 현상을 종교학적으로 연구하는 학문만이 정확한 종교학이 될 수 있기 때문이다.

이와 같은 맥락에서 보면, 종교현상학과 종교분석학은 모두 종교학의 한 분야가 아니라 철학의 한 분야다. 일반적으로 선불교와 현상학의 관계를 토론한 하이데거와 종교를 실존철학적으로 조명한 가브리엘 마르셀이 종교현상학자라면, 현재 공자의 사상을 인(仁)이 아니라 예(禮)로 해석하여 선풍을 일으키고 있는 핑가레트(H. Fingarette)는 종교분석학자라고 할 수 있다.

그리고 이미 말했듯이, 그것을 종교학의 한 분야로 취급할 때는 종교현상학이나 종교분석학이 아니라 현상종교학이나 분석종교학이 되어야 하는데, 넓게 보아서 엘리아데가 전자에 속한다면 니니안 스마트는 후자에 속한다고 볼 수 있다. 물론 철학의 한 분야로서의 종교현상학이나 종교분석학이 종교학의 한 분야로서의 현상종교학이나 분석종교학과 언제나 확연히 구별되어 있는 것은 아니며, 현상종교학과 분석종교학도 언제나 확연히 구별되어 있지 않다. 예를 들어서 니니안 스마트는 분명히 분석종교학에 더욱 가깝지만 어느 경우에는 현상종교학의 작업을 하기도 한다.

이제 우리는 종교현상학을 현상종교학이라고 부르고, 종교 사학을 역사종교학이라고 불러야 한다. 그러나 이런 이름 바꾸기가 현재로서는 거의 불가능한 듯이 보인다. 다만 나는 종교학의 정확한 위치를 확인하기 위해 이 문제를 제기한 것이다.

둘째, 일반적으로 우리가 종교사회학이나 종교심리학이라고 부르는 학문은, 종교를 사회학이나 심리학의 한 분야로 연구하는 종교사회학(sociology of religion)이나 종교심리학(psychology of religion)이라는 뜻과 사회나 심리를 종교학적으로 연구하는 사회종교학(social religiology)이나 심리종교학(psychological religiology)이라는 두 가지 뜻을 가지고 있다. 예를 들어서 프로이트가 종교심리학자라면 오토는 심리종교학자라고 말할 수 있다. 현실적으로는 어렵겠지만 우리는 가능한 한 이것을 명확히 구별할 필요가 있다. 특히 종교학의 정체성을 추구하는 종교학도는 이를테면 버거(Peter L. Berger)의 입장이 종교사회학인지 혹은 사회종교학인지를 명확히 알아야 한다.7)

---

7) 배국원은 종교학을 각기 다른 종교 전통을 역사적으로 탐구하는 종교사학, 종교 현상을 비교 분석하는 종교현상학, 인접 학문과 관련해서 탐구하는 종교인접학의 세 분야로 나누고, 그 중에서 '종교현상학'이라는 용어의 사용을 다시 네 가지로 분류한다. 첫째는 가장 평범한 용법으로 이 경우에는 차라리 그냥 '종교학'을 사용하는 것이 좋을 것이며, 둘째는 종교 현상의 비교 분석이라는 뜻이며, 셋째는 '종교학의 독특한 방법론 논쟁으로서의 종교학'을 지적하는 경우며, 넷째로는 종교 현상에 대한 철학적 및 현상학적 분석을 뜻한다. 그러면서 그는 자신의 용법을 두 번째와 세 번째에 한정시킨다고 말한다. 배국원, 앞의 책, pp.203-206. 그러나 그의 이런 분류에는 여러 가지 혼란이 도사리고 있다.

첫째, 우리가 잘 알다시피, 종교는 종교학자들의 전유물이 아니다. 그것은 모든 사람들의 탐구의 대상이 될 수 있다. 사회학자가 종교를 연구하면 종교사회학이 될 것이고, 심리학자가 연구하면 종교심리학이 될 것이며, 사학자가 연구하면 종교사학이 될 것이다. 그런데 왜 종교학자는 종교역사학을 역사학의 일부가 아니라 종교학의 일부라고 주장해야 하는가. 왜 우리는 '종교역사학' 대신에 '역사종교학'이라는 용어를 사용하지 말아야 하는가.

둘째, 현상학은 종교학이 아니라 엄연한 철학의 한 분야다. 내가 '종교현상학' 대신에 '현상종교학'이라는 용어를 제창한 이유가 여기에 있다.

셋째, 이 문제는 내가 앞으로 토론할 "종교학은 기술 학문인가 혹은 규범 학문인가"와 긴밀히 연관되어 있다. 배국원은 기술적인 종교학과 규범적인 신학을 엄격히 구별한다. 그래서 그는 "종교학의 임무는 [객관적인] 종교 다원화 현상에 대한 것이고, 신학의 임무는 [평가적인] 평가 다원화 현상에 대한 것"이라고 잘라 말한다(같은 책, p.179). 즉, 그는 종교 다원의 현상과 주의를 구별한다. "종교 다원주의는 종교 다원화 현상에 대한 신학적 해석을 둘러싼 논란을 뜻하고, 더욱 구체적으로는 특히 그 중에서도 다양한 세계 종교들을 긍정적으로 평가하여 그

셋째, 종교학은 인문학문인가 혹은 사회학문인가? 스마트를 제외한 대부분의 학자들은 당연히 인문학문이라고 답변한다. 그러나 실제로 그들은 — 특히 한국의 종교학자들은 — 종교학을 사회학문에 한정시키고 있다.[8] 종교학은 종교 현상을 기술할 뿐이며 그것을 설명하려고 시도하지 말아야 한다는 것이다.

역사적으로 그들의 이런 주장은 종교학의 기원과 깊은 관련이 있다. 종교학은 일단 주관적 신학을 박차고 나온 객관적 학문이다. 그래서 초기의 종교학자들은 "종교학은 신학이 아니다"라는 명제를 수없이 반복했으며, 이런 관행은 불행하게도 오늘날까지 우리나라 종교학계에 그대로 유지되고 있다. 이제 한국의 종교학자들은 종교학은 분명히 인문학문의 한 분야인 신학은 아니지만, 넓게 보면 종교학도 사회학문이 아니라 인문학문이라는 엄연한 사실을 잊지 말기를 바란다.

넷째, 종교학은 기술 학문인가 혹은 규범 학문인가? 이 질문에 대하여 키타가와(Joseph Kitagawa)는 종교학은 규범 학문과 기술 학문의 중간에 있다고 말한다.

종교학은 규범 학문도 아니고 기술 학문도 아니다. 비록 그들과 밀접

들을 통한 '구원'의 가능성을 인정하자는 주장을 뜻한다"(같은 책, p.187). 그러나 종교학도 엄연한 규범 학문이라는 것이 나의 주장이다.
8) 나는 여기서 조동일의 제안을 따라서 '과학'이라고 표현하지 않고 '학문'으로 표현한다. '인문과학', '사회과학', '자연과학'과 같은 표현은 근대에 발생한 과학만능주의에서 나온 것이다. "학문은 '과학'이어야 한다고 하고, 자연과학은 가장 모범적인 과학이어서 모든 학문의 근본이라고 하는 편견 때문에 학문의 위기가 가중되었다. 그런 잘못에 대해서 비판적인 논의를 제기하고 시정 방안을 찾는 것이 더욱 귀중한 과제다. 학문은 '과학'과 함께 '통찰'을 반드시 필요로 하며, 학문의 어느 영역이라도 그 둘 가운데 하나만으로 이루어질 수 없다." 조동일,『인문학문의 사명』, 서울대학교, 1997, p.vii. Cf. 조동일의 사상에 대하여는 다음을 참조할 것. 황필호, 「조동일의 인문학문론」,『인문학·과학 에세이』, 철학과현실사, 2002, pp.326-359.

히 연결되어 있으면서도, 종교학은 규범 학문과 기술 학문의 중간에 있다는 것이 우리들의 주장이다. 바흐가 말했듯이, 우리는 종교학을 역사적인 측면과 조직적인 측면으로 나눌 수 있다. 종교의 일반적인 역사 혹은 어느 특수 종교의 역사에 대한 탐구는 '역사적 고찰'이 되며, 현상학적 · 비교학적 · 사회학적 · 심리학적 탐구는 '조직적 고찰'이 된다. 이 모든 분야가 종교학의 중요한 분야들이다.[9]

종교학이 규범 학문과 기술 학문의 중간에 있다고 말해야 하는 이유는 무엇인가? 기타가와는 종교학이 수많은 규범 학문과 기술 학문에 의존하고 있기 때문이라고 말하며, 이런 뜻에서 종교학의 입장에서 보면 다른 학문들이 종교학의 보조 학문이 되지만, 다른 학문들의 입장에서 보면 종교학이 다른 학문들의 보조 학문이 된다고 말한다.

그러나 문제가 여기서 모두 해결된 것은 아니다. 종교학은 규범 학문과 기술 학문 중에서 어느 쪽에 더욱 의존하는가? 그리고 어느 경우에 규범 학문에 더욱 의존하고 어느 경우에 기술 학문에 더욱 의존하는가? 도대체 '의존'이란 무엇인가? 우리는 동시에 규범적이며 기술적일 수 없다. 그렇다면, 종교학은 어느 경우에 규범적이고 어느 경우에 기술적이어야 하는가?

일반적으로 학자들은 종교학의 규범성과 기술성은 종교학이 의존하고 있는 인접 학문의 성격에 달려 있다고 생각하는 듯하다. 우선 종교학은 사회학의 도움을 받는다. 인간의 행위는 단순한 신앙 고백 이상의 실제적 · 종교적 수준을 지시할 수 있으며, 그래서 종교학은 종교 공동체의 구조가 어느 종교의 성격을 교리나 신화보다 더욱 확실하게 지시할 수 있다는 사회학의 교훈을 받아들인다. 바흐의 『종교사회학』(1944)이 전형적인 실례라고 할 수 있다. 이

---

9) Joseph Kitagawa, "The History of Religions in America", *The History of Religions : Essays in Methodology*, 앞의 책, p.19.

경우에 종교학은 ─ 사회학은 기술 학문이 된다는 전제 아래 ─ 기술 학문이 되는 듯하다. 그리고 종교학은 엘리아데의 경우처럼 수많은 인류학의 도움을 받고 있다. 이 경우에도 종교학은 기술 학문이 되는 듯하다.

또한 종교학은 심리학의 도움을 받고 있는데, 어느 학자는 개인의 종교적 심성이 중요하다는 뜻에서, 우리는 이를테면 힌두교를 배우지 말고 힌두교인을 배워야 한다고 말한다.[10] 여기서 우리가 심리학을 현재 영미에서 유행하고 있는 실험 심리학으로 보느냐 혹은 유럽에서 유행하고 있는 임상 심리학으로 보느냐에 따라서, 종교학은 기술 학문이 되거나 규범 학문이 되는 듯하다.

끝으로 종교학은 다른 어떤 학문보다 역사학의 도움을 받고 있는데, 이 경우에 종교학은 규범 학문이 되는 듯하다. 살리바(John A. Saliba)는 이렇게 말한다.

종교학은 인문학문과의 연관성을 끊을 수 없다. 종교는 본질적으로 인간의 행위며, 인간의 이익이나 이상에 관여하기 때문이다. 종교학은 현재 종교의 역사적 발전뿐만 아니라 과거 종교도 포함한다. 그래서 종교학자는 그의 재료와 방법에서 역사학의 도움을 받는다…….

종교학은 사실로부터 시작한다. 그러므로 종교학은 자연학문과 인문학문에서 사용하는 조심스러운 방식을 필요로 한다. 그러나 역사학의 경우와 마찬가지로, 종교학이 다루는 사실은 어떤 형태로든지 평가될 수밖에 없다. 그래서 바흐는 이런 역사적 방법을 종교학의 경우와 동일하다고 확신한다. 이런 뜻에서 종교학은 그의 목적과 방법에서 다른 어떤 학문보다 역사학에 가깝다.[11]

---

10) W. K. Smith, "Comparative Religion : Whither and Why?" 같은 책, p.34. (John A. Saliba, *'Homo Religiosus' in Mircea Eliade : An Anthropological Evaluation*, Leiden, 1976, p.36에서 재인용.)
11) Saliba, 같은 책, p.37.

그러나 필자는 이제 종교학에 대한 이런 '소극적 변호'는 별 의미가 없다고 생각한다. 우리는 이제 종교학이 엄연한 인문학문이라는 사실을 인정하고, 이런 뜻에서 종교학은 ― 주관적인 종교변호학과는 다른 ― 엄연한 객관적인 학문이지만, 그러면서도 그것은 종교철학과 동일한 규범 학문이라는 사실을 자신 있게 인정해야 할 것이다. 물론 종교변호학의 규범성과 종교철학의 규범성은 전혀 동일하지 않지만, 역사 속에 나타난 종교 현상 속에는 이미 인간의 가치관이 포함되어 있기 때문이다.

3. 종교학의 내일

현재 서양에서 종교학의 위세는 상당히 신장되어 있다. "오늘날 대학에서 종교학과는 상당한 힘을 갖고 있다. 다른 인문학이나 교양 분야에 비해 규모가 작기는 하지만, 종교학은 학문 세계에서 당당히 자리를 잡았고, 전 세계적으로도 종교학과는 늘어나고 있으며, 종교학 스스로가 자신의 역사·목적·방법론에 대해 충분히 알고 있다. 수많은 회의와 협회 그리고 출판물들을 보면, 종교학이 번성하고 있다는 사실은 확실하다. 종교학 전반을 소개하는 개론서로부터 특정 종교 전통 혹은 구체적인 종교 현상을 다룬 전문 서적에 이르기까지 다양한 분야의 종교학 신간들이 수없이 출판되고 있다. 종교학에 관심을 갖는 독자라면 누구나 몇몇 책들을 통해 오늘날 종교학에서 사용되는 특정한 접근 방법, 방법론, 개념에 대한 지식을 얻을 수 있을 것이다."

"또한 2000년 8월 남아프리카 더반에서 열린 국제종교학회(International Association for the History of Religions : IAHR)는 종교학 내부의 여러 분과들의 활기를 증명해주었고, 이보다 좀더 빠른 1999년 12월 케이프 타운에서 열린 세계종교회의(The Parliament of the World's Religions)는 오늘날 서로 다른 종교적 실천에 몸담고 있는 신자들, 구도자들 그리고 종교 해석가들 사이에서 활발한 토론이 이루어지고 있음을 증명해주었다."12)

그러면 종교학의 이런 위력은 21세기에도 그대로 지속될 것인가. 혹은 종교학은 앞으로 급격한 쇠퇴의 불행을 겪을 것인가. 영국의 우르술라 킹(Ursula King)은 이 문제는 전적으로 우리 종교학자들이 다음의 세 문제에 대하여 '어떻게 창조적으로 동참하고 대응할 수 있는가'의 여부에 달려 있다고 주장한다. 첫째는 포스트모더니즘으로부터 비롯된 질문이며, 둘째는 이제까지의 남성 중심적 종교 연구 틀에 대해 비판적인 페미니스트들과 젠더 연구가들이 제기하고 있는 근본적인 질문이며, 셋째는 타종교와의 만남에서 비롯된 종교의 새로운 전개와 총체론적 영성 추구와 관련된 질문이다.

첫째, 오늘날 포스트모더니즘은 단지 모든 체계에 대한 파괴를 위한 파괴를 선언하는 듯이 보이며, 그래서 그것은 당연히 종교학에 대해서도 대단히 위험한 존재처럼 보인다. 그러나 킹은 "포스트모더니즘이 제기하는 근본적 비판은 또한 종교를 새롭게 연구하고 해석하는 데 새로운 기회를 제공해준다"고 주장한다.13)

포스트모더니즘이 근대성의 개인주의와 이분법, 과도한 자기 중심적 주체성, 현실과 유리된 실체 없는 합리성, 특히 몇몇 과학적·경험주의

---

12) Ursula King, "Is There a Future for Religious Studies as We Know It? Some Postmodern, Feminist and Spiritual Challenges", *Journal of the American of Religion*, June 2002, vol. 70, no. 2, pp.365-388. (최화선 역, 「우리가 알고 있는 종교학에 미래는 있는가―포스트모더니즘, 페미니즘, 영성으로부터의 도전」, 『종교 문화 비평』, 통권 3호, 2003, pp.177-178에서 재인용.)
13) King, 「우리가 알고 있는 종교학에 미래는 있는가」, 앞의 글, p.183.

적·실증적 인식론에 대해 가하는 비판은 개인적 및 사회적 차원 모두에서 인간 존재에 대한 좀더 총체적이고 유기적인 이해의 새로운 가능성을 열어준다.

이 같은 비판은 새로운 해석적 접근을 가능하게 해주는데, 이는 인간 존재의 상호 의존적·공동체적·생태학적·영적 차원을 인정하고, 인간 존재가 지구와 우주에 그 뿌리를 두고 생성의 진화적 흐름과 상호 의존하고 있다는 것을 인정함으로써, 자연에 대한 새로운 경외심과 삶의 전반적인 성스러움에 대한 인식을 불러일으킨다.14)

포스트모더니즘은 자율적인 주체를 몰아냈다. 그러나 또한 포스트모더니즘은 공평 무사한 객관성에 대한 그릇된 주장도 무너뜨렸다. 인간 주체는 이러한 객관성에 의해 객체로부터, 특유하게 인간적인 앎의 방식으로부터 — 즉, 대화가 사고하는 주체 안에서 내면적인 것에 머물러 있을 때조차도 관계적이고 대화적인 앎의 방식으로부터 — 떨어져 소외되었다. 이런 이중적 비판, 즉 주체와 객체에 대한 그리고 이제껏 잘못 이해되어온 주체성에 대한 비판은 종교학에 카타르시스적 효과를 가져왔다. 이제까지 여러 면에서 종교학에 부적절하다고 간주되어 왔던 종교적 주체와 종교적 헌신에 대해 길을 열어주었기 때문이다.15)

둘째, 포스트모더니즘과 밀접히 연관되어 있는 분야로는 단연 페미니스트와 젠더 연구자들의 도전을 들 수 있다. 지금까지 종교학자들은 특히 종교학 전반기에 활약했던 여성 선구자들의 역할을 인정하지 않았으며, 페미니스트들의 도전을 심각하게 받아들이지 않았다. 이것은 종교학의 수치가 아닐 수 없다.

남성 종교 연구자들의 전통적인 방법론적 시각은 대부분 검토되지 않은 남성 중심적 가정들에 근거하고 있다. 그러나 가치 중립이나 객관

---

14) 같은 글, p.184.
15) 같은 글, p.185.

성에 대한 확신에 찬 이들의 뚜렷한 주장에도 불구하고, 이는 종교학 자료들을 모으고 모델을 세우고 이론화하는 차원에서 심각한 결점을 초래할 수 있다. 페미니스트들의 연구와 여성 종교학자들의 연구는 종교학의 전통적 방법과 경계에 도전하고 있으며, 이 같은 도전을 통해 종교학을 변화시키는 데 기여하고 있다.

이 새로운 방법론적 진행은 전통적 자료와 방법론들에 대한 의심의 해석학에서부터 출발하여, 전통적 자료들에 대한 비판적 해체와 재구성 그리고 비전통적 자료와 방법들을 사용해 새로운 자료를 복구하고 검토하는 것으로 이어지는데, 이러한 작업은 이제까지와는 다른 대안적 지식의 내용과 구조를 생산한다. 그리하여 젠더에 관한 통찰에서부터 시작된 도전들이 완전하게 검토되기만 하면, 이 같은 진행은 마침내 학문 분야 전체를 심도 깊게 변화시킬 것이다.[16]

오늘날 젠더 연구는 여성에게만 집중되어 있던 옛날의 울타리를 벗어나서 남성과 여성 모두를 포함하는 쪽으로 빨리 진행되고 있다. 이런 변화는 당연히 남성성과 여성성, 섹스와 젠더, 남성과 여성과 같은 범주들에 대한 비판적 해석을 강요하게 될 것이다.

또한 페미니스트의 비판적 텍스트 해석학도 종교학에 중요한 의미를 갖게 한다. 그런 해석학은 이제 종교의 근본 경전이 만들어졌을 때 누가 포함되고 누가 제외되었는가를 묻는 단계를 지나서 살아 있는 삶과 경험으로서의 종교를 포착하지 못하면, 그것은 곧 텍스트라는 철창에 갇힌 것이라는 뜻을 함유하기 때문이다.

"따라서 이런 해석학은 텍스트 속에서 여성을 현존하게 만들고, 그들을 눈에 보이게 만들며, 그 모습이 좀더 분명해지도록 만듦으로써 여성 해방을 위해 기여할 뿐만 아니라 텍스트의 해방과 종교학에서 텍스트가 차지하는 중심성을 필연적으로 해체시키는 결과

---

16) 같은 글, p.189.

를 가져올 것이다."17)

셋째, 원래 '영성'이라는 말은 기독교에서 유래한 용어지만 이제는 모든 종교 전통들과 비종교 전통들을 가로질러 사용되는 보편적 용어가 되었다. 그래서 요즘에는 동양의 영성이나 서양의 영성뿐만 아니라 여성의 영성, 뉴에이지 영성, 세속적 혹은 비의적 영성, 초교파주의 영성, 어린이의 영성, 심지어 영성과 노화의 관계가 논의되고 있다. 그래서 오늘날 많은 사람들은 영성의 추구가 바로 자신의 삶의 의미와 방향을 찾은 길이라고 믿고 있으며, 그것을 — 심리학자 융의 표현을 빌리면 — 영혼의 추구로 믿고 있다.

여기서 우리는 이런 질문을 제기하게 된다. 영성이란 종교의 테두리 안에서만 일어날 수 있는 것인가? 그렇지 않으면 '종교 없는 영성'도 가능한가? 이 질문에 대하여 보수주의자들은 진정한 영성은 — 정확히 무엇이 진정한 영성인지는 몰라도 — 종교 안에서만 발생할 수 있다고 주장하며, 혁신주의자들은 오히려 영성이 종교의 굴레로부터 완전히 벗어나야 진정한 영성이 될 수 있다고 주장하며, 대부분의 사람들은 여전히 영성과 종교의 균형을 강조하면서 양자가 밀접하게 연관되어 있다고 주장한다.18) 이런 상황에서 종교학은 영성에 대하여, 더욱 정확히 말하면 영성과 종교의 관계에 대하여 어떤 해답을 줄 수 있는가? 이 질문은 앞으로 종교학이 꼭 짚고 넘어가야 할 문제가 아닐 수 없다.

그러면 21세기의 종교학은 포스트모더니스트들의 비판, 페미니스트들의 도전 그리고 영성을 추구하려는 수많은 현대인들의 요청에 적절히 대처하면서 계속 성장할 것인가? 혹은 그들의 도전에 침몰하고 말 것인가? 이 문제에 대한 답변은 앞으로 종교학이 '충분한 유연성'을 갖고 있는지에 달려 있다고 킹은 말한다.

---

17) 같은 글, p.192.
18) 같은 글, p.199.

종교학이 생존 가능한 모습으로 변화할 수 있는지의 여부는 이제까지와는 다른 사상과 다른 연구 정황 그리고 다른 목적을 가진 요구에 반응할 수 있는 충분한 유연성을 갖췄는지에 달려 있다. 과거의 사상들은 새로운 패러다임, 종교를 이해하는 새로운 이론적 모델과 접근 방법과 새로운 실천적 문제들에 자리를 내주어야만 할 것이다.

또한 현 대학의 중요한 사회적·정치적 변화에 의해 연구 정황 역시 이제까지와는 달라지고 있다. 이제 대학은 지식의 축적과 수치화에만 집중하고 있으며, 교육에 대한 실리적인 접근이 주를 이루고 있다. 이 같은 분위기 속에서 전통적 인문학은 산업 자본주의의 세계 시장에서 빠르게 그 힘을 잃어가고 있다.

이런 정황 속에서 어떤 종교 전통이 오늘날 일반 사람들이 당면하고 있는 문제들과 소통하지 못한다면, 종교학의 미래는 없을 것이라고 해도 과언이 아니다. 만약 종교학자들이 이런 문제들에 대해 진정 활발하게 대처한다면, 종교학은 학문 세계와 사회의 전반적 쟁점에 대해 계속 중요한 공헌을 할 수 있을 것이다.[19]

그러면 우리 종교학자들은 어떻게 일반 사람이 당면하고 있는 문제들과 소통할 수 있는가? 지금까지 거의 대부분의 경우에, 종교학의 패러다임은 가능한 한 주관성을 피해서 일종의 중립적 서술로 제시된 역사적·현상학적 자료들을 모으고, 이를 분석하고 설명하는 것이었다. 한마디로 종교학은 '과학적'이어야 한다는 것이었다. 그러면서도 우리는 여기서 사용되는 '과학적'의 모델이 무엇인지에 대하여 별로 의문을 제기하지 않았다. 그래서 "종교학자들은 과학적 방법이나 과학적 담론의 내적 다원성에 대한 이해를 공유하고 있지도 않았으며, 물질과학·생명과학·사회과학의 방법론에 나타나는 차이를 알지 못했으며, 새로운 물리학·생물학·우주론에서 일어나고 있는 근본적인 패러다임 전환을 고찰하는 경우

---

19) 같은 글, p.206 (나는 원문을 약간 수정해서 인용한다).

가 거의 없었다. 한마디로 우리는 '허구적 중립성'에 잡혀 있었다. 킹은 이렇게 말한다.

학문적 작업들은 이제 점차 그 개념과 범주를 세밀하고 정교하게 다듬어가고 있으며, 종교학도 예외가 아니다. 그러나 종교학자들은 지나친 전문화에 대해 경계해야 한다. 이는 마치 생명체의 진화 과정 속에서처럼 자기 자신을 주변화시키고 마침내는 학문 세계에서 사라지게 할 수도 있다. 우리의 전문화된 연구 성과물들은 상아탑 속에만 갇혀 있어서는 결코 안 되며, 인간에게 의미 있는 실천적 지식과 생명이 살아갈 수 있는 세계에 통합될 필요가 있다.[20]

끝으로 킹은 "종교를 공부한다는 것은 생명에 대한 열정을 살찌우는 수단이자 인간의 좀더 나은 삶, 좀더 충만한 삶을 위한 수단이 될 수 있다"고 말하면서,[21] 종교학의 미래를 밝게 전망한다.

나는 종교학이 사람들의 정신과 마음에 불을 지를 수 있다고 확신한다. 종교학은 사람들이 알고 이해하고 분석하고 설명하게 할 뿐만 아니라 사랑하고 강해지고 확신을 갖게 하며, 다른 사람들을 염려하고 그들과 공감하도록 도와줄 수 있다. 다시 말하면, 인간 탐구의 한 주제로서의 종교학은 힘있는 지적·정서적 비전을 전달할 수 있으며, 이렇게 할 수 있는 한 종교학은 인류의 미래를 형성해가는 데 도움을 줄 수 있고, 이를 통해 종교학은 자신의 미래를 보장받을 수 있다. 이는 단지 학문적인 영역을 넘어서는 더욱 큰 종교학의 비전이다. 이런 비전 속에서 대학 내부의 종교학자들의 학문적 노력은 더 넓은 공동체 속의 비학문적 및 실천적 관심과 접목된다.

이런 종교학은 인간의 얼굴을 가진 학문이며, 또한 지적인 업적과 지식 세계 속에서의 진보에 대해 관심을 기울이는 것 못지 않게 현실

---

20) 같은 글, p.204.
21) 같은 글, p.207.

세계 속의 인간의 삶과 그들의 고군분투하는 모습에 대해 많은 관심을 기울인다. 나는 종교학의 이러한 모습이 학문 세계 속에서 종교학의 미래의 위상을 약화시킨다기보다 오히려 더욱 강화시킬 것이라고 생각한다.[22]

4. 21세기의 화두 : 정보화 시대

21세기는 우리에게 어떤 화두를 던질 것인가. 전통적으로 종교 변호학에서 논의해온 이성과 계시의 문제·경전 해석의 문제·덕치(德治) 가능성의 문제 등은 여전히 활발하게 토론될 것이며, 종교학에서 논의해온 성과 속의 문제·보편과 특수의 문제·객관적 기술론과 평가적 설명론의 문제 등도 여전히 활발하게 토론될 것이며, 종교철학에서 논의해온 악의 문제·신 존재의 문제·종교 언어의 문제·종교철학 자체의 존속 가능성의 문제 등도 여전히 활발하게 토론될 것이다. 그러나 21세기는 우리에게 새로운 문제를 던질 것인데, 그것은 한마디로 초고속 정보화 시대로 대표되는 과학의 발달에서 오는 문제로 요약될 수 있다.

종교와 과학의 갈등은 전혀 새로운 사실이 아니다. 지금까지의 종교와 과학의 역사는 화해의 관계가 아니라 투쟁의 관계였으며, "과학자와 종교인의 싸움은 언제나 실용성을 앞세운 과학자의 승리로 끝났다."[23] 기독교의 경우를 예로 들자.

천당은 우리의 머리 위에 있고 지옥은 발 밑에 있다는 식의 3층 우주관, 지구를 돌던 태양의 운행이 여호수아의 명령으로 잠시 정지되었다는 성서의 이야기, 이런 것들은 이제 현대 과학에 비추어보면 믿을 수

---

22) 같은 글, p.207.
23) John Hick, 황필호 역, 『종교철학 개론』, 종로서적, 1980, p.84.

제II부 종교학과 한국 종교학의 오늘과 내일 | 73

없는 것이다. 또한 지구가 약 6000년 전에 창조되었다거나 오늘날 우리가 보는 형태로 인간과 동물이 태초에 창조되었다는 성서의 이야기도 이제는 합리적인 신념의 대상이 될 수 없다. 그리고 미래 어느 날 죽었던 모든 인간의 송장들이 하느님의 심판을 받기 위해 건강한 몸으로 되살아날 것이라는 기대도 별로 바람직한 것일 수 없다.[24]

이런 상황에서 보수주의자들은 아직도 과학에 대한 종교의 선험적 우위성을 주장하며, 과학만능주의자들은 오히려 종교에 대한 과학의 현실적 우위성을 주장한다. 그러나 존 힉은 '과학적 지식'은 '종교적 주장'의 영역 밖에 있기 때문에 과학은 종교를 긍정할 수도 없고 부정할 수도 없다는 신중론을 주장한다.

만약 하느님의 실재를 믿는다는 것이 전과학적인 시대의 모든 문화적 가정까지 믿는 것이라면, 우리의 종교적 믿음은 전혀 근거가 없다. 그러나 만약 (많은 현대 신학자들이 생각하듯이) 하느님이 인간에게 충분한 자율성을 주어서 인간의 자유 의지에 따라 창조주와의 관계를 맺을 수 있는 '중성적인 장소'로 세상을 창조했다면, 우리의 믿음은 전혀 근거가 없는 것이 아닐 수도 있다.
후자의 입장에서 보면, 하느님은 인간에게 일정한 거리 혹은 여백을 주었으며, 인간은 그 거리 혹은 여백에 의하여 ― 비록 상대적이고 제한적이기는 하지만 ― 스스로 책임감 있는 인격체로 살 수 있는 자유를 갖게 된 것이다.[25]

그러나 21세기는 이런 종교와 과학의 싸움조차 허락하지 않을 정도로 정보화 사회가 될 것이다. 그래서 배국원은 21세기가 지금까지의 공간 · 현실 · 현존 · 본문의 개념을 전자 공간(cyberspace) ·

---

24) 같은 책, p.84.
25) 같은 책, p.86.

가상 현실(virtual reality)·원격 현존(telepresence)·중복 본문(hypertext)으로 대체될 것이라고 말하면서, 새 시대가 몰고올 물리주의(physicalism)의 문제점을 이렇게 우려한다.

이른바 물리주의가 득세하면, 모든 종교적 견해들은 결국 물리화학적 신경 반응으로 환원·축소되어 설명될 수 있을 것이다. 열반 적정의 공허함을 흠모하는 불교도와 브라만의 신비로운 합일을 열망하는 힌두교도와의 차이는 결국 그들의 뇌의 분비물과 구조로 설명될 수도 있을 것이며, 다듬어진 예배 격식을 통해 신성을 추구하는 성공회 교인과 하늘로부터 내려오는 뜨거운 방언의 불을 추구하는 순복음교회 교인의 차이도 역시 그들의 뇌의 어느 한 구석에 숨어 있는 비밀일 수도 있을 것이다.

이런 환원주의적 설명보다 더 위험한 것이 있다. 그것은 어쩌면 사랑·미움·분노·그리움 등 인간 고유의 정서마저도 대리 경험할 수 있는 테크놀로지가 출현할지도 모른다는 사실이다. 마치 게보린 한 알 사서 먹으면 통증이 사라지듯이, 이제 약국에서 사랑약 한 알이나 그리움 드링크 한 병을 사먹으면 애인도 필요 없는 세상이 올지도 모른다. 정말 그러다간 열반 드링크나 은혜 주스와 같은 것을 팔고 사게 될지도 모른다. 그러면, 이미 오래 전에 헉슬리가 경고했던 것처럼, 시뮬라시옹으로 가득 찬『멋진 신세계』는 결국 기술 문명이 이룩한 천국(utopia)이 아닌 지옥(dystopia)이 될 수도 있다.[26]

현재 이 문제를 활발하게 토론하고 있는 학계의 일반적인 경향을 보면, 대부분의 학자들이 정신주의보다는 어느 정도 물리주의에 경도되어 있는 것은 사실이지만 이런 극단적인 물리주의에 빠질 위험은 별로 없는 듯하다. 그러나 현재 과학철학자들은 컴퓨터의 마음·인간의 마음·신의 마음을 거의 동일선상에 놓고 토론하

26) 배국원, 「현대 영미 종교철학의 연구 경향과 과제」, 원광대학교 편,『종교철학연구』, 1996, pp.88-89.

고 있는 실정이다. 예를 들어서 소흥열의 『자연주의적 유신론』의 부제는 신기하게도 '우주의 마음·사람의 마음·컴퓨터의 마음'이다.[27] 이런 상황에서 종교변호학자·종교학자·종교철학자는 새로운 정보 과학의 끔찍한 영향력을 완전히 회피할 수는 없을 것이며, 그래서 이제 그들은 정말 진지한 자세로 이른바 N 세대로 대표되는 21세기의 화두를 진지하게 토론해야 할 것이다. 배국원은 이런 과학의 영향을 세 가지로 정리한다.

첫째, 모든 종교에 대한 정보량이 엄청나게 증가될 것이다. "1세기 전에 비해서, 아니 불과 10년 전에 비해서, 서구인들은 다른 종교들에 대하여 놀랄 만큼 많이 알게 되었다. 여러 종교들의 주요 경전이 거의 다 번역되어 서점에서 일반 독자들을 기다리고 있다. 불교의 경우, 영어로 번역된 불경이 한국어로 번역된 불경보다 더 많을 정도다. 일본 불교의 고전들과 티베트의 비의서(秘義書)들이 번역되고 있는 현 상황을 가리켜 '법륜(法輪)의 큰 바퀴가 세 번째 구르기 시작했다'고 말하는 것도 과장만은 아니다. 경전뿐만 아니라 각 종교의 주요한 주석서, 철학적 저서들도 앞다투어 번역되고 있다. 중국의 경우에 주희·왕양명 등은 물론이며 왕필·소강절 등의 저서까지도 상세한 주석을 곁들인 번역들이 선보이고 있다."[28]

둘째, 정보의 양적 증가는 학자들에게 전통적으로 내려온 사상을 새로운 각도에서 바라보도록 강요할 것이다.

아리스토텔레스와 아퀴나스만 읽고 덕을 논하는 시대는 끝나고, 맹자와 퇴계의 덕론이 참조되는 시기가 되었다. 프레게와 러쎌의 수리논리에만 관심 있던 논리학자가 승론(勝論)과 정리(正理) 학파의 논리

---

27) 소흥열, 『자연주의적 유신론 — 우주의 마음·사람의 마음·컴퓨터의 마음』, 서광사, 1992.
28) 배국원, 앞의 글, p.81.

에 눈을 돌리고, 후설과 하이데거의 현상학이 용수(龍樹)의 중론과 세친(世親)의 유식론을 통해 새롭게 해석될 수도 있다. 마틴 루터의 '오직 믿음으로!'는 신란(新鸞)의 '오직 아미타에 귀의함으로!'와 바이슈나 신도들의 '오직 크리슈나에 대한 헌신만으로!'의 도전을 받게 되었다.

이렇게 종교철학자들은 신에 대한 심각한 사색이 전 세계와 전 세기에 걸쳐 진행되어 왔다는 평범한 진리를 발견하여 새삼 놀라고 있다. 잘 모르던 시절에는 그저 조잡한 미신이라고만 치부했던 이방 종교들에도 상카라·라마누자·알 가잘리·루미 등과 같은 심오한 사상가들의 철학적 유산이 숨어 있다는 것을 알게 되었다.[29]

셋째, 정보의 증가와 새로운 자각은 다시 서양 종교철학의 고립성을 더욱 선명하게 드러내놓게 될 것이다. 앞으로 사람들은 정보와 지식을 동일시하게 될 것이며, 종교에 대한 전통적인 문제들도 종교에 대한 여러 가지 정보 중에 하나로 인식하게 될 것이기 때문이다.

그러면 종교변호학, 종교학, 종교철학은 각각 이러한 정보화 사회의 무차별적인 세례로부터 구체적으로 어떤 영향을 받을 것인가. 그리고 그들은 거기에 대하여 어떻게 대처할 것인가.

첫째로 종교변호학, 종교학, 종교철학 중에서 과학이라는 21세기의 화두에 가장 민감하게 위협을 느끼는 분야는 아무래도 종교변호학이 될 것이다. 우선 기독교·불교·유교를 포함한 대부분의 세계 종교의 경전은 일단 반과학적인 당시의 우주관을 배경으로 성립되었으며, 그래서 오늘날 우리는 그 경전들을 어떻게 새로운 시대에 맞게 읽어야 하느냐는 해석학의 문제가 제기될 수밖에 없기 때문이다. 예를 들면 불투만의 비신화론도 이런 시도에서 출발한 것이며, 오늘날 기독교에서 전통 신학을 대신할 수 있는 담론신학·과격한 해석학·후기 자유 신학·해체 신학 등을 활발히 토

29) 같은 글, p.82.

론하고 있는 이유도 여기에 있다.

이제 우리는 21세기 신과학의 세례를 완전히 벗어날 수 없다. 우리가 아무리 "자연으로 돌아가라!"는 루소의 말을 외쳐도 냉장고와 텔레비전과 컴퓨터 없이는 살 수 없으며, 우리가 아무리 정신·본체계·실재를 외쳐도 "이제는 디지털이다!"라는 네그로폰테 교수의 선언에서 완전히 벗어날 수는 없다.[30]

우리는 정보화 시대에 대한 이런 태도를 최근에 발생한 신종교에서 쉽게 발견할 수 있다. 예를 들어서 원불교는 "물질을 개벽하여 정신을 개벽하라"고 주장하고, 통일교는 더욱 적극적으로 '종교의 과학화, 과학의 종교화'를 주장한다. 이런 경향은 나의 젊었을 때 상식으로는 상상조차 할 수 없는 일이다.

물론 정보화에 대한 종교변호학자들의 태도가 모두 이렇게 '컴퓨터의 마음'을 수용하는 쪽으로 진전되지는 않을 것이며, 오히려 반과학적으로 나타날 수도 있다. 즉, 비트겐슈타인적 혹은 일반적 신앙우월주의 형태로 나타날 수도 있다.[31] 그러나 대부분의 종교변호학자들은 자신의 입장을 새 시대에 맞게 정리하는 과정에서 어느 경우에는 정체성의 위기까지 맛보게 될 것이다.

둘째로 여기에 비하여 종교학자는 정보화 시대로부터 그렇게 엄청난 충격을 받지는 않을 것이다. 오히려 역사 속에 나타난 종교현상을 연구하는 종교학자는 컴퓨터·인터넷·이메일 등의 신형 기계들의 도움을 받게 될 것이다. 이런 뜻에서 종교학의 미래는 종교변호학이나 종교철학보다 훨씬 밝다고 할 수 있다.

셋째로 종교철학은 정보화 사회로부터 의외로 큰 충격을 받을

---

30) 같은 글, p.88 각주 (Nicholas Negroponte, *Being Digital*, Vintage Books, New York, 1995).
31) 요즘 새롭게 대두되고 있는 신앙형태주의가 과연 비트겐슈타인 사상과 양립할 수 있느냐는 문제에 대해서는 다음을 참조할 것. 황필호, 『서양종교철학 산책』, 집문당, 1996, pp.325-342.

것이다. 지금까지 종교철학자는 종교 교리 자체를 텍스트로 삼아 왔으며 또한 그 텍스트에 접근하는 방식이 객관적이라는 미명 아래 '안락의자의 철학'에 만족하고 있었다. 그러나 이제 생명의 문제·신 존재의 문제·삼사라와 니르바나의 문제·악의 문제뿐만 아니라 종교철학이 자랑하는 현상학적 방법과 분석학적 방법 자체에 대한 도전을 받게 되었다. 이런 뜻에서 정보화 시대가 종교철학에 주는 영향력은 종교변호학에 대한 것보다 결코 적지 않을 것이다. 최근에 정신과 영혼의 문제와 '타인의 마음'의 문제가 전혀 새로운 방향에서 모색되고 있는 이유도 여기에 있으며, 이런 작업은 이미 이론적인 측면에서 반증거주의·반기초주의·해체주의 등의 이름으로 활발히 거론되고 있는 실정이다.

그러나 내가 여기서 가장 염려하는 것은, 정보화 사회가 종교에게 줄 긍정적인 영향이나 부정적인 영향이 아니다. 긍정적인 영향은 당연히 긍정적인 결과를 생산할 것이며, 부정적인 영향에 대하여는 종교인들이 거기에 맞설 대응책을 새롭게 추구할 것이다.

내가 가장 염려하는 것은 21세기의 정보화 사회가 모든 종교에 대한 극도의 무관심을 조장하게 되리라는 것이다. 무관심은 증오보다 무서운 것이다. 틸리히는 이미 이런 사실을 일본의 경우를 들어 설명하면서, 이런 무관심은 종교가 테크놀로지의 침략에 대항할 준비가 전혀 되어 있지 않았기 때문이라고 말한다.

일본에서 활약하는 기독교 선교사들에 의하면, 그들은 모든 종교에 대한 엄청난 무관심을 불교나 신도(神道)보다 더욱 염려한다는 것이다. 실제로 이런 현상은 19세기 후반의 유럽에도 있었다. 당시 10만 명이 모일 수 있는 동베를린의 주일 예배에는 대개 100여 명이 참석했는데, 그것도 남자와 젊은이가 빠진 늙은 여성들이었다. 기독교가 테크놀로지의 침략과 거기에 수반된 세속화 경향에 대항할 준비가 전혀 되어 있지 않았기 때문이었다. 그런데 이런 현상이 현재 일본에서 벌어지고 있는 것이다.

　이런 진단은 동유럽의 동방정교회나 중국의 유교·도교·불교에도
그대로 적용되며, 약간의 예외가 있긴 하지만 인도의 힌두교와 아프리
카의 부족 종교에도 그대로 해당되며, 더욱 많은 예외가 있겠으나 이슬
람 국가들에도 그대로 적용된다.[32]

　틸리히가 이 글을 발표한 것은 1963년이며, 그것은 원래 1961년
미국의 뱀프톤 강연(Bampton Lecture)에서 한 말이다. 그로부터
세월은 굉장히 흘렀으며, 우리가 맞이할 21세기는 전혀 다른 세상
이 될 것이다. 더구나 요즘에는 쌍둥이 사이에도 세대 차이를 느낀
다고 할 정도로 빨리 변하고 있지 않은가. 하여간 과학의 시대가
되었다. 종교변호학자, 종교학자, 종교철학자는 이 엄연한 현실을
잊지 말아야 한다.

5. 맺음말

　지금까지의 고찰을 근거로 해서 보면, 종교변호학의 한 분야로
어떤 종교를 가르치는 경우와 종교학의 한 분야로 가르치는 경우
는 학습 범위·학습 방법·학습 목적 등에서 완전히 서로 구분되
어야 할 것이며, 또한 종교학의 일부로 가르치는 경우와 철학의 일
부로 가르치는 경우도 엄격히 구별되어야 할 것이다. 그럼에도 현
재 우리나라에서는 이 두 구별이 전혀 실천되지 않고 있다.

　우선 대부분의 신학교, 유학대학, 불교대학에서 내거는 종교학
이나 종교철학은 실제로 종교변호학일 뿐이다. 또한 우리나라 대

---

32) Paul Tillich, *Christianity and the Encounter of the World Religions*,
Columbia University Press, New York, 1963, pp.12-13.

부분의 종교학과에서 가르치는 기독교·불교·유교 등도 ─ 종교변호학의 범주는 대체로 벗어나 있으면서도 ─ 실제로는 철학과에서 가르치는 내용과 전혀 다르지 않다. 이제 우리는 종교학으로서의 기독교학·불교학·유교학과 철학으로서의 기독교학·불교학·유교학은 엄연히 다르다는 사실을 잊지 말아야 할 것이다.

쉽게 말해서, 동국대학교 불교대학에서 가르치는 불교학과 서울대학교 종교학과에서 가르치는 불교학은 동일하지 않으며, 성균관대학교 유학대학에서 가르치는 유학과 서강대학교 종교학과에서 가르치는 유학은 동일하지 않으며, 신학교에서 가르치는 기독교와 종교학과에서 가르치는 기독교는 동일하지 않다.

앞으로 종교에 대한 모든 학문이 진정 '인간에 대한 가장 통정(統整)된 이해의 장(章)을 열 수 있는 학문'이 되기 위하여,[33] 우리 종교변호학자와 종교학자와 종교철학자는 다같이 서로 협력하여 매진해야 할 것이다.

---

33) 정진홍, 「종교학연구회 창립에 즈음하여」, 『종교학 연구』, 제1집, 1978. p.91. Cf. 여기서 말하는 '통정'이란 모든 개념을 명확히 하고, 단정(斷定)·상호(相互)의 관계를 밀접하게 하여 지식의 체계를 통일적인 유기체로 조작하는 과정을 말하는데, 일반적으로 논리학에서는 정의·분류·논증의 세 단계를 거친다.

제 4 장
한국 종교학의 오늘과 내일

1. 머리말

한국의 종교학계를 대표하는 한국종교학회는 오늘날 거대한 조직으로 자리잡고 있으며, 또한 그 업적도 결코 간과될 수 없을 정도가 되었다. 우선 그 안에는 불교·유교·기독교·도교·이슬람교·무교·인도 종교·한국 종교·신종교 분과가 있으며, 또한 종교사회학·종교심리학·종교철학·종교현상학·종교와 여성 분과가 있다. 그리고 학회는 매년 두 번의 발표회를 개최하고 있으며, 학회의 기관지인『종교 연구』를 매년 4회 발간하고 있다. 또한 서울대학교와 서강대학교에만 존재했던 종교학과는 현재 전국의 대학에서 더욱 확대되고 있으며, 일반 학생들도 종교학에 대한 선호도가 점점 증가되고 있다.

그럼에도 한국 종교학계는 여러 가지 문제점을 안고 있다. 우선 종교학 연구사의 시대 구분이 학자에 따라 제각각이고, 아직도 한

국의 종교학이 신학의 그늘로부터 완전히 벗어나지 못하고 있다고
주장하는 학자들이 굉장히 많다. 더구나 최근에는 학부제가 실시
되어 종교학은 이제 1~2학년의 교양 과목으로는 그런 대로 인기
를 누리고 있지만 3~4학년으로 올라가면 종교학을 전공하는 학생
들이 계속 줄어들고 있는 실정이다. 윤승룡은 1994년에 발표한 글
에서 이렇게 말한다.

> 우리 사회를 돌아보면, 종교가 유례 없이 번창하고 있을 뿐만 아니라
> 그 사회적인 영향력 또한 상당함을 쉽게 발견할 수 있다. 그러나 그것을
> 탐구하는 종교학은 제자리를 잡기는커녕 오히려 사회적 역할과 기능이
> 점점 축소되고, 내용 면에서도 갈수록 보잘것없게 되어, 다른 학문의
> 보조 학문으로 전락하고 있는 것이 현실이다.[1]

나는 이런 문제점들을 염두에 두고 제2절에서 한국 종교학 연구
사의 시대 구분을 생각해보겠다. 한국의 종교학이 이미 1945년 해
방 이전에 시작되었으며 또한 당시에 이미 괄목할 만한 성과를 남
기고 있다는 사실에 대해서는 대부분의 학자들이 인정하고 있다.
그럼에도 세부적인 시대 구분에 들어가서는 이 시기를 생략하고
해방 이후부터 시작하는 학자들이 없지 않다. 아마도 한국 종교학
이라면 당연히 한국인에 의한 연구에 한정해야 한다고 생각하기
때문일 것이다. 그러나 한국 종교에 대한 연구라면 우리는 당연히
그것을 모두 한국 종교학 연구사에 포함해야 할 것이다. 그 학문의
주체가 어느 나라 사람이냐는 것은 절대로 판단의 근거가 될 수
없다. 학문에서의 국수주의는 이제 추방되어야 한다.
나는 제3절에서 한국 종교학의 시대별 특성을 제1기의 태동기,

---

1) 윤승룡, 「한국종교사 서술에 대한 제언」, 『한국종교연구회 회보』, 제5호, 1994,
p.41. (강돈구, 「한국 종교학의 회고와 전망」, 한국정신문화연구원, 『정신 문화 연
구』, 통권 58호, 1995, p.37에서 재인용.)

제2기의 갈등기, 제3기의 발전기로 나누어 토론하겠다. 제1기는 한국 종교학이 시작된 시기지만 주로 일본인 학자들이 주동이 되었다는 특성을 가지고 있으며, 제2기는 기독교 신학과의 지속적인 갈등 속에서 유지되었다는 특성을 가지고 있으며, 제3기는 한국 종교학이 주로 엘리아데와 캔트웰 스미스의 이론에 의지해서 발전했다는 특성을 가지고 있다.

나는 제4절에서 지금까지의 토론을 배경으로 해서 앞으로 전개될 제4기 한국 종교학을 전망해보겠다. 어느 학자는 이 시기가 종교학의 성숙기가 될 것으로 전망하고, 어느 학자는 전환기가 될 것으로 전망한다. 후자를 지지하는 강돈구는 "현재 한국 종교학은 성숙기에 있는 것이 아니라 전환기에 있다"고 단정하면서[2] 그 이유로는 지금까지 한국 종교학자들이 — 실제로는 존재하지도 않는 — 종교학 특유의 방법론을 찾는다는 미명 아래 종교학의 정체성조차 제대로 확립하지 못했다는 것이다.

나는 강돈구의 주장에 대체로 동의한다. 물론 종교학의 방법론은 종교변호학의 방법론이나 종교철학의 방법론과는 다를 수밖에 없지만, 그렇다고 해서 인문학문의 한 분야인 종교학의 방법론이 다른 인문학문들의 방법론과 전혀 상이한 독특한 방법론이 될 수는 없을 것이다. 그러나 내가 한국 종교학의 제4기가 성숙기보다는 전환기가 될 것이라고 믿는 더욱 큰 이유는 아직도 한국의 종교학이 한국적 종교학의 모형을 제대로 제시하지 못하고 있기 때문이며, 그래서 예를 들면 과거의 한국인 종교학자들에 대한 우리 한국인 학자들의 성숙한 견해는 꽤 오랜 시간이 지난 다음에야 가능할 것이라고 믿는다.

---

2) 강돈구, 같은 글, p.57.

2. 한국 종교학의 시대 구분

당연한 말이 되겠지만, 한국 종교학 연구사의 시대 구분은 학자에 따라 동일하지 않다. 정진홍은 서울대학교 개교 40주년을 맞이하여 서울대학교 종교학과를 중심으로 한 한국 종교학의 역사를 살핀 글에서 한국 종교학의 역사를 세 시기로 구분한다. 첫째는 일제의 식민지 통치 정책의 수립을 위한 목적으로 전개된 시기며, 둘째는 해방부터 1960년에 이르는 신학화된 종교학의 시기며, 셋째는 서구의 종교 전통과 동양의 종교 전통이 비교적 균형 있게 연구되었으며 또한 역사적 방법과 현상학적 방법이 어느 정도 조화를 이루었던 1970~1980년대의 시기다.[3)

윤이흠은 한국 종교학의 역사에서 일제 시대를 빼고, 해방 이후를 다시 세 시기로 구분한다. 첫째는 1950년대 말부터 시작된 장병길 교수에 의해 종교학이 독립된 학문으로 뿌리를 내리기 시작한 시기며, 둘째는 종교학의 독자성을 주장하는 종교현상학이 수용되고 전개된 1970년대의 시기며, 셋째는 종교현상학의 독주 상황을 벗어나 종교학적 관심이 다양화된 1980년대의 시기다.[4] 그러나 윤승룡은 한국 종교학의 역사를 1970년대 이전과 이후로 구분한다. 첫째는 개별 교학과 신학을 가르치면서 그것들을 기독교를 기준으로 비교하는 비교 종교학이 주류를 이루었던 1970년대 이전의 시기며, 둘째는 엘리아데의 종교학이 소개되어 종교학을 독자적으로 전개시킨 1970년대 이후의 시기다.[5]

---

3) 정진홍, 「철학·종교학·미학의 회고와 전망」, 『서울대학교 학문 연구 40년(1) — 총괄·인문사회과학』, 서울대, 1987.
4) 윤이흠, 「종교학 연구의 현황과 과제」, 『한국 종교 연구 Ⅰ』, 집문당, 1986, pp.71-81 ; 「한국 현대 종교학의 흐름과 전망」, 『한국 종교 연구 Ⅱ』, 집문당, 1989, pp.15-32.
5) 윤승룡, 앞의 글, p.41.

이상 학자들의 견해를 정리한 강돈구는 한국 종교학의 역사를 광복 이전과 이후로 구분하고, 후자를 다시 세 시기로 구분한다. 첫째는 1945~1960년대의 제1기며, 둘째는 1970~1990년대의 제2기며, 셋째는 1990년 이후의 제3기다. 그는 첫째 시기를 신학으로부터의 탈피기, 둘째 시기를 종교현상학의 수용 이후부터 시작된 한국 종교학의 정착기, 앞으로 전개될 셋째 시기를 — 쇠퇴기나 성숙기가 아닌 — 전환기로 특징짓는다.6) 그러나 이진구는 광복 이전과 이후의 구별 없이 한국 종교학을 네 시기로 구분한다. 첫째는 광복 이전에 있었던 자료 축적의 시기며, 둘째는 광복 이후부터 1950년대에 이르는 기독교 신학의 시기며, 셋째는 1960~1970년대에 이르는 기독교 신학과 종교학의 갈등 시기며, 넷째는 1980~1990년대에 이르는 종교학 다변화의 시기다.7)

여기서 우리는 두 가지 문제를 토론할 필요가 있다. 첫째는 광복 이전의 업적을 한국 종교학의 제1기로 간주할 것이냐는 문제며, 둘째는 광복 이후부터 1990년대까지를 한 시기로 보느냐 혹은 두 시기로 보느냐는 문제다.

첫째, 이미 말했듯이 광복 이전에 이미 일본인 학자들에 의한 종교학적 업적이 꽤 진전되어 있었다는 사실은 대부분의 학자들이 인정하고 있다. 그래서 그 시기를 한국 종교학사에서 완전히 제거할 수는 없다. 그러나 그 시기를 한국 종교학사의 제1기로 볼 것인가 혹은 그것을 광복 이전과 이후로 구분하고 광복 이후의 업적을 제1기로 볼 것인가 하는 문제는 아직도 해결되지 않고 있다.

물론 당시의 종교학은 한국 통치를 정당화시키려는 의도에서 진행되었다. 그러나 강돈구는 이런 지적이 사실이 아니라고 할 수는

---

6) 강돈구, 앞의 글, p.38.
7) 이진구, 「종교학의 전개」, 대한민국학술원 편, 『한국의 학술 연구 — 서양철학 · 미학 · 종교학』, 2000, pp.285-296.

없겠지만, 이제는 이런 견해가 소위 '식민지 콤플렉스'에 의한 것일 수도 있다고 말한다.

그 당시 일본 종교학은 서구 어느 나라의 종교학보다 오히려 종교학의 정체성이나 종교 이론 분야에 많은 관심을 보였다. 종교학 개론서나 세계 종교사에 관한 책들의 수를 보거나 또는『종교 연구』라는 학회지가 이미 1925년부터 계속해서 출간되었다는 사실은, 일본 종교학이 서구 종교학 못지 않은 수준을 지니고 있었다는 점을 보여준다.

게다가 경성제대에서 종교학 강의를 담당하였던 아카마츠(赤松智城)가 일본 종교학의 중진이었다는 점을 감안할 때 경성제대의 종교학 수준도 꽤 높았을 것으로 추정된다. 따라서 아카마츠의 연구 업적이 주로 조선의 무속과 조선의 민간 신앙이었다는 사실만으로, 당시의 종교학이 민속학의 아류였다거나 또는 일제의 관제 학문이었다고 보는 견해는 성급한 주장이라고 생각한다. 이러한 견해는 무속과 민간 신앙을 연구하는 것은 민속학이고, 종교학은 이와 다르다는 의미를 지니며, 그래서 그런 견해는 본의 아니게 종교학의 분야를 축소시키는 결과를 초래할 수 있기 때문이다.

일제 하의 종교학은 비록 일본인 학자이기는 하였지만 아카마츠를 중심으로 종교학의 정체성이나 종교 이론 분야에도 적절한 관심을 지닌 채, 무속을 비롯한 민간 신앙 분야에 우선적인 관심을 지니고 있었다. 우리는 광복 이후의 한국 종교학의 전개 과정을 살피면서 오히려 일제 하의 종교학이 광복 이후의 한국 종교학과 직접 연계되지 못한 사실을 아쉽게 생각해야 할 것이다.[8]

그러나 이렇게 주장한 강돈구는 오히려 이 시기를 한국 종교학의 제1기로 간주하지 않는다. 그러나 나는 이 시기를 한국 종교학의 제1기(태동기)로 인정해야 한다고 믿는다. 정치적 시기 구분과 학문적 시기 구분은 항상 동일하지 않으며, 학문의 시기 설정은 학

---

8) 강돈구, 앞의 글, pp.40-41.

문의 주체보다는 대상을 위주로 판단되어야 하기 때문이다. 여기서는 '누구'보다 '무엇'이 더욱 중요하다.

둘째, 학자들은 1945~1990년대를 둘로 나누기도 하고 셋으로 나누기도 한다. 정진홍・윤승룡・강돈구는 전자에 속하고, 윤이흠・이진구는 후자에 속한다. 이 문제에 대하여 나는 1945년부터 1970년대까지를 제2기(갈등기)로 보고, 1980년대부터 1990년대를 제3기(발전기)로 보아야 한다고 믿는다. 제2기의 한국 종교학은 아예 기독교 신학으로 인정받고 있던 명목상의 종교학 연구에서 점차 기독교와 갈등을 일으키면서 자신의 정체성을 찾게 되었고, 제3기에 들어와서 한국 종교학은 한 단계 높이 발전했다고 볼 수 있기 때문이다.

3. 한국 종교학의 시대별 특성

1) 제1기(1927~1945) ― 태동기

"한국 종교학은 일제하의 경성제국대학에서 처음으로 독자적인 학문으로 자리를 잡았다. 이를 계기로 종교는 특정 종교나 특정 세계관이 지니고 있는 선험적 당위성의 맥락을 벗어나 인간의 문화현상, 곧 사회적 및 역사적 현상으로 전개되면서 종교를 학문적으로 연구하기 시작한 것이다."[9] 강돈구는 이렇게 말한다.

일제 하 한국 종교학의 상황을 이해하기 위해서는 먼저 당시 일본 종교학의 상황을 살피는 것이 필요하다. 구라파 몇몇 대학에서 종교학이 강의되기 시작한 것은 1870년대부터다. 그리고 독일의 베를린대학에

---

9) 이진구, 앞의 글, p.285.

종교학 강의가 개설된 것은 1912년의 일이다. 이렇게 보면, 1887년에 이미 일본에서 종교학 강의가 개설되었다는 사실은 일본 종교학의 역사가 꽤 오래되었다는 점을 말해준다.

일본에서 종교학 강의가 개설된 것은 1887년에 井上圓了가 철학관(哲學館)을 창립하고 종교학을 강의한 것이 시초다. 이어서 1905년에 동경제대 문과대학에 姉崎政治가 담당하는 종교학 강좌가 개설되었고, 1912년에는 종교학 연구실이 창설되었다. 약간의 변천 과정이 있었지만 동경제대 종교학 연구실에서 강의되었던 교과목으로는 종교학, 종교사, 종교철학, 불교, 신도, 기독교, 종교심리학, 종교사회학, 종교민족학 등이 있었다. 그리고 동경제대 종교학 연구실은 1930년 종교학 강좌 개설 25주년 기념 사업의 일환으로 「종교학 논집」(1930년), 「종교학 기요」(1932년), 「구미종교학 논집」(1934년)을 발간하였다.

또한 동경제대 종교학 연구실을 중심으로 1916년부터 학회가 결성되어 1925년에 「종교 연구」 제1권을 발행하였다. 1920년대 후반부터 이미 이 잡지를 통해서 종교학의 정체성이나 종교 이론에 관한 논문들이 발표되기 시작했다. 동경제대 이외에도 일본에서는 1906년에 경도제대, 1922년에 동북제대, 1925년에 구주제대에 종교학 강좌가 개설되었고, 우리나라에 있던 경성제대에는 1927년에 개설되었다.[10]

이진구는 제1기의 업적을 세 가지로 제시한다.

첫째, 당시 경성제대의 종교학은 아카마츠를 중심으로 전개되었는데, 그는 총독부의 지원을 받아서 한국 종교에 대한 광범위한 현지 조사를 했다. 물론 그것은 식민 통치를 위한 목적에서 진행된 것이지만 우리는 그가 남긴 학문적 업적을 부정할 수 없다. 그의 조사 내용이 지금도 중요한 기초 자료로 사용되고 있기 때문이다. 특히 그가 종교에 대한 종교학적 관심을 펴면서 종교학의 정체성에 대한 일정한 견해를 구축했다는 사실, 그리고 기존의 여러 종교

---

10) 강돈구, 앞의 글, pp.38-39.

이론에 대한 정통한 지식과 관심을 지속적으로 발전시키고 유지했다는 점은 한국 종교학과 관련하여 주목해야 할 사항이다.11)

둘째, 우리가 주목해야 할 이 시기의 또 다른 분야는 구미 선교사들과 민족주의 지식들이 가지고 있던 한국 전통 종교에 대한 연구다. 그들은 각각 선교와 민족의 정체성 찾기라는 전혀 상반된 목적을 가지고 있었지만, 그들의 업적은 오늘날 중요한 자료로 인정받고 있다.

셋째, 이들과는 전혀 다른 자리에서 한국 종교 전반에 대하여 체계적으로 연구한 학자로는 재가 불교인이면서 조선사편수위원회 위원이었던 이능화가 있다. 그는 『조선불교통사』(1918), 『조선해어화사(朝鮮解語花史)』(1927), 『조선무속고(朝鮮巫俗考)』(1927), 『조선여속고(朝鮮女俗考)』(1927), 『조선 기독교 외교사』(1928), 『조선도교사』(1959, 영인본) 등의 방대한 저작을 남겼다.

"물론 이 저작들은 당시 서구 종교학 또는 현대적인 의미에서의 종교학적 방법론을 활용하여 이루어진 것이 아니었다. 하지만, 특정한 선교 신학이나 교학(教學)의 입장을 벗어나서 방대한 자료를 일정한 논리적 틀을 갖춘 체계적인 방식으로 정리했다는 것은 매우 중요한 의미를 지닌다. 1993년에 한국종교학회가 '이능화의 종교사학(宗教史學)'이라는 주제를 설정하여 1년간 그의 저작을 집중적으로 조명한 것은 우연이 아니다. 그것은 한국의 종교학이 비롯했음을 확인할 수 있는 그의 창조적 학문 태도와 방법론을 탐색하려는 것이었다. 그 결과는 더 많은 추가 연구에 의하여 명료화될 것이지만, 그의 업적이 한국의 종교학을 위한 중요한 이정표를 마련하고 있다는 사실은 의심의 여지가 없다."12)

---

11) 이진구, 앞의 글, p.286.
12) 같은 글, p.287.

2) 제2기(1945~1970) — 갈등기

이 시기는 다시 한국 종교학이 기독교 신학에 의해 완전히 압도되었던 전기, 신학과 갈등의 관계에 있던 중기, 이른바 세계 종교사와 한국 종교사가 서울대학교 종교학과에 설립된 후기로 나눌 수 있다. 실제로 1960년대 초에는 서울대학교 종교학과에 기독교가 아닌 불교·유교·도교의 교과목이 설치되었으며, 1972년에는 우리나라에서 최초로 1969년에 설립된 '한국종교학회'가 『한국종교학』을 창간했으며, 1978년에는 신학의 입장을 벗어나 엄밀한 객관적 종교학을 지향한 소장 학자들로 구성된 '종교학연구회'가 『종교학 연구』라는 학술지를 창간했으며, 1975년에는 장병길이 『종교학개론』을 발행하여 한국 최초의 종교학 개설서가 되었다.

이 시기에 이루어진 중요한 노작들은 1957년에 서울대학교 종교학과 교수로 부임한 장병길에 의해 이루어졌다. "그에 의하여 한국 종교학은 비로소 특정 종교에 대한 선험적 인식을 벗어나 그 현상을 경험적으로 접근하는 역할을 수행하기 시작했다."[13] 당시 장병길이 남긴 "신앙에서 학문을 찾지 말고, 학문에서 신앙을 찾으라!"는 격언은 오늘날 한국 종교학계의 고전이 되었다.[14]

우리는 이 시기의 특성을 몇 가지로 정리할 수 있다.

첫째, 이미 말했듯이 종교학이 오늘날의 교과목과 유사한 체제를 잡기 시작한 것은 1960년대 후반이며, 이때 종교학의 기반은 적어도 외형적으로는 정립된 것과 같은 인상을 준다. "그러나 실제적으로는 여전히 기독교 신학의 분위기가 지속되고 있었다. 그렇기 때문에 이러한 교과 과정의 변화는 신학과 종교학 간의 갈등을 수

---

13) 같은 글, p.289.
14) Cf. 황필호, 「장병길 은사님께 드립니다」, 한모음회 편, 『어둠이 깊을수록 등불은 빛난다』, 제삼기획, 1994, pp.268-273.

반하면서 이루어진 것이었다. 그런데 이러한 갈등은 예상할 수 있는 생산적인 결과를 가져오기에는 지나치게 소박하고 원초적이었다. 그러므로 학문적 경쟁을 통한 생산적 성과보다는 정체성을 확보하려는 비생산적 갈등으로 인하여, 종교학은 교과 과정을 통한 선언적 자구책을 모색하는 단계에 머물러 학문적 성과를 거둘 수 없었다. 이와 아울러 각 기독교 교단의 신학대학들이 설립되면서 신학 지향적 학문을 종교학의 내용으로 삼았던 서울대학교의 교과 과정의 의미는 상대적으로 약화되었다."15)

둘째, 당시의 "한국 종교학은 전체적으로 기독교 신학과 종교학이 함께 공존했던 것으로 볼 수 있는데, 이때의 종교학은 일본 종교학으로부터 영향 받은 종교학이었다. 일본 종교학은 서구의 종교학과 달리 기본적으로 기독교 신학과의 갈등 경험이 없이 형성된 종교학이었다. 게다가 그 당시의 한국 기독교 신학은 근본주의 입장을 고수하는 매우 보수주의적인 신학이었다. 이런 상황에서 한국 종교학이 기독교 신학으로부터 탈피해가는 과정은 매우 힘들 수밖에 없었다. 어느 종교학자는 서구 종교학의 역사 100년을 기독교 신학으로부터의 탈피 과정으로 정리한다. 이렇게 보면 한국 종교학이 기독교 신학으로부터 탈피하는 데 걸린 20~30여 년은 결코 긴 시간이 아니며, 그 당시 이를 주도한 장병길 교수의 업적은 결코 과소평가할 수 없다."16)

3) 제3기(1980~1990년대) — 발전기

1980년 이후의 한국 종교학은 실로 여러 분야의 업적을 생산했다. 이미 언급한 장병길의 『종교학 개론』에 뒤이어 황선명과 이은

---

15) 이진구, 앞의 글, p.289.
16) 강돈구, 앞의 글, p.43.

봉이 종교학 개론서를 출판했으며, 스트렝(F. J. Streng)·기시모토(岸本英夫), 스마트(N. Smart)·콤스톡(W. R. Comstock)·바흐(J. Wach)·샤프(E. Sharpe)·노스(John Noss) 등의 종교학 개론서가 번역되었고, 한국종교연구회는『세계 종교사 입문』을 출판했으며, 김승혜와 김용환은 각각 종교학 입문서를 편저의 형태로 출판했다.17) 이렇게 보면, 이 시기의 종교학은 거의 성숙기에 접어든 듯이 보인다. 그러나 강돈구는 오히려 이 시기를 종교학이 '철저하게 정체성의 혼란에 빠져 있는 시기'로 규정하는데, 그는 그 이유를 이렇게 설명한다.

이 시기에 종교학과를 증설한 거의 대부분의 대학은 기독교 계통에서 설립한 대학들이다. 국공립 대학이나 종교와 무관한 사립 대학이 아니라 기독교 계통의 대학에 종교학과가 설립되었다는 사실은, 앞으로 우리나라에서 종교학을 전공하는 학자는 필연적으로 기독교인이 되어야 한다는 것을 말한다. 특정 종교가 설립한 대학은 그 종교와 관련이 있는 설립 목적과 교육 이념을 가지고 있다. 따라서 우리나라의 경우 특정 종단이 설립한 대학은 교수를 채용할 때 전공에 상관없이 그 종교를 믿을 것을 요청하는 것이 일반적이다. 특히 특정 종단이 설립한 대학의 종교학과는 그 종교를 믿는 것은 말할 것도 없고, 나아가서 그 종교의 성직자를 교수로 채용하는 것이 일반적이다. 문제는 여기서 발생한다. 종교학을 전공하기 위해서 특정 종교를 믿어야 한다면 그 종교학은 다른 학문과 매우 다른 성격을 지닌 학문임에 틀림없다.18)

제3기 한국 종교학에 결정적 영향을 준 외국 학자로는 단연 엘리아데와 캔트웰 스미스를 들 수 있다. 특히 엘리아데의 사상은 너무

---

17) 황선명,『종교학 개론』, 종로서적, 1982 ; 이은봉,『종교 세계의 초대』, 지학사, 1985 ; 김승혜,『종교학의 이해』, 분도, 1986 ; 김용환,『종교 현상의 이해』, 나무, 1986 ; 한국종교연구회,『세계 종교사 입문』, 청년사, 1989.
18) 강돈구, 앞의 글, p.46.

나 인기가 있어서 한때는 "한국 종교학은 엘리아데 종교학이다"라는 명제가 유행할 정도가 되었다. 강돈구는 정진홍과 김종서의 논문들에[19] 나타난 엘리아데 종교학의 특성을 이렇게 정리한다.

① 종교학은 개별 종교의 교학이나 신학과 다르다.

② 종교학은 사회과학적 종교 연구와 다르다. 다시 말해서, 종교학은 종교 현상을 사회 현상이나 심리 현상의 부수적인 현상으로 보아 환원주의에 빠져 있는 사회과학적 종교 연구와 달리, 종교 현상을 종교 현상 그 자체로 본다.

③ 종교 현상은 자율적이고 독특하다. 따라서 문학 작품이 사회학이나 심리학이 아니라 문학적 방법에 의해 이해되어야 하듯이, 종교 현상은 독자적 학문인 종교학에 의해 종교적으로 이해되어야 한다.

④ 엘리아데 종교학은 반독단론과 반환원주의를 전제하지 않고도 종교학을 자율적인 학문으로 확립시켜줄 수 있다.

⑤ 종교학은 창조적 해석학을 지향한다. 창조적 해석학은 인간의 변용과 문화의 창조를 목적으로 하는 영적 기술(spiritual technique)이다.

⑥ 종교학은 종교 복수주의의 한계를 극복할 수 있는 대안이고, 나아가서 학문적 복수주의까지도 극복할 수 있는 가능성을 지녔으며, 또한 인간의 영적 복지를 증진시켜준다.

⑦ 종교학은 종교에 대해 묻는 것이 아니라 종교에 대한 물음 자체를 되묻는 인식의 문법을 자기 발언의 격률로 삼는다.[20]

19) 정진홍, 「종교학의 과제 — 그 방법론적 반성을 중심으로」, 『한국종교학』, 제1집, 1972 ; 김종서, 「현대 종교다원주의의 이해와 극복 — P. Berger와 M. Eliade를 중심으로」, 『정신 문화 연구』, 1984년 여름호 ; 정진홍, 「멀치아 엘리아데 연구 — 그 현상학적 방법을 중심으로」, 한국현상학회 편, 『현상학과 개별 과학』, 대학출판사, 1985.

엘리아데가 1970년대부터 1990년대 초까지 지속적으로 소개되고 논의된 것에 비해 캔트웰 스미스는 1980년대 후반부터 소개되었으며, 그래서 스미스 종교학에 대한 업적은 엘리아데의 그것과 비교가 되지 않는데, 강돈구는 길희성과 김승혜의 논문들을[21] 인용하면서 스미스 종교학의 특성을 이렇게 정리한다.

① 종교학은 인격주의적 이해, 즉 인간 이해를 목적으로 한다.

② 종교학은 개별 종교의 신학, 교학, 철학과 다르다.

③ 종교학은 사회과학적 종교 연구에 비판적 자세를 견지하면서도 사회과학적 방법들을 동원하여 종교에 대한 다각적이고 포괄적인 이해를 도모한다.

④ 종교에 대한 종교학자의 발언은 그 종교를 믿는 사람들이 인정할 때 비로소 의의가 있다.

⑤ 종교학은 객관적 방법과 주관적 방법을 초월한 제3의 새로운 방법을 지향한다. 그러면서 방법론에 대한 과신과 종교 이해에서 나오는 객관주의적 접근의 위험성을 지적한다.

⑥ 종교학은 딜타이, 바흐, 엘리아데의 해석학적 종교 이해와 궤를 같이한다.

⑦ 인격과 인격의 만남으로서의 종교학은 종교간의 상호 이해를 증진시키고 인류 공동체 형성에 기여한다.

⑧ 세속적 지성의 피상성(종교에 대한 편견)에 빠짐없이, 그리고 종교적 전통의 편협성(종교로부터 오는 편견)에도 빠지지 않고, 종교학은 갈등과 혼란 속에 처해 있는 현대인에게 새로운 삶의 활로를 제시해줄 수 있다.[22]

---

20) 강돈구, 앞의 글, pp.47-48.

21) 길희성, 「윌프레드 캔트웰 스미스의 인격주의적 종교 연구」, 김승혜 편저, 『종교학의 이해』, 분도, 1986 ; 김승혜, 「종교학이 신학 연구에 기여하는 바는 무엇인가」, 『종교신학 연구』, 제1집, 1998.

4. 한국 종교학의 내일

그러면 2000년부터 시작된 한국 종교학의 제4기는 어떻게 전개
될 것인가? 그 시기는 전환기가 될 것인가 혹은 성숙기가 될 것인
가? 그리고 종교학자들은 앞으로 어떤 문제를 가지고 씨름해야 되
는가? 물론 이런 질문들에 대한 답변은 우리가 제3기를 어떻게 평
가하느냐에 달려 있는데, 강돈구는 제3기를 정체성의 혼란에 빠진
시기로 진단한다.

첫째, 우리는 종교학과 인접 학문과의 공동 연구를 불가능하게
만들었다. 종교학자들은 종교학이 다른 어떤 학문과도 다르다는
것을 누차 강조했으며, 종교학의 독특한 방법론을 주장하면서 이
를테면 사회학문적 종교 연구를 환원주의라고 비판했다. 그러면서
도 종교학은 사회학문적 연구 성과를 적극적으로 수용하지 않을
수 없는 이중성에 빠지고 말았다. 즉, 당시의 종교학은 독자성을
주장하면서 스스로는 초라한 모습으로 존재하고 있었다.

둘째, 종교학은 이해하기 힘든 신비스러운 학문이 되었다. "종교
학은 '종교에 대해 묻는 것이 아니라 종교에 대한 물음 자체를 되묻
는 인식의 문법을 자기 발언의 격률로 삼는다'는 주장에서 단적으
로 드러나듯이, 종교학을 일반 사람들이 이해하기 힘든 학문으로
만들어버렸다. 게다가 종교학 논문은 고백적이고 시적인 언어로
점철되어야 했으며, 나아가서 일반적으로 학술 논문이 갖추고 있
는 틀을 벗어날수록 좋은 것처럼 오인시켰다. 그 결과로 당시 한국
종교학은 누구나 종교학자가 될 수 있다거나 또는 아무도 종교학
자가 될 수 없는 상황에 처하게 되었다."[23]

셋째, 우리는 종교의 목적과 종교학의 목적을 혼동했다. 그래서

---

22) 강돈구, 앞의 글, pp.49-50.
23) 같은 글, p.51.

우리는 "종교학이 종교 복수주의를 극복하고 영적 복지를 증진시킨다거나, 인간의 변용과 문화 창조를 목적으로 하는 해석학을 지향한다거나, 또는 현대인에게 새로운 삶의 활로를 제시하고 가치관의 혼란을 극복시켜줄 수 있는 학문으로 규정"하는 실수를 범하기도 했다.24)

넷째, 우리는 종교학을 친(親)기독교적 학문으로 만들었다. 엘리아데와 스미스의 종교학을 기본 종교학으로 만들었다. 엘리아데와 스미스의 종교학은 기본적으로 '하나의 종교'를 전제하고 있으며, 여기서 말하는 선험적인 '하나의 종교'는 기독교와 친화력이 있는 개념이다.

　한국 종교학이 기독교와 친화력이 있다는 말은 당시 한국 종교학이 기독교 이외의 다른 종교와는 상대적으로 친화력을 상실했다는 말이고, 결과적으로 종교학은 기독교(신학)적 종교학으로 변질되었다. 당시 한국 종교학의 연구 주제 가운데 종교학자들이 가장 많은 흥미를 보였던 주제가 종교 복수주의와 종교 간의 대화라는 기독교적 주제였다는 사실이 이를 명확히 입증해준다. 이렇게 볼 때 당시 한국 종교학은 기독교의 절대성을 신봉하는 사람들이 기독교 이외의 종교를 어떻게 평가할 것인가에 대한 여러 가지 방법 가운데 하나를 제시해주었을 뿐이라는 평가가 가능하다.25)

최근에 강돈구는 이런 사상을 더욱 힘차게 외치고 있다. 그래서 그는 "종교간의 대화나 종교 상호 공존의 문제가 종교학의 일반적인 주제로는 적절하지 않을 수 있다"고 단언하며,26) "종교학이 종교간의 갈등 해소에 기여할 수 있다는 지금까지의 생각은 대체로

---

24) 같은 글, p.51.
25) 같은 글, p.52.
26) 강돈구, 「종교 상호 공존의 논의, 그 이후?」, 한국종교학회 춘계 학술대회, 『종교 협력 운동의 재조명』, 2003년 5월 16일, 원광대, p.5.

종교학의 오만에서 비롯된 것으로 보인다"고 말한다.[27] 그 이유는 무엇인가?

한국에는 한편에 배타적인 개신교인들이 있고 다른 한편에는 침묵하는 다른 종교인들이 있으며, 그들은 모두 종교학이 종교간의 대화에 크게 기여할 수 있다는 주장에 그다지 귀기울이지 않았다. 오직 "종교간의 대화를 자신들의 포교, 전교, 선교에 도움이 된다고 생각했던 종교인들이 종교학의 이런 발언에 그나마 동조했을 뿐이다. 그렇다면, 종교간의 대화나 종교 복수주의라는 개념과 이론을 통해 종교의 상호 공존을 도모하는 일은 이제 개별 교학이나 신학에 돌려주고, 종교학은 다른 측면에서 다른 내용의 문제를 제기해야 할 것이다."[28] 참으로 허약한 답변이 아닐 수 없다.

종교 복수주의의 문제는 기독교 신학만의 문제가 아니다. 다만 모든 종교가 이 절박한 문제를 해결하려고 씨름해야 하지만, 불행하게도 현재까지는 기독교 이외의 다른 종교에서는 아직도 큰 관심을 갖지 못하고 있을 뿐이다. 실로 각기 상이한 진리 주장을 하는 종교들이 어떻게 지구촌화한 현대에서 공존할 수 있느냐는 문제는 일반 종교인들뿐만 아니라 종교를 연구하는 모든 학자들이 진지하게 토론해야 할 문제다.

물론 종교를 연구하는 학자들도 변호학적 입장, 종교학적 입장, 철학적 입장에 따라서 이 문제에 접근하는 태도가 다를 수밖에 없다. 그러나 절대로 이 문제를 외면할 수는 없다. 우리가 이 문제에 대하여 어떤 해결책을 제시하느냐에 따라서, 예를 들면 초등학교와 중고등학교 교과서의 내용이 전혀 다를 수밖에 없다. 이진구가 종교 복수주의의 문제를 개별 교학이나 신학에 돌려주어야 한다는 강돈구의 입장에 대하여, '비록 그가 예거한 종교간의 대화나 종교

---

27) 같은 글, p.15.
28) 같은 글, p.15.

복수주의의 문제가 종교학의 주제가 될 수 없다는 주장은 더 논의되어야 할 사항'이라고 비판하는 이유도 여기에 있다.[29]

한국 종교학의 오늘과 내일을 세계 종교학의 현재 경향과 비교하여 쓴 최근의 탁월한 논문으로는 류성민의 「세계 종교학계의 동향 분석과 한국에서의 발전적 수용 방안 연구」를 들 수 있다. 그는 우선 세계 종교학계의 동향을 국제종교학회(International Association for the History of Religions : IAHR)와 미국종교학회(American Academy of Religion : AAR)의 활동으로 설명하며, 최근의 연구 동향을 종교학과 관련된 학술지를 근거로 설명하며, 세계 주요 대학의 종교학과 운영 방식까지 설명한다. 그리고 그는 한국 종교학의 오늘과 내일을 우선 한국종교학회의 연구 동향을 중심으로 설명하며, 한국의 주요 대학 종교학과의 설립 동기·교과 과정의 편성·교수진의 관점에서 분석한다.

끝으로 류성민은 한국 종교학이 세계 종교학을 발전적으로 수용할 수 있는 방향을 한국종교학회 운영 방안의 모색, 종교학 연구의 방향 모색, 종교학과 운영 방안의 모색의 세 가지로 분류해서 설명한다.

첫째, 지금까지 "IAHR이 중점적으로 논의해온 주제는 종교학의 정체성과 방법론에 대한 논의, 현대 사회의 변화와 종교적 변용의 문제, 동서 문화의 양상과 종교학의 나아가야 할 방향 등으로 요약될 수 있을 것이다. 그런데 한국의 종교학계는 IAHR의 이런 논의를 충분히 수렴하지 못하고 있다. 몇몇 종교학자들이 개인적으로 IAHR에 참여하는 사례가 없지는 않았지만, 그 성과가 전체 종교학계에 공유되지는 못했던 것으로 여겨진다. 이제 한국의 종교학계는 전체적 차원에서 IAHR의 논의들을 수렴할 장치를 마련해야 할 것이며, 여기서 한국종교학회는 가장 효율적인 기구가 될 수 있을

---

29) 이진구, 앞의 글, p.300.

것이다."30)

둘째, 한국 종교학 연구의 방향 모색에서 가장 중요한 것은 종교학이 '신학적 종교학'으로 전락하지 않도록 해야 한다는 점이다. "이론 및 방법론의 측면에서 볼 때, 한국을 대표하는 한국종교학회는 '신학적 종교학'으로 전락할 위험성에 대해 주목하고, 이 문제를 해결하기 위한 논의에 시급히 착수해야 할 것이다. '종교학의 신학화' 위기는 말할 것도 없고, 바람직한 학제간 연구의 틀은 어떤 것이어야 하는가에 대한 논의가 본격화되어야 한다. (중략) 전국적인 학회에서 최근의 이론적 흐름과 방법론적 제안들을 집중적으로 다루기 위해, 앞으로 상당 기간 동안 이론 및 방법론의 분과를 설치하여 운영할 것을 제안한다."31)

셋째, 한국 대학의 종교학과 운영 방안의 모색에서는 "우선 교과과정의 편성에서 대학별 특성을 살릴 수 있는 방안이 적극 모색되어야 한다. 그리고 종교 전통들에 대한 연구가 중시될 필요가 있다. 이런 연구는 특정 종교와 지역 혹은 언어에 대한 소양을 심화시킬 수 있어 종교학 전공 학생들의 진로에도 크게 효용이 있고, 종교학 전반에 필요한 자료를 확보하는 효과를 거둘 수도 있다. 그러나 현실적으로 한 대학에서 많은 종교 전통을 다룰 수는 없기 때문에 지역별로 몇몇 종교만을 집중적으로 교과목에 편성하는 것이 바람직하다."32)

끝으로 류성민은 이제 한국의 종교학이 '좁은 의미의 종교학'에서 벗어나 종합 학문으로 발돋움하기 위한 몇 가지 결론을 제시한다. 우선 우리는 1990년대에 들어오면서 종교 연구의 중요성이 새삼 부각되고 있다는 점을 인식해야 하며, 방법론과 연구 주제라는

---

30) 류성민, 「세계 종교학계의 동향 분석과 한국에서의 발전적 수용 방안 연구」, 『종교 연구』, 제18집, 1999년 가을호, pp.281-282.
31) 같은 글, p.283.
32) 같은 글, p.284.

측면에서 볼 때 1970~1980년대를 기점으로 해서 세계 종교학계는
'분과학'에서 '분야학'이라는 일대 전환을 가져왔다는 점을 인식해
야 하며, 이런 변화가 종교 연구는 이제 다학문적으로 되지 않을
수 없다고 믿게 되었다는 점을 인식해야 한다. 그럼에도 한국 종교
학계는 이런 인식들을 철저하게 수용하지 못하고 있다고 그는 결
론 내린다.

　나는 류성민의 주장에 대체적으로 동의하기 때문에 이 문제를
더욱 상세히 토론하지 않겠다. 다만 나는 한국의 종교학이 "종교학
은 종교변호학이 아니다"라거나 "종교학은 종교철학이 아니다"라
는 좁은 정체성 추구에서 벗어나기를 바란다. 내가 평소에 종교변
호학과 종교학과 종교철학은 서로 구별되면서도 절대로 분리될 수
없다고 누누이 강조하는 이유도 여기에 있다.

　물론 한국 종교학계가 지금까지 아무런 업적을 생산하지 않은
것은 아닌데, 박규태는 그 중에 두 업적을 상세히 토론한다. 첫째는
한국종교학회가 2년에 걸친 학회 과제의 결과물인 『해방 후 50년
한국종교연구사』(1997)며, 둘째는 서강대학교 종교연구소에서 출
판한 『한국 종교 연구』(제1집)다.

　우리는 전자에서 여러 주제 영역에 관한 동향을 총체적 및 역사
적으로 일별할 수 있다. 그러나 이 연구사에 객체로서의 종교는 분
명하게 서술되어 있지만, 그것에 접근하는 자리나 방법에 대한 체
계적인 분석은 충분하게 다루어지지 않고 있는 듯하다. "결과적으
로, 여기에는 종교학이라는 학문의 장에서 다루어지는 자료로서의
불교나 도교가 있는 것이 아니라 그저 '종교학'이라는 이름으로 진
술되고 있는 불교학이나 도교학이 있을 뿐이다. 그렇다면 왜 하필
'종교학'이라는 이름으로 불교학의 연구사가 기술되어야 하느냐는
문제에 대한 충분한 진술이 필수적으로 이 연구사에 수반되어야
한다. 그렇지 않으면, 이 연구사는 종교학이 이룩한 업적이 아니라

개별 종교 연구사를 집대성한 것이므로, 그것은 종교학과 아무런 직접적 관련을 갖고 있지 않다."[33]

우리는 후자에서 '종교'가 '종교 문화'로 변경되었으며, 각기 다양한 방법으로 전체 모습을 파악하려면 학제간에 서로 협력하지 않을 수 없다는 사실을 인식하게 된다. 그러나 실제로 이 책의 대부분 내용들은 '인식론의 다름을 준거로 기술된 것보다는 연구자의 학계에서의 자리와 그 연구자가 관심하고 있는 주제로 특징되어 있다.'[34]

그러나 박규태는 한국 종교학이 이제 새로운 국면으로 들어서고 있다고 말하면서, 이를 시사하는 상징적인 사건으로 소장 종교학자들이 출판한 계몽서들이 대중적 인기를 얻고 있다는 사실을 지적한다.

당연히 대중적 인기란 학문의 영역에서 긍정적인 것만은 아니다. 하지만 종교학의 경우 이것은 대단히 중요한 의미를 가진다. 이는 우리의 문화적 에토스가 '종교의 발언'보다 '종교에 대한 발언'을 듣고자 한다는 사실을 실증하는 일이고, 그것은 종교학의 물음이 상황적 절박성을 수용하고 있다는 사실을 아울러 실증하는 일이기 때문이다.

물론 이런 저서의 필자들은 제각기 자기의 전문 영역에서 일정한 학문적 노작을 이루고 있는 학자들이다. 그러므로 이 저술들이 그들의 학문성을 다 담고 있는 것도 아니고, 그것만이 그들이 학문적으로 지향하고 있는 분야도 아니다. 분명하게 그 저술들은 계몽적임을 스스로 인정하고 있다. 그럼에도 이 저술들은 종교학의 새로운 지평을 여는 뚜렷한 조짐이 되고 있다.

이런 저작의 필요성은 저자들의 진술에서 드러난다. 그들은 한국 사회에서 종교 담론을 체계적이고 포괄적으로 다룰 수 있는 공간의 빈약

---

33) 박규태, 「종교학 연구사 서설」, 대한민국학술원 편, 『한국의 학술 연구 ─ 서양철학·미학·종교학』, 인문·사회과학 편, 제1집, 2000, p.258.
34) 같은 글, p.260.

함, 그것의 원인이 되고 있는 특정 종교의 극단적 보수성, 종교학을 종교 간의 거간꾼으로 여기는 종교학 자체의 자의식, 외국의 이론을 다만 지적 호기심에서 되뇌는 일, 독단적으로 종교 연구를 제한하는 일, 왜 종교학을 공부하고 있는지 성찰하지 않는 게으름 등을 극복해야 한다고 말한다.[35]

박규태의 이런 주장에는 일리가 있다. 분명히 이런 인기 있는 저서들은 수많은 종교인들과 종교학자들에게 종교를 객관적 입장에서 바라보도록 격려해줄 것이기 때문이다.

또한 그는 한국 종교학의 '새로운 경향'으로 두 가지를 지적한다. 첫째로 "총체성을 추구하는 일이나 주제를 논의하는 일이 다만 여러 종교의 주장을 하나로 편집하는 데 머물지 않고 그러한 종합을 통해 새로운 인식들을 마련하려고 한다는 점에서 기존의 연구와 상이한 지평을 확장"시키고 있으며, 둘째로 "그런 노력은 전통적인 자료의 이해를 의도하기보다 그런 접근을 방법론적인 것으로 전제하면서 현재 우리가 직면하고 있는 문화적 정황과의 관련 속에서 이른바 종교 문화를 비판적으로 인식하고 해석"하려고 하며, 여기서 "종교학은 자연스럽게 종교에 대한 탐구라는 상식적인 작업을 넘어서게 된다"는 것이다.[36]

그러나 솔직히 말해서 이런 인기 있는 저서들이 어떻게 한국 종교학의 '새로운 국면'이나 '새로운 지평'을 열어줄 것이냐는 문제에 대해서는 의심의 여지가 없지 않다. 우선 그는 이런 저서들의 실례로 한국종교연구회에서 편집한 『종교 다시 읽기』(1999) · 『종교 읽기의 자유』(1999) · 최준식의 『한국의 종교, 문화로 읽는다』(전2권, 1999)를 들고 있는데,[37] 여기에는 우선 처음의 두 책이 과연 인기

---

35) 같은 글, p.279.
36) 같은 글, p.279.
37) 『종교 다시 읽기』에 대한 집중적 토론으로는 다음을 참조할 것. 황필호, 「종

있는 저서가 되었느냐는 현실적인 문제는 차치하고라도, 근래에 출판된 오강남의『예수는 없다』(2001)와 현각의『만행 : 하버드에서 화계사까지』(1999)도 포함되어야 할 것이다.38)

그러나 내가 이런 저서들이 종교학의 새로운 국면을 제시할 수 없다고 믿는 더욱 본질적인 이유는, 간단히 말해서 종교인의 목표와 종교학자의 목표가 동일하지 않기 때문이다. 그것은 마치 정치인의 의식과 정치학자의 의식이 항상 일치하지 않는 경우와 다름이 없다. 물론 모든 종교학자는 종교인의 발설을 자신의 첫 번째 연구 대상으로 삼아야 한다. 그러나 일반 종교인에게 큰 각성을 주는 인기 있는 서적들이 언제나 종교학자에게도 동일한 효과를 가지고 오는 것은 아니다. 인기와 학문을 절대로 동일하지 않으며, 인기는 학문의 '상징적인 사건'도 아니다.

5. 맺음말

나는 1978년에 발표한 글에서 "한국에서의 종교학의 위치는 아직도 신학의 주변적 위치에 머물러 있다"고 진단하면서, 그 원인을 한국 종교학계가 받아들인 엘리아데로 대표되는 시카고 학파에서 찾았다. "시카고 학파는 어디까지나 기독교 학파다. 그 학파의 거장들이 '종교학의 신학', '말씀 위에 선 종교학' 등의 표현을 자유자재로 사용하고 있으며, 종교학을 조직 신학 · 신학적 현상학 · 신학사뿐만 아니라 어느 경우에는 선교학의 일부로까지 간주하는 것을

교 다시 쓰기 ―『종교 다시 읽기』를 읽고」,『종교철학 에세이』, 철학과현실사, 2002, pp.306-327.
38)『만행 : 하버드에서 화계사까지』에 대한 집중적 토론으로는 다음을 참조할 것. 황필호, 「키에르케고르 · 쇼펜하우어 · 에머슨 ―『만행 : 하버드에서 화계사까지』를 읽고」, 황필호,『종교철학 에세이』, 앞의 책, pp.47-72.

보면 잘 알 수 있다"고 말했다.[39]

그로부터 꼭 25년이 지났다. 그러나 종교학은 아직도 기독교의 테두리에서 완전히 벗어나지 못하고 있다. 내가 평소에 종교 복수주의에 대한 논의도 이제는 기독교 안에서의 토론의 단계를 초월해야 된다고 주장하는 이유도 여기에 있다.

한국의 종교학이 신학과는 전혀 상이한 학문이라고 받버둥만 치고 있다면 — 그런 주장은 참으로 옳음에도 불구하고 — 종교학은 아직도 신학으로부터 완전히 벗어난 것은 아니다. 종교변호학이나 종교철학의 반동(反動)으로서의 종교학은 여전히 진정한 종교학이 아니다. 물론 나의 이런 우려에 대한 반론이 없지는 않은데, 배국원은 오늘날의 종교학이 이미 신학의 경지로부터 벗어나 있다는 전제 아래 이렇게 말한다.

현대 종교학자들 가운에 자신의 임무가 여러 종교에 대한 '차가운 실험실의 카드 정리'에 그친다고 생각하는 사람은 거의 없다. 그들은 자신의 연구가 인간 본성에 관한 중요한 성찰을 제공하리라고 믿는다. 막스 뮐러로부터 루돌프 오토를 거쳐 엘리아데에 이르는 종교학자들은 자신이야말로 철학자보다 더욱 분명하게 종교의 본질을 발견할 수 있을 것이라고 확신한다.

특히 캔트웰 스미스의 인격주의적 접근은 황필호의 인식에 대한 또 다른 반증을 제시한다. 그에 따르면, 오늘날의 종교학은 인문학문(human science)이 되어야 함은 물론이며, 아예 인간적 학문(humane science)으로 재정립되어야 한다.

이런 여러 종교학자들의 주장을 참고해볼 때, 과연 종교학에 대한 황필호의 실망이 자칫 근거 없는 오해에서 비롯된 것이 아닌지 묻게 된다. 그를 실망시키는 종교학자들은 사실 더 이상 우리 옆에 존재하지

---

39) 황필호, 「종교학이란 무엇인가 : 종교학과 신학의 관계」, 『종교학 연구』, 제1집, 1978, p.88.

않는 과거의 그림자들일 것이다.40)

그러나 배국원은, 종교학에 대한 나의 우려는 서양 종교학계에 대한 것이 아니라 주로 한국 종교학계에 대한 것이라는 사실을 알기 바란다. 나는 오토·엘리아데·바흐·반델루와 같은 서양 종교학계의 선구자들은 종교학을 신학으로부터 분리시키려고 굉장히 노력하면서도, 종교학이 엄연한 인문학문의 한 분야라는 더욱 커다란 인식을 절대로 망각하지 않았다고 믿는다. 그리고 그들은 처음부터 종교학이 철학·역사학·민속학·심리학 등의 인접 학문들과 긴밀히 연관되어 있다고 철저하게 인식했다고 믿는다. 그럼에도 오늘날 종교학의 정체성을 "종교학은 신학이 아니다"라는 '조그만 명제'에서 찾으려는 종교학자들이 특히 우리나라에서 주류를 차지하고 있다는 것이 나의 우려의 본질이다.

류성민도 외국 종교학계와 한국 종교학계의 차이점을 다음과 같이 설명한다. 1980년대 이후 이른바 '종교 연구의 르네상스'를 맞아, 세계 종교학계는 그 이전부터 개시된 역동적 변화를 계속하고 있다. 종교학은 이미 독립된 학문으로 정착했을 뿐만 아니라, 그 안에 수많은 세부적 분야들을 전개시키고 있다. 예를 들어서 그들은 오랫동안의 방법론 논쟁을 통해 이제 종교학을 분과학(study of religions)에서 여러 분야의 공동 연구를 추구하는 분야학(religious studies)으로 정착시키고 있다. 그리하여 종교현상학과 종교사로 양분되었던 연구 흐름이 훨씬 다양화되면서 각 대학마다 독자적 연구 경향을 보이면서 특성화되고 있다. 그럼에도 한국의 종교학계는 아직도 잠에서 완전히 깨어나지 못하고 있다는 것이다.

---

40) 배국원, 「현대 종교철학의 이해」, 동연, 2000, p.3. Cf. Kuk-Won Bae, *Homo Fidei*, Peter Lang, 2003.

한국의 경우, 종교 연구자들은 아직도 종교학을 신학의 보조 학문 정도로만 인식하는 일반 및 학계의 잘못된 인식에 맞서, 과학적인 종교 연구로서의 종교학의 독자성을 입증하는 데 대부분의 정력을 소진해야 하는, 다분히 19세기적 문제 상황에 처해 있는 것이 사실이다. 이처럼 한국의 종교학과 세계의 종교학 사이의 격차가 너무 큰 만큼, 세계 종교 학계의 최근 동향에 비추어 한국 종교학의 진로를 진지하게 검토하고 수정해야 할 필요성은 더욱 증가하고 있다고 생각된다.[41]

여기서 류성민이 말하는 '19세기적 문제 상황'이란 무엇인가. 그 것은 아직도 종교학의 정체성을 신학에 대한 반동에서만 찾으려는 한심한 시도가 아니겠는가. 물론 종교학은 신학이 아니며 어떤 종 교변호학도 아니다. 그러나 이제 우리는 종교학의 정체성을 모든 학문과 연계된 넓은 광야에서 찾아야 할 것이다. 만약 류성민과 나 의 이런 주장이 옳다면, 현재 한국 종교학에 대한 나의 염려는 절대 로 '더 이상 우리 옆에 존재하지 않는 과거의 그림자들'에 대한 것 만은 아닐 것이다.

---

41) 류성민, 앞의 글, p.250.

제Ⅲ부

종교철학과 한국 종교철학의 오늘과 내일

제 5 장
종교철학의 오늘과 내일

1. 머리말

이 글은 20세기 서양 종교철학을 회고하고 21세기를 전망하는 글이다. 그러나 이런 작업은 너무나 방대하여 한 권의 책으로는 충분히 서술할 수 없는 일이다. 우선 20세기 종교철학을 시기적으로 내용적으로 어떻게 분류하느냐는 문제가 그리 만만치 않으며, 그것을 토대로 한 21세기의 전망은 더욱 어려운 일이다.

나는 이 글에서 20세기 종교철학을 네 시기로 나누어 설명하려고 하는데, 이 구분은 이미 맥퀴리(John MacQuarrie)가 그의 명저 『20세기 종교 사상: 철학과 신학의 선구자들, 1900~1980』에 제시한 세 시기에다가 1980년 이후를 추가한 것이다. 또한 나는 이 과정에서 전통적인 의미에서의 종교철학자는 아니지만 이를테면 하이데거와 같이 종교에 큰 영향을 준 사상가들도 종교철학자 군단에 포함시키겠다.

20세기는 종교철학의 세기였다고 말할 수 있다. 20세기의 종교철학은 그의 다양성과 상호 대립성에도 불구하고, 여러 면에서 가능하며 또한 바람직하다고 믿어왔기 때문이다. 맥쿼리는 이렇게 말한다.

여기서 나는 어느 학파에 속해 있느냐는 문제와는 관계없이, 종교에 관심 있는 모든 사람들에게 한 가지 사실을 지적하고 싶다. 그것은 바로 20세기의 수많은 가슴아픈 사건들과 수많은 사람을 침몰시킨 얄팍한 세속주의에도 불구하고, 종교 사상은 아직도 생기를 잃지 않았으며, 또한 이런 경향은 앞으로도 사라지지 않으리라는 수많은 징후를 가지고 있다.

우리가 마리텡 · 베르자에프 · 바르트 · 마르셀 · 오토 등의 이름을 생각해보면, 우리는 20세기의 인간이 종교 문제를 탐구하는 열성이나 명석함에 있어서 과거 사람들의 수준보다 더 낮은 것은 아니라는 점을 알 수 있다. (중략) 인간은 인간 이상을 볼 때 자신을 이해할 수 있다. 그래서 불트만은 "신의 문제는 인간의 문제"라고 말한 것이다.[1]

그러나 21세기에 대한 전망은 이런 정도의 낙관론을 허용하지 않는다. 요즘의 포스트모더니스트들은 이미 철학의 종말과 종교의 종말을 외친다. 나는 이 글에서 이런 사조에 대하여 약간 언급하겠다. 끝으로 나는 이 글에서 각 시대의 대표적 사상가들만 토론할 것이며, 특히 21세기의 전망에서는 현실적인 측면을 구체적으로 토론하고, 이론적인 측면은 간단히 언급하겠다. 우선 20세기를 네 시기로 정리해보자.

---

1) John MacQuarrie, *Twentieth-Century Religious Thought : Frontiers of Philosophy and Theology 1900~1980*, SCM Press, 1963, pp.375-376.

2. 20세기의 회고 : 제1기

맥쿼리는 이 시기의 종교철학을 첫째로 브래들리(Francis H. Bradley : 1846~1924) · 보상케트(Bernard Bosanquet : 1848~1923) · 로이스(Josiah Royce : 1855~1916)로 대표되는 절대적 관념론, 둘째로 맥타갈트(Ellis McTaggart : 1866~1925)로 대표되는 인격적 관념론, 셋째로 브라이트만(Edgar S. Brightman : 1884~1953) · 테난트(Robert Tennant : 1866~1957)로 대표되는 정신철학, 넷째로 빈델반트(Wilhelm Windelband : 1848~1915) · 하르낙(Adolf Harnack : 1850~1931)으로 대표되는 신칸트주의와 리츨주의(Ritchlianism), 다섯째로 마크(Ernst Mach : 1838~1916) · 타일러(Edward B. Tylor : 1832~1917) · 프레이저(James G. Frazer : 1854~1941) · 프로이트(Sigmund Freud : 1856~1939) · 융(Gustav Jung : 1875~1961)으로 대표되는 실증주의와 자연주의로 분류하면서, 이 시기의 특징을 몇 가지로 정리한다.

첫째, 제1기의 종교철학은 일종의 낙관론적 견해를 가지고 있다. 비록 그 낙관론의 근거는 절대자의 완전성일 수도 있고, 인간과 세계의 친척 관계일 수도 있고, 무한한 과학적 발전에 대한 희망일 수 있을 정도로 서로 다르기는 하지만.

둘째, 제1기의 종교철학자들은 대개 우주와 인간에 관련된 모든 문제에 대한 완벽한 해답을 제공하려고 노력한 포괄주의자들이다. 즉, 그들은 여러 가지 '미시 담론'이 아니라 하나의 '거대 담론'을 사랑한 사람들이다.

셋째, 제1기에 속한 대부분의 철학자들은 자신을 종교의 수호자 혹은 변호인으로 간주한다. 기독교를 배척한 자연주의자들까지도 일종의 '자연 종교'를 그 대안으로 제시한다.

넷째, 이 시기의 신학자들은 철학자들의 주장에 귀를 기울인다.

예를 들어서 형이상학을 배척한 리츨주의자들도 이를테면 칸트의 철학을 존경하며, 비록 그들은 계시에 의존하면서도 실천 이성의 역할을 인정한다.[2]

왜 제1기의 종교철학은 이런 특성을 갖고 있는가? 맥쿼리는 이렇게 말한다.

첫째, 그들의 낙관주의적 견해는 헤겔의 낙관론이 아직도 그 당시까지는 살아 있었다는 증거가 된다. 물론 당시에도 비관론이 전혀 없었던 것은 아니며, 이런 비관론은 가치 전도를 주장한 니체·서양의 위기를 예언한 부르크하르트(Burckhardt)·실존철학의 선구자로서 1900년대까지 별로 알려져 있지 않다가 그 후에야 빛을 본 키에르케고르 등의 19세기 철학자들에서도 발견할 수 있다. 그러나 당시의 지배적인 사상은 인간 이념의 역사를 '절대 정신'의 무한한 발전으로 본 헤겔의 낙관론이었다. 왜 당시 종교철학자들은 낙관적 헤겔 사상을 열렬히 수용했는가? 헤겔을 '명가수(名歌手)'로 표현한 화이트(Morton White)는 그 이유로 두 가지를 든다.

헤겔의 일반 이론은 1세기 동안이나 ― 흄, 계몽 시대, 칸트의 도움을 받아서 ― 줄기차게 발전해왔다. 헤겔은 두 가지 역사적 의의를 지니고 있기 때문이다. 우선 그는 무신론이나 칸트의 불가지론(不可知論)을 받아들일 수 없는 사람들에게 종교적 신념을 옹호할 수 있을 길을 주었다. 또한 그는 뉴턴의 기계적 역학과는 다른 방식의 설명이 존재할 수 있다고 생각한 철학자들과 역사학자들을 고무시켰다. 즉, 그는 역사학의 성장과 19세기 다윈 생물학을 잘 조화시켰다. 그래서 헤겔주의는 과학과 신학의 충돌을 평화적으로 해결하려는 사람들, 그리고 시간과 역사의 진화성을 강조하는 사람들이 모이는 학파가 되었다.

다시 말해서, 헤겔의 절대자 혹은 세계 정신은 기독교의 신과 쉽게 동일시되었고, 헤겔의 역사적 및 맥락적 설명 방법의 제창은 발생학적

---

2) 같은 책, pp.116-117.

방법과 동류가 되었다.3)

둘째, 제1기 종교철학자들이 '수많은 조그만 것을 알려고 하는 철학'보다 '하나의 커다란 것을 알려고 하는 철학'을 선호한 이유로는 형이상학과 윤리론과 논리학까지 모든 것을 포괄한 거대 담론을 내세운 칸트의 영향이 아직도 그 당시까지는 살아 있었다는 증거가 된다. 물론 이런 경향은 그 후에 거대 담론에 대한 선호감을 그대로 끌고 가려는 베르그송·화이트헤드·후설 등으로 이어지는 철학자들, 그와 정반대를 지향한 영미의 분석철학자들, 그리고 그들 중간에 자리잡고 있다고 말할 수 있는 실용주의자들의 세 파로 각기 다른 살림을 차리지만.4)

셋째, 종교변호학자가 아닌 이 시기의 종교학자들과 종교철학자들이 — 적어도 겉으로는 — 종교를 완전히 배제하지 않으려고 노력했다는 증거는 종교학자 프레이저의 시도에 잘 나타나 있다. 무려 25년 동안에 쓰여진 그의 주저『황금가지』는 고대인들의 신화와 전설에 대한 중요한 정보를 담고 있으며, 또한 저자의 유려한 문장으로 인해 오늘날 종교학의 고전으로 인정받고 있다. 그러나 비트겐슈타인이 특별히 주석서까지 남긴 이 책의 주제는 인간이 야만의 시대로부터 문명의 시기로 변하는 과정을 설명하고, 그 과정 속에서 종교의 위치를 점검하려는 것이다. 이 목적을 위해 프레이저는 인간 정신의 발달사를 주술의 시대·종교의 시대·과학의 시대로 분류하는데, 맥쿼리는 그의 사상을 이렇게 설명한다.

주술적인 차원에서, 인간은 그에게 닥친 난관을 극복하고 자신의 목

3) Morton White, *The Age of Analysis : 20th Century Philosophers*, New American Library, New York, 1955 (신인철 역,『20세기의 철학자들』, 서광사, 1987, p.17).
4) 같은 책, pp.20~23.

표를 달성하기 위해 자신의 힘에 의존한다. 그는 자연을 주술적 방법으로 자신의 목표에 맞도록 조작할 수 있는 어떤 자연의 질서를 믿는다. 그러나 경험은 결국 그의 이런 태도가 잘못된 것임을 가르쳐주고, 명석한 마음을 가진 사람은 종교의 단계로 올라간다. 이 단계에서 인간은 더 이상 자신에게만 의지하지 않으며, 오히려 주술로 얻을 수 없는 자연적 사건을 지시하고 통제할 힘을 가진 '보이지 않는 존재'를 추구한다. 이것이 주술과 종교의 차이다.

여기서 종교는 '자연과 인간을 지시하고 통제한다고 믿어지는 인간보다 높은 힘에 대한 위로나 회유'로 정의되며, 그래서 프레이저는 타일러와 마찬가지로 종교는 죽은 자의 신령에 대한 믿음에서 시작된 것으로 추측한다.

그러나 이러한 종교적 태도는 자연의 운행 과정 속에 어떤 탄력성(elasticity)과 변덕(caprice)이 있다고 상상하는 것이며, 결국 경험은 다시 그의 이런 태도도 잘못된 것임을 가르쳐준다. 여기서 자연의 엄격한 제일성(齊一性)을 믿으면서 종교를 자연에 대한 설명으로 간주했던 사상은 이제 과학으로 대체된다. 이 과학의 단계에서, 인간은 주술의 단계에서 가지고 있던 자신에 대한 신뢰를 되찾는다. 그러나 그는 이제 원시적 단계에 속해 있던 엉터리 상상력 대신에 정확한 관찰을 합리적 방법으로 사용한다. 이렇게 프레이저는 인간 미래의 물질적 및 도덕적 발달은 과학과 긴밀히 연관되어 있다는 신념을 표현한다.5)

결국 프레이저는 종교를 정면으로 비판하지 않는다. 오히려 종교는 인간이 꼭 거쳐야 할 한 단계가 된다. 그러나 그것은 결국 청산되고 합리적 정신이 지배하는 과학의 시대로 발전해야 하는 것이다.

넷째, 이 시기의 신학과 철학이 긴밀히 연관되어 있다는 사실은, 아직 반주지주의적인 키에르케고르의 사상이 인기를 얻지 못하고 있었다는 당시 풍조에서 쉽게 알 수 있다. 물론 철학과 신학을 구분

---

5) MacQuarrie, 앞의 책, p.103.

하려는 시도는 이미 중세의 아퀴나스로부터 시작되었다고 할 수
있다. 그러나 중세철학자들은 철학과 신학 중에서 어느 쪽을 강조
하느냐는 것을 가장 중요한 문제로 삼았으며, 그 중에서 한 가지를
완전히 배척하지 않았다.[6] 이런 추세가 적어도 20세기 제1기까지
계속된 것이다.

3. 20세기의 회고 : 제2기

맥쿼리는 이 시기의 종교철학을 첫째로 딜타이(Wilhelm Dilthey :
1833~1911)·슈펭글러(Oswald Spengler : 1880~1936)·크로체
(Benedetto Croce : 1866~1953)·콜링우드(Robin G. Collingwood :
1889~1943)로 대표되는 역사철학과 문화철학, 둘째로 슈바이처
(Albert Schweitzer : 1875~1965)·잉게(William R. Inge : 1860~
1954)·하일러(Friedrich Heiler : 1892~1967)로 대표되는 기독교
적 역사철학과 문화철학, 셋째로 뒤르케임(Emile Durkheim : 1858~
1917)·베버(Max Weber : 1864~1920)로 대표되는 종교사회학,
넷째로 베르그송(Henri Bergson : 1859~1941)·블롱델(Maurice
Blondel : 1861~1949)·퍼스(Charles S. Peirce : 1839~1914)·제
임스(William James : 1842~1910)·듀이(John Dewey : 1859~
1952)로 대표되는 주의주의(voluntarism)와 실용주의, 다섯째로 부
버(Martin Buber : 1878~1965)·우나무노(Miguel de Unamuno :
1864~1936)·베르자에프(Nicolas Berdyaev : 1874~1948)로 대표
되는 인격적 존재를 탐구하는 철학, 여섯째로 오토(Rudolf Otto :
1869~1937)·후설(Edmund Husserl : 1859~1938)·셸러(Max Scheler :

---

6) Cf. Etienne Gilson, *Reason and Revelation in the Middle Ages*, Charles
Scribner's Sons, New York, 1938.

1874~1928) · 반델루(Geradus van der Leeuw : 1890~1950) · 엘
리아데(Mircea Eliade : 1907~1986)로 대표되는 종교현상학, 일
곱째로 브렌타노(Franz Brentano : 1838~1917) · 무어(Geoge E.
Moore : 1873~1958) · 러셀(Bertrand A. W. Russell : 1872~1970) ·
산타야나(George Santayana : 1863~1952)로 대표되는 신실재론,
여덟째로 플랑크(Max Plank : 1858~1947) · 아인슈타인(Albert
Einstein : 1879-~955) · 하이젠베르그(Werner Karl Heisenberg :
1901~1976)로 대표되는 과학철학으로 분류하면서, 이 시기의 특
징을 몇 가지로 정리한다.

첫째, 제2기의 가장 두드러진 특징으로는 지금까지의 낙관주의
가 사라지고 비관주의가 단연 우세하게 된 것이다. 이제 철학자들
은 세계를 어떤 '이상'이 아니라 '현실'로 판단하게 되었고, 현실에
의한 판단은 단연 우리에게 비관적 전망을 주게 된 것이다. 예를
들자.

슈펭글러는 인류 문명의 필연적 쇠퇴를 선언하며, 잉게는 근대가 지
향해야 할 새로운 방향을 모색하며, 우나무노는 삶의 본질을 고통에서
찾으며, 러셀은 우리에게 절망에 대한 근거를 구축하라고 충고한다.
또한 인간에 대하여 더욱 비관적인 견해를 가진 신학자들은 인간의
유한성과 죄악성을 강조하며, 그래서 신에 대한 관념도 전보다 훨씬
비관적으로 이해된다. 이미 제1기의 인격적 관념론에서 시작된 '유한한
신'의 개념은 — 고통받는 신, 계속 발전하는 신이라는 개념을 통해 —
일반 현상이 되고, 이를테면 세계를 적절하게 운영할 수 없는 '젊은 신(a
young God)'으로 정착된다. 그리고 이런 경향은 실체에 대한 관심을
과정에 대한 관심으로 변화시킨다.[7]

둘째, 제2기의 철학자들은 철학의 한계를 새삼스럽게 느끼게 되

7) MacQuarrie, 앞의 책, p.119.

고, 이런 경향은 우주의 모든 문제를 한 번에 해결하려는 거대 담론을 배척하면서 역사나 문화와 같은 특수 분야에 관심을 쏟거나, 현상학의 경우와 같이 철학적 방법 자체에 관심을 쏟으면서, 철학의 임무는 모든 문제에 대한 포괄적인 답변을 찾는 것이 아니라 언어의 분석과 명료화에 국한시켜야 한다고 말한다.

셋째, 일부의 철학자들은 이 시기에 — 아마도 과학의 지배 현상에 반발하여 — 반주지주의적 경향을 갖게 되고, 이런 경향은 이론적 탐구를 멸시하는 베르그송의 생명철학이나 실천의 차이점을 강조하는 실용주의로 표현된다.

넷째, 지금까지 지속되어온 철학과 신학의 밀월 관계는 서서히 사라지고, 이런 경향은 철학자들로 하여금 신이나 종교에 대하여 언급할 필요성이 없다고 믿게 하며, 신학자들은 자신의 영역을 계시·신앙·내적 경험에 근거시키면서 철학으로부터 떨어져나간다. 물론 철학과 신학의 완전한 분리는 다음의 제3기에 완전히 실현되고 있지만.[8]

왜 제2기의 종교철학은 이런 특성을 갖고 있는가? 맥쿼리는 이렇게 말한다.

첫째, 당시 철학이 낙관론을 버리고 비관론을 택하게 된 결정적인 동기는 물론 제1차 세계대전 때문이다. 그러나 맥쿼리는 이 전쟁이 비관론의 한 요건임에는 틀림이 없으나 — 정확히 말하면 — 새로운 변화의 시작이 아니라 이미 시작된 변화를 더욱 가속화시킨 것이라고 말한다.

호지슨(Leonard Hodgson)은 옥스퍼드의 1912년 학생 시절을 회상하

---

8) 같은 책, p.120. Cf. 맥쿼리는 이런 현상을 '철학의 세속화'라고 부르면서 그 공과를 이렇게 진단한다. "철학의 세속화는 한편으로 철학을 신학의 올가미로부터 완전히 해방시켰다고 칭찬 받을 수도 있으며, 다른 한편으로는 삶의 가장 심오한 문제를 회피했다고 비난받을 수도 있다." 같은 책, p.120.

면서 관념론은 이미 사라질 단계에 있었다고 지적한다. "사라지고 있는 헤겔주의가 내가 1912년에 알고 있던 철학계의 특징이었다. 그의 체계가 시험받게 되는 마지막 시기로 전락하고 있었다."

산티야나는 이미 세계대전 이전에 관념론의 몰락을 예언했을 뿐만 아니라 — 기독교의 모든 문명이 위태로운 상태로 몰입했으며, 이미 새로운 종류의 문명으로 대체되고 있다는 — 더욱 심각한 주장을 했다. "우리들의 모든 삶과 정신은 서서히 진행하면서도 상승하는 새로운 정신의 여과 작용으로 침투되고 있다. 그것은 해방적, 무신론적, 국제적 민주주의라는 새로운 정신이다."9)

이렇게 보면, 이 시기에 나타난 비관주의의 득세는 근본적으로 헤겔의 낙관론을 맹렬히 공격하면서 불안을 인간 조건의 가장 중요한 주제로 제시한 키에르케고르 사상의 부활에 근거를 두고 있다고 말할 수 있다.10)

둘째, 이 시기의 철학이 거대 담론을 물리치고 미세 담론에 관심을 쏟게 된 가장 결정적인 요인은 무어와 러셀로 대표되는 분석철학자들의 영향이라고 말할 수 있다. 물론 무어와 러셀도 처음에는 관념론적 거대 담론으로부터 그들의 철학을 시작했으며, 이런 뜻에서 그들의 철학이 거대 담론으로부터 미세 담론으로 넘어가게 한 마지막 도장을 찍은 것은 아니다. 그래서 바우스마(O. K. Bouwsma)는 무어의 후기 저서에 속하는 『철학의 중요한 문제들』까지도 거대 담론에 대한 매력으로부터 완전히 벗어나지 못하고 있다고 말하면서, 무어의 글에서 다음 구절을 인용한다.

---

9) 원문 : "Our whole life and mind is saturated with the slow upward filtration of a new spirit — that of an emancipated, atheistic, international democracy." 같은 책, p.117.
10) 키에르케고르의 사상에 대해서는 다음을 참조할 것. 황필호, 『문학철학 산책』, 집문당, 1996, pp.255-310 ; S. 키에르케고르, 황필호 역, 『철학적 조각들』, 집문당, 1998.

철학자들이 지금까지 노력해왔던 가장 중요하고 흥미로운 것은 바로 이것이다. 첫째로 우리가 우주 안에 있다고 알고 있는 가장 중요한 모든 것을 언급하고, 둘째로 이 우주 안에는 우리가 절대로 우주 안에 있다고 알지 못하는 중요한 것들도 존재한다는 사실이 얼마나 그럴 듯한가를 고려하고, 셋째로 그들이 어떤 방식으로 서로 연관되어 있는가를 고찰함으로써, 우주 전체에 대한 일반적 기술(a general description of the *whole* of the universe)을 하는 것이다.[11]

여기서 바우스마는 무어가 자신의 철학적 작업을 '우주 전체에 대한 일반적 기술'로 간주하는 한 그는 아직도 거대 담론에 매달려 있다는 것이다. 그러나 무어와 러셀의 작업이 후대 철학자들에게 그들이 생각했던 것보다 훨씬 강력하게 영향을 주었다는 것은 이미 철학사가 증명하고 있다. 화이트는 이렇게 말한다.

무어가 철학을 우주 전체에 대한 기술이라고 생각하는 한, 전통적인 철학으로부터의 그의 이탈은 무어에게 배우고 영향을 받은 그의 젊은 제자들의 경우보다 강력함이 훨씬 덜 하다고 할 수 있다. 오히려 1910~1911년의 무어는 형이상학에 대하여 적극적인 관심을 가지고 있었으며, 그런 점에서 그는 아직도 전통 철학과 연관되어 있었다. 그러나 그는 우주 안에 있는 모든 사물을 절대자의 전개 과정의 한 단계로 보거나, 질료나 실체의 발현으로 보는 이론을 완전히 배척했다.

분명히 1910년대의 무어와 그의 친구인 러셀은 철학을 우주 전체에 대한 기술로 본 점에서는 형이상학적 다원론자들이었으나, 그들은 동시에 철학의 유일한 과제는 명제의 의미를 분석하는 것이며 우주 전체에 대한 사변이 아니라고 주장하는 오늘날의 철학자들이 형이상학을 철저하게 거부할 수 있는 기반을 닦아놓았던 것이다.[12]

---

11) G. E. Moore, *Some Main Problems of Philosophy*, MacMillan, New York, 1953 (O. K. Bouwsma, *Philosophical Papers*, Univ. of Nebroska Press, 1942, p.129에서 재인용).

셋째, 이 시기의 철학에 나타난 반주지주의적 경향은 오늘날 실용주의의 창시자로 인정받고 있는 퍼스의 철학에 잘 나타난다. 그는 이미 19세기에 발표했지만 20세기 사상의 기초를 이루고 있는 「어떻게 우리의 관념을 명료하게 할 것인가」라는 글에서 오늘날 실용주의적 의미론으로 알려진 사상을 세 단계로 표현한다.

우선 단칭 진술의 실용주의적 의미를 찾기 위해 우리는 그 진술을 '만약(if)'과 '그러면(then)'으로 된 가정문으로 변경시켜야 한다. 이것을 가정주의(假定主義)라고 할 수 있다. 여기서 '만약'으로 시작되는 구절은 실험이 행해진 후에 실험자가 경험할 수 있거나 관찰할 수 있는 어떤 것을 지시해야 한다. 이것을 조작주의(操作主義)라고 할 수 있다. '그러면'으로 시작되는 구절도 실험이 행해진 후에 실험자가 경험할 수 있거나 관찰할 수 있는 어떤 것을 지시해야 한다. 이것을 실험주의(實驗主義)라고 할 수 있다.13)

이러한 접근 방식은 두 가지 중요한 논리적 귀결을 함축한다. 만약 우리가 어떤 명제를 가정형으로 변형시킬 수 없다면, 우리는 그 명제를 무의미한 것으로 간주해야 한다. 예를 들어서 "이것은 단단하다"는 명제는 "만약 어떤 사람이 이것에 흠집을 내려고 한다면, 그는 그렇게 할 수 없을 것이다"라고 변형시킬 수 있어야 한다. '실천 속에서의 차이점(differences in practice)'을 가져올 수 없는 명제는 의미론적으로 말이 되지 않는다. 또한 만약 두 명제가 이상의 실천적 의미론의 입장에서 동일하다면, 그들은 실용적 및 과학적으로는 동일한 것이다. 이런 주장은 역시 실천 속에서의 차이점을 강조하는 대목이다.

그러나 퍼스는 모든 이론적 작업을 배척한 실증주의자가 아니다. 오히려 그는 오늘날 위대한 논리학자·과학철학자일 뿐만 아

---

12) White, 앞의 책, pp.29-30.
13) 같은 책, p.164.

니라 '심원한 깊이를 가진 초월주의적 형이상학자'로 알려져 있으며,14) 일부의 학자들에 의하면 '미국이 배출한 가장 위대한 철학자'로 인정될 정도로 철학의 모든 분야에 대한 참신하면서도 정교한 이론을 제시한다. 그러면 신학과 신에 대한 퍼스의 견해는 어떤가? 맥쿼리는 이렇게 말한다.

우리가 예상하는 대로, 퍼스는 단순한 강단 신학에 대하여는 조그만 동정심도 가지도 있지 않다. 그의 유일한 신학은 사랑의 복음을 증진시키는 신학인데, 지금까지의 대부분 신학은 이런 작업을 하지 않고 오직 추상적이면서도 종종 무의미한 문제들과만 씨름해왔다.

퍼스는 자신의 이런 '발전적 사랑(evolutionary love)'이 위대한 종교들의 가르침과 일치한다고 생각한다. "그리스도의 복음은 모든 사람이 자신의 개인성을 이웃에 대한 동정심과 합병시키면서 발전한다고 가르친다." 그리고 그는 이런 아가페론은 세계에 대한 단순한 이론이 아니라 행동을 위한 법칙이 되는 정열적 신앙을 주장한다고 말한다.

신에 대한 관념은 무엇인가? 신은 실용주의적 방법에 의한 의미를 가지고 있는가? 퍼스는 이렇게 말한다. "만약 우리가 실용주의자에게 '신'이라는 어휘의 의미를 묻는다면, 그는 오직 이렇게 말할 수 있다. 위대한 성격을 가진 사람과의 친교가 그의 전체 행위에 큰 영향을 주듯이, 만약 물리심리적 우주에 대한 사변과 연구가 위대한 사람의 업적이나 그와의 대화와 비슷한 영향을 줄 수 있다면 — 어떤 인간의 속성도 신에게 문자적으로 적용된다고 말할 수는 없기 때문에 — 그것과 비슷한 정신이 바로 우리가 '신'이라고 부르는 의미가 된다."15)

넷째, 이 시기에 나타난 신학과 철학의 결별은 이미 지적한 세 가지 특성과 연관되어 있을 뿐만 아니라 뒤르케임으로 대표되는 종교에 대한 사회학적 해석, 보렌타노·무어·러셀·산타야나로

---

14) 같은 책, p.162.
15) MacQuarrie, 앞의 책, p.176.

대표되는 신실재론, 아인슈타인과 하이젠베르그로 대표되는 과학철학 등의 영향이 복합적으로 만들어낸 결과라고 말할 수 있다. 물론 이 시대의 과학자들도 전통적으로 내려온 신의 존재를 정면으로 부정하지는 않았으며, 이것은 현대 물리학의 거장인 아인슈타인의 경우도 예외는 아니었다. 그러나 그가 신봉하는 종교는 전통 종교가 아니라 '우주적 종교'며, 그가 신봉하는 신은 대부분의 기독교들이 믿어온 인격적 신이 아니라 비인격적 신이었다.

아인슈타인은 "세계에 대하여 가장 이해할 수 없는 것은 우리가 세계를 이해할 수 있다는 사실"이라고 말한다. 그는 이렇게 세계가 합리적으로 질서지워져 있다는 신념을 '우주적 종교'라고 부른다. 그리고 그는 그런 종교를 과학자의 창조적 힘이 추구하는 중요한 열망으로 간주한다.

그러면 이 우주적 종교는 우리가 일반적으로 이해하고 있는 종교와 무슨 상관이 있는가? 그것은 마치 러셀이 수학의 엄격한 아름다움을 생각할 때 갖게 되는 일종의 미적 감정일 뿐인가? 그러나 아인슈타인의 종교는 분명히 그 이상을 의미한다. 만약 우리가 그의 자서전에 나오는 자신의 경험으로부터 일반화시킨다면, 그는 종교적 발달을 세 단계로 구별한다. 첫째는 신인동형적 단계며, 둘째는 도덕적 단계며, 셋째는 '우주적 종교'의 단계다. 이 세 번째 단계에서는 모든 신인동형적 개념은 사라지고, 그것이 다시 경외심·경이감·겸손의 감정을 동반한다는 뜻에서 미적이라기보다는 종교적이라고 할 수 있다.

또한 우주적 종교의 신은 전적으로 비인격적이다. 그래서 아인슈타인은 이렇게 말한다. "나는 존재하는 것들에 대한 질서 있는 조화 속에서 자신을 나타내는 스피노자의 신을 믿는다. 인류의 운명과 행동에 관여하는 신을 믿지 않는다."16)

---

16) 같은 책, p.245.

4. 20세기의 회고 : 제3기

맥쿼리는 이 시기의 종교철학을 첫째로 화이트헤드(Alfred N. Whitehead : 1861~1947) · 하르트만(Nicolai Hartmann : 1882~1950) · 샤르뎅(Pierre Teihard de Chardin : 1881~1955) · 할트숀(Charles Hartshorne : 1897~2000)으로 대표되는 실재적 형이상학, 둘째로 마리탱(Jacques Maritain : 1882~1973) · 질송(Etienne Gilson : 1884~1978) · 코플스톤(Frederick C. Copleston : 1907~   ) · 라너(Karl Rahner : 1904~1984)로 대표되는 신토마스주의 및 가톨릭 신학, 셋째로 비트겐슈타인(Ludwig Wittgenstein : 1889~1951) · 카르납(Rudolf Carnap : 1891~1970) · 포퍼(Karl Raimund Popper : 1902~1994) · 에이어(Alfred J. Ayer : 1910~1987) · 라일(Gilbert Ryle : 1900~1976) · 브레이트웨이트(Richard B. Braithwaite : 1902~1976) · 위스덤(John Wisdom : 1904~1993)으로 대표되는 논리적 경험론, 넷째로 바르트(Karl Barth : 1886~1968) · 부르너(Emil Brunner : 1889~1966) · 니그렌(Anders Nygren : 1890~1978) · 본헤퍼(Dietrich Bonhoeffer : 1906~1945)로 대표되는 말씀의 신학, 다섯째로 존 베일리(John Baillie : 1886~1960) · 라인홀드 니버 (Reinhold Niebuhr : 1892~1971) · 리차드 니버(Helmut Richard Niebuhr : 1894~1962)로 대표되는 후기 자유신학, 다섯째로 하이데거(Martin Heidegger : 1889~1976) · 야스퍼스(Karl Jaspers : 1883~1969) · 사르트르(Jean-Paul Sartre : 1905~1980) · 마르셀 (Gabriel Marcel : 1889~1973) · 불트만(Rudolf Bultmann : 1884~1976) · 틸리히(Paul Tillich : 1886~1965)로 대표되는 실존주의 및 존재론으로 분류하면서, 이 시기의 특징을 몇 가지로 정리한다.

첫째, 이 시기의 철학은 대체로 반형이상학적인 경향을 가지고 있다. 그럼에도 형이상학적 이념을 가능한 한 유지하면서 궁극적 실재에 대한 문제를 해결하려는 시도가 없지는 않았는데, 이런 학파로는 두 가지를 들 수 있다. 우선 비록 오랜 기간 동안 지속된 것은 아니었지만 영국에서는 화이트헤드를 중심으로 한 실재적 형이상학, 독일에서는 하르트만을 중심으로 한 실재적 형이상학이 대두되었으며, 이런 사조는 그의 말년을 미국에서 보낸 화이트헤드와 할트숀을 통해 미국에서 아직 위세를 떨치고 있다.

형이상학적 이념을 그대로 유지하려는 또 다른 학파로는 마리탱·질송·코플스톤·라너 등으로 대표되는 신토마스주의자들의 실재론을 들 수 있다. 교황 레오 8세의 여러 측서가 발표된 것도 이 시기의 실재론의 결과라고 할 수 있다.

이 시대의 주류인 반형이상학적 사조는 크게 세 가지로 나눌 수 있다. 우선 종교 언어뿐만 아니라 모든 윤리적 및 형이상학적 언어의 정당성을 배척하는 논리실증주의가 있다. 그 다음에는 칼 바르트라는 탁월한 신학자의 이름과 연관된 말씀의 신학이 있는데, 맥쿼리는 그의 특성을 이렇게 설명한다.

일반적으로 말씀의 신학은 모든 철학으로부터 독립하려고 한다. 그러나 이 신학은 직접적인 전통과 결별하면서 또 다른 과거의 전통, 즉 종교 개혁과 신약성서의 전통을 다시 발견하게 된다고 주장한다. 이런 점에서 우리는 이런 개신교의 말씀의 신학과 가톨릭의 신토마스주의 사이에 어떤 공통점을 발견할 수 있다. 그들은 다같이 근대 철학의 갈등에 직면하여 고전적 기독교 전통에서 해결을 되찾고 있다.
그러나 그들의 이런 유사성은 신학과 자연적 인간 지식의 관계의 문제에서는 완전히 사라지게 되는데, 여기서 말씀의 신학은 신학과 철학의 이혼을 가장 강력하게 주장하는 20세기 사조를 대표하게 된다.17)

끝으로 이 시기에 형이상학을 전적으로 배척한 사조로는 아직도

---

17) 같은 책, p.256.

그 위세를 떨치고 있는 실존주의를 들 수 있다. 실존주의자들은 불안이나 죄책감 등의 한계 상황을 강조하기 때문이다. 그러나 우리는 적어도 초기의 하이데거와 야스퍼스는 존재에 대한 이성적 분석을 전혀 포기하지 않았다는 사실을 잊지 말아야 한다.

실존주의는 20세기가 생산한 가장 독특한 사상이며, 그것은 이전의 인격자에 대한 철학뿐만 아니라 딜타이의 역사주의·후설의 현상학·행위철학의 통찰력 등에 기초를 두고 있다.

더 나아가서, 강력한 실존주의적 신학은 비록 말씀의 신학적 측면에서 나온 것이면서도 신학과 철학의 반목에 종지부를 찍을 수 있으며, 비록 그 근거는 옛날의 근거와는 다르겠지만 신학과 철학의 관계도 유익한 관계가 될 수 있다는 희망을 주고 있다.[18]

둘째, 제3기 사상의 또 다른 특성은 한마디로 상대주의라고 할 수 있다. 종교에서까지도 절대적인 마지막 진리는 획득할 수 없다는 상대주의적인 태도. 물론 일부의 신학자들은 신의 계시와 같은 절대적 진리를 주장하기도 한다. 그러나 그들도 그 계시를 받아들일 수 있는 인간 능력을 다시 토론한다는 뜻에서 그들의 절대주의는 과거의 절대주의가 아니다.

우리는 이런 상대주의 앞에서 어떻게 처신해야 하는가? 여기에는 두 가지 방법이 있다. 첫째는 극단적인 회의주의에 빠져서, 마치 진리는 존재하지 않으며 오직 '진리와 같은 것'만 존재한다는 그리스의 극단적 궤변론자가 되는 길이며, 둘째는 종교에 관한 한 어떤 태도도 선택하지 않은 제3자의 방관자가 되는 길이다. 그러나 이 시기의 상대주의는 절대적 상대주의나 극단적 회의주의로 빠지지 않는다. 그래서 언뜻 보기에는 아무런 결단도 하지 않는 무관심주

___
18) 같은 책, p.256.

의가 가장 현명한 길인 것같이 보인다. 그러나 윌리엄 제임스가 분명히 말하듯이, 종교란 인간 전체의 실존적 질문이며, 그래서 우리는 '신앙의 모험'과 '불신앙의 모험' 중에서 한 가지를 선택하지 않을 수 없다.

그러면 이 불확실성의 시대에, 즉 절대적 진리에 대한 욕망을 포기하면서도 어떤 종교적 결단을 해야 하는 상황에서, 앞으로 우리는 어떤 기준으로 종교를 선택해야 하는가? 맥쿼리는 네 가지 기준을 제시한다.

첫째, 종교에 대한 우리의 이해는 합리적(reasonable)이어야 한다. 물론 여기서 말하는 합리성은 완벽한 증명이나 어떤 위험도 동반하지 않는 완벽한 답변을 지시하지는 않는다. 그러나 적어도 '지성의 희생, 명백한 모순, 자연 법칙의 위반, 우리가 과학적이며 상식적인 근거로 믿고 있는 세계와의 갈등'은 없어야 한다.[19]

둘째, 종교에 대한 우리의 이해는 현재적(contemporary)이어야 한다. 물론 그것은 현재 유행하고 있는 사조를 따라야 한다는 것은 아니다. 다만 20세기의 문제를 신약 시대, 중세 시대, 종교 개혁 시대의 문제로 환원할 수는 없다는 것이다. 즉, 종교에 대한 우리의 개념은 우리들의 현재와 연관되어야 한다.

셋째, 종교에 대한 우리의 이해는 포괄적(comprehensive)이어야 한다. 종교의 어느 한 측면에만 집착하지 말고 인간 자체에 대한 처방을 주려고 노력하는 종교 전체를 포함해야 한다. 즉, 종교의 도덕적 및 실천적 측면뿐만 아니라 인식적 및 감정적 측면도 포함해야 한다.

넷째, 종교에 대한 우리의 이해는 도상(途上)에 있어야 한다. 그것은 임시적(temporary)이어야 한다. 이미 지적했듯이, 우리는 절대적 진리를 소유할 수 없으며, 오직 그런 상태에 도달하려고 부단

---

19) 같은 책, p.373.

히 노력하는 도상의 존재다. 즉, 종교에 대한 우리의 이해도 점점 발전하고 완숙해질 수 있다는 희망을 가져야 한다.[20]

5. 20세기의 회고 : 제4기

맥쿼리는 이 시기의 종교철학에 대해서 첫째로 몰트만(Jurgen Moltmann : 1926~   )·판넨베르그(Wolfhart Pannenberg : 1928~   )·에벨링(Gerhard Ebeling : 1912~   )·오트(Heinrich Ott : 1929~   )로 대표되는 대륙의 프로테스탄트 신학, 둘째로 로빈손(John A. T. Robinson : 1918~   )·알타이저(Thomas J. Altizer : 1927~   )·루빈스타인(Richard Rubenstein : 1924~   )·콕스(Harvey Cox : 1929~   )·오그덴(Schubert Ogden : 1928~   )·캅(John B. Cobb : 1925~   )·길키(Langdon Gilkey : 1919~   )·버거(Peter Berger : 1929~   )로 대표되는 영미 종교철학, 셋째로 로너간(Bernard Lonergan : 1903~   )·쉴레벡스(Schillebeecks : 1914~   )·큉(Hans Küng : 1928~   )으로 대표되는 가톨릭 신학, 넷째로 로버츠(Deotis Roberts : 1927~   )·콘(James H. Cone : 1938~   )으로 대표되는 흑인 신학, 다섯째로 젤레(Dorothee Solle : 1929~   )·로이터(Rosomary Radford Ruether : 1936~   )로 대표되는 여성 신학, 여섯째로 알베스(Rubem Alves : 1933~   )·구티에레즈(Gustavo Gutierrez : 1928~   )·소브리노(Jon Sobrino : 1938~   )로 대표되는 해방 신학으로 분류하면서, 이 시기의 종교 사상에 결정적인 영향을 준 철학으로는 다음의 몇 가지를 지적한다.

첫째로 블로크(Ernst Bloch : 1885~1977)·마르쿠제(Herbert Marcuse : 1898~1980)·하버마스(Jurgen Habermas : 1929~   )로

---

20) 같은 책, pp.373-374.

대표되는 신마르크스주의는 해방 신학뿐만 아니라 여성 신학과 흑인 신학에도 큰 영향을 주었다. 둘째로 가다머(Hans-Georg Gadamer : 1900~2002)·리쾨르(Paul Ricoeur : 1913~   )·카뮈(Albert Camus : 1913~1960)로 대표되는 현상학과 실존주의도 큰 영향을 주었다.21) 셋째로 비트겐슈타인으로 대표되는 분석철학은 종교 언어의 문제뿐만 아니라 기독교와 불교를 비교할 수 있는 새로운 틀을 제시했다. 넷째로 하이데거로 대표되는 새로운 존재론은 직접 종교를 토론하지 않았지만 이 시기의 종교 사상에 큰 영향을 주었다. 다섯째로 포스트모던 사상도 간접적으로 이 시기의 종교 사상에 큰 영향을 주었다. 여섯째로 현실적으로 인간을 사상 최초로 달에 착륙시킬 정도로 발달된 과학과 기술, 그리고 N 세대로 대표되는 정보화 사회가 이 시기의 종교 사상에 결정적 영향을 주었다.

이 시기의 종교 사상은 어떤 특성을 가지고 있는가?

첫째, 신바르트주의와 일부의 신토마스주의를 제외한 대부분의 종교 사상은 인간주의적 경향을 가지고 있는데, 이런 경향은 신학적으로는 초월성보다 내재성을 강조하는 방식으로 전개된다.

신의 문제에 관심을 가질 때도 그 관심은 주로 세계와 인간사 속에서 활동하는 신에 대한 관심이다. 이제 군주적 신은 총애를 받지 못한다. 이신론(理神論)의 신뿐만 아니라 형이상학적 유신론도 마찬가지다. (설명의 기능을 가진) 데카르트의 신은 파스칼의 신에 무릎을 꿇었다.

신에 대한 지식이라는 좁은 의미의 신학도, 인간과 세계로부터 떠난 탐구가 아니라 인간과 세계라는 실재를 통해 매개된 신과의 만남을 추구한다. 그리고 수많은 과장된 점에도 불구하고, 오늘날의 세속적 신학은 이런 관심을 잘 표현하고 있다.22)

---

21) 같은 책, pp.381-387.
22) 같은 책, p.411.

둘째, 이 시기의 종교 사상은 어떤 형태로든지 상대주의의 성격을 가지고 있다. 상대주의는 특히 포스트모던주의의 경우에는 그것이 철학이나 종교의 가능성 자체에 의심을 제기할 정도로 현대인의 마음속에 굳게 자리잡고 있다.

셋째, 이 시기의 종교 사상은 어떤 형태로든지 과학주의를 정면으로 배척하지 않는다. 자연으로 돌아가라는 주장은 메아리 없는 외침이 된다.

넷째, 이 시기의 종교 사상은 모두 복수주의를 어떻게 해석해야 되느냐는 문제를 가지고 씨름한다. 그래서 오늘날 종교 복수주의는 점점 힘을 얻고 있으며, 다른 한편으로 일부의 보수적 사상가들은 이런 복수주의를 정면으로 배척하려고 노력한다. 그러나 대부분의 사상가들은 절대적 복수주의와 절대적 단독주의의 중간쯤에서 해결책을 찾으려고 노력하는데, 앞으로 이런 사람들은 동양의 불이(不二) 사상으로부터 큰 영향을 받을 것이다.

다섯째, 이 시기의 종교 사상은 과거의 어느 시기보다 더욱 심각한 수많은 상반된 사상의 결합으로 형성되어 있다. 물론 인류 역사는 언제나 서로 상이한 이념과 사상의 대결로 점철되어 왔다. 그러나 그런 다양성은 이제 거의 카오스의 경지에 도달한 듯이 보일 정도가 되었다. 그리고 이런 카오스가 21세기에는 과연 어떻게 전개될 것이냐는 전망은 결국 오늘날의 종교철학자들의 어깨에 달려 있다.

6. 21세기의 전망

21세기의 종교철학은 다음의 세 분야에 대한 새로운 접근과 탐구를 수행해야 할 것이다. 첫째는 종교와 과학의 관계에 대한 것이며, 둘째는 종교와 철학의 관계에 대한 것이며, 셋째는 종교와 종교의 관계에 대한 것이다. 첫 번째가 현실적인 문제라면, 두 번째와 세 번째는 현실적이면서도 다분히 이론적인 문제라고 할 수 있다. 나는 이미 이 책의 제3장 제4절 「21세기의 화두 : 정보화 시대」에서 첫 번째 문제를 토론했으므로 여기서는 두 번째와 세 번째 문제를 간단히 언급하겠다.

첫째, 종교와 철학의 관계에 대한 여러 문제들에서 21세기에 가장 주목을 받게 될 사상가로는 — 역설적이게도 — 종교를 직접 토론하지 않은 영미 철학의 대표자인 비트겐슈타인(Ludwig Wittgenstein : 1889~1951)과 대륙 철학의 대표자인 하이데거(Martin Heidegger : 1889~1976)가 될 것으로 추측된다.

비트겐슈타인의 사상은 이미 '비트겐슈타인적 신앙형태주의'라는 독특한 학파를 탄생시킬 정도로 종교와 관련되어 수없이 논의되고 있는데, 이 점에 대하여는 나의 『종교철학자가 본 불교』에 실린 「분석철학과 불교」·「비트겐슈타인, 기독교, 불교」와23) 『서양종교철학 산책』에 실린 「비트겐슈타인의 종교관」·「비트겐슈타인 : 말할 수 없는 영역과 종교 신앙」·「비트겐슈타인적 신앙형태주의는 가능한가」,24) 『중국종교철학 산책』에 실린 「논어와 분석철학」·「종교 의례와 분석철학」을 참고하기 바란다.25)

현재 일본의 교토학파에서 선불교와 관련되어 많이 논의되고 있는 하이데거의 사상이 수많은 종교적 함축 의미를 가지고 있다는 것은 이미 대부분의 학자들이 공공연히 인정하고 있다.

금세기의 중요한 종교 사상가 중에 한 명이며 하이데거의 초기 학생이었던 라너(Karl Rahner)에 의하면, 우리는 하이데거의 현상학이라는

---

23) 황필호, 『종교철학자가 본 불교』, 민족사, 1990, pp.161-223.
24) 황필호, 『서양종교철학 산책』, 집문당, 1996, pp.287-342.
25) 황필호, 『중국종교철학 산책』, 청년사, 2001, pp.125-192.

지속적으로 영향력 있는 작업이 없이는 종교철학을 '생각조차' 할 수 없다. 그의 정력적이면서도 과격한 사고 방식은 지금까지 철학과 종교 사상에서 중요한 위치를 차지하고 있는 신에 대하여 귀찮으면서도 아직까지 답변되지 않은 문제들을 제기한다. 즉, 형이상학적 전통에 대한 그의 질문하기, 그리고 무주처(無住處)의 경험과 신으로부터 떨어져 있다는 오늘날의 의미에 대한 그의 명상은 — 가다머가 시사하듯이 — 아주 포괄적이면서도 오래 지속될 역사적 및 지적 의미를 가지고 있다. 그들은 바로 그를 평생 매료시켰던 '존재'의 문제에 대한 요소들이기 때문이다.

마르부르그대학 시절에 하이데거의 동료였으며, 특히 하이데거의 초기 사상에 대한 종교적 및 신학적 해석의 선구자인 불트만(1884~1976)은, 하이데거의 저술이 신학에 창조적인 자극을 주었으며, 철학과 신학의 관계에 대한 새로운 국면을 제시했다고 주장한다.26)

또한 맥쿼리는 우리가 이미 20세기 제3기의 종교철학을 토론하면서 인류가 앞으로 선택해야 할 종교의 기준, 즉 합리적이며 현재적이며 포괄적이며 임시적이어야 한다는 기준을 가장 훌륭하게 만족시켜주는 철학자로는 하이데거를 지목하며 신학자로는 불트만과 틸리히를 지목한다.27)

만약 21세기에도 계속 비트겐슈타인과 하이데거의 사상이 어떤 형태로든지 종교 사상에 영향을 끼친다면, 우리는 그들이 가장 중요시했던 형이상학이 21세기에는 어떤 형태로든지 다시 등장할 것이라고 예언할 수 있다. 물론 그 형이상학은 지금까지의 형이상학과 모든 면에서 전혀 상이한 것이 되겠지만. 좀 거칠게 표현하면, 지난 20세기 서양철학의 무게 중심은 인식론 쪽으로 빠졌으며 동양철학은 계속 형이상학만 붙들고 있었던 것 같다. 그러나 내가 「장

---

26) Jeorge Kovacs, "Heidegger's Contribution to Religious Thought", 출처 불명.
27) MacQuarrie, 앞의 책, p.374.

자와 로티의 잘못된 만남」에서 말했듯이,[28] 형이상학과 인식론은 본질적으로 서로 상대방을 필요로 한다. 그리고 만약 이런 주장이 옳다면, 인식론을 중요시하는 서양의 종교 사상과 존재론을 중요시하는 동양의 종교 사상은 21세기에 들어와서 다시 만나게 될 것이며, 그 과정에서 큰 역할을 하게 될 비트겐슈타인과 하이데거의 사상이 이미 동양 종교와 관련되어 많이 토론되고 있다는 것은 우연한 사실이 아니다.

둘째, 종교와 종교의 바람직한 관계에 대한 문제는 현재 종교 복수주의라는 이름으로 활발히 토론되고 있으며, 이 과정에서 21세기에도 계속 언급될 사상가로는 캔트웰 스미스(Wilfred Cantwell Smith)·파니카(Raimundo Panikkar), 휴스톤 스미스(Huston Smith)·스마트(Ninian Smart)·힉(John H. Hick)·니터(Paul Knitter) 등을 들 수 있다. 특히 종교 복수주의에 관한 한 오늘날 최첨단을 걷고 있는 힉은 이미 1963년에 발표한 『종교철학』에서 종교간의 대화를 방해하고 있는 세 가지 요소를 토론하면서 조심스런 낙관론을 제시한다.

종교간의 대화를 가로막는 첫 번째 장애물은 신의 실재를 경험하는 형태의 차이점인데, 특히 신을 인격적으로 경험한다고 주장하는 서양 종교와 비인격적으로 경험한다고 주장하는 동양 종교의 차이점이 여기에 속한다. 그러나 힉은, 우리가 경험하는 궁극적 실재가 진실로 절대적 존재라면, 우리는 그를 인격적 '주님'으로 경험하면서 동시에 비인격적 '존재의 근원'으로 경험할 수도 있다는 오로빈도(Sri Aurobindo)의 말을 인용하면서, 이 장애물은 극복될 수 있는 장애물이라고 주장한다.

종교간의 대화를 가로막는 두 번째 장애물은 신을 만나는 인간

---

28) 황필호, 「장자와 로티의 잘못된 만남」, 『중국종교철학 산책』, 앞의 책, pp.370-398.

의 경험을 신학적 및 철학적으로 이론화하는 데 나타나는 상이점인데, 힉은 이 장애물도 모든 사상과 이론이 서로 만날 수밖에 없는 하나의 세계가 오면 '조만간 없어질 것'이라고 말한다.

종교간의 대화를 가로막는 세 번째 장애물은 종교 체험과 종교사상을 통일시킬 수 있는 종교 경험 자체의 상이점이다. 즉, 여러 종교들이 각기 다른 창시자와 각기 다른 경전을 가지고 있다는 상이점이다. 그러나 힉은 이 상이점이 '가장 커다란 장애물'임에는 틀림이 없으나 결국 그것도 극복될 수 있다고 말하며, 이런 경지에 도달하기 위해 우리는 전통적으로 기독교가 주장했던 '양심 구원' 식의 소극적인 단계를 벗어나서 아주 적극적이고 과격한 태도를 취해야 된다고 주장한다.[29] 나도 그의 조심스런 낙관론에 조심스럽게 동의하고 싶다.

물론 21세기 종교와 종교의 관계는 지금보다 더욱 치열한 갈등의 측면으로 전개될 것이라는 전망이 없는 것은 아니며, 현재 강력한 민족주의적 성격을 가지고 있는 이슬람 원리주의자들의 배타적 투쟁과 이라크 전쟁은 이런 전망을 실제로 증명하고 있으며, 그래서 헌팅턴 교수는 이미 앞으로 일어날 세계적 투쟁은 정치적·경제적 갈등보다는 문명적·종교적 갈등이 될 것이라고 예언하기도 한다. 이원규는 이렇게 말한다.

민족주의로 무장된 이슬람 세계와 정치적·경제적·문화적 제국주의 노선을 걷고 있는 서방 세계 사이의 충돌과 대립은 어떤 화해나 대화의 노력이 없는 한 이슬람교(특히 원리주의)와 기독교의 갈등을 심화시킬 것으로 보인다. 헌팅턴 교수가 예견한 문화 충돌은 종교 영역에서 생겨날 수 있으며, 여기에는 소위 서양 종교(기독교) 대 동양 종교(이슬람교, 힌두교, 불교)라는 양분된 대립 구도로 발전할 위험성이 분명히

---

29) Hick, 앞의 책, pp.204-207.

내포되어 있다.

앞으로 종교간의 대화는 학문적인 수준에서는 어느 정도 진전이 있겠지만, 실천적인 현실 세계에서는 쉽지 않을 것으로 보인다. 종교 내적(intra-religions)인 대화는 성숙해져서 하나의 종교 안에서는 화해와 협력이 이루어질 수 있을 것이다. 그러나 종교간(inter-religions)의 대화는 쉽지 않을 전망이다. 종교간의 대화는 언제나 국가간·인종간·민족간·문화간·지역간 대화와 맞물려 있는 것인데, 지금의 추세로는 그러한 평화와 공존이 쉽게 이루어질 것 같지는 않기 때문이다.[30]

짧게 보면, 이런 전망이 분명히 옳다. 그러나 나는 21세기가 끝날 때의 종교들은 현재보다 훨씬 상호 보완적이 되리라고 전망하고 싶다. 이론적으로는 이미 수많은 종교 복수주의 원칙들이 제시되고 있으며, 필자도 가종(加宗, addversion)이라는 새로운 대안을 제시하고 있다.[31] 실천적인 면에서도 현재 종교간의 대화를 강력히 실천하고 있는 교황 바오로 2세, 달라이 라마, 틱 냣 한 등의 탁월한 종교 지도자들의 노력이 앞으로 더욱 큰 결실을 맺을 것이다. 물론 인류 역사가 존재하는 한 종교간의 갈등이 완전히 사라지지는 않겠지만.

7. 맺음말

끝으로 나는 가장 본질적인 질문을 제기하고 싶다. 21세기에도 종교철학은 계속될 것인가? 이 질문에 대한 긍정적 답변은 결코 쉽지 않다. 다만 한 가지 분명한 사실은, 만약 그것이 가능하다면

---

30) 이원규, 「20세기의 종교 : 회고와 전망」, 『종교 연구』, 제18집, 1999년 가을호, p.28.
31) 이 책, pp.219-243.

앞으로의 종교철학은 자신의 탐구 대상과 탐구 방법에서 과거와는 전혀 다른 방식이 될 것이라는 점이다. 나는 이 문제를 기독교의 신 개념에 한정시켜 토론하겠다.

오늘날 전통적으로 내려온 전지전능한 신 개념은 이미 그 효력을 상실했다. 그래서 암스트롱(Karen Armstrong)은 틸리히의 사상을 설명하면서 "전통적인 서구 유신론의 신은 사라져야 한다"고 선언한다.

사실 우주를 창조한 이후 계속 수선하느라 여념이 없는 신은 비합리적이며, 인간의 자유와 창조성을 막는 폭군이다. 만약 신이 그 자신의 세계에서 하나의 자아로 비춰지고, 결과와 동떨어진 원인의 자기 중심적 객체로 이해된다면, 그는 존재 자체로의 신이 아니라 하나의 개별적 존재에 불과하다. 그럴 때 전지전능한 폭군으로서의 신은 자유를 박탈함으로써 사람들을 기계의 톱니바퀴처럼 통제하고 억압하는 독재자들과 별로 다를 바가 없다. 이러한 자기 중심적 독재 폭군으로서의 신을 부정하는 무신론은 충분히 정당성을 가지고 있다.[32]

이제 신은 영원히 사라질 것인가? 그렇지 않으면, 신은 아직도 미래를 가지고 있는가? 암스트롱은 두 번째 질문에 대하여 긍정적으로 답변할 수 있는 두 가지 길을 제시한다. 첫째로 앞으로 우리가 토론해야 할 신은 '존재하는 신'이 아니라 '계속 생성하는 신' 혹은 '계속 변하는 신'이다. 즉, 인간의 행복이나 불행에 직접 관여하는 신이다. 둘째로 우리가 신의 미래를 낙관적으로 볼 수 있는 또 다른 길은, 인간의 영성(靈性)을 새롭게 일깨워주는 신비주의를 다시 부활시키는 것이다.

---

32) Karen Armstrong, *A History of God*, 배국원 역, 『신의 역사』, II, 동연, 1999, p.657.

21세기에도 힘을 잃지 않고 중요한 종교적 역할을 감당할 수 있는 신앙은 신비주의적 신앙이다. 신비주의자들은 오랫동안 신이 객관적 존재가 아니라 무(無)라고 주장해왔다. 사실 이런 신비주의적 신 이해는 현대 사회의 무신론적 성향을 반영해, 과학적으로 입증될 수 있는 실체로서의 신을 부인한다. 그것은 존재의 근거 속에서 신비적으로 경험되는 주관적 신 체험에 근거하며, 인간의 창조적 상상력과 여러 다양한 예술적 상징을 통해 표현된다. 그것은 음악, 춤, 소설, 설화, 그림, 건축을 통해 인간 개념의 한계를 초월하는 절대자 신의 신비를 표현한다.[33]

나는 여기서 암스트롱의 두 주장을 토론하지 않겠다.[34] 다만 그의 주장에 일말의 진리가 있다면, 우리는 종교철학의 미래에 대해서도 이렇게 말할 수 있을 것이다. 만약 종교가 인간의 행복이나 불행과 깊은 관련이 있다면, 그리고 21세기의 인간에게도 어떤 영성이 조금이라도 남아 있다면, 이 두 조건이 충족된다면, 종교철학은 21세기에도 여전히 우리와 같이 있을 것이다.

---

33) 같은 책, pp.676-677.
34) 이 문제에 대한 구체적인 토론으로는 다음을 참조할 것. 황필호, 『종교철학에세이』, 철학과현실사, 2002, pp.130-143.

제6장
한국 종교철학의 오늘과 내일

1. 머리말 : 한국 종교철학의 오늘

이 글의 제목인 '한국종교철학'이란 표현은 두 가지 뜻을 가지고 있다. 첫째는 '한국종교 철학'이며, 둘째는 '한국 종교철학'이다. 전자는 한국에서 자생된 종교 혹은 외국에서 유입되었으나 현재 한국인에게 크게 영향을 주고 있거나 이미 한국화했다고 생각되는 종교, 즉 과거나 현재의 한국 종교를 토론한다. 그러나 후자는 단순히 한국인이 어느 종교를 철학적으로 토론하지만 그가 토론하는 종교는 한국의 종교일 수도 있고 서양의 종교일 수도 있다. 이 논문은 후자의 입장에서 쓴 것이다.

종교철학이 정착되는 일반적 과정은 먼저 후자를 거쳐서 전자로 나아간다. 그러나 한국에서는 아직 후자조차 제대로 진행되지 못하고 있는 듯하다. 이정배가 해방 이후의 한국 종교철학을 정리하면서 "지난 50년간 종교철학을 주제로 하여 쓰여진 국내 학자들의 주요 논문들 속에서 우리는 아직 종교철학 자체의 학문적 특성을 명쾌히 발견하기가 어렵다"고 말한 이유도 여기에 있을 것이다.[1] 그러면 오늘의 한국 종교철학은 어디에 서 있는가? 우선 나는 1985년에 쓴 글에서 이렇게 말했다.

우리나라만큼 철학에 대한 서적과 종교에 대한 서적이 많은 곳도 흔치 않을 것이다. 그러나 철학의 종교적 측면이나 종교의 철학적 측면에 대한 연구가 이렇게 빈약한 나라도 흔치 않을 것이다. 이런 사실은 처음부터 철학과 종교가 깊은 관계를 맺고 있었으며 또한 어느 경우에는 양자가 완전히 동일시되었던 그들의 상호 보완적 정신을 정면으로 역행하는 일이 아닐 수 없다.

오늘날 대부분의 종립 학교에서는 종교철학이라는 이름 아래 실제로는 기독교학·불교학·유교학 등을 가르치고 있다. 그리고 우리나라 철학자들은 종교에 관련된 여러 문제들을 종교인에게 내맡기고 있으며, 우리나라의 대부분 종교인들은 종교에 대한 철학적 사고 자체를 비종교적인 행위로 간주하고 있는 실정이다.[2]

이런 진단은 오늘날까지 전혀 변하지 않고 있는데, 나는 그 증거로 자전적인 실례 한 가지를 들겠다. 나는 1980년에 힉(John Hick)의 『종교철학』을 번역하고 나의 글을 몇 편 추가해서 『종교철학개론』을 출판했다. 이 변변치 못한 책이 무려 30쇄를 발행하기에 이르렀다. 나는 몇 년 지나서 이 책의 증보판을 냈지만, 그 책에 대한 나의 불만은 여전하다. 우선 이 책은 아무래도 서양 종교 중심적이며, 그 중에도 기독교 중심적이다. 그럼에도 이 책이 계속 팔리

---

1) 이정배, 「한국 종교철학의 현황과 과제」, 『종교 연구』, 제15집, 1998년 봄호, p.183.
2) 황필호, 「종교철학이란 무엇인가」, 『서양종교철학 산책』, 집문당, 1996, p.181. 원래 이 글은 「현대 종교철학의 흐름」이라는 제목으로 『철학 연구』(제20집, 1985)에 발표했던 것이다.

는 이유는 무엇인가? 그것은 우리나라에 그만큼 종교철학에 대한 서적이 별로 없기 때문이다.

최근에 와서 소장 학자들이 외국 서적을 번역한 종교철학에 관한 책이 몇 권 있으나 1960년대에 나온 책들과 내용 면에서는 별로 차이가 없으며,3) 자신의 저작으로는 부제를 '종교철학'이라고 붙였지만 종교철학이라고 볼 수 없는 박이문의 책 한 권이 있을 뿐이다. 물론 기독교학자들과 종교변호학자들의 저서는 여러 권 있지만 그것을 고유한 종교철학 서적이라고는 말할 수는 없다. 필자의『분석철학과 종교』(1984),『종교철학자가 본 불교』(1990),『서양종교철학 산책』(1996),『중국종교철학 산책』(2001),『종교철학 에세이』(2002)가 겨우 종교철학의 명맥을 유지하고 있을 뿐이다.

나는 앞의 글에서 이렇게 말했다. "오늘의 발표를 계기로 하여 우리나라 대학의 모든 철학과가 철학의 한 분야로 종교철학을 강의해야 된다는 당위성을 인식하기 바란다. 신학의 한 분야인 철학적 신학이나 종교학의 또 다른 명칭인 현상종교학이 아니라 어엿한 철학의 한 분야로서의 종교철학이 성립되어야 한다는 당위성과 현실성을 인식하기 바란다. 그리하여 한국 철학계도 종교철학이 필요하다는 '계몽의 단계'를 벗어나서 '성숙의 단계'로 나아가기를 바란다."4)

이런 당위성은 아직도 전혀 인식되지 않고 있다. 현재 미국 대학교의 철학과에서는 종교철학을 강의하지 않는 곳이 거의 없는 반

---

3) 그 중 몇 권을 들면 다음과 같다. 리하르트 샤에플러, 김영필 역,『종교철학』, 이론과 실천, 1994 ; K. 부흐텔, 이기상 역,『철학과 종교』, 서광사, 1988 ; B. 바이스마르, 허재윤 역,『철학적 신론』, 서광사, 1994 ; 콜린 브라운, 문석호 역,『철학과 기독교 신앙』, 기독교 문서선교회, 1989. 1960년대에 나온 책은 다음과 같다. 채필근,『철학과 종교의 대화』, 대한기독교서회, 1964 ; 에티엔느 질송, 김규영 역, 『철학과 신』, 성바오르출판사, 1966. 그리고 최근에 나온 책은 다음과 같다. 소흥열, 『자연주의적 유신론』, 서광사, 1992 ; 박이문,『종교란 무엇인가』, 일조각, 1985.
4) 황필호,「종교철학이란 무엇인가」, 앞의 글, p.182.

면에, 서울대를 포함한 한국 대학교의 철학과에서는 오히려 종교철학을 강의하는 곳을 찾기가 어려운 실정이다.[5]

2. 첫째 사회적 원인 : 종교의 몰락

왜 우리나라의 종교철학은 아직도 뿌리조차 내리지 못하고 있는가? 여기에는 크게 사회적 이유와 학문적 이유가 있는데, 사회적 이유란 종교와 철학이 사회에 미치는 영향력의 쇠퇴에서 온 것이며, 학문적 이유란 종교철학이라는 학문 자체에서 온 것이다. 나는 이제 사회적 이유인 종교의 기능과 확인의 문제를 고찰하겠다.

첫째, 오늘날 종교의 기능은 옛날같이 절대적이지 않다. 과거에는 천둥치는 것도 신의 진노 때문이었다. 종교의 이런 막강한 힘은 이제 그 위치를 과학과 테크놀로지, 쾌락과 오락, 돈과 명예에 내어주고 말았다. 물론 과거에도 종교란 한갓 이상 심리에 불과하다는 프로이트의 이론이 있었고, 종교란 사회의 현상 유지를 위해 인간이 만들어낸 허구일 뿐이라는 뒤르케임의 이론도 있었다.[6] 그러나 종교는 여전히 위력을 발휘하고 있었으며, 오늘날과 같이 우리가 가끔 들려도 되고 들리지 않아도 되는 '우편국의 개념'으로 전락하지는 않았었다.

더구나 현재 이슬람의 소수 원리주의자들을 제외한 대부분의 현

---

5) Cf. "오늘날 우리나라에서 종교철학을 독자적 학문으로 대학에서 가르치는 곳은 실상 거의 손꼽을 정도다. 국내에 종교철학과가 존재하는 대학으로는 감리교신학대학교와 강남대학교가 고작이다. 향후 더 많은 철학과 · 종교학과 · 신학과에서 간문화적 종교철학에 대한 연구가 많아지기를 기대해본다." 이정배, 앞의 글, p.194. 그러나 2000년에 강남대 종교철학과는 오히려 신학부로 흡수되었다.
6) 이 두 이론에 대해서는 다음을 참조할 것. John Hick, 황필호 역, 『종교철학개론』, 종로서적, 1980, pp.67-73.

대인은 정교 일치 체제를 봉건주의의 잔재로 보고 있으며, 종교와 정치는 각기 다른 게임이라고 생각한다. 또한 실제로 우리는 종교의 막대한 영향력을 그대로 인정하고 있는 국가들은 다른 국가들보다 훨씬 문명화되어 있지 않다는 사실을 쉽게 발견할 수 있다. 이것은 세계 공통의 현상이다. 종교는 이제 이빨 빠진 호랑이의 신세가 된 듯하다.

그러나 우리나라에서의 종교 기능의 약화 현상은 이런 산업 사회의 일반적인 추세뿐만 아니라 현재 세계 어느 곳에서도 발견할 수 없는 복수 종교 현상에서 나온 것이다. 이 세상에는 서로 다른 종교들이 패권을 다투던 곳이 여러 군데 있었다. 이런 실례로 오늘날 우리는 예루살렘에서 유대교, 기독교, 이슬람교의 성지를 동시에 관광할 수 있다. 그러나 이스라엘은 결국 유대교의 나라가 되었으며, 인디아는 힌두교의 나라가 되었으며, 타일랜드는 불교의 나라가 되었으며, 미국과 영국과 프랑스는 각각 개신교와 영국교회와 가톨릭의 나라가 되었고, 일본은 신도의 나라가 되었다. 오직 한국만이 이 세상에서 유일하게 기독교, 불교, 유교, 무교, 신종교가 거의 백중지세를 유지하고 있다. (그래서 한국은 비교종교학과 비교종교철학을 공부하기에 가장 적합한 곳이다.)

사정이 이쯤 되고 보니, 우리나라에서의 어느 특정 종교의 기능의 약화는 일반적인 산업 사회의 추세나 정치적인 추세에 의해서라기보다는 차라리 다른 종교들에 의하여 발생한다고 말해야 한다. 크리스마스를 국경일로 즐기던 기독교인들은 석가 탄생일을 국경일로 제정한 불교인들에 의해 그 권한을 제한 받을 수밖에 없으며, 앞으로는 공자 탄생일의 국경일 제정을 제창하는 유교인들에 의해 더욱 제한 받게 될 것이다. 한마디로 한국의 종교들은 복수 종교 현상에 의해 그 기능이 점점 약해질 수밖에 없게 되었다.

둘째, 현대인들은 종교 기능에 대하여 절대 가치를 부여하지 않을 뿐만 아니라 도대체 어느 것이 종교인지를 구별하는 작업조차 어렵게 되었다. 이것은 참으로 최근에 발생한 일이다. 전통적으로 종교에 대한 질문은 크게 "종교란 무엇인가(what)"와 "종교란 어떤 것인가(how)"로 나눌 수 있었다. 여기서 전자는 종교의 본질을 묻는 질문이며, 후자는 종교의 기능을 묻는 질문이었다. 종교철학자는 주로 종교의 본질에 매달려 있었으며, 종교변호학자와 종교학자는 종교의 기능에 관심을 두었다. 그러나 적어도 종교와 비종교의 구별은 뚜렷했었다.

물론 엘리아데가 분명히 말했듯이, 종교 현상과 사회 현상·성(聖)과 속(俗)·종교성과 비종교성은 완전히 분리되어 있는 것이 아니라 서로 혼재(混在)되어 있으며, 실제로 성은 언제나 속을 통해 나타나게 마련이다. 그러나 적어도 인간의 모든 활동을 종교적으로 해석했던 원시 시대나 제도 종교(制度宗敎)만을 종교로 인정했던 중세 시대에는 종교와 비종교의 구별은 아주 쉬운 것이었다. 그러나 확산 종교(擴散宗敎)가 성행하는 오늘날 그 구별은 아주 어렵게 되었다. 왜 이렇게 되었는가? 나는 그 이유를 「종교철학이란 무엇인가」에서 네 가지로 설명했다.

첫째, 이제 '하나의 세계'가 된 현실은 비교적(秘敎的) 성격을 가지고 우물 안에서 활개치던 종교를 전 세계로 노출시켰다. 불교는 이제 산중 불교로 머물 수 없게 되었고, 기독교도 내세의 영혼 구제만을 외치지 못하게 되었다. 더 나아가서 오늘날의 산업 사회는 종교를 포함한 모든 현상을 효율화, 기계화, 타성화, 집단화의 과정을 통해 획일하게 만들었다.

둘째, 지금까지 모든 종교는 나름대로의 '초월성'에 의해 그 존재 가치를 인정받고 있었다. 그러나 이제 그런 장치는 현대인의 시선을 전혀 끌지 못하게 되었다. 오늘날은 비신화화한 종교, 가장 합리적인 종교, 가장 인간적인 종교가 종교의 이상형이 되었다.

셋째, 종교를 확인하기 어렵게 만든 중요한 이유는 종교와 이념의 구별이 정확하지 않기 때문이며, 이 구별이 어렵게 된 이유는 종교의 이념적 성격과 이념의 종교적 성격이 특히 최근에 너무 자주 현실화되었기 때문이다. 이런 실례로 우리는 종교의 진리까지도 자유민주주의라는 이념의 테두리 안에서만 그 의미를 찾을 수 있다고 믿거나, 자본주의 시장 경제의 발전이 바로 기독교의 진리를 구현하는 것이라고 믿기도 한다.

그러면 종교와 이념의 이런 혼란은 우리들의 전적인 오해로부터 나온 것인가? 그렇지는 않다. 모든 종교의 진리는 이념을 통해 현실화, 세속화, 토착화되어야 한다. 이런 뜻에서 우리는 이념의 종교성을 예리하게 지적한 틸리히와 종교의 이념성을 예리하게 지적한 해방 신학자들의 지적을 특히 주목하면서, 종교와 이념을 물과 기름의 관계가 아닌 다른 방향에서 조화시키려고 노력해야 할 것이다.

틸리히는 이념의 대표로 사회주의, 국가주의, 자유적 휴머니즘을 든다. 그리고 그는 이 이념들은 종교와 동일하지는 않지만 종교와 유사한 목표를 추구한다는 뜻에서 '엉터리 종교(pseudo-religion)'가 아니라 차라리 '유사한 종교(quasi-religion)'라고 말한다.[7] 또한 구티에레즈로 대표되는 해방 신학자들은 종교가 이념을 채택할 수밖에 없다는 점을 누누이 강조한다.[8]

하여간 우리나라에서 종교와 비종교의 구별이 어렵게 된 배경에는 모든 현상을 획일화시키는 산업 사회의 속성, 초월성을 상실하게 된 종교의 속성, 그리고 세계 유일의 분단 국가로 남아 있는 현

---

7) Paul Tillich, *Christianity and the Encounter of the World Religions*, Harvard University Press, 1962, p.5.
8) 황필호, 『이데올로기, 해방신학, 의식화 교육』, 종로서적, 1985, pp.19-36 ; 71-98.

실에서 종교와 이념이 아직도 선명하게 구별되지 않고 있기 때문이다. 그래서 우리는 아직도 대통령을 위해 조찬 기도회나 통일 기원 법회를 하는 것이 종교인의 임무라고 착각하고 있거나, 혹은 무조건 대통령의 의사를 반대하는 것을 종교인의 임무로 착각하고 있는 실정이다. 이것은 우리가 말로는 종교와 이념의 구별을 외치면서도 실제로는 양자를 혼동하고 있다는 증거다. 과거 정권에 대해 들러리 노릇을 했던 종교계 지도자들에 대한 '납득할 만한 청산'이 아직도 이루어지지 않고 있는 이유도 여기에 있다.

한 가지 예를 더 들겠다. 오늘날 일본에서 발생했거나 전래된 신종교는 아직 우리나라에서 '외래 종교'로 남아 있다. 원래는 우리들이 흔히 전통 종교라고 간주하는 기독교, 불교, 유교가 모두 외래 종교임에도 불구하고. 나는 여기서 일본 종교의 정착을 주장하는 것이 아니다. 다만 일본 종교의 한국 전파 여부가 종교적인 근거에서가 아니라 이념적인 근거에서 결정되고 있다는 점을 밝히고 싶을 뿐이다.

넷째, 한국에서 종교와 비종교의 구별이 어렵게 된 가장 직접적인—그리고 한국적인—이유는 종교와 광신의 구별이 모호하기 때문이다. 오늘날 수많은 사람들이 휴거 사건이나 오대양 사건 등과 같은 사이비 종교를 진정한 종교와 동일시하고 있으며, 믿음과 광신을 동일시하고 있으며, 종교의 본질을 반이성과 반사회성에서 찾고 있는 실정이다.

오늘날 종교의 기능은 극도로 약화되었으며, 어느 경우에는 종교의 확인조차 어렵게 되었으며, 종교는 이제 광신자들의 짓거리로 전락했다. 종교를 심각하게 받아들이거나 종교를 철학적으로 토론하려는 사람은 현대인의 미운 오리새끼가 되고 말았다. 종교철학은 설자리가 없게 되었다.

3. 둘째 사회적 원인 : 철학의 타락

한때 철학은 문자 그대로 학문의 여왕일 뿐만 아니라 삶 그 자체였다. "모든 인간은 선천적으로 지식을 추구한다"고 말한 아리스토텔레스와 "도(道)가 사람을 넓히는 것이 아니라 사람이 도를 넓힌다"고 말한 공자가 살았던 시절에는 철학이 삶의 의미와 방향을 철저하게 지배하고 있었다. 특히 철학과 종교를 고의적으로 구분하지 않았던 동양에서는 더욱 그랬다.

오늘날 이와 같은 철학의 영광은 지난날의 추억으로 사라지고 말았다. 이제 철학은 ─ 칼 마르크스의 표현을 빌리면 ─ 지적인 자위 행위로 전락하고 말았다. 여기서 철학은 삶에 아무런 보탬을 줄 수 없는 한심한 사람들의 말장난일 뿐만 아니라 오히려 삶의 성실한 궤도를 충실히 걸어가는 보통 사람들에게는 쓸데없는 문제들, 처음부터 전혀 문제가 되지 않을 수도 있는 문제들, 혹은 처음부터 제기조차 할 수 없는 문제들을 가지고 씨름하는 지성의 간교가 되었다.

물론 프랑스와 같은 나라에서는 아직도 철학이 위력을 잃지 않고 있으나, 특히 한국에서의 철학의 타락은 상당히 심각한 지경에 이르렀다. 오늘날 철학은 말장난이나 옛날 지식의 파편과 동일시되고 있으며, 철학자는 '철학원'의 도사와 동일시되고 있다. 그리고 철학과 철학자에 대한 이런 시각은 이제 보통 사람들뿐만 아니라 철학자들에게도 철학의 무력을 절감하게 만들었다.

예를 들어서 정사협은 우리나라를 '총체적인 부패 공화국'으로 진단하고, 그 부패 공화국의 내용을 다음의 열두 마당으로 정리한다. 투기꾼의 대명사인 정치계, 부패 공화국의 꽃인 행정계, 법도 양심도 없는 세무 공무원, 역사와 국민 앞에 참담한 심정으로 속죄해야 할 법조계, 분단의 빙벽 뒤에 쌓아올린 복마전인 군대, 소금이기를 거부한 언론계, 돈의 노예로 전락한 의료계, 검은 돈의 생산지인 경제계, 오직 큰손을 위해 존재하는 금융계, 부조리 빌딩을 짓는 건설업계, 상술을 빙자한 사술(邪術)의 대명사인 유흥업계.9)

우리는 이런 말을 들을 때마다 각계에 근무하는 사람들이 확실한 철학을 가지고 있지 않기 때문이라고 말한다. 그러나 실제로 철학이 이 거대한 부패 공화국을 치료할 수 있다고 생각하는 사람은 ─ 우리 철학자들을 포함하여 ─ 별로 없는 형편이다. 다시 말해서, 현재 우리 사회에는 철학의 절대적인 필요성을 주장하는 명분상의 목소리와 어차피 철학이란 밥 먹고 할 일 없는 사람들의 관념적인 유희일 뿐이라는 현실의 목소리가 동시에 일고 있다. 오늘날 철학 무용론은 그 절정에 이르렀다.

철학은 왜 이 지경으로 타락했는가? 이 질문에 대한 답변은 물론 이 땅에서 철학을 전공하는 우리 철학자들이 삶과 유리된 방향에서 철학을 하나의 생계 수단으로 생각해왔기 때문이다. 그야말로 '법 따로, 관행 따로'가 아니라 '철학 따로, 인생 따로'가 되었기 때문이다.10)

원래 철학은 인간에서 출발한 학문이다. 우리는 이런 사실을 동서양철학의 아버지인 공자와 소크라테스의 사상에서 쉽게 알 수 있다. 인간과 삶을 떠난 철학은 공부할 필요도 없고, 지껄일 필요도 없다. 철학이 이제 구름 위로부터 다시 땅으로 내려와야 하는 이유가 여기에 있다. 그래야 철학이 살고, 철학이 다루는 삶이 진솔하게 전개될 수 있다. 그래서 김태길은, 우리는 이제 '철학'이라는 명사보다는 '철학한다'는 동사를 더욱 중요시해야 된다고 설명하면서, 이런 철학함은 과거의 저명한 철학자들이 기록한 문서를 떠나서도

---

9) 정사협 편, 『우리들의 부끄러운 자화상』, 움직이는 책, 1993.
10) 황필호, 「생활철학 운동이란 무엇인가」, 생활철학연구회 편, 『어느 철학자의 편지』, 제21호, 1996년 여름, p.98.

가능하다고까지 말한다.

　문제와 부딪히며 살아가는 생활인의 견지에서 볼 때, '철학'이라는 명사보다는 '철학한다'는 동사가 더욱 중요하다. 우리의 실천 생활과 더욱 밀접한 관계를 가진 것은 남이 생각해놓은 철학의 이론이 아니라 스스로 철학하는 자세로 문제와 대결함이란 뜻이다.[11]

　물론 탁월한 철학자들의 저서나 논문을 연구하는 것도 철학임을 부인하는 것은 아니다. 소크라테스나 석가 같은 독창적인 사색가만이 철학자라는 것은 더욱 아니다. 필자가 강조하고 싶은 것은, 과거의 저명한 철학자들이 기록한 문서를 떠나서도 철학함은 성립할 수 있다는 사실이며, 민주주의 시대의 바람직한 사회 발전이 실현되기 위해서는 소수의 전문가들이 종사하는 강단 철학만으로는 부족하며, 우리들이 삶의 현장에서 부딪히는 실천적 문제에 대해서 일반 시민들도 깊고 넓게 생각하는 태도로 임할 필요가 있다는 것이다.[12]

　그러면 철학이 과연 철학의 무용론을 당연한 진리로 받아들이고 있는 현대인에게 다시 삶의 원력을 제공할 수 있을까? 그것은 너무 낭만적인 발상이 아닐까? 그리고 그것이 어느 정도 가능하다고 해도, 그것은 어디까지나 이론의 결론이며 현실의 결론일 수는 없지 않을까? 이 질문들에 대한 답변을 찾기 위해 우리는 먼저 인류 역사에 나타난 위대한 개혁의 주체들을 시대별로 고찰할 필요가 있다. 그들은 바로 힘을 바탕으로 한 군인, 이념을 바탕으로 한 정치가, 돈을 바탕으로 한 경제인, 철학과 종교를 바탕으로 한 사상가를 말한다.
　첫째, 군인의 시대에는 영토 확장이 변혁의 주된 원인이었고, 그

---

11) 김태길, 「문제 상황과 철학적 사유」, 『철학과 현실』, 1992년 가을호, p.47.
12) 같은 글, p.47.

변혁은 결국 군인들의 힘과 무기에 의존하고 있었다. 그러나 오늘날 국가의 영향력은 더 이상 지리적인 문제와 직접 연결되어 있지 않다. 물론 이 세상에는 아직도 힘을 바탕으로 한 군인들이 영토 확장을 위해 전쟁에 참여하고 있는 곳이 많다. 그러나 중동 분쟁이나 한반도의 남북한 대치는 물론이며 현재 진행되고 있는 지구상의 수많은 민족 분쟁과 종교 분쟁은 이미 무력만의 대결이 아니다. 군인의 시대는 이미 끝나고 있다.

둘째, 정치인의 시대에는 이념이 사회 변혁의 주된 원인이었다. 그러나 우리는 오늘날 소련 연방의 해체와 동구권의 몰락에서 이런 이념 시대의 종말을 직접 경험했다. 물론 완전한 이념 종언의 시대가 도래한 것은 아니다. 특히 우리나라에서의 이념의 위력은 그대로 살아 있다. 그러나 그것이 가장 중요한 동기가 아니라는 사실을 우리는 여러 곳에서 체감하고 있다.

한때 우리나라에도 이념이 모든 것을 지배하는 요술 방망이로 행세한 적이 있다. 당시에는 '초전박살'이 우리에게 가장 중요한 명제였다. "그러나 우리는 이제 이념이 역사상 그렇게 순수한 경우가 없었으며, 또한 이념보다 언제나 이익(利益)이 우선한다는 뜻에서 이념이 그렇게 강한 것은 아니라는 사실을 체득하게 되었다."[13] 이념과 정치가의 시대는 이제 서서히 경제인의 시대로 넘어가고 있다.

셋째, 경제인의 시대에는 돈이 사회 변혁을 지배하게 된다. 요즘 우리 사회에서 자주 강조되는 국제 경쟁력이 오로지 경제에만 국한되어 있는 이유도 여기에 있으며, 하다 못해 최근에는 "돈만 있으면 통일이 된다"는 발상까지 가끔 듣게 된다. 그러나 사람이 빵으로만 살 수 없다는 말은 영원한 진리다.

넷째, 우리는 이제 철학과 종교에 바탕을 둔 사상가의 시대로 돌

---

13) 황필호, 「생활철학 운동이란 무엇인가」, 앞의 글, pp.95-98.

입하고 있다. 물론 이런 주장은 군인의 시대, 정치인의 시대, 경제인의 시대가 완전히 끝났다는 뜻은 아니다. 다만 힘, 이념, 돈의 그 어떤 것도 사상의 도움이 없이는 완전한 사회 변혁을 성취할 수 없게 되었다는 뜻이다.

미래는 문화인의 시대, 철학자의 시대, 종교인의 시대가 될 것이다. 그럼에도 오늘날 우리 사회에서 '철학의 무용론'과 '종교의 과용론'을 외치는 목소리는 의외로 우렁차게 들린다. 종교철학이 아직도 뿌리를 내리지 못하고 있다는 증거다. 그러나 바로 그것이 종교철학이 오늘날 가장 필요하다는 반증이 된다.

4. 세 가지 학문적 원인 : 신앙의 반논리성과 초논리성과 체험성

나는 지금까지 종교와 철학이 인간과 사회에 미치는 영향을 고찰했다. 그러나 우리나라에 종교철학이 전혀 자리를 잡지 못한 이유는 이런 사회적인 문제뿐만 아니라 종교철학이라는 과목 자체가 가지고 있는 학문적인 성격에도 그 원인이 있다. 그것은 바로 종교신앙의 반논리성과 초논리성과 체험성에 관한 것이다.

종교철학은 어느 과목과도 다른 점이 있다. 사회학을 공부하는 사람은 우선 "사회학이란 무엇인가?"를 질문할 것이며, 동일한 철학자라도 현상학을 공부하는 사람은 "현상학이란 무엇인가?"를 질문할 것이다. 그러나 종교철학자는 "종교철학이란 무엇인가?"를 질문하기 이전에 "종교에 대한 철학적 논의, 즉 종교철학은 과연 가능한가? 또한 가능하다면 그것은 과연 보람 있는 일인가?"라는 원초적 질문을 먼저 해야 된다.[14] 이 질문에 대한 종교인과 철학자의 일상적인 답변은 다음의 세 구절로 요약될 수 있다.

① "종교는 무조건 믿는 것이다. 그러므로 종교 신앙에 대한 논리적 및 철학적 접근은 처음부터 불가능한 것이다. 신앙의 본질은 반논리성이다."

② "종교 신앙은 논리와 철학을 초월한다. 전자는 후자를 포함할 수 있지만 후자는 절대로 전자를 포함할 수 없다. 그러므로 신앙에 대한 철학적 설명은 마치 하나의 파도로 거대한 바다를 설명하려는 시도와 다름이 없다. 신앙의 본질은 초논리성이다."

③ "신앙의 본질은 체험이다. 황홀경을 체험하지 못한 무당은 선무당이듯이, 신앙에 대한 진정한 이해는 철학적, 종교학적, 변호학적 이해를 지나 체험의 경지까지 나아가야 한다."

물론 이 세상에 존재하는 모든 종교가 신앙의 반논리성이나 초논리성만 주장하는 것은 아니다. 대개 이런 주장은 유신론적 종교들에게서 자주 거론되고 있으며, 그 중에서도 유일신을 믿는 종교에 국한되어 있으며, 이를테면 유신론도 아니고 무신론도 아닌 비신론적(非神論的) 종교인 불교는 기독교보다 훨씬 논리적이라고 말할 수 있다.15) 또한 유신론적인 종교들도 그들의 경배의 대상인 하느님의 존재를 신앙에 의존하지 않고 논리적, 이성적, 합리적으로 증명하려는 수많은 시도가 있어왔다는 사실을 우리는 잘 알고 있다.16)

---

14) Cf. P. Tillich, 황필호 역, 『종교란 무엇인가』, 전망사, 1984, pp.35-36.
15) 비신론에 대해서는 다음을 참조할 것. 황필호, 「종교철학에 있어서 신의 존재에 관한 시비」, 『철학적 인간, 종교적 인간』, 범우사, 1983, pp.196-197.
16) 같은 글, pp.190-192.
  Cf. Donald Wiebe는 "Has Philosophy of Religion a Place in the Agenda of Theology?" (*Toronto Journal of Theology*, 5/1, 1989, p.9)에서 종교철학을 다음의 세 가지로 구분한다.
  첫째, '기술적 소유격(a descriptive genitive)으로서의 종교철학'은 어떤 뜻에서든지 이 세상을 초월하는 개념을 가지고 세상과 인간을 탐구하며, 그래서 종교철그러나 대부분의 종교들이 신앙이나 진리의 반논리성이나 초논리성을 직접적으로나 간접적으로 주장하고 있다는 사실에는 의심의 여지가 없다. 그리하여 기독교는 이성에 대한 계시의 우월성을 주장하며, 선불교는 불립문자(不立文字)를 주장하며, 『도덕경』은 "도가도비상도(道可道非常道)"라는 문장으로부터 시작되며, 유교도 논리보다는 인(仁)의 마음을 강조한다. 이런 뜻에서 우리는 위의 세 답변을 받아들일 수 있다. 그러면 이런 답변들은 필연적으로

학은 순수한 자연론적 세계관을 배척한다.

둘째, '주관적 소유격(a subjective genitive)으로서의 종교철학'은 종교 행위에 대한 신념과 관념에 대한 합리적인 반성과 형이상학적인 탐구며, 그래서 종교철학은 철학적 신학과 다름이 없다. (비록 신학이 이미 합리적인 탐구라는 뜻에서 '철학적 신학'이라는 표현은 중복어에 불과하지만.)

셋째, '객관적 소유격(an objective genitive)으로서의 종교철학'은 종교와 철학의 영역을 엄격히 구별한다. 마치 언어와 메타 언어를 구별하듯이.

우리가 이상의 구별을 받아들인다면 학문으로서의 종교철학은 두 번째와 세 번째에 한정될 것이며, 내가 이 글에서 사용한 종교철학은 세 번째에 해당할 것이다. 그러나 나는 이 글에서 '신앙의 체험성'을 주장함으로써 두 번째 의미의 종교철학을 포용하려고 노력했다.

그러면 종교철학은 종교에 어떤 영향을 주는가? Wiebe는 같은 글(p.14)에서 이렇게 말한다. "객관적 소유격으로서의 종교철학은 종교로부터의 철저한 자율성을 유지함으로써 철학과 종교에 '제한적인 연관성'을 갖는다. 그러나 주관적 소유격으로서의 종교철학은 철학을 거의 종교적인 것으로 변용시키는 한에서만 철학과 종교에 기여할 수 있다."

이 주장에 대하여 Michel Despland는 "Yes, But What Philosophy?"(같은 책, p.30)라는 글에서 이렇게 비판한다. "종교철학은 신학 앞에서 자율성을 유지한다. 그러나 그것은 폐쇄된 자율성이 아니다. 그것은 언제나 종교철학을 대면하고 있는 인간의 실재, 인간의 의견, 인간의 꿈, 인간의 종교에 대한 관찰을 계속한다. (그리하여 나는 Wiebe와는 달리 철학의 자율성은 종교에의 복종보다는 차라리 이런 관찰을 동반한다고 생각한다.) 종교철학은 타자를 통제하기 위해서가 아니라 언어의 힘으로 타자에 대응하며, 그래서 종교철학은 ― 우리들이 흔히 역사에서 발견할 수 있듯이 ― 종교와 철학이 상대방에 대한 정복을 목적으로 대화하려는 악몽으로부터 우리를 해방시킬 수 있다. 그러므로 우리는 철학의 자율성을 정열적으로 변호해야 한다. 다른 목적에 이용된 철학은 이미 철학이 아니며, 어떤 정책의 수행을 위한 철학도 이미 철학이 아니다."

신앙의 반논리성이나 초논리성을 증명하는가? 반드시 그렇지는 않다.

첫째, "종교는 무조건 믿는 것이다"라는 명제는 분명히 반논리적으로 해석될 수 있다. 그렇다고 해서 반논리성이 무조건적인 신앙, 무제약적인 신앙, 완벽한 신앙을 의미하지는 않는다. 우선 모든 믿음은 '······ 에 대한 믿음'이라는 뜻에서 지향성을 가지고 있으며, 여기서 말하는 지향적 대상은 존재할 수도 있고 존재하지 않을 수도 있다. 또한 신앙의 대상이 실제로 존재한다고 해도, 그 대상이 반드시 영원 불변한 존재일 필요는 없다. 영원하지 않고 상변하는 대상을 믿는 종교는 이 세상에 얼마든지 있으며, 하다 못해 기독교의 일파인 과정 신학자들은 하느님도 시간에 따라 변해야 한다고 말한다. 반논리성 자체와 종교성은 동일하지 않다.

더 나아가서 신앙의 대상이 확실히 존재하고 그 대상이 영원 불변하다고 해도, 그 믿음의 주체인 인간이 불완전한 존재라면 그의 믿음도 불완전할 수밖에 없다. 종교 자체는 완전할 것이다. 그러나 인간의 종교는 불완전할 수밖에 없다. 우리는 완벽한 신앙을 추구한다. 우리의 신앙은 불충분할 수밖에 없기 때문이다.

글자 그대로 '무조건' 믿는다는 것은 있을 수 없다. 우리는 "불합리하기 때문에 믿는다"는 터투리아누스의 표현도 정확히 말하면 "불합리하더라도 믿지 않을 수 없는 논리가 있다"고 해석해야 한다.

안셀무스는 "믿지 않으면 이해할 수 없다"고 말했다. 그러나 우리는 그가 이렇게 말한 글에서 서양철학사에서 가장 논리적이며 또한 오늘날까지도 논란의 대상이 되고 있는 하느님에 대한 '존재론적 논증'을 처음으로 제창했다는 사실을 잊지 말아야 한다.[17]

---

17) 황필호, 『서양종교철학 산책』, 앞의 책, p.197.

둘째, "종교는 철학을 초월한다"는 명제는 분명히 옳은 말이다. 그러나 이런 신앙의 초논리성이 반드시 종교에 대한 철학적 논의 자체를 불가능하게 만드는 것은 아니다. 토마스 아퀴나스가 분명히 말했듯이, 종교에 대한 가장 적절한 접근 방법은 이성이 아니고 계시라고 하더라도, 인간이 이해할 수 있는 정도까지 인간의 이성으로 종교 진리를 이해하려는 이성적 노력을 반대할 필요는 없는 것이다. 또한 어느 경우에는 이미 계시로 발견한 진리를 이성의 힘으로 확인 혹은 재확인함으로써 그의 신앙을 더욱 돈독히 할 수도 있을 것이다.[18]

(또한 신앙이 논리를 초월하고 종교가 철학을 초월한다고 주장하려는 사람은 먼저 논리와 철학을 어느 정도 알아야 한다. 알지도 못하는 논리와 철학을 두고 종교가 이들을 초월한다고 주장하는 것은 마치 "나는 알지 못하는 어떤 것을 초월한다"는 넌센스일 뿐이다. 안셀무스의 이해 없는 신앙, 터투리아누스의 아테네 없는 예루살렘, 키에르케고르의 미적인 단계와 윤리적인 단계를 거치지 않은 종교적인 단계는 있을 수 없는 일이다.)[19]

셋째, "신앙의 본질은 체험이다"라는 명제는 참으로 옳은 말이다. 정확히 어느 정도 체험해야 된다고 말할 수는 없다. 그러나 체험이 전혀 없는 신앙이란 그 자체로 모순이다.

일반적으로 우리가 다른 사람의 종교를 안다고 주장(knowledge claim)하려면 다음의 세 단계를 거쳐야 한다. 첫째로 우리는 다른 종교의 기본적인 교리, 의례, 상징, 언어를 지적으로 이해할 수 있어야 한다. 그 종교를 신봉하는 사람들과 더불어 그 종교를 토론할 정도로 알아야 한다. 우리는 이 단계를 '지적 배움의 단계'라고 말할 수 있다. 둘째로 우리는 다른 종교의 교리, 의례, 상징, 언어를

---

18) 같은 책, p.198.
19) 같은 책, p.200.

직접 관찰하고 참여해야 한다. 미사 드리는 광경을 한 번도 보지 않은 사람은 가톨릭에 대하여 말할 수 없고, 참선에 한 번도 참여해 보지 않은 사람은 선불교에 대하여 안다고 주장할 수 없다. 종교는 언제나 직접적인 대면을 필요로 한다. 우리는 이 단계를 '참여적 배움의 단계'라고 말할 수 있다. 셋째로 우리는 다른 종교의 종교성을 직접 체험할 수 있어야 한다. 백팔 배를 하면서 희열을 느낄 수 없는 기독교인이나 코란을 읽으면서 삶의 의미를 발견할 수 없는 유교인은 상대방의 종교를 안다고 주장할 수 없다. 우리는 이 단계를 '체험적 배움의 단계'라고 말할 수 있다.

우리는 지금까지 신앙의 반논리성, 초논리성, 체험성을 토론했다. 이 과정에서 우리는 "종교는 무조건 믿는 것이다"라는 명제는 틀린 명제며, "종교는 철학을 초월한다"는 명제는 그 자체로는 옳지만 그것이 반드시 종교철학의 불가능성을 함유하지는 않으며, "신앙의 본질은 체험이다"라는 명제는 참이라는 것을 알게 되었다.[20]

우리는 여기서 종교철학이 진정 어려운 학문이라는 사실을 새삼 깨닫게 된다. 종교 신앙에 대한 철학적 논의는 어느 정도 가능하며 또한 나름대로의 결실도 맺을 수 있다고 하자. 그러나 신앙의 요체가 체험인 한에서 종교철학은 언제나 어떤 한계를 자체 안에 품고 있다. 종교철학은 자신이 신봉하는 종교의 입장에서 종교를 연구하는 종교변호학이 아니며, 종교학처럼 역사 속에 나타난 종교 현상을 객관적으로 기술하는 데 만족하지 않는다.

종교철학은 그런 현상들을 교리 자체의 입장에서 설명하려고 노력한다. 종교철학의 이런 노력은 언제나 미완성으로 끝날 수밖에 없다. 신앙의 체험성이 결여된 종교를 탐구하는 종교철학의 숙명이다. 이런 뜻에서 종교철학은 마치 자신의 꼬리를 잡아먹는다는

---

20) Cf. 황필호, 「종교철학이란 무엇인가」, 앞의 글, p.200.

유로보로스의 운명과 같다고나 할까.

내가 이미 이 책의 제1장에서 말했듯이, 종교가 인간의 삶에 직접 관여하는 실존적인 행위라고 할 때, 우리의 삶과 가장 가까운 학문은 아무래도 자신의 종교를 옹호하는 종교변호학이며, 여기서 한 걸음 뒤로 물러난 과목이 종교학이며, 여기서 다시 한 걸음 더 물러난 과목이 종교철학이다. 그래서 종교철학도는 칸트나 장자의 종교 사상을 이해하려고 무던히 애를 쓰다가도 "도대체 이것이 내 인생과 무슨 관계가 있단 말인가?"라는 회의에 빠지게 된다. 그리고 차라리 철학보다는 종교학이나 종교변호학을 하고픈 욕망을 갖게 되며, 어느 경우에는 철학적 접근 자체에 대한 지독한 회의에 빠지게 된다. 종교철학과 실존의 거리는 그리 가깝지 않다.

나는 여기서 종교에 대한 철학적 탐구와 개인적 수양의 관계를 구체적으로 토론하지는 않겠다. 분명히 나는 종교에 대한 정교한 이론보다는 한 번의 기도와 참회가 훨씬 중요하다고 믿는 사람이다. 다만 종교에 대한 논리적·학문적·철학적 탐구가 완전히 결여된 우리나라의 현실에서는 종교가 사교(邪敎)와 동일시될 수밖에 없으며, 그래서 종교라는 이름 아래 수많은 개인적 및 사회적 범죄가 증가할 수밖에 없다는 사실을 나는 다시 한 번 지적하고 싶다.

이것은 마치 우리나라 수필가들이 삶의 중요한 문제들을 주제로 한 '무거운 수필'을 팽개치고 음풍영월 식의 서정적인 '가벼운 수필'만을 양산하다보니 자연히 감정의 과잉 노출이 다반사가 되고, 결국 수필과 잡문의 구별까지 어렵게 된 우리나라 수필계의 경우와 별로 다름이 없다.21) 종교철학의 정립, 그것은 우리나라에서 학문적인 요청일 뿐만 아니라 사회적인 요청이다.

---

21) 황필호, 『우리 수필 평론』, 집문당, 1997, pp.46-53.

5. 한국 종교철학의 내용

나는 지금까지 한국을 종교철학의 불모지로 규정하고, 그 이유를 사회적 및 학문적 측면에서 토론했다. 그렇다고 해서 한국에 종교철학이 전혀 존재하지 않는다는 뜻은 아니다. 다만 그것이 너무 미약하다는 뜻이다. 그러면 지금까지 전개되어온 한국 종교철학은 내용적으로 어떤 것이 있는가. 이정배는 다섯 가지 유형으로 설명한다. 첫째는 철학 속에서의 종교의 자리 찾기며, 둘째는 고백 신조적 종교철학이며, 셋째는 본질 규정으로서의 종교철학이며, 넷째는 분석적 종교철학이며, 다섯째는 간학문적 종교철학이다.

첫째, 철학 속에서의 종교의 자리 찾기란 서구 철학자들의 종교론을—그것이 과연 종교철학의 내용인가를 정확히 고찰하지도 않고—그대로 종교철학이라는 이름으로 한국에 소개하는 작업이며, 여기서는 주로 칸트·헤겔·야스퍼스 그리고 최근에는 니체·화이트헤드 등의 종교론이 주종을 이루는데, 이들은 모두 자신들의 철학 체계 내에서 종교의 자리 찾기에 관심을 가지고 있는 대표적 사상가들이다.[22]

둘째, 초기 한국의 종교철학을 주도했던 학자들은 주로 기독교 신학자들이었다. "채필근, 윤성범, 김하태, 김재준 등에 의해 소개된 종교철학은 의심할 나위 없이 기독교 신학의 틀 속에서 전개되었다. 이들은 외국 신학자들의 종교철학 저서를 번역하기도 하면서 종교철학을 신학적 언어로 정리하는 데 일역을 담당했다. 특히 윤성범은 종교철학을 우주론적 종교철학·인간학적 종교철학·이 양자를 종합한 종교론적 종교철학으로 분류하면서, 이 세 종교철학을 통전하는 논리 체계를 구축하는 일이 신학의 과제라고 언명했다. 이런 신앙 고백적 종교철학은 신학자들에 의해 지속적으로

---

22) 이정배, 앞의 글, p.184.

그 명맥이 이어져오고 있는데, 1980년대 이후에 이르러는 초기의 일방적 소개의 차원을 넘어 상당한 수준의 논리성을 담보하고 있다. 가톨릭 신학자들은 주로 칼 라너와 벨테 등의 종교철학을 소개했으며, 개신교 신학자들은 폴 틸리히의 종교철학과 종교문화론을 국내에 경쟁적으로 소개했다."[23]

셋째, 다음으로 우리는 지난 50년간 발표된 직관적 본질 규정에 근거한 종교현상학적 종교철학을 들 수 있는데, 여기서는 주로 종교의 본질을 인간의 절대적 의존 감정으로 본 슐라이어마허, 그것을 성(聖)에 대한 느낌으로 본 루돌프 오토, 인간학적 입장에서 종교를 설명하려는 막스 셸러 등의 종교론이 주종을 이룬다.

그러나 "이런 유형의 종교철학에 해당되는 공통 문제란 그것들이 종교적 확신 자체를 검증할 수 없는 직관적 영역으로 설정해버렸기에 자신의 종교적 전제들에 대한 이성적·철학적 탐구를 유보할 수밖에 없다는 점이다. 종교를 가치 감정으로 이해했던 막스 셸러 역시 종교적인 것을 논증하려고 하지 않았다. 따라서 직관적으로 수행된 종교철학은 이제 인간의 지식 상황의 요청에 부응할 수 없게 되었으며, 인문과학적 연구 대상으로 종교를 내어놓을 수 없게 되었으며, 오히려 이로부터 다양한 종교 현상들에 대한 철학적·이성적 논변을 통해 학문적 종교철학을 성사시키려는 시도가 생겨나게 되었다."[24]

넷째, 1980년대로 접어들면서 한국에는 종교의 본질을 종교 언어에 대한 탐구로 고찰하려는 시도가 일어났는데, 그들은 주로 비트겐슈타인 등의 분석철학자들에게 의지하고 있었으며, "존 힉의 『종교철학』과 『분석철학과 종교』 등의 책을 소개한 황필호의 역할이 돋보이는 시기였다."[25] 그들은 "첫째로 종교적 표상 세계와 언

---

23) 같은 글, p.186.
24) 같은 글, p.189.

어 체계의 분석, 둘째로 종교적 의미 체계에 대한 이론적 검증, 셋째로 사회와 연관된 종교의 신앙 체계들에 대한 이념적 비판을 종교철학의 근간으로 삼았다."26)

분석적 종교철학은 이성에서 출발했기 때문에 학문적 특성을 쉽게 강조할 수 있었다. "그러나 학문적 종교철학의 종교 이해가 지극히 형식적·범주적 틀 안에서 이해됨으로써 초경험적 리얼리티 자체에 대한 이해가 유보 내지는 생략되는 면이 많았다. 다시 말해 초경험적 현실성 그 자체가 종교철학의 핵심 주체가 되지 못했다는 사실이다. 이는 학문적 종교철학이 종교 현상, 즉 종교 언어를 지닌 인간의 문제만을 자신의 관심 대상으로 삼았기 때문이었다. 또한 종교를 이데올로기 비판의 시각에서 살펴보는 사회학적 담론에는 충실하였으나 해석학적 작업에는 충실할 수 없었고, 그래서 오늘날 종교 복수주의 상황을 종교철학의 관심 영역으로 이끌어들이지 못한 것이다. 이런 맥락에서 최근 간문화적(cross-cultural) 종교철학이 해석학적 작업을 매개로 발전적으로 논의되는 것은 바람직한 일이다."27)

다섯째, 1990년대부터 시작된 간학문적 종교철학은 실상 철학과 종교 양측으로부터 유래되었다고 말할 수 있다. 철학적 측면에서는 전통적인 종교철학과 비교철학에 빚을 지고 있으며, 종교적 측면에서는 종교사와 종교현상학에 빚을 지고 있기 때문이다. 그럼에도 간문화 종교철학은 자체의 특성을 갖고 있는데, 이정배는 그 이유를 이렇게 설명한다.

간문화 종교철학은 그 자체로 특별한 모습을 띤다. 즉, 이것은 세계 내의 다문화 전통과 종교 전통의 방법론적 및 영적 자료들을 얻기 위해

---

25) 같은 글, p.190.
26) 같은 글, p.191.
27) 같은 글, pp.192-193.

서구 종교와 철학의 영역을 넘어가고 있기 때문이다. 또한 이는 동서 비교철학과 다른 것으로서 간문화적이란 개념은 단순히 서술적이지 않고 규범적이며 구성적인 특성, 곧 해석학적 작업을 동반하고 있다. 따라서 간문화적 종교철학은 간문화적 상황 속에서 발생되는 메타 이론을 찾는 일에 관심을 기울인다.

이 점에서 파니카는 간문화적 종교철학이란 해석학에 초점을 두면서 진리는 만남 속에서만 나타나는 것이지 결코 어느 한편에서 찾아질 수 없다는 사실을 강조한다. 다시 말해 진리는 미리 그 기준이 정해져 있지 않으며, 해석학적 과정 속에서만 드러난다는 진리 기준의 새로운 강령이 마련된 것이다.

이런 맥락에서 최근 원광대학교에서는 영미, 독일어권의 종교철학은 물론 아시아의 종교철학을 집대성한『종교철학 연구』(1996)를 출간했으며, 나는 이 책이 상호 대화의 길을 모색하고 종교철학의 새로운 장르로서의 간문화적 종교철학을 수립하는 데 크게 일조할 수 있을 것으로 믿는다. 또한 변선환 교수의 유교집으로 대원정사에서 번역 출간된 아베 마사오의『선과 종교철학』,『선과 서양철학』,『선과 기독교 신학』등의 책도 기독교와 불교 간의 간학문적 종교철학을 시도하기 위한 좋은 밑거름이 될 것으로 사료된다.[28]

끝으로 이정배는 이렇게 결론 내린다. 오늘날 초합리적 종교는 비합리적 및 반합리적인 것으로 잘못 이해되고 있다. 이런 현실에서 종교에 대한 철학적 이해와 철학에 대한 종교적 이해는 참으로 필요한 일이다. 그리고 언젠가는 "이 차원을 넘어서 서로 다른 문화권 속에서의 비교 종교철학이 더욱 활성화되어야 할 것이며, 궁

---

28) 같은 글, pp.193-194. Cf. 이정배는 각주에서 이렇게 첨부한다. "이 외에도 니시다니의『종교란 무엇인가』, 발덴 휄스의『空과 기독교』등도 도움이 되며, 황필호의「개종과 가종」「한국 종교철학은 가능한가」등도 같은 맥락에 있다." Cf.「개종과 가종」은 다음의 책에 더욱 보완되어 있다. 황필호,『종교철학 에세이』, 철학과현실사, 2002, pp.353-376.

극적으로는 종교 복수주의 상황이 철학적 및 해석학적으로 탐구되어 개별 종교의 틀을 넘는 메타 이론들을 발견해야 할 것이며, 개별 종교 문화 속에 전제된 가부장적 유산은 비판하고 페미니즘을 기저로 한 이론이 종교철학의 향후 주제가 되어야 할 것이다."[29]

6. 맺음말 : 한국 종교철학의 내일

이제 나는 앞으로 우리나라에서 종교철학이 정착할 수 있는 몇 가지 원칙을 제시하려고 한다.

첫째, 우선 우리는 종교철학이 엄연한 철학의 한 분야라는 사실을 인식하여 우리나라의 모든 철학과에서 종교철학을 가르쳐야 한다. 알다시피 서양철학 중에서도 영미 철학은 인식론과 논리 분석을 강조하지만 대륙 철학은 형이상학과 존재론을 강조한다.[30] 그러나 대륙의 대학교 철학과뿐만 아니라 영국이나 미국의 철학과까지도 거의 모두 종교철학을 정규 과목으로 개설하고 있다. 그런데 우리나라 철학과에서 정말 종교철학다운 종교철학을 정규 과목으로 개설한 곳이 과연 몇 군데가 되는가.

둘째, 우리는 종교철학은 종교변호학이나 종교학이 아니라는 사실을 알아야 한다. 현재 동국대학교 불교대학, 성균관대학교 유학대학, 원광대학교 교학대학, 일반 신학교와 같은 종립 학교에서는 거의 모두 종교철학 과목을 개설하고 있다. 그러나 실제로는 신학 혹은 변호학일 뿐이다. 이것은 종교철학의 정립을 위해 불행한 일일 뿐만 아니라 그들이 강조하고 포교하려는 불교, 유교, 기독교를 위해서도 슬픈 일이 아닐 수 없다.

---

29) 이정배, 앞의 글, p.195.
30) 황필호, 「장자와 로티의 잘못된 만남」, 『중국종교철학 산책』, 청년사, 2001, p.380.

일찍이 플라톤의 「이온」이라는 대화편에서, 호머를 다른 어떤 시인보다 존경하며 또한 호머의 시를 누구보다도 훌륭하게 낭송할 수 있다고 뽐내는 이온에게 소크라테스는 이렇게 말했다. "그대가 호머와 다른 시인들이 공감하는 것에 대하여는 설명할 수 있으면서도 그와 의견을 달리하는 시인들에 대하여 설명할 수 없다면, 그대는 어떻게 호머를 다른 시인들보다 더 잘 안다고 설명할 수 있겠는가?"[31]

그렇다. 자신의 종교에 대한 우월감을 가지려면 먼저 타인의 종교를 알아야 하며, 타인의 종교에 대한 지식은 종교철학을 통해 가장 객관적으로 얻을 수 있다. "나의 장점 혹은 단점을 알려면 먼저 남을 알아야 한다. 남을 모르는 나의 장점이나 단점이란 있을 수 없다. 남을 아는 것은 나를 알 수 있는 필요 조건이 된다."[32]

셋째, 우리는 종교철학이 종교인의 전유물이 아니라는 사실을 잊지 말아야 한다. 종교인만이 종교를 논할 수 있다는 생각은 종교인의 도그마에 불과하다. 그 이유는 무엇인가?

서양 종교철학의 주된 관심사 중의 하나는 과연 전지전능한 신이 존재하느냐는 것이다. 그러나 비종교인, 실증주의자, 불교인과 같은 비신론자(非神論者), 신앙제일주의자 등은 이 문제가 진정한 문제가 되지 않는다고 생각하기 쉽다. 비종교인은 신을 생각조차 하지 않으며, 실증주의자는 이 질문 자체가 무의미하다고 생각하며, 비신론자는 이것보다 더욱 중요한 실존적 문제가 있다고 생각하며, 신앙제일주의자는 신의 존재는 논리적인 증명에 의해서가 아니라 오직 신앙의 도약에 의해서만 경험할 수 있다고 믿는다.

그러나 실제로 이 세상에는 자신이 믿고 있는 궁극적 실재를 위해

---

31) Platon, 『이온』, 531 a–b.
32) 황필호, 「종교와 종교의 만남은 가능한가」, John Hick, 황필호 역, 『종교철학개론』, 종로서적, 1980, p.211.

목숨까지 버리고, 그 실재를 논리적으로 증명하려는 피나는 노력이 과거에도 있었고 현재도 있으며 미래에도 있을 것이라는 '엄연한 사실'을 우리는 부인할 수 없다. 그러므로 반성적으로 사고하려는 모든 지성인들은 우선 이런 종교인들을 비정상인으로 몰아치기 이전에 이 현상에 대한 합리적인 답변을 제시하려고 노력해야 할 것이다.

이렇게 보면, 신 존재에 관한 문제는 그것을 무조건 신앙으로 받아들이는 종교인보다는 차라리 앞에서 언급한 비종교인들에게 더욱 커다란 지적 경련(an intellectual cramp)을 준다고 말할 수 있다. '유신론적 종교철학'이 동어 반복이 아니며 '무신론적 종교철학'이 모순이 아닌 이유도 여기에 있다.33)

넷째, 지금까지 서양 종교에 치중했던 우리나라 종교철학은 이제 동양 종교를 포함하도록 노력해야 한다. 특히 동학, 원불교, 통일교와 같이 한국에서 자생한 종교에도 관심을 기울여야 한다. 물론 종교철학이라는 과목이 종교와 철학을 확연하게 구별한 서양에서 나온 학문이라는 점을 감안하면, 우리들의 종교철학적인 논의가 주로 서양 종교에 국한되어 왔다는 사실을 이해할 수 있다. 그러나 이제는 그 영역을 모든 동양 종교로 넓혀야 한다. 그리고 이 임무를 가장 쉽게 수행할 수 있는 사람들은 물론 동양 사상을 연구하는 종교철학자들이다.

예를 들어서 대부분의 서양 학자들은 유교를 진정한 종교가 아니라거나 아예 종교로 간주하지 않으며, 어떤 사람은 종교적인 윤리 체계도 아닌 세속적 혹은 공리주의적 윤리 체계라고 주장하기도 한다.34) 그런데 여기서 심각한 문제는, 수많은 동양의 유학자들도 유교를 종교로 간주하지 않고 있다는 것이다. 결국 그들은 기독교나 기독교와 유사한 종교만이 진정한 종교라는 서양인들의 근거

---

33) 황필호, 「종교철학이란 무엇인가」, 앞의 글, pp.190-191.
34) 황필호, 「유교와 유신론」, 『중국종교철학 산책』, 앞의 책, pp.445-467.

없는 가정을 그대로 받아들이고 있다는 증거다. 참으로 한심한 일이다.

언젠가 우리나라를 방문했던 이 시대의 마지막 실증주의자인 플루(Antony Flew)는 동양에는 위대한 사상과 윤리는 있으나 철학은 존재하지 않는다고 선언했다. 철학의 본질은 분석인데, 동양에는 분석적인 고전이 없다는 것이다. 이런 상황에서, 우리 동양인들까지 동양에는 진정한 종교나 진정한 철학이 없다고 주장하는 전근대적 착각에 빠진다면, 우리는 우리들의 전통을 스스로 배반하는 것이다. 이제 우리는 이를테면 기독교를 유교의 인본주의적 입장에서 토론할 수도 있고,35) 유교를 기독교의 신본주의적 입장에서도 토론할 수 있다는 사실을 알아야 한다.36)

다섯째, 앞으로 종교철학은 비교종교철학이 되어야 한다. 예를 들어서 신 존재 증명은 기독교에 국한시키지 말고 기독교·유대교·이슬람교·힌두교와 비교해서 고찰해야 할 것이며, 전통적으로 내려온 기독교의 이성과 계시의 문제는 선불교에서의 체험과 개념의 문제와 비교하여 고찰해야 할 것이며, 종교 언어의 문제도 분석적인 입장과 현상학적인 입장을 동시에 수용하면서 동서양 종교를 두루 섭렵하도록 노력해야 할 것이다.

오늘날 비교철학과 비교종교철학의 필요성을 역설할 시기는 이미 지났다. 이제 세계는 정치, 경제, 사회의 측면뿐만 아니라 철학, 종교, 문화의 측면에서 서로 만나고 있다. 이것은 키플링(1865~1936)의 「동서의 발라드」라는 시에 근거를 둔 백남준의 「키플링이여 안녕」이라는 비디오 쇼를 보지 않아도 우리가 직접 체험하고 있는 현실이다. 이제 모든 학문은 비교 학문이 될 수밖에 없게 되었

---

35) 같은 글, p.447.
36) Julia Ching(秦家懿), *Confucianism and Christianity*, Sophia University, Tokyo, 1977.

으며, 비교적 안목을 완전히 결여한 학문은 학문으로 대접받지 못할 상태가 되었다. 물론 비교적 학문이 그리 쉬운 것은 아니다. 거기에는 수많은 본질적 및 현실적 어려움이 있다. 그러나 모든 학문은 비교의 작업을 통해 더욱 풍요롭게 될 수 있다.37)

특히 비교 종교철학에서 흥미로운 것은 '유사하게 상반된 주제들의 비교'라고 할 수 있다. 예를 들자. "초월신을 믿는 기독교인이 해결해야 할 가장 어려운 문제는, 왜 이 세상에 억울하게 고통받는 사람이 엄연히 존재하느냐는 '악의 문제'다. 그러나 유교인의 가장 어려운 문제는, 어떻게 원래 선한 인간이 이렇게 타락할 수 있느냐는 '선의 문제'다. 역사적으로 전자는 변신론(辯神論)으로 전개되었으며, 후자는 잃어버린 마음을 되찾는 맹자의 수양론(修養論)으로 전개되었다. 그러면 이 두 주장은 어떻게 서로 비슷하고 상이한 것인가."38)

또 다른 실례로는 기독교와 불교의 비교를 들 수 있다. 기독교인들이 예배를 드릴 때마다 암송하는 「사도신경」은 "나는 …… 을 믿고"(credo)로 시작해서 또 그렇게 끝난다. 그러나 불교인들이 예불할 때마다 암송하는 「반야심경」에는 이런 표현이 전혀 없으며, 팔만대장경 어느 곳에서도 믿음을 강조하지 않는다. 이것도 유사하게 상반된 주제의 비교가 되겠다.

여섯째, 앞으로 종교철학은 비교 종교철학의 단계를 넘어서 모든 외래 종교의 토착화를 염두에 두고 전개되어야 한다. 해방 신학이나 민중 불교는 물론이며 전통적으로 내려온 유교, 불교, 기독교 등도 이제는 진정한 '우리의 종교'로 승화되어야 한다. 모든 종교는 당시 상황에 맞는 옷을 입고 나타나도록 세속화, 비신화화, 토착화되었을 때만 진리를 표현할 수 있기 때문이다. 이런 실례로 나는

---

37) 황필호 편, 『비교철학 입문』, 철학과현실사, 1989, p.215.
38) 황필호, 『중국종교철학 산책』, 앞의 책, p.461.

이미 1996년에 '한국적 해방 신학'을 주장하기도 했다.[39]

그러나 더욱 정확히 말하면, 토착화의 문제는 종교학이나 종교철학의 문제가 아니라 종교변호학의 고유한 영역이라고 말할 수 있다. 이 문제를 단순히 객관적인 입장에서 서술하는 종교학자나 종교철학자와는 달리, 모든 종교변호학자는 자신의 종교를 '지금 여기'에 맞는 방향으로 제시해야 할 의무를 가지고 있기 때문이다. 그래서 나도 앞의 책에서 한국적 해방종교학이나 한국적 해방철학보다는 한국적 해방신학을 제시하려고 노력했던 것이다. 이런 뜻에서, 우리는 한국적 신학이나 한국적 불교학이 한국적 종교학이나 한국적 종교철학보다 토착화의 문제에 관한 한 더욱 지난한 짐을 지고 있다고 말할 수 있다.

종교변호학을 한국적 입장에서 토착화시키려고 노력하고 있는 학자로는 이정배를 들 수 있는데, 우선 그는 모든 토착화 시도를 번역 모델(translation model)·적응 모델(adaptation model)·맥락화 모델(contexualization model)로 분류한다.

번역 모델은 "복음과 문화의 관계를 알맹이와 껍질의 이미지로 이해하는 토착화 방법론이다. 이 모델은 먼저 기독교 메시지에 덧붙여진 문화적 요소를 가능한 한 분리시키고, 그 순수한 복음을 다시 새로운 문화적 상황과 맥락 속에서 알맞게 번역하는 두 과정을 통해 진행된다. 예컨대 서구 기독교의 탈헬레니즘화, 즉 성서의 계시 사건으로부터 그리스적 사고 범주를 제거해버리려는 하르낙의 입장이 여기에 속한다. 그러나 여기에는 기독교 복음 자체의 초월성 및 보편 타당성이 전제되는 관계로 오히려 문화의 생동력을 진정 인정하지 않는 한계에 직면하게 된다."[40]

39) 황필호, 「한국적 해방 신학의 정립을 위하여」, 『서양종교철학 산책』, 앞의 책, pp.161-180. Cf. 이렇게 토착화된 종교의 업적으로는 ― 아직도 기독교 신학에 국한되어 있지만 ― 다음을 들 수 있다. 홍정수, 『베 짜는 하느님』, 조명문화사, 1991 ; 정행업, 『아리랑 신학』, 대한기독교서회, 1996.

적응 모델은 번역 모델의 문제점을 인식하고 한 발자국 더 나아간 토착화 방법론이다. 그러나 이 모델도 지역 문화를 강조한다는 미명 아래 토착 문화의 이념들을 서구의 개념과 일치시키려는 쪽으로 기울어져 있다. 유교적 개념인 성(誠)과 기독교의 계시를 등가적으로 본 윤성범이 그 대표적 본보기라고 할 수 있다.

물론 "두 문화간의 이러한 결합 양식은 양자택일적 사고에 익숙해 있는 서구인들에 의해 지나친 혼합주의와 상대주의로 오해되기 십상이다. 그러나 더욱 큰 문제는, 곧잘 토양과 씨앗의 비유로 사용해온 아시아의 적응 모델론자들조차 자신의 토착 이념을 서구적 개념으로 환원시켜 이해하지 않으면 안 될 정도로 '오리엔탈리즘'의 희생자가 되었다는 사실이다. 그래서 이런 토착화 모델로부터 귀결되는 신학적 내용은 [형식적인] 포괄주의 이상을 넘어서지 못했다. 즉, 율법과 복음의 이원적 도식 밑에서 아시아와 한국 문화를 짊어지고 온 석가·노자·공자·원효 등을 기독교로 안내하는 몽학 선생쯤으로 규정한 것이다."41)

맥락화 모델은 토착 문화의 정체성에 더욱 큰 비중을 두는 토착화 방법론이다. 여기서 맥락 모델은 개인의 주체적 신앙뿐만 아니라 문화의 주체성을 기독교의 전통보다 더욱 철저한 신학함의 근본 조건으로 인정함으로써 그 급진적 특성을 나타낼 수밖에 없다. 그러나 이런 모델만이 탈서구화와 탈중심주의를 주장하는 복수 종교 사회에 알맞은 이론이 될 수 있다.42)

---

40) 이정배, 「한국적 신학, 어떻게 할 것인가」, 종교문화연구원 편, 『종교문화와 대화』, 나단, 1994, p.130.
41) 같은 글, p.130.
42) 그러면 맥락화 모델로 토착화의 문제를 해결하려는 서구의 시도로는 어떤 것을 들 수 있는가. 이정배는 다시 그것을 힉(John Hick)과 니터(Paul Knitter)로 대표되는 실재 중심주의로서의 맥락 신학·유비적 상상력으로서의 맥락 신학·로너간(B. Lonergan)과 맥파그(S. Mcfaque)로 대표되는 선험적 방법론으로서의 맥락 신학으로 분류한다. 같은 글, pp.133-139.

일곱째, 미래의 종교철학은 복수 종교 상황이 피비린내 나는 종교 전쟁으로 끝나지 않는 방향으로 유도해야 한다. 솔직히 말해서 지금까지의 복수 종교 상황은 최근세 한국사에서 국민 통합보다는 국민 분열에 더욱 이바지해왔다.

만약 우리나라의 종교철학이 각기 다른 종교들이 서로 선의의 경쟁을 벌이면서도 상대방을 언제나 '우리의 선생님'으로 대할 수 있도록 만든다면, 대한민국은 역사상 최초의 종교간의 대화의 산 모델이 될 것이다. 물론 이런 작업은 종교변호학이나 종교학에서도 할 수 있다. 그러나 전자는 어차피 호교적인 차원을 벗어날 수 없으며, 후자는 지적인 비교의 차원을 벗어날 수 없다. 종교간의 갈등과 대화의 문제는 모든 종교의 교리 자체를 비교 검토하면서 논리적인 일관성을 찾으려는 종교철학의 고유한 영역이다.

여덟째, 끝으로 종교철학이 우리나라에 정착하기 위해 가장 중요한 것은, 종교란 무조건 믿는 것이므로 종교철학은 처음부터 불가능하다는 종교인들의 독단과, 종교는 철학을 초월하는 것이므로 종교철학은 가능하다고 해도 시간 낭비일 뿐이라고 생각하는 철학자들의 잘못된 생각을 버려야 할 것이다. 그리고 동양철학과 서양철학의 방법론을 애써 인위적으로 구별하려는 종교인이나 철학자는 결국 상대방의 철학에 대한 자신의 무지에서 온 결과라는 사실을 솔직히 인정해야 할 것이다.

제Ⅳ부

21세기의 쟁점 : 종교와 종교의 관계

제7장
기독교와 종교 복수주의*

1. 머리말 : 새로운 문제

이 세상에 수많은 종교가 존재한다는 것은 엄연한 사실이다. 그리고 모든 종교가 나름대로의 절대성을 주장한다는 것도 엄연한 사실이다. 그러므로 과거에도 종교간의 갈등과 마찰이 전혀 없었던 것은 아니다. 그럼에도 우리는 20세기에 들어와서 이 문제를 더욱 실감있게 느끼게 되었고, 이런 느낌을 자신의 종교에 대한 지적 및 신앙적 도전으로 받아들이게 되었다. 니터(Paul F. Knitter)는 이것을 '새롭게 경험된 실재(a newly experienced reality)' 혹은 '옛날 문제에 대한 새롭고 상이한 재도전(a new and different rematch with the age-old question)'이라고 표현한다.[1]

---

* 이 글은 황필호, 「종교와 종교의 만남은 가능한가」(John Hick, 황필호 역, 『종교철학 개론』, 종로서적, 1980, pp.209-228)와 「복수 종교 현상에 대한 기독교의 대응」(『서양종교철학 산책』, 집문당, 1996, pp.95-112)을 합치고 대폭 보강한 것이다.
1) Paul F. Knitter, *No Other Name? A Critical Survey of Christian Attitude*

이 문제에 대하여 과거의 종교인들은 종교간의 대화를 전적으로 불가능한 것으로 보든지 혹은 가능하더라도 자신이 믿는 종교의 진리를 바탕으로 해야 된다는 극단적 배타주의를 고집할 수 있었다. "하느님은 하늘에 있고 사람은 땅에 있다"고 잘라 말한 초기의 바르트(Karl Barth)나 타종교를 무조건 우상 숭배로 몰아치는 주장이 여기에 속한다. 이런 주장의 근거는 무엇인가?

어떻게 보면, 이런 주장의 근거는 극히 당연한 것 같다. 어느 종교의 진리를 주장하는 것은 그것과 모순되는 것의 비진리를 주장하는 것이며, 어느 종교의 보편성을 주장하는 것은 다른 종교의 비보편성을 주장하는 것이기 때문이다. 그리하여 그들은 종종 진리의 정도 차이를 내세우고, 이 세상에 존재하는 모든 진리는 — 본인이 의식하든지 의식하지 못하든지 간에 — 이미 기독교적 진리라거나 혹은 이미 불교적 진리라고 주장한다.

이러한 배타주의는 몇 가지 장점을 가지고 있다. 모든 종교인은 단편적이고 부분적인 진리가 아니라 전체적이고 보편적인 진리를 따른다고 믿기 때문에 진실된 신앙을 가질 수 있다. 개인의 영화나 성공을 위해서가 아니라 절대적 실재의 엄격한 명령에 따른다고 믿기 때문에 진실로 정직한 삶을 영위할 수도 있다.2)

오늘날 우리나라 대부분의 종교들이 바로 이런 태도에 의하여 성장하고 있다. 불교를 열심히 비방하면 기독교의 신앙심이 증명되고 기독교를 망국병의 징조라고 세차게 강조하면 불교의 신심이 증명된다고 믿고 있다. 그러나 이런 위대한 고립주의의 시대는 이미 지났다. 이제 우리는 진리의 다면성(多面性)을 솔직히 인정하고, 그런 인정 위에서 '새롭게 경험된 실재'를 신중하게 고려해야

Toward the World Religions, Orbis Books, 1985, pp.1-2.
2) 황필호, 『철학적 인간, 종교적 인간』, 범우사, 1990, p.263.

한다. 우리가 '신앙의 주관적 절대성'과 '종교의 객관적 상대성'을 동시에 인정해야 되는 이유도 여기에 있다.

오늘날 종교간의 대화를 전혀 무시하는 종교인은 마치 해가 이미 떴는데도 해가 뜨면 어떻게 될 것이냐고 따지는 시대 착오에 사로잡힌 사람이다. 그럼에도 이런 종교인이 신앙제일주의, 보수주의, 청결주의라는 이름으로 우리들의 주위에 상존하고 있다는 사실은 실로 슬픈 일이 아닐 수 없다.

물론 대부분의 종교인은 — 적어도 겉으로는 — 종교간의 대화를 주장한다. 그러나 정확히 각기 다른 신념을 가진 종교가 왜 대화를 나누어야 하며, 그런 대화를 이룩하려면 어떤 태도를 가져야 하며, 종교간의 만남을 위하여 어떤 전제 조건을 받아들여야 되느냐는 원칙을 잘 모르고 있다. 종교간의 진정한 대화는 구호의 외침이나 선전을 위한 행위가 아니며, 사회에 대한 종교의 참 기능을 수행하고 인류가 생존할 수 있는 유일한 길이다. 이제 우리는 종교 복수주의 (religious pluralism)를 단순한 감상주의적 입장을 떠나서 피와 땀을 흘리는 노력의 대상으로 받아들여야 한다.

우리나라에서 'pluralism'은 다원주의, 다원론, 다원성, 다원 현상, 다원 상황 등으로 번역되고 있다. 따라서 'religious pluralism' 도 종교의 다원성, 다(多)종교 현상, 다(多)종교의 공존, 종교 다원주의 등으로 번역되고 있다. 그리고 이 단어는 기술적으로 사용되기도 하고 평가적으로 사용되기도 한다. 전자의 경우는 '현상'이나 '상황'이 될 것이며, 후자의 경우는 그것을 지향해야 된다는 뜻에서 '주의'될 것이다.

우선 'religious pluralism'이란 하나의 종교가 아니라 여러 종교가 존재하는 데서 오는 문제점과 그 문제점의 극복을 토론하는 것이다. 그런데 '다원'이라는 표현은 이미 하나의 실체가 각기 다른 측면을 가지고 있다는 뜻을 함유하고 있다. 그래서 나는 단순히 '복

수'로 번역하는 것이 더욱 가치 중립적이라고 믿는다. 그리고 '다수'
로 번역하고픈 생각도 있었으나 포기했다. '다수(many)'의 반대는
'소수(some)'며, '복수(plural)'의 반대는 '단수(singular)'이기 때문이
다. 다시 말해서 'religious pluralism'의 반대말은 '소수 종교'가 아니
라 '단수 종교'이기 때문이다. 결론적으로 'religious pluralism'은 기
술적으로는 '복수 종교 현상'이나 '복수 종교 상황'으로 번역하고,
평가적으로는 '복수종교주의'로 번역해야 할 것이다.3)

그런데 종교간의 관계에 대한 문제는 물론 종교변호학적 입장이
나 종교학적 입장에서 토론할 수도 있다. 그러나 전자의 결론은 당
연히 본인이 신봉하는 종교의 주장들을 근거로 해서 다른 종교를
판단하게 될 것이며, 후자는 단지 역사 속에 나타난 각기 다른 종교
의 각기 다른 모습을 객관적으로 기술하는 단계에 머물고 말 것이
다. 그러므로 이 문제는 종교철학의 고유한 영역이라고 말할 수 있
다. 내가 이 글에서 종교 복수주의를 기독교가 구체적으로 어떻게
수용했느냐는 종교학적 입장보다는 기독교의 유일신적 교리가 어
떻게 종교 복수주의를 일관성 있게 수용할 수 있느냐는 철학적 입
장을 취한 이유도 여기에 있다.

2. 만남의 필요성

그러면 서로 상충되는 진리 주장을 내세우는 다양한 종교들이
만나야 되는 이유는 무엇인가?

첫째, 정치학적으로 볼 때 오늘의 세계는 교통 수단과 통신 수
단의 발달로 인해서 '하나의 세계'가 되었다. 이 세계의 모든 인류

---

3) Cf. Harold Coward, 한국종교연구회 역, 『종교 다원주의와 세계 종교』, 서광사,
1990, p.4.

는 이제 인류 공동의 운명을 걱정하고 인류 공동의 복지를 생각하지 않을 수 없는 경지에 이르렀다. 강 건너 불이란 있을 수 없다. 예를 들어서 우리가 중국이나 러시아에 대하여 관심을 가지는 이유도 그들이 좋아서가 아니라, 어쩔 수 없이 관심을 가져야 하기 때문이다.

오늘날 동양과 서양, 한국과 외국, 종교와 종교는 서로 영향을 주고받지 않을 수 없게 되었다. 그리고 그들의 만남이 이에는 이로 대하는 태도보다는 사랑, 자비, 인(仁)으로써 맞이해야 된다는 것은 상식적인 일이다. 20세기의 로빈슨 크루소는 존재할 수 없다.

둘째, 인류학적으로 볼 때 종교간의 대화는 시대적 당위성일 뿐만 아니라 인간적 당위성이다. 모든 인간은 완전히 동일하지는 않으면서도 어느 시대나 장소를 막론하고 유사성을 가지고 있다. 그리고 이 유사성은 규범적인 가치 판단의 대상이 아니다. 그리하여 레비 스트로스(Levi Strauss)는 고대인과 현대인의 차이는 야만인과 문명인의 차이가 아니라 '지적 과정을 적용시키는 대상의 차이'에 있다는 뜻에서 모든 인류는 언제나 변하지 않는 능력(unchanged and unchanging power)을 가지고 있다고 주장하며, 엘리아데는 한 걸음 더 나아가서 인간의 원초적 종교성을 연구하려면 속(俗)의 세계에 살고 있는 현대인보다는 성(聖)의 영역에 접근해서 살고 있던 고대인을 연구해야 된다고 말한다.[4]

그러므로 우리는 현대인과 고대인·한국인과 미국인·동양인과 서양인 사이에는 여러 가지의 차이점에도 불구하고 유사성이 있으며, 이렇게 유사성을 가진 인간이 궁극적인 실재를 추구하는 종교에도 언제나 차이점과 더불어 유사성을 가지고 있다는 사실을 알아야 한다.

셋째, 사회학적으로 볼 때 종교는 다양한 문화 기능의 하나이기

---

4) M. Eliade, *Sacred and Profane*, A Harvest Book, New York, 1959. p.14.

때문에 그것은 인간을 돕고 사회에 기여할 수 있어야 된다. 물론 종교가 사회의 단순한 부산물이라는 뜻은 아니다. 그러나 종교의 언어는 어디까지나 인간의 언어며, 또한 인간의 언어여야 한다. 종교가 비록 전지전능한 하느님에 대하여 말하는 것일지라도, 그것은 언제나 인간에 의하여 말해지게 마련이다. 그리하여 흑인 신학자 콘(James Cone)은 하느님의 절대적인 계시도 그 계시를 받아들일 수 있는 인간의 능력을 전제한다고 말한다.5)

그런데 종교가 진정 사회에 기여하려면 먼저 종교와 종교 간의 협조가 이루어져야 된다. 싸움질하는 종교는 사회에 역기능을 수행하며, 사회를 인도하는 대신에 사회를 따라갈 뿐이다. 우리는 모든 종교가 대의를 위하여 단합했던 3·1 운동에서 이런 사실을 쉽게 찾아볼 수 있다.

넷째, 종교변호학적으로 볼 때 모든 종교인은 자신의 종교에 대한 일종의 우월감을 갖게 마련이다. 그리고 이런 감정은 개인이 자신을 주장하는 것과 마찬가지로 당연한 일이다. 그리하여 틸리히는 지식의 영역에서의 자기 주장은 극히 자연스럽고 피할 수 없는 일(natural and unavoidable)이라고 말한다.6)

그러나 자신이 신봉하는 종교에 대한 우월감을 가지려면 먼저 타인의 종교를 알아야 된다. 아무것에도 비교되지 않은 우월감이나 열등감이란 있을 수 없기 때문이다.7) 나의 장점이나 단점을 알려면 먼저 남을 알아야 한다. 남을 모르는 나의 장점이란 있을 수 없다. 남을 아는 것은 나를 알 수 있는 필요 조건이 된다.

그렇다고 해서 모든 종교를 알면 하나의 종교만 진리이고 다른 종교는 모두가 비진리라는 것을 알게 된다는 뜻은 아니다. 반대로

---

5) James H. Cone, 현영학 역, 『눌린 자의 하느님』, 이화여대 출판부, 1890, p.61 ; 63.
6) P. Tillich, *Christianity and the Encounter of the World Religions*, Columbia University Press, New York, 1964, pp.28-29.
7) Cf. Platon, *Ion*, 531, a-b.

다른 종교를 알게 되면, 진리란 독점될 수 없으며 하나의 종교가 모든 진리의 전매 특허자가 아니라는 사실을 알게 될 것이다. 바흐(Joachim Wach)가 "하나의 종교를 알면 모든 종교를 안다"는 입장이 아니라, "모든 종교를 알아야 하나의 종교를 안다"고 말한 이유도 바로 여기에 있다.[8]

다섯째, 종교철학적으로 볼 때 종교간의 대화는 개인의 신앙과 자신이 몸담고 있는 종교의 발전에도 필수불가결한 것이다. 종교 신앙은 고정되고 정체된 것이 아니며, 모든 종교는 언제나 시간에 따라서 중생(重生)의 경험을 가져야 하기 때문이다. 우물 안 개구리는 언젠가는 밖으로 나와야 하고, 밖으로 나온 개구리는 이제 다른 개구리와 함께 생활해야 된다.

그리하여 틸리히는 기독교가 소위 이단적인 기독교에 대해서는 잔인하게 대했다는 사실을 인정하면서도 다른 종교에 대해서는 언제나 관용했다는 사실은 구약 시대, 예수의 시대, 바울의 시대, 초대 교회의 시대에 잘 나타나 있다고 말한다. 이런 뜻에서 바흐는 "기독교인은 태어나는 것이 아니라 만들어지는 것(Christians are not born, but made)"이라고 말한다.[9]

3. 만남의 태도

우리는 지금까지 종교와 종교가 만나야 하는 정치학적, 인류학적, 사회학적, 종교변호학적 및 종교철학적 이유를 고찰했다. 이제

---

8) Joachim Wach, "Introduction : The Meaning and Task of the History of Religions", *The History of Religions*, Joseph M. Kitagawa, ed. University of Chicago Press, Chicago, 1967, pp.7-8.
9) Joachim Wach, *The Comparative Study of Religions*, Columbia University Press, 1958, p.40.

나는 종교간의 대화에 임하는 몇 가지 태도를 힌두교 출신인 파니카(R. Pannikar)의 주장을 근거로 해서 서술하고,[10] 진정한 종교간의 대화를 위한 필수적인 전제 조건을 제시하겠다.

첫째, 종교간의 대화를 전혀 불가능한 것으로 보든지 혹은 가능하더라도 자신이 믿는 종교의 진리를 바탕으로 해야 된다고 주장하는 극단적 배타주의(an extreme exclusivism)가 있다. 이런 고립주의는 자신의 도그마를 무비판적으로 받아들이면서도 다른 종교에 대한 편협성, 비관용성, 경멸, 멸시를 동반한다.

그러나 진리는 여러 개의 면을 가지고 있으며, 그래서 진리를 독점할 수 있는 인간은 존재하지 않는다. 절대로 그렇지는 않겠지만, 비록 궁극적인 존재가 배타적인 언어를 사용한다고 해도 그 언어의 해석은 불완전한 인간에게 달려 있기 때문에 이른바 '유일한 해석'이란 있을 수가 없다.

둘째, 극단적 배타주의의 정반대의 입장으로는 극단적 포괄주의(an extreme inclusivism)가 있다. 이 입장은 모든 종교가 제 나름대로의 진리를 가지고 있기 때문에 상대방을 욕하거나 훼방할 수 없다고 믿으며, 더 나아가서는 모든 종교나 미신을 그대로 받아들여야 된다고 주장한다.

이런 극단적 관용주의는 오늘날과 같은 종교의 복수 현상과 종교 경험의 복수 현상의 상황에서 가장 바람직한 것 같다. 각 종교간의 병존 불가능성이나 모순을 전혀 인정하지 않기 때문이다. 그러나 이러한 주장도 몇 가지 위험을 안고 있다. 우선 이 관용주의는 진리에 대한 극단적 상대주의에 빠져서 모든 진리의 존재 자체를 부정하는 궤변론자가 되기 쉽고, 문화적 상대주의에 빠져서 종교의 사회적 기능을 백안시할 수 있다.

---

10) Raimundo Panikkar, *The Intrareligious Dialogue*, Paulist Press, New York, 1978, pp.xiv-xxviii.

더 나아가서 이 포괄주의가 극단적 상대주의에 빠지지 않는다고 가정하더라도 그것은 어디까지나 자신의 입장으로부터의 관용이며, 자신에게 도전하는 입장으로부터의 관용이 아니다. 그리하여 유교인은 유교만이 포괄적이며 도교인은 도교만이 포괄적이라고 주장하는 실수를 범하게 된다.

셋째, 극단적 배타주의와 극단적 포괄주의의 중간에는 일반적 병행주의(a general parallelism)가 있다. 한 종교가 다른 종교를 완전히 흡수할 수 없고, 그렇다고 해서 자신의 종교에 대한 모든 진리 주장을 완전히 포기할 수 없다면, 우리는 모든 종교가 하나의 종착역을 향해서 달리는 평행선이라고 말할 수 있다. 그리하여 우리는 기독교의 사랑이나 불교의 자비나 유교의 인(仁)이 서로 만나지는 않지만 '비슷한 길'이라고 말할 수 있다.

이러한 병행주의는 여러 가지의 장점을 가지고 있다. 다른 종교에 대하여 관용심을 갖게 되고, 다른 신앙을 존경하고, 가치 판단의 오류를 범하지 않기 때문이다. 그리하여 이 입장은 개인의 취향에 좌우되는 혼합주의(syncretism)와 절충주의(eclecticism)를 동시에 배격하고, 모든 종교간의 경계선을 명확히 드러냄으로써 종교간의 대화를 시도한다.

그러나 이 병행주의도 몇 가지 위험을 안고 있다. 우선 이 입장은 지금까지 종교는 서로 충돌하고 싸우면서 영향을 주고받으면서 성장해왔다는 역사적 사실과 맞지 않는다. 종교의 역사는 평화의 역사가 아니라 투쟁의 역사였다. 또한 이 주장은 모든 종교는 다른 종교의 — 혹은 사회의 — 영향을 전혀 받지 않고도 충분히 발전할 수 있다는 가정을 가지고 있다. 그러나 모든 성장은 만남에서 시작된다. 만남이 없는 개인이나 종교는 성장할 수 없다. 물론 만남이 없이도 변화는 가능할 것이다. 그러나 진정한 의미에서의 성장은 불가능한 것이다.

진정한 종교간의 대화는 카탈로그를 정리함으로써 성취되는 것
이 아니다. 소크라테스와 공자의 비교·로고스와 도의 비교·예수
와 모하메드의 비교·사랑과 자비의 비교 등은 물론 바람직하겠지
만, 그것이 바로 우리가 추구하는 활동적인 종교간의 대화에 이를
수는 없다. 대화는 정체된 비교가 아니라 움직이는 만남(a moving
encounter)이다.

넷째, 종교간의 대화에 임하는 가장 바람직한 태도로서 나는 활
동적 복수주의(a dynamic pluralism)를 제창하겠다. 이 주장은 우
선 이 세상에 엄연히 존재하는 종교의 다양성과 종교 경험의 다양
성을 솔직하게 인정한다. 즉, 사실로부터 당위를 연역해낼 수 있을
지는 몰라도, 사실을 무시한 당위란 있을 수 없다는 것을 솔직하게
인정한다. 그리고 "우리가 처음부터 타인에게 선량하고 동정적으
로 대한다면 모든 종교가 반드시 하나가 되어야 할 필요는 없다"는
사실을 솔직하게 인정한다.11)

그러나 복수주의는 사실적 복수주의로 끝나지 말고 활동적 복수
주의로 발전되어야 한다. 여기서 '활동적'이라는 말은 상호간에 아
무런 관련도 없는 복수 현상이나 단일적인 동일체를 내세우는 양
극단의 입장을 동시에 배격한다는 뜻이다. 한 종교의 완전한 승리
와 모든 종교의 완전한 합의를 다같이 물리치고, 모든 종교가 서로
차이점과 유사점을 솔직히 인정하면서도 다른 종교를 나의 종교에
대한 '선생님'으로 인정해서 배워나갈 수 있는 입장이다. 그것은 승
리나 통합이 아니라 이해를 추구하고, 그 이해를 실천에 옮길 수
있는 활동적인 복수주의다. 종교는 만나야 한다. 그러나 정체된 만
남이 아니라 활동적인 상황에서 서로 만나야 한다.12)

---

11) William James, *The Varieties of Religious Experience : A Study of Human
Nature*, Mancmillan, New York, 1961, p.379.
12) 틸리히는 종교간의 태도를 모든 것을 부정하는 태도(a rejection of everything),
부분적으로 부정하는 태도(a partial rejection, together with a partial acceptance),

이상에서 기술한 네 가지 태도가 언제나 확연하게 구별되는 것은 아니다. 오히려 실제로는 그들이 서로 얼키고설켜서 존재하게 마련이다. 그러나 우리는 적어도 이론적으로는 이렇게 각기 다른 태도를 구별할 수 있고, 이와 같이 각기 다른 태도가 실천적으로 어떤 결과를 가지고 올 것이라고 예측할 수가 있다. 그리고 여기서 토론한 네 가지 태도는 어디까지나 정도의 차이라고 볼 수 있으며, 이런 뜻에서 우리는 그들을 계층적 개념으로 이해할 수 있다. 즉, 첫 번째와 두 번째 태도보다는 세 번째 태도가 더욱 바람직하며, 가장 바람직한 태도는 네 번째 태도라고 이해할 수 있다.

4. 만남의 조건

지금까지 우리는 종교와 종교가 만나야 하는 필연성과 종교간의 만남에 임하는 몇 가지 태도를 고찰했다. 나는 이제 진정한 종교간의 만남에 없어서는 안 될 조건을 제시하겠다. 그런데 여기서 말하는 조건이란 단순히 대화에 선행하는 전제나 가정이 아니라, 필수 불가결한 조건이라는 뜻이다. 마치 칸트가 윤리를 논하려면 먼저 자유의 실재, 영혼의 불멸, 하느님의 존재를 전제해야 한다고 주장한 것과 같은 의미로서의 '요청된 가정'이라는 뜻이다.

종교와 종교는 단순히 만나는 데 그쳐서는 안 된다. 단순한 만남(meeting)은 어긋난 만남(mismeeting)이 될 수 있다. 상대방을 관찰하면서도 실제로는 경청하지 않는 상태로 빠질 수도 있다. 그리고 대화의 철학을 제창한 부버(M. Buber)가 말했듯이, 이와 같은 어긋난 만남은 차라리 만나지 않는 것보다 더욱 비참할 수도 있

부정과 긍정의 변증법적인 화합(a dialectical union of rejection and acceptance)'으로 분류한다. Tillich, 앞의 책, p.29.

다.13) 그것은 마치 '혼자 있음'의 고독이 '같이 있음'의 고독보다 차라리 견디기 쉽고, 군중 속의 외로움이 혼자만의 외로움보다 더욱 처절한 것과 마찬가지다.14)

우리는 종교와 종교의 만남이 엉터리 만남·어긋난 만남·독백의 향연이 되기 쉽고, 또한 실제를 그렇게 끝나는 경우를 너무나 잘 알고 있다. 그 이유는 무엇인가? 종교와 종교의 만남이 진정한 만남·결실의 만남·대화의 향연이 되려면, 어떠한 법칙을 전제해야 하는가?

첫째, 우리는 다른 종교에 대하여 성급한 가치 판단을 내리지 말아야 한다. 예수의 말이기 때문에 옳은 것이 아니고, 석가의 말이기 때문에 옳은 것이 아니다. 반대로 진리이기 때문에 그것은 예수의 말일 수도 있고 석가의 말일 수도 있는 것이다. 이것은 마치 아리스토텔레스나 플라톤의 학설이기 때문에 받아들이고, 공자나 맹자의 학설이기 때문에 배척할 수 없는 경우와 같다. 누가 주장했느냐는 문제와 그가 주장한 명제의 진위는 별개의 것이다. 이 두 가지를 혼동함은 '사람에 대한 오류'를 범하는 것이다.

타인의 종교를 안다고 주장하기란 그리 쉬운 일이 아니다. 앞으로 지적하겠지만 그것은 극히 어려운 일이다. 그리고 비록 타인의 종교를 안다고 가정하더라도 종교간의 만남은 평등한 만남이기 때문에 모든 가치 판단을 중지해야 된다. 물론 종교인에게 순수한 가치 판단이나 절대적인 객관성이란 있을 수 없을지 모른다. 그러나 어느 정도의 객관성을 유지할 수 있는 가치 판단의 정지가 없으면 종교와 종교는 진정으로 만날 수 없다.

오늘날 우리에게 절실히 요구되는 것은 남의 이론을 주의 깊게

---

13) 황필호, 『생각하는 여성을 위한 명상록』, 기린원, 1986, p.186.
14) 황필호, 「고독, 그것은 죽음에 이르는 병인가?」, 『열한 개의 고독』, 오른사, 1981, pp.187-212.

경청할 수 있는 마음의 개방성이다. 극단적인 배타주의를 진심으로 벗어날 수 있는 믿음의 관용성이다. 그리하여 야스퍼스는 기독교의 여러 종파에 대하여 — 각기 다른 종교에도 그대로 적용할 수 있겠지만 — 이렇게 말한다.

기독교의 본질이라고 내세울 수 있는 공통점에 의하여 어떤 종파는 기독교적이고 어떤 종파는 비기독교적이라고 판단해서는 안 된다. 역사적으로 그런 기독교의 정의는 언제나 사변적 이상형이나 어느 특정 교파의 신도들이 자신만을 유일한 기독교도로 여기고 다른 교회는 전부 이단이라고 몰아세우는 도그마에 불과한 것이었다.

그러므로 가톨릭으로부터 개신교에 이르는 모든 종파가 기독교적 요소를 전부 소유하고 있다는 주장을 포기할 때, 그때 기독교는 유대인 · 비유대인 · 무교회주의자 그리고 모든 종류의 신앙을 추구하는 사람까지도 받아들일 수 있는 '성서적 종교'가 될 것이다. 성서적 종교는 아브라함부터 오늘에 이르는 모든 신앙을 포함하는 종교다.15)

더 나아가서 성급한 가치 판단은 타인의 종교뿐만 아니라 자신의 종교에 대해서도 내릴 수 있다. 자신의 종교가 다른 종교보다 더욱 관용성을 가지고 있다고 믿거나, 자신의 종교만이 관용성을 가지고 있다는 신념도 일종의 가치 판단이기 때문이다. 우리가 극단적 포괄주의를 배격해야 되는 이유가 바로 여기에 있다.

세계의 종교 중에서 가장 배타적인 종교로는 기독교, 유대교, 이슬람교를 들 수 있다. 그들은 다같이 '하나의 길'을 주장하기 때문이다. 이들의 종교가 다른 종교보다도 신앙의 이름으로 더욱 많은 범죄를 저지르고 잔혹한 종교 전쟁을 일으켰던 이유도 자신의 입장에 의한 가치 판단을 했기 때문이다. 하다 못해 이 세상의 어느

---

15) Karl Jaspers, 황필호 역, 『소크라테스, 공자, 석가, 예수, 모하메드』, 강남대학교, 2001, p.241.

목적지를 가는 데도 여러 개의 길이 있다. 하물며 진리로 향하는 길이 왜 하나밖에 없어야 한단 말인가. 신앙이 없는 종교가 형식이라면, 관용이 없는 종교는 광신에 불과한 것이다.

둘째, 우리는 종교간의 성급한 구별을 삼가야 한다. 동양의 직관주의와 서양의 합리주의, 중국인의 대륙성과 일본인의 섬나라 근성, 한국적 상황과 미국적 상황 등은 그리 쉽게 구별될 수 있는 것이 아니다. 우리가 일반적 병행주의를 배격해야 되는 이유가 바로 여기에 있다. 그 이유는 무엇인가?

1) 종교와 종교의 진정한 만남은 체계와 체계의 비교나 개념과 개념의 비교만으로는 이루어질 수 없다. 일원론과 다원론, 정신주의와 자연주의, 경험론과 합리론, 이지론과 직관론으로 분류했다고 해서 종교의 비교 연구가 끝나는 것은 아니다. 종교란 지적인 행위만이 아니라 감정적인 행위며, 영혼의 행위를 포함하는 전체적인 행위이기 때문이다.16) 개념의 일반화는 어디까지나 종교간의 대화에서 파생되는 부차적 결과에 불과한 것이다.

2) 종교와 종교간의 진정한 만남은 모든 종교가 가지고 있는 차이점을 무시하거나 간과해서는 이루어질 수 없다. 예를 들어서 산타야나(G. Santayana)는 종교간의 차이점을 흐리게 하는 것(blurring or emptying the differences)이 종교가 만날 수 있는 길이라고 말한다. 그러나 우리는 기독교의 사랑, 불교의 자비, 유교의 인을 비교하면서도 각자가 가지고 있는 독특한 성격을 무시하지 말아야 된다. 지나친 단순화는 진정한 종교간의 만남을 오히려 방해한다.

3) 종교간의 진정한 만남은 특정 종교의 개념을 가지고 모든 다른 종교의 개념을 설명하려고 해서는 이루어질 수 없다. 그러므로

---

16) P. T. Raju, *Introduction to Comparative Philosophy*, Southern Illinois University Press, 1970, p.292.

우리는 도(道)나 인(仁)의 개념을 가지고 모든 종교를 설명할 수 있다는 생각이나, 기독교인을 잠재적인 불교인으로 보거나 불교인을 잠재적인 기독교인으로 보는 불교인과 기독교인의 독단을 — 철면피성을 — 버려야 한다. 엉터리 일반화는 진정한 종교간의 대화를 가져올 수 없다.

4) 종교와 종교 간의 진정한 만남은 '도움이 될 수 없는 비교(an unhelpful comparison)'로서는 이루어질 수 없다.[17] 우리는 동일한 전제로부터 서로 상이한 결론을 유도해낼 수 있고, 반대로 동일한 결론이라도 각기 다른 원인에 의하여 내려질 수도 있다는 것을 명심해야 된다. 이러한 사실을 무시하면, 전자에서는 동일한 전제의 오류(the fallacy of the same premises)를 범하게 되며, 후자의 경우에는 동일한 결론의 오류(the fallacy of the same conclusions)를 범하게 된다.

예를 들자. 맹자와 불교의 유심론(唯心論)은 다같이 마음의 중요성을 주장한다. 더 나아가서는 "존재하는 것은 지각되는 것"이라고 선포했던 18세기의 경험주의자인 버클리(George Berkeley)까지도 마음의 중요성을 주장한다. 그러나 우리는 그들이 각기 다른 — 전혀 다른 — 결론을 제시하고 있다는 것을 잊지 말아야 한다.

반대로 니체, 마르크스, 볼테르는 다같이 신의 존재를 부정한다. 그러나 우리는 단순히 그들이 신의 존재를 부정한다는 결론만을 받아들이지 말고, 신의 존재를 부정하는 그들의 각기 상이한 원인을 알아보려는 마음의 여유를 가져야 한다. 결론만 아는 것은 중간 말을 모르는 것이다. 아리스토텔레스가 "안다는 것은 원인을 아는 것"이라고 주장한 이유도 바로 여기에 있다.[18]

셋째, 다른 종교와 자신의 종교에 대한 성급한 가치 판단을 내리

---

17) '도움이 될 수 없는 비교'라는 표현은 Raju의 책(p.284)에서 인용한 것임.
18) 아리스토텔레스, 『형이상학』, 제1권 제3장, 983a-983b.

지 말고 종교간의 성급한 구별을 짓지 말아야 된다는 것은 구체적으로 무엇을 의미하는가? 그것은 제 나름대로의 진리 주장을 내세우는 모든 종교의 유사성과 차이점을 동시에 인정해야 된다는 뜻이다. 이미 지적했듯이 모든 인간은 시간과 장소를 초월한 인간학적 유사성을 가지고 있다. 그러면서도 동시에 모든 개인은 다른 사람들이 가지고 있지 않은 자신만의 소우주를 가지고 있다. 우리는 이 양면을 동시에 존중해야 한다.

유사성만 내세우면 공허한 보편주의가 되고, 차이점만 내세우면 편협한 국지주의가 된다. 공허한 보편주의는 모든 종교가 가진 독특성을 무시하는 것이며, 편협한 국지주의는 모든 종교가 가진 인간적 보편성을 무시하는 것이다.

"모든 종교는 제 나름대로의 독특성을 가지고 있다. 그러므로 마치 하나의 문화가 다른 문화보다 본질적으로 우월하다고 주장할 수 없듯이, 하나의 종교가 다른 종교보다 우월하다고 주장할 수 없고, 하나의 종교가 유일하게 참된 종교라고 주장할 수는 더더욱 없다. 모든 종교의 독특성(uniqueness)이 바로 절대성(absoluteness)을 의미하는 것은 아니다."19)

우리는 모든 종교의 차이점과 유사성을 동시에 인정하라는 주장으로부터 하나의 실제적인 교훈을 얻을 수 있다. 그것은 어느 종교도 진리를 독점할 수는 없기 때문에 어느 하나의 종교가 종교간의 대화의 모델이 될 수는 없다는 사실이다. 어느 특정 종교가 모든 종교를 통합하거나 그 종교의 개념 위에 모든 것을 재설명 및 재건설하려는 생각은 어리석은 일이다. 이미 지적했듯이 우리가 지양하는 것은 통합이 아니라 이해며, 지배가 아니라 발전이다. 우리의 목표는 유사성 속에서의 차이점 혹은 차이점 속에서의 유사성이

---

19) 황필호, 「종교철학은 가능한가」, John Hick, 황필호 역, 『종교철학 개론』, 종로서적, 1980, p.20.

다.[20] 슈바이처가 기독교를 삶과 세계를 긍정하는 종교로 규정하고 인디아의 종교를 삶과 세계를 부정하는 종교로 규정했던 것도 이와 같은 종교간의 차이점과 유사점을 동시에 인정하지 않은 데서 나온 실수였다.

넷째, 우리는 극단적 배타주의와 극단적 포괄주의를 다같이 배격하고 모든 종교의 유사성과 차이점을 동시에 인정한다는 것이 극히 어려운 일이라는 것을 명심해야 된다. 우리는 종교간의 대화를 잠시 동안의 관심과 조그만 노력으로 성취할 수 있다고 생각하기 쉽다. 그러나 종교간의 대화가 진정 활동적 복수주의의 입장에 서서 모든 종교의 차이점과 유사점을 동시에 객관적으로 비교하는 것이라면, 그것은 극히 어려운 일이며, 어떻게 보면 전혀 불가능할지도 모른다는 두렵고 신중한 마음가짐이 필요할 것이다.[21] 그 이유는 무엇인가?

우선. 우리는 다른 종교를 안다는 것이 얼마나 어렵다는 것을 알아야 한다. 그럼에도 우리는 다른 종교를 쉽게 알 수 있다고 믿고 있다. 그러나 우리는 "모른다는 것을 아는 것이 바로 앎의 시초가 된다"는 소크라테스의 명언을 되새겨야 된다. 우리가 진정 다른 종교를 알려면 먼저 우리가 그 종교에 대하여 전혀 알지 못하고 있다는 것을 인식하고, 그 종교를 알려면 단순히 지적으로 이해하고 참여적으로 관찰하는 데서 끝나지 않고 종교적인 직접 체험을 가져야 한다는 것을 잊지 말아야 한다.

대화는 만남을 전제로 하고, 만남은 비교를 전제로 하고, 비교는 상대방에 대한 우리의 지식을 전제로 한다. 그러나 종교 지식은 인

---

20) 여기서 사용한 '유사성 속의 차이점'이라는 개념은 헤겔의 개념과는 전혀 다르다. 그것은 변증법적(dialectical)인 것이 아니라 활동적(dynamic)인 것이기 때문이다.

21) W. B. Kristensen, "The Meaning of Religion", Joseph D. Bettis, ed. *Phenomenology of Religion*, Harper & Row, New York, 1969, p.48.

식과 참여에서 끝나지 않고 체험의 단계까지 나아가야 한다. 그러므로 우리는 종교간의 대화가 어쩌면 전혀 불가능할지도 모른다는 겸허한 마음으로 임해야 할 것이다.

쉽게 아는 것은 아는 것이 아니다. 종교의 경우는 더욱 그렇다. 그것은 마치 미국을 한 번 여행하고 미국을 안다고 말할 수 없고, 히말라야산맥에서 몇 달 동안 요가를 하고 불교를 안다고 말할 수 없는 것과 같은 일이다. 틸리히가 비교 종교학에서 필요한 입장은 단순한 관찰자가 아니라 관찰하는 참여자(an observing participant)라고 주장하고, 하버드대학교의 스미스(W. C. Smith)를 소개한 옥스토비(Willard G. Oxtoby)가 다른 종교를 알 수 있는 길은 여러 가지가 있다는 것을 인정하면서도 그 모든 길은 참여자와 관찰자가 다같이 인정(a mutual affirmation by participant and observer)할 수 있어야 된다고 주장한 이유도 바로 여기에 있다.[22]

다섯째, 이미 지적했듯이 다른 종교를 배운다는 것은 자신의 종교와 비교해서 차이점과 유사점을 동시에 인정하는 것이다. 이런 과정에서 우리는 타종교가 자신의 종교보다는 더욱 진리에 가깝다는 신념을 가질 수도 있고, 또 이러한 신념이 확고히 선다면 개종(改宗)까지도 감행할 수 있는 개방성을 가져야 한다.

종교를 믿는다는 것은 종교의 교리나 도그마나 권위를 신뢰하는 것이 아니라, 거기에 나타난 삶의 원천으로서의 진리를 추구하는 것이다. 그리고 상변하는 인간에게 보람을 제공해줄 수 있는 진리란 고정적, 폐쇄적, 인위적인 것이 아니다. 그러므로 진리를 추구하는 사람은 언제나 더욱 커다란 진리를 추구하려는 마음을 가지고 있어야 하며, 종교간의 진정한 대화는 지금까지 몸담고 있던 자신의 종교를 헌신짝처럼 버려야 하는 아픔을 동반할 수 있다는 것을

---

22) W. C. Smith, "Comparative Religion : Whither and Why", *Religious Diversity*, Willard G. Oxtoby, ed. Harper & Row, New York, 1976, p.139.

알아야 한다. 물론 여기서 말하는 개종이란 하나의 종교를 옹호하고 다른 종교를 모두 비판하는 입장을 그대로 고수하면서, 단지 그 옹호와 비판의 대상을 변경시킨다는 뜻은 아니다.

다만 우리가 실제로 개종의 가능성을 인정할 때만 타종교를 통해서 자신의 종교의 장단점을 더욱 인식 및 보완할 수 있으며, 더 나아가서는 타종교에 대한 더욱 열렬한 신앙심까지도 갖게 된다는 뜻이다. 개종은 가슴아픈 일이다. 그러나 우리가 이와 같은 극단적인 상황까지를 인정하지 않는다면, 진정한 종교간의 대화는 한갓 공염불에 불과할 것이다.

진정한 종교인의 입장은 전통이나 신조에 얽매인 입장이 아니다. 그러므로 진실로 열린 마음으로 다른 종교를 배우고 신봉하고 경험하면, 우리는 개종하고픈 마음을 가질 수도 있는 것이다. 물론 모든 종교인이 개종해야 된다는 뜻은 아니다. 간디나 머톤과 같이 다른 종교를 통하여 자신의 종교에 대한 더욱 불타는 신앙을 가질 수도 있다. 다만, 개종까지도 감행할 수 있다는 가능성까지를 인정할 수 있을 때 그는 진정한 종교인이 된다는 뜻이다. (그러나 나는 다음 장에서 나의 이런 주장을 철저히 비판하면서 순수한 개종의 불가능성을 주장하겠다.[23])

5. 종교 복수주의의 몇 가지 형태

나는 지금까지 종교와 종교가 만나야 할 이유를 설명하고, 그들이 만나는 태도를 극단적 배타주의 · 극단적 포괄주의 · 일반적 평행주의 · 활동적 복수주의로 설명하고, 활동적 복수주의를 실천할 수 있을 몇 가지 조건을 제시했다.

---

23) Cf. 황필호, 『종교철학 에세이』, 철학과현실사, 2002, pp.353-376.

그러나 여기서 모든 문제가 해결된 것은 아니다. 모든 복수주의는 그것이 상대주의를 함유할 수밖에 없으며, 이런 상대주의는 모든 진리의 존재 자체를 부인하는 소피스트적 상태로 빠질 수 있으며, 또한 그런 극단적 상태로 빠지지 않더라도 상대주의는 일단 모든 종교가 주장하는 진리의 절대성과 상반될 수밖에 없는 듯이 보이기 때문이다. 과연 복수주의는 상대주의를 완전히 극복할 수 있을까? 아마도 그것은 불가능할 것이다. 길희성은 이렇게 말한다.

복수주의와 상대주의는 필연적으로 같이 간다. 적어도 이론상으로는 복수주의를 주장하면서 상대주의를 피하는 방법은 없다. 물론 주관적으로는 복수주의자라고 해도 자기가 선택한 특정한 입장을 따르기 때문에, 그것을 중심으로 해서 다른 입장들을 평가한다는 뜻에서 상대주의가 아니라고 주장할 수 있다.
예를 들어서 레셔(Nicholas Rescher)는 이런 입장을 견지하는데, 그는 상대주의와 무관심주의를 동일시하면서 자신이 주장하는 맥락적 복수주의(contextual pluralism)는 자신의 입장에 대한 헌신을 배척하지 않기 때문에 상대주의가 아니라고 주장한다.24) 그러나 그는 이론으로서의 복수주의와 실천으로서의 복수주의를 혼동하는 오류를 범하고 있다. 이론으로서의 복수주의는 적어도 나와 다른 입장들이 오류라는 것을 객관적으로 입증하거나 설득할 수 없다는 데서 나오는 결론이기 때문에 상대주의를 면하기는 어렵다.25)

이렇게 보면, "복수주의는 하나의 인식론적 개념으로서, 우리가 사물을 인식하는 시각이 다수 존재하며, 보편 타당성을 지닌 진리를 인식할 수 있는 절대적·객관적 시각이란 존재할 수 없다는 이

---

24) Nicholas Rescher, *Pluralism Against the Demand for Consensus*, Clarendon Press, Oxford, 1993, pp.117-119.
25) 길희성, 「종교다원주의 — 역사적 배경, 이론, 실천」, 『종교 연구』, 제28집, 2002년 가을호, p.3의 각주.

론이다. 인식 주체의 관점과 경험, 그가 처한 역사적 상황과 문화적 맥락에 따라 사람들은 사물을 달리 인식할 수밖에 없다는 이론이며, 같은 논리로 인간의 행동이나 삶의 양식에서도 서로 다른 기술들을 인정할 수밖에 없다는 이론이다. 그것은 인간의 유한성을 인정하는 이론으로서, 현대 사상계에서 거스를 수 없는 흐름으로 자리잡고 있다."[26] 이제 나는 종교 복수주의가 이런 상대주의를 어떤 형태로 수용하고 있느냐는 문제를 고찰하겠다.

종교의 상대성을 주장하는 논리는 크게 네 가지로 나눌 수 있다. 첫째는 모든 종교가 상대적이라는 입장(All are relative)이며, 둘째는 모든 종교가 본질적으로 동일하다는 입장(All are essentially the same)이며, 셋째는 모든 종교가 공통의 심리적 근원을 가지고 있다는 입장(All have a common psychic origin)이며, 넷째는 모든 종교가 대중심을 향한 각기 다른 길이라는 입장(All are different ways to the Center)이다. 물론 종교의 상대성을 주장하는 네 가지 입장이 반드시 서로 상반되는 것은 아니다. 오히려 그들은 상부상조의 관계라고 말할 수 있다. 그러나 그들이 특별히 한쪽을 강조한다는 뜻에서 네 가지 입장이라고 말할 수 있다.

1) "모든 종교는 상대적이다"

이 주장을 최초로 명확히 지적한 사람으로는 독일의 신학자, 철학자, 정치가였던 트뢸치(Ernst Troeltsch : 1965~1923)를 들 수 있다. 그는 독실한 기독교인으로서 지금까지 그가 믿어온 신앙이 시대의 조류(the signs of the times)에 맞지 않는다는 것을 깨달아서, 인간은 사회적이며 합리적인 존재일 뿐만 아니라 역사적 존재임을 확인한다. 그리고 인간이 역사적 존재라는 사실은 인간에 관

---

26) 같은 글, p.4.

한 한 "절대적인 것은 절대로 존재할 수 없다"고 단언한다. 니터는 그의 사상을 이렇게 요약한다.

인간이 역사적 존재라는 주장은 "모든 인간적인 것과 인간이 창조하는 모든 것은 역사적 상황의 제약을 받으며, 또한 역사의 발전 법칙을 따를 수밖에 없다는 뜻이다. 이런 점에서, 인간 문화와 인간 지식은 당연히 제한되고 변화하게 마련이다. 동일한 것이라도 역사적 상황에 따라서 상이하게 마련이며, 동일한 상황이라도 시간에 따라서 다르게 마련이다. 인간이 성취하는 모든 역사적 업적은 절대적인 진리를 — 유일한 진리나 불변하는 진리를 — 거부한다. 다시 말해서, 역사적 정직성에 의하여 트뢸치는 역사적 의식과 문화적 상대성을 인정할 수밖에 없다고 생각한다."27)

지금까지 기독교는 하느님의 초월성만을 강조했다. 여기에 대하여 트뢸치는 하느님의 내재적 초월성(immanent transcendence)을 강조하고, 이런 하느님을 믿는 기독교인은 초월적 주관성(transcendent subjectivity)에 대한 신앙을 가질 수밖에 없다고 단언한다. 이런 점에서 그는 라너(Karl Rahner)와 로너간(Bernard Lonergan)의 선구자라고 말할 수 있다. 한마디로 트뢸치는 "인간은 문화와 종교에 관한 한 이중 언어적일 수 없다(We cannot be culturally or religiously bilingual)"는 원칙에서 출발하여, 기독교의 궁극적 실재를 '역사와 동시에 끝나는 하느님'으로 규정하며, 이런 하느님을 믿는 신앙을 객관적으로 완성된 진리가 아니라 '성장하는 진리'를 따르는 행위로 규정한다.

오늘날 정치적 국수주의자들과 마찬가지로 자신이 신봉하는 종교의 절대성만을 주장하는 종교적 근본주의자들은 트뢸치의 사상을 받아들이지 않을 것이다. 그러나 건전한 상식이 있는 종교인이라면 — 적어도 마음속으로는 — 그의 주장을 완전히 배척할 수 없

---

27) Knitter, 앞의 책, p.24.

을 것이다. 아무리 열렬한 절대적, 배타적, 궁극적 신앙을 가진 사람이라도 그것은 어디까지나 '나의 신앙'임을 명심해야 되기 때문이다.

다만 트뢸치의 사상은 종교간에 엄연히 존재하는 차이점을 전혀 설명하지 않으며, 오직 기독교의 절대성이 시대 정신에 맞지 않는다는 사실만을 강조함으로써 각기 다른 종교간의 상대적 정도의 차이를 시원하게 설명하지 못한다는 약점을 가지고 있다. 그래서 우리는 이제 종교간의 형식적 차이점을 솔직히 인정하는 두 번째 의견을 고찰할 필요가 있다.

2) "모든 종교는 본질적으로 동일하다"

이 입장은 종교간의 상이점과 정도의 차이점을 솔직히 인정한다. 그러나 그것은 어디까지나 형식적 · 외형적 · 전통적 차이점일 뿐이며, 모든 종교는 공통의 본질을 가지고 있다고 주장한다. 이런 주장의 대표자로는 토인비(Arnold Toynbee : 1889~1975)를 들 수 있으며, 어떤 의미에서는 칸트와 슐라이어마허뿐만 아니라 현대의 오토(Rudolf Otto) · 하일러(Friedrich Heiler) · 스미스(Wilfred Cantwell Smith)도 여기에 속한다고 말할 수 있다. 하여간 토인비의 견해는 트뢸치의 견해보다 종교간의 차이점을 솔직히 인정하면서, 그 차이점의 원인이 종교적인 것이 아니라 역사적인 것이라는 사실을 규명해주는 장점을 가지고 있다. 그러나 이런 견해에도 여러 가지 문제가 도사리고 있다.

첫째, 우선 어느 종교의 독특성(uniqueness)을 곧바로 절대성(absoluteness)으로 믿는 종교인들은 모든 종교의 공통적인 본질을 받아들이지 않을 것이다. 절대성, 최상성, 궁극성이 제거된 종교는 종교일 수 없다고 믿는 종교인들은 말할 것도 없겠지만.

둘째, 토인비의 견해는 아무래도 종교간의 차이점을 지나치게 극소화시키거나 희석화시키고 유사성만 강조하는 경향을 가지고 있다. 그러나 진정한 비교는 유사성과 차이점을 동시에 인정하는 것이다. 더 나아가서, 진정한 대화는 차이점을 가진 종교간에만 성립될 수 있다. 본질적으로 모든 종교가 동일하다면, 그들의 대화는 형식적인 차원에 머물고 말 것이다.

셋째, 백 보를 양보해서 모든 종교가 일정한 공통점을 가지고 있다고 가정하자. 그러나 그 공통점이 과연 우연적인 것이냐 혹은 본질적인 것이냐 하는 것은 또 다른 문제다. 형식의 공통점을 무조건 본질의 공통점으로 받아들이는 이유는 무엇인가.

넷째, 토인비의 견해는 결국 본질과 형식, 내적인 것과 외적인 것, 실존적 신앙과 사회적 전통이라는 이원론을 전제로 한다. 그러나 이런 이원론적 사고는 오늘날 여러 측면에서 공격을 받고 있는 형편이다.

이상의 문제점에도 불구하고, 우리는 모든 종교가 본질적으로 동일하다는 의견을 전적으로 부인할 수는 없을 것이다. 하느님이 선인과 악인을 모두 사랑한다는 기독교의 주장, 모든 생명체가 깨달을 수 있는 불성을 가지고 있다는 불교의 주장, 모든 인간이 본질적으로는 선한 마음을 가지고 있다는 유교의 주장 등을 우리는 모두 이 입장에서 충분히 받아들일 수 있다.

3) "모든 종교는 공통의 심리적 근원을 가지고 있다"

이 주장의 대표자로는 철저한 칼뱅의 종교 개혁 사상 신봉자인 아버지의 신앙을 벗어나서, 특히 1907년부터 1913년까지 프로이트와 교제하면서 '어린 시절의 환상과 공포의 투영(投影)으로서의 종교'라는 프로이트의 견해를 받아들였다가, 결국 말년에 가서 프로이트와 작별하고 '심리적 건강을 위해 필요한 요소로서의 하느님의 상징(the image of God as an ingredient necessary for psychological health)'을 인정한 융(Karl Gustav Jung : 1875~1961)을 들 수 있으며, 그의 사상을 더욱 발전시킨 심리학자로는 제임스(William James)·매슬로(Abraham Maslow)·아사기올리(Roberto Assagioli)를 들 수 있다.

융은 프로이트와 마찬가지로 무의식의 실재를 받아들였으며, 인간은 상징과 신화를 통하여 이 무의식의 소리를 해독할 수 있으며, 이렇게 해독된 무의식의 세계는 몇 가지 공통된 원형을 가지고 있으며, 그리고 이 원형 중에는 '자아'라는 원형이 '하느님의 상징'이라는 원형과 구별되지 않으면서 존재한다고 주장한다. 니터는 그의 사상을 이렇게 요약한다.

> 융이 무의식의 세계에서 발견한 원형 중에는 '자아'라고 부를 수 있는 원형이 있다. 그것은 개인화의 과정, 삶이 진정 추구하는 과정의 목적을 — 다시 말해서, 에고와 무의식의 내용이 조금씩 체계적으로 만나게 되는 과정의 목적을 — 나타낸다. 그러므로 개인화 혹은 자아 형성이란 결국 의식과 무의식의 점진적인 결합이며, 우리로 하여금 '더욱 위대하고 미래적인 인간'이 되도록 명시적으로 실현시킨다는 뜻이다.
> 그런데 융은 놀랍게도 무의식의 세계에서 이런 자아 실현이라는 원형과 심리적으로는 전혀 구별될 수 없는 '하느님의 형상'이라는 원형을 발견한다. 여기서 우리가 무엇인가를 인식하는 것은 바로 하느님을 인식하고 그 하느님과 인간의 기본적인 동일성을 인식하는 것이다. "하느님이라는 상징은 무의식 자체와 일치하는 것이 아니라 그 무의식의 내용인 자아와 일치한다. 우리는 하느님의 이미지라는 원형과 자아의 원형을 경험적으로 구별할 수 없다." 즉, 융의 가까운 조수의 한 사람이었던 야파(Aniela Jaffa)가 말했듯이, "인간 심리의 신비와의 만남은 하느님에 대한 경험과 구별될 수 없다."[28]

융의 이런 사상은 복수 종교 현상과 어떻게 연결되는가? 융에게 하느님의 이미지를 따라서 산다는 것은 바로 자아 실현을 목적으로 산다는 뜻이다. 이런 점에서 종교는 인간 의식의 욕망과 무의식의 '신적 내용'을 중매하는 중요한 역할을 수행하게 된다. 융이 종교를 '위대한 심리 치료적 상징 체계'라고 잘라 말하는 이유도 여기에 있다.

그런데 하느님이라는 상징은 자아의 원형만은 아니다. 그것은 자아 이외에도 무한한 상징을 대표한다. 그러므로 어느 종교나 어느 상징도 '하느님'이라는 상징이 가지고 있는 '원형적인 무제한성'을 완전히 표현할 수 없으며, 이런 뜻에서 모든 종교와 상징은 확실한 절대성을 가지고 있다고 주장할 수 없다는 종교 복수 현상을 받아들여야 한다고 융은 말한다.

많은 신학자들이 융을 비판한다. 그들은 융의 사상이 진리에 대한 명확한 기준을 제시하지 못한다고 비난하며, 그의 종교관이 너무나 개인적이고 주관적이라고 비난한다. 또한 대화의 철학을 제창한 부버(Martin Buber)는 융이 종교를 심리학으로 환원시켰다고 비난한다. 그러나 우리는 융의 사상이 가진 세 가지 진리를 잊지 말아야 한다.

첫째, 기독교는 성령의 은혜를 주장하고 불교는 깨달음을 주장한다. 우리는 그것들의 내용을 정확히 기술할 수 없다. 다만 그것이 일종의 과격한 심리적 변화를 동반한다는 사실을 부인할 수는 없을 것이다. 니터는 이렇게 말한다.

> 종교적으로나 신학적으로 진실한 것은 심리적으로도 진실해야 한다. 만약 하느님이 진실로 존재한다면, 그래서 하느님이 은혜·계시·구원을 통해 인간의 삶 속으로 들어온다면, 그것은 분명히 그 개인의 경험에

---

28) 같은 책, p.58.

어떤 심리적 흔적을 남겨야 한다. 기독교인들은 융의 이런 주장에 동의할 수 있는가? 나는 그들이 동의해야 된다고 생각한다.

만약 종교 경험이 심리적 경험이 아니라면, 만약 그것이 개인의 심성에 전달되지도 않고 아무런 흔적도 남기지 않는다면, 그것은 그의 경험이 아닐 것이다. 이 경우에 이른바 종교 경험은 그 사람의 자아 밖에 있는 어떤 것에 — 다른 사람의 경험이나 다른 사람의 권위에 — 근거한 것일 뿐이다. 그래서 바움(Gregory Baum)이 경고하듯이, 그것은 '성서에 있는 대로'라거나 '교황님이 말씀하신 대로'에 근거를 둔 외형적 종교를 만들 뿐이다.[29]

둘째, 융의 입장이 환원주의에 떨어질 수밖에 없다는 비난은 하느님과 세계, 계시와 이성, 종교와 철학, 신앙과 교리 등으로 표현되는 이원론에 근거를 두고 있다. 범아일여(梵我一如)를 주장하는 불교, 니르바나(nirvana)가 바로 삼사라(samsara)라고 주장하는 선불교, 모든 인간이 궁극적 실재와 완전히 합일될 수 있다고 믿는 전 세계의 신비주의자들은 이런 이원론을 받아들이지 않을 것이다. 니터는 이렇게 말한다.

이원론은 하느님을 전적인 타자, 영원 불변하는 실체, 인간의 영향을 전혀 받을 수 없는 존재로 본다. 그러나 이원론은 몸의 부활이나 역사의 하느님과 같은 근본적인 기독교의 상징을 무시한 것이며, 그것은 다만 그리스철학의 입장에서 처음 신학을 전개한 사람들이 채택했던 태도일 뿐이다. 하여간 오늘날 대부분의 기독교인들은 '익명의 이원론자'이거나 '무의식적 이원론자'가 되었다.

크리스천은 이제 융과 아사기올리와 같은 종교적 심리학자들로부터 (그리고 동양으로부터) 비록 하느님과 세상은 구별되면서도 분리되어 있지 않다는 진리를 배울 수 있는가? 융과 그의 추종자들은 하느님은

---

29) 같은 책, p.66.

휴머니티의 일부며 휴머니티 안의 실재라는 '증거'를 기독교인에게 제시한다. 모든 종교의 신비가들이 말하듯이, 우리는 이미 신적 존재다.

크리스천은 이제 하느님과 세계의 비이원성을 긍정하고 경험할 것인가? 비이원론자에게 하느님과 세계는 동일하지 않다. 만약 동일하다면 그것은 범신론이나 단일신론이 된다. 또한 비이원론자에게 하느님과 세계는 둘이 아니다. 둘이라면 그것은 초자연주의가 된다. 하느님과 유한자는 '하나'와 '둘'을 넘어선 신비적이면서 말로 표현할 수 없는 연합체다. 이 연합체는 신비적 경험에 의해서만 파악될 수 있다.[30]

셋째, 융의 종교관이 지나칠 정도로 개인적이고 주관적이라는 주장에는 일말의 진리가 있다. 그러나 기독교 역사에는 이미 불합리성을 강조한 터툴리아누스나 진리의 주관성을 주장한 키에르케고르로 대표되는 반객관적 전통이 엄연히 살아 있다. 더 나아가서 최근의 분석철학은 종교 언어를 하느님의 존재 여부에 의존하는 명제론적 입장을 벗어나서 비명제론적으로 해석하기도 한다. 여기서 우리는 융과 같은 심리학자들이 관심을 가졌던 것은 존재론적 하느님 자체가 아니라 '하느님'이라는 상징·이미지·신화였다는 사실을 잊지 말아야 한다.

4) "모든 종교는 대중심을 향한 길이다"

이제 종교인은 진실로 솔직할 필요가 있다. 예수의 유일성·불타의 절대성·공자의 보편성만을 주장해서는 절대로 진정한 종교 간의 대화를 이룰 수 없다. 그런 입장을 고수하는 한 우리는 복수

---

30) 같은 책, p.68. Cf. 우리가 융의 사상을 불교의 입장에서 쉽게 수용할 수 있다는 사실은 다음과 같은 융의 발언에도 잘 나타나 있다. "그리스도라는 상징은 심리학적으로 중요한 의미를 갖는다. 아마도 불타라는 상징을 제외한다면, 그것은 자아에 대한 가장 발달되고 분화(分化)된 상징일 것이다." 같은 책, p.61.

종교 현상을 적극적으로 대처할 수 없게 된다는 사실, 이런 태도는 절대로 여러 종교가 창조적 수수 관계(授受關係)를 유지하는 활동적 복수주의로 승화될 수 없다는 사실, 그리고 우리는 이제 모든 종교가 하나의 대중심(Center)을 향한 여러 가지 길일 뿐이며 그 중심은 하느님·알라·불타 등의 여러 가지 명칭으로 불릴 수 있다는 사실 등을 솔직히 인정할 필요가 있다.

이상적으로 말하면, 우리는 여기서 세계의 모든 종교를 토론해야 한다. 그러나 나는 이 글에서 주로 기독교를 중심으로 토론하겠는데, 그 이유는 다음과 같다. 우선 세계 종교 중에서 가장 배타적인 종교로는 유일신을 따르는 유대교, 기독교, 이슬람교를 들 수 있다. 그들은 모두 '하나의 길'만을 주장한다. 그 중에도 기독교와 이슬람교가 세계의 어느 종교보다 신앙의 이름으로 더욱 많은 범죄와 전쟁을 저질렀다는 사실은 역사가 증명한다.[31] 그래서 나는 모든 종교의 대중심 지향론을 가장 어려운 경우를 들어서 전개시키려고 한다. 또한 오늘날 종교 복수주의를 가장 심각하게 받아들여서 가장 심한 부작용을 일으키고 있는 종교는 기독교다. 즉, 현재 기독교는 이 문제의 해결책을 열심히 찾는 노력을 다른 종교보다 더욱 열심히 경주하고 있다.

니터는 대중심론을 주장하는 종교인으로 영국의 복음주의 기독교인인 힉(John Hick), 가톨릭 신부인 파니카(Raimundo Panikkar), 남부 인디아 교회의 사마르타(Stanley Samartha), 그리고 기독교와 유대교의 대화를 주장하는 몇 명의 종교인들, 끝으로 절대적 규범은 모두 비윤리적이라고 주장하는 해방 신학자들을 든다. 나는 여기서 힉의 사상만 간단히 소개하겠다.

---

31) Cf. K. Jaspers, 『소크라테스, 공자, 석가, 예수, 모하메드』, 앞의 책, p.183 : "불교야말로 한 번도 폭력, 이교도의 탄압, 종교 재판, 종교 심판, 종교 전쟁을 일으키지 않은 유일한 종교다."

전통적으로 기독교는 "교회 밖에는 구원이 없다(*extra ecclesiam nulla salus*; Outside the Church, No Salvation)"는 입장을 고수해 왔다. 그래서 1438~1445년에 열린 플로렌스의 공의회는 "가톨릭 교회 밖에 있는 사람들은 — 이방인뿐만 아니라 유대교인, 이교도, 종파분립론자까지도 — 영원한 생명의 분담자가 될 수 없다. 그들이 죽기 전에 교회에 참석하지 않으면, 그들은 모두 악마의 천사를 위하여 예비해놓은 영원한 지옥의 불로 갈 것이다"라고 선언했으며,32) 개신교는 1960년 시카고에서 열린 세계선교대회에서 "전쟁이 끝난 이래 천만 명 이상의 영혼이 죽었으며, 그 중에서 절반 이상이 예수 그리스도가 누구며 그가 왜 갈보리의 십자가에서 죽었느냐를 들어보지도 못하고 지옥의 불로 갔다"고 선언했다.33)

이렇게 고루한 생각을 가지고 있는 기독교인은 — 우리나라의 경우를 제외하고는 — 오늘날 그리 많지 않다. 특히 가톨릭은 1965년 제2회 바티칸 공의회에서 발표한 「교회와 비기독교적 종교 간의 관계에 대한 선언」에서, 이 세상에는 교리·도덕·의례에서 서로 다른 '길'이 있다고 말하면서, "가톨릭 교회는 이들 종교에 나타난 진실되고 성스러운 것을 하나도 배척하지 않는다"고 선언했다. 그리고 이슬람교와의 투쟁에 대해서는 "과거를 잊고, 상호 이해를 위한 성실한 노력을 경주하며, 모든 인간의 평화·자유·도덕·사회 정의를 보호하고 증진하는 데 공동으로 노력해야 한다"고 말했으며, 유대교에 대해서는 "그들의 복음은 그리스도의 정신에 어긋나는 것을 하나도 가르치지 않는다"고 말했고, 다른 종교에 대한 가톨릭 교회의 차별은 바로 보편적 형제애를 배척하는 행위라고 선언했다.34)

---

32) Denwinger, *Enchiridiom Symbolarum Definitionum et Declaratomum de Rebus Fidei et Morum*, 29th edition, Freiburg, 1952, No. 714.
33) J. O. Percy, ed. *Facing the Unfinished Task*, Erdmans, Grand Rapids, Michigan, 1961, p.9.

그러나 구체적으로 다른 종교에 속해 있는 사람들을 어떤 상태로 취급해야 되느냐는 문제는 그리 쉬운 일이 아니었다. 그리하여 수많은 기독교 신학자들이 나름대로의 이론을 제창했다.

우선 바르트(Karl Barth)는 "종교 자체는 절대로 참된 것이 될 수 없다"고 선언하고, 이런 뜻에서 하느님의 계시는 모든 종교가 참되지 않다는 것을 선포한다고 말한다. 즉, 그는 우리가 '진정한 종교'를 말할 수 있는 유일한 길은 '의인화된 죄인(a justified sinner)'으로서만 가능하기 때문에 기독교를 통해서만 구원이 있다고 선언한다.35) 이에 대하여 라너(Karl Rahner)는 '무명의 기독교인(the anonymous Christian)'이라는 개념을 제창한다. 기독교를 제외한 다른 종교를 성실하게 따르는 사람을 일단 이름 없는 기독교인으로 취급해야 된다는 것이다.

큉(Hans Küng)은 모든 세계 종교의 보편적 구원사에 나타난 일상적 구원(an ordinary way of salvation)과 교회의 특수한 구원(an extraordinary way of salvation)을 구별하고, 그들이 확실한 기독교 신앙을 고백할 때까지의 잠정적 기간을 성서적으로 인정하려고 노력한다. 또한 스미스(Wilfred Cantwell Smith)는 도덕적 보편주의로 종교간의 만남을 모색하며, 틸리히(Paul Tillch)는 상징론을 가지고 종교의 복수 현상을 설명한다.

이 외에도 많은 신학자들이 무언의 신앙(implicit faith)과 명백한 신앙(explicit faith), 마음의 세례(baptism by desire)와 실제적 세례(literal baptism), 잠재적 교회(latent church)와 나타난 교회(manifest church)의 구별 등의 개념을 가지고 종교간의 갈등을 설명하며, 어느 사람은 금생에 예수 그리스도를 만나지 못한 사람은

---

34) Vatican Ⅱ, *Declaration of the Relation of the Church to Non-Christian Religions*.

35) Karl Barth, "True Religions", John Hick & Brian Hebblethwaite, eds. *Christianity and Other Religions*, A Fount Original, 1980, p.43.

내생에 만나게 될 것이라는 이론까지 제창한다.

그러나 힉은 이러한 시도들은 전부 과거의 도그마를 완전히 벗어나지 못한 입장이라고 주장한다. 오늘날 우리에게 필요한 운동은 — 칸트의 경우와 마찬가지로 — 코페르니쿠스적인 혁명을 일으키는 것이다. 모든 별들이 지구를 중심으로 해서 돌고 있다는 톨레미 학설을 완전히 뒤집어놓은 코페르니쿠스와 같이, 모든 종교가 기독교를 중심으로 움직이고 있다는 — 기독교를 지향하고 있다는 — 사상을 완전히 뒤집어놓아야 한다. 다른 종교도 기독교와 동일한 주장을 그들의 입장으로부터 내세울 수 있기 때문이다.

그는 이렇게 선언한다. "모든 종교 신앙은 하느님을 중심으로 삼고 있으며, 기독교나 어떤 종교를 중심으로 삼고 있지 않다. 태양인 실재만이 모든 빛과 생명의 근원이며, 모든 종교는 각기 다른 방법으로 그의 빛을 반사하고 있는 것이다."[36]

예를 들어서, 우리는 지금까지 인격적 신 표상과 비인격적 신 표상은 서로 상반될 수밖에 없다고 생각해왔다. 그러나 힉은 이 두 표상도 더욱 높은 실재의 차원이나 대중심의 차원에서는 서로 만날 수 있다고 주장한다. 그래서 그의 이론은 자연히 신중심주의를 벗어난 실재중심주의를 주장하게 된다. 그러나 힉의 이런 주장은 두 가지 심각한 문제를 제기한다.

첫째로 예수가 신인(神人)이라는 특수성, 예수의 성육설(成肉說), 영원한 로고스의 육체화, 삼위일체의 두 번째 분이라는 기독교 전래의 주장은 어떻게 되는가. 성서는 분명히 "나와 아버지는 하나"라고 말하고, "나를 통하지 않고는 아무도 아버지에게 올 수 없다"고 말하지 않는가.

이 문제에 대하여 힉은 판넨베르크(Wolfhart Pannenberg)의 말을 인용한다. "「요한복음」은 이제 예수에 대한 충실한 역사적 기록

---

36) John Hick, "Whatever Path Men Choose is Mine", 같은 책, p.182.

이라고 주장할 수 없게 되었다. 예수와 하느님의 관계에 관련된 여러 가지 개념과 호칭은 예수의 메시아적 자의식의 문제로 토론하게 되었다. 그리고 예수에 대한 여러 호칭은 부활 이후의 공동 사회에서 나온 것임이 밝혀졌다. 예수는 부활 이전에 한 번도 자신이 메시아나 하느님의 아들이라고 말하지 않았으며, 그렇게 고백하는 제자들의 고백을 용납하지 않았다."[37]

물론 힉도 모든 성서학자들이 판넨베르크의 결론을 지지하지 않는다는 것을 알고 있다. 그러나 이제 아무도 예수가 자신을 성육화된 하느님이라고 생각했다는 것을 확실하게 말할 수는 없게 되었다고 말하면서, 그렇지 않다고 믿는 것이 더욱 객관적인 해석이라고 주장한다.

둘째로 예수 자신이 그렇게 생각하지 않았다고 가정하자. 그러나 그의 제자들과 대부분의 기독교인들이 예수의 성육설을 공공연히 주장하고 있는 엄연한 사실은 어떻게 설명할 것인가? 이 문제에 대하여 힉은 하느님과 예수를 동격으로 취급하는 언어들이 어떤 종류의 언어인가를 고찰해야 한다고 말한다. 성육화된 하느님, 하느님의 독생자, 아들로서의 하느님 등의 언어는 사실에 대한 명제일 수도 있고 단지 시적 · 상징적 · 신화적 명제일 수도 있다. 힉은 분명히 후자의 경우라고 주장한다. 그 이유로는 2000년 동안 사실적인 명제에 대한 구체적인 사실적 내용이 — 예를 들면, 남성의 역할이 없이 처녀가 아이를 낳을 수 있다는 사실적인 내용이 — 증명된 적이 없었기 때문이다.

더 나아가서, 우리가 동정녀의 탄생을 그대로 받아들인다고 해도, 그것은 제우스신과 알크메네라는 인간의 어머니 사이에서 태어난 헤라클레스와 비슷한 그리스 신화의 재판이 될 것이며, 이런

---

37) Wolfhart Pannenberg, *Jesus : God and Man*, SCM Press, London, 1969, p.327.

입장은 기독교인들이 주장하는 성육설에서 전혀 받아들일 수 없을 것이다. 기독교 역사 속에서, 예수를 완전한 인간이 아닌 완전한 하느님, 혹은 완전한 하느님이 아닌 완전한 인간으로 간주하려는 모든 이론들이 이단으로 간주된 이유도 여기에 있다.

우리는 성육설을 사실적 가정으로 취급하는 것 자체가 근본적인 이단(the fundamental heresy)이라고 말할 수 있다. 성육이란 신화적 개념이며, 상징적 언어며, 시적 상상력의 표현이다. 그것은 예수가 우리들이 초월적인 하느님을 접할 수 있는 살아 있는 접촉점(a living contact)이라는 뜻이다. 그리고 그것은 하느님과의 구속적 접촉점으로서의 예수를 표현한다는 뜻에서, 기독교는 그에 대한 절대적 언어를 사용할 수 있는 정당성을 가지고 있다. 예수가 하느님의 아들이라는 표현은 실재를 신화적으로 표현한 것이다.38)

여기서 나오는 결론은 무엇인가? 그것은 우리가 예수를 하느님에 대한 적극적·효과적·충분한 접촉점이라고 표현한다고 해서 반드시 예수가 유일한 방법이라고 말해야 될 필요는 없다는 것이다. 다시 말해서, 하느님과 인간의 또 다른 구속의 접촉점을 부인하지 않으면서도 우리는 그리스도를 구원의 길로 존경할 수 있다는 것이다. 다른 신앙의 길을 부정하지 않고도 크리스천의 길을 받아들일 수 있다는 것이다.

힉은 타종교에 대한 기독교의 '옛날 도그마'를 하루 빨리 청산하고 실재와 인간 구원에는 여러 가지의 길이 있으며, 우리가 어떤 길을 택하느냐는 문제는 전적으로 문화적 및 사회적으로 결정되는 우연한 현상에 불과하다는 것을 솔직히 인정하여, 종교간의 상호 대화와 우정어린 침투(friendly interpenetration)를 이루어야 한다고 주장한다.

---

38) Hick, 앞의 글, p.186.

이미 말했지만, 기독교는 교리상 모든 종교가 대중심을 향해 달려가는 여러 가지 상이한 길이라고 주장하기가 가장 어려운 종교 중에 하나다. 기독교는 언제나 전 세계의 복음화를 기독교인의 목표로 삼아왔기 때문이다. 그리하여 트와컴(Parson Thwackum)은 이렇게 장담하기도 했다. "내가 종교라고 말할 때는 기독교를 말하며, 기독교라고 말할 때는 개신교를 말하며, 개신교라고 말할 때는 영국교회를 말한다."

오늘날 대부분의 기독교인들도 그리스도의 절대성을 철저히 고수하고 있다. 힉과 같은 대중심 지향을 주장하는 교인은 분명히 소수에 속한다. 그러면 왜 소수의 종교인들은 유구한 기독교의 전통을 무시하고 완전히 새로운 대중심론을 주장하는가?

첫째, 사람들은—우리나라의 경우와는 정반대로—기독교인의 숫자는 증가하고 있지만 인류의 전체적인 비율로 보면 점점 감소하고 있다는 위기감을 느꼈기 때문이라고 말한다. 비기독교적인 지역에서 인구가 폭발적으로 증가하고 있는 것이다. 그러나 이런 분석은 분명히 '사람에 대한 오류'를 범하는 논리일 뿐이다.

둘째, 일부의 기독교인들이 이런 획기적인 주장을 하게 된 배경에는, 그들이 종교에 대한 인간의 선택이 다분히 문화적 차이점에서 오는—본질적 선택이 아닌—우연적 선택이라는 사실을 심각하게 받아들였기 때문이라고 볼 수 있다. 생각해보라. 이집트나 파키스탄에서 이슬람교인을 부모로 태어난 사람은 아마도 이슬람교인이 되었을 것이며, 우리도 인디아에서 힌두교인을 부모로 태어났다면 당연히 힌두교인이 되었을 것이며, 미국에서 태어났다면—특별한 상황이 아닌 한—기독교인이 되었을 것이다.

셋째, 일부의 양심적인 기독교 신학자들은 기독교를 이원론적 그리스 사상에서 탈피하여 일원론적 히브리 사상에서 조명하기 시작했으며, 이런 연구는 자연히 동일한 경전을 따르는 유대교와 기독교와 이슬람교의 진정한 대화를 모색하게 되었으며, 그들은 이 시각을 조금 더 넓혀서 세계적인 시각에서 종교를 조명하기 시작했다. 그래서 그들은 대중심으로 향하는 여러 가지 길의 사상을 전개하게 되었다. (나는 이런 일들이 다른 종교에도 일어나기를 고대한다. 그래서 지상의 모든 종교인이 ― 특히 한국의 모든 종교인이 ― 모든 종교는 대중심을 향하는 각기 다른 길임을 공개적으로 선언할 수 있기를 바란다.39))

6. 종교 복수주의에 대한 몇 가지 비판

나는 지금까지 종교 복수주의의 네 가지 형태를 설명하면서, 특히 모든 종교는 결국 동일한 정상을 향해 올라가는 각기 다른 길일 뿐이라는 힉의 사상을 동정적으로 설명했다. 그러나 종교 복수주의에 관련된 모든 문제가 여기서 끝난 것은 아니다. 그래서 나는 이제 이 주장에 대한 몇 가지 비판을 토론하겠다.

첫째, 비판자들은 종교 복수주의가 각기 다른 종교간의 본질적 차이를 인정하지 않기 때문에 역설적이게도 복수주의 자체를 무의미하게 만든다고 비판한다. 그리고 그들은 종교 복수주의가 일종의 추상적 보편 종교를 가정하고 있다고 비난한다. 그러나 이런 비판은 종교 복수주의에 대한 오해에서 나온 것이며, 종교 복수주의는 절대로 모든 종교를 통합한 어떤 메타 종교를 가정하지 않는다. 길희성은 이렇게 말한다.

---

39) 여기서 중요한 문제는 종교와 비슷하지만 종교가 아닌 것 ― 우리가 흔히 미신, 사이비 종교, 거짓 종교라고 부르는 것 ― 을 어떻게 구별하느냐는 것이다. 이 문제야말로 '새롭게 경험된 문제'가 아니라 '새롭게 발생된 문제'다. 이 점에 대해서는 다음을 참조할 것, 황필호, 『종교철학 에세이』, 앞의 책, pp.306-327.

우선 복수주의가 종교들의 차이를 무의미하게 만든다는 주장은 사실이 아니다. 복수주의자들은 모든 종교의 궁극적 일치를 주장하는 것이 아니다.

또한 현대의 종교 복수주의는 옛날 계몽주의자들이 말하던 이성 종교와 같은 것을 주장하는 것이 아니다. 다양한 역사적 종교들, 즉 실증 종교들로부터 비본질적인 것들과 우연적인 요소들을 제거하고 남은 어떤 공통된 종교의 본질이나 추상적 보편 종교를 상정하는 것이 아니라는 말이다. 인간이 지상에 발을 붙이고 신앙 생활을 하는 한, 누구도 구체적인 역사적 실체로서의 종교를 피할 길이 없다는 사실을 복수주의자들은 철저히 인식하고 있다. 산정에 오르려면 누구든지 한 특정한 길을 가야만 하지, 존재하지도 않는 보편 종교라는 어떤 추상체를 통해 가는 것이 결코 아니다.

다만 구원이나 해방이 성취되는 초월적 세계에서는 종교간의 차이가 의미를 상실하게 될 것이라는 것이다. 이런 의미에서 종교는 모두 방편, 수단, 길에 지나지 않는다.[40]

둘째, 비판자들은 흔히 정상을 오르는 각기 다른 길로 설명되는 종교 복수주의가 아직 아무도 정상을 올라가보지 못한 상태에서 각기 다른 길들이 결국 동일한 정상을 향하는 길일 것이라고 주장한다고 비난한다. 분명히 그들은 각기 다른 산을 올라가고 있을 수도 있기 때문이다. 이런 뜻에서 종교 복수주의는 결국 각 종교 전통들보다 더 우월한 어떤 초월적 시각을 가지고 있다는 인식론적 특권을 주장한다는 것이다.

이 비판에 대한 적극적인 답변은 없는 듯이 보인다. 물론 "모든 종교들이 하나의 궁극적 실재 혹은 하나의 궁극적 진리를 여러 각도에서 반사한다는 이론은, 누군가가 이 궁극적 실재를 보았기 때문에 하는 주장이 아니며, 모두 산 정상에서 만날 것이라는 주장도 누

---

40) 길희성, 앞의 글, p.15.

군가가 이미 그 정상을 가보았기 때문에 하는 주장이 아니며, 그러므로 힉의 이론은 어디까지나 하나의 '가설'이지 확언은 아니다. 어느 누구도, 어느 종교도 정상을 본 일이 없기 때문이다."[41] 그럼에도 왜 종교 복수주의는 이렇게 주장하는가?

이런 가설이 요청되는 것은 세계 종교들에서 발견되는 유사성과 차이성을 설명하기 위해서다. 특히 인류의 위대한 종교 전통들의 대등한 도덕적 및 영적 힘은 그런 가설 없이는 설명할 수 없다.

뿐만 아니라 유대교, 기독교, 이슬람교, 힌두교, 불교, 유교 등의 위대한 종교 전통들은 모두 궁극적 실재를 '하나'로 간주한다. 이렇게 각기 다른 모든 종교인들이 일원론적 및 유일신론적 입장을 취한다는 사실을 감안할 때, 종교들이 비록 이 실재에 대하여 상이한 이름들(도, 브라만, 태극, 하느님, 법신)과 관념들을 가지고 있다 해도 결국 그 모든 이름들의 차이가 유한한 인간들이 동일한 실재를 달리 보는 데서 기인한다는 가설은, 그 반대의 가설, 즉 그것들이 여러 다른 실재들을 가리키고 있으리라는 가설보다 더 설득력이 있다. 실재도 하나고, 하느님도 하나고, 인류도 하나라고 이들 종교들은 믿고 있다. 따라서 구원이나 해방도 하나일 것이라는 추론이다.[42]

셋째, 비판자들은 종교 복수주의가 모든 종교 진리의 궁극성을 포기하라고 권고하면서 결국 자신을 하나의 새로운 종교로 제시한다고 비난한다. 그러나 이런 비판은 별로 설득력이 없다. 이미 말했듯이, 종교 복수주의는 자신을 모든 종교를 통합한 어떤 메타 종교로 인정하지 않기 때문이다. "그것은 종교 복수주의자들이 고안해낸 새로운 종교가 아니다. 그것은 자기 종교에 충실하면서도 자기 종교의 한계를 의식하는 모든 신앙인들의 의식을 대변하는

---

41) 같은 글, p.15.
42) 같은 글, p.16.

이론이다."43)

　　종교 복수주의는 타종교인에 대하여 관용 이상의 태도를 보인다. 그
는 단순히 관용이나 존중 정도로 만족하지 않고 타종교인과 그들의 신
앙에 대하여 존경심을 가지고 적극적 관심을 보인다.

　　등산로가 다르기는 하나 가끔씩은 만나기도 한다. 아직은 정상이 완
전히 보이지 않지만 같은 산정에서 만날 것이라는 믿음 아래 지금까지
가끔씩 훔쳐볼 수 있었던 산정의 모습들을 불완전하나마 전해주면서
서로 험난한 산행을 독려한다. 시행착오도 많았고 길을 잃은 적도 한두
번이 아니었지만 여기까지 올라온 것만도 다행으로 여기면서 험난하지
만 즐거웠던 등반의 경험도 나눈다. 지나온 등반로의 장단점들도 설명
해주면서 서로에게서 배운다.

　　때로는 본래 의도했던 길을 버리고 다른 사람을 따라가보기도 한다.
심지어 중도에서 길을 아주 바꿀 수도 있다. 아직은 아무도 완전히 알지
못하고 잡지 못했지만, 동일한 실재 혹은 구원을 향해 가는 길벗[道伴]
으로 서로를 위로하고 격려하면서 구도의 행진을 계속한다.

　　남의 이야기에 귀기울이면서 남을 더 잘 이해하고, 자기 종교와 자기
신앙을 새로운 눈으로 바라볼 수 있어 더욱 좋다. 타종교에 대한 이해는
자기 종교에 대한 이해를 확대하고 심화시킨다. 일체의 초월적 시각을
거부하는 세속주의에 대항해서 함께 투쟁하며, 사회의 공동선을 위해
함께 노력한다. 이것이 현대 사회 속에서 복수주의적 시각과 신념을
가지고 사는 신앙인들의 겸허하고 아름다운 모습이 아닐까.44)

7. 맺음말 : 종교 복수주의를 넘어서

　　오늘날 대부분의 기독교 학자들은 어떤 형태로든지 종교 복수주

---

43) 같은 글, p.20.
44) 같은 글, pp.26-27.

의를 인정하게 되었고, 이 과정에서 그들은 그리스도와 기독교의 궁극성(finality)과 결정적 규범성(definitive normativity)을 심각하게 의심하기 시작한다.[45] 그래서 힉은 "우리는 예수의 아가페가 지상에서 활동하는 하느님의 아가페라는 뜻에서 예수를 '전체적인 하느님(totus Deus, the wholly God)'이라고 부르려고 하지만, 그러나 예수는 하느님의 아가페가 예수의 모든 혹은 어떤 행동에서 남김없이 표현되었다는 뜻에서의 '하느님의 전체(totus Dei, the whole of God)'가 아니라고 생각한다"고 말한다."[46]

또한 니터는 힉과 비슷한 파니카(Raimundo Panikkar)의 입장을 이렇게 요약한다.

비록 기독교인은 "예수는 그리스도"라고 믿지만, 이 문장은 "그리스도는 예수"라는 문장과 동일하지 않다.

'예수'는 큰 이름, 즉 언제나 '모든 이름들 위의 이름'(빌립보서, 2 : 29)인 '그리스도'라는 이름의 구체적인 역사적 호칭일 뿐이다. 그러므로 기독교인들은 "모든 종교가 어떤 형태로든지 이 그리스도를 인식하고 있다는 사실을 인정할 수 있고 또한 인정해야 한다. 그러나 모든 이름들 위의 이름인 그리스도는 라마 · 크리슈나 · 이스바라 · 푸루샤 · 여래 등의 여러 가지 역사적 이름으로 표현될 수 있다. 보편적 그리스도의 실재는 특수한 예수에 대한 필요성과 보편적 연관성을 파괴하지 않는다."

그래서 파니카는 한편으로 주님[그리스도]은 그의 독특한 주인성을 모든 가능한 매개적 수단 안에서 그리고 그들을 통하여 활동한다고 말할 수 있으며, 다른 한편으로 예수는 이 세상에 존재하는 수많은 진실된 형태의 종교성만큼이나 많은 이름을 가지고 있으면서도 동시에 나사렛 예수에게서 독특한 역사적 성현(聖賢)을 발견할 수 있는 수많은 우주적 신인 양성(神人兩性) 원칙의 한 이름일 뿐이라고 선언

---

45) Knitter, 앞의 책, p.146.
46) John Hick, *God and the Universe of Faiths*, St. Martin's Press, New York, 1973, p.159(니터의 책, p.152에서 인용).

할 수 있는 것이다.47)

또한 니터는 사말타(Stanley Samartha)의 견해를 이렇게 요약
한다.

　　모든 특수한 계시는 서로 다르고, 다른 종교들을 위한 독특한 연관성
을 주장한다. 그러나 모든 종교와 신적 계시는 한계를 가지고 있다. "특
수한 종교는 일부의 사람들에게 결정적이라고 주장할 수 있으며, 일부
의 사람들은 그 특수한 종교가 자기들에게는 결정적이라고 주장할 수
있다. 그러나 어느 종교도 모든 사람들에게 결정적이라고 주장할 수는
없다."
　　사말타는 이 원칙이 그리스도와 기독교에도 적용된다고 주장한다.
"기독교를 포함한 모든 종교는 '임시적' 성격을 가지고 있다. 모든 종교
의 본질적 특성의 심연에는 그 종교의 나그네 성격(pilgrim nature)이
있다. 그러므로 우리는 목표를 향해 가는 길에서 만난 오아시스를 종착
역이라고 주장하지는 말아야 한다."
　　여기서 사말타는 기독교 교리를 전염시키는 과정에서 예수를 다른
종교의 인물들과 대항하는 일종의 교조적 인물로 변화시켜 절대화시키
는 '그리스도 일원론(christomonism)'을 경계한다. "기독교인들은 하느
님은 수육을 통해 자신을 상대화시킨다는 사실을 잊지 말아야 한다."
그래서 사말타는 다른 종교들에 대한 그리스도 일원론 대신에 예수 자
신의 원래 메시지에 더욱 충실한 신중심론을 제시한다. "비록 신약성서
저자들의 증거는 그리스도 중심적이지만, 예수 그리스도 자신은 신 중
심적이다."48)

　　나는 종교 복수주의를 전적으로 지지한다. 그러면서도 나는 현
재 진행되고 있는 종교 복수주의에 대한 모든 논의에 대하여 세

---

47) 같은 책, p.156.
48) 같은 책, p.158.

가지 '불만'을 가지고 있다. 첫째는 그것이 아직도 기독교 중심적 입장에서 전개되고 있으며, 둘째로 대부분의 논의가 여전히 자기 신앙 우월주의적이며, 셋째는 그것이 종종 아주 가치 중립적으로 전개되고 있다는 것이다.

첫째, 기독교 중심의 문제를 생각해보자. 앞에서 지적한 힉, 파니카, 사말타는 모두 교회중심주의에서 예수중심주의와 신중심주의를 지나 실재중심주의로 나아가야 한다고 주장한다. 물론 많은 사람들은 이런 실재중심주의도 '진화적 발전'의 단계가 아니라 '진화적 막다른 골목'의 단계라고 비판하며, 이런 비판에 대하여 그들은 다시 그렇지 않다고 주장한다.

예를 들어서, 이정배는 힉과 니터의 사상이 몇 가지 약점을 가지고 있다고 주장한다. 첫째로 그들의 이론은 아직도 물(物) 자체와 표상이라는 이원론, 예지계와 현상계라는 칸트의 인식론적 도식에 의존하고 있다. 그래서 그것은 진정한 실재는 이 양자의 상호연관성(空)에 있다고 주장하는 불교 같은 동양 종교를 포용할 수 없다. 둘째로 그들의 실천 우위적 해석학은 아직도 역사와 자연이라는 이분법에 토대를 두고 있으며, 그래서 그들의 구원론은 '여전히 해방이라는 인간학적 범주에 갇혀 있는 서구 역사주의의 일면'을 가지고 있다. 셋째로 그들의 이론은 모든 종교가 어떤 공통 요소를 가지고 있다고 가정한다.[49]

나는 여기서 이정배의 비판에 대하여 구체적으로 토론하지 않겠다. 다만 힉, 파니카, 사말타, 니터와 같은 기독교인들의 이런 노력은 어떻게 해서라도 종교간의 공존을 가능하게 하기 위한 피나는 노력이라는 사실을 강조하고 싶다. 그러나 그들의 실재중심주의는 아직도 기독교적 신중심주의를 완전히 벗어나지 못한 것 같다. 즉,

---

49) 이정배, 「한국적 신학, 어떻게 할 것인가」, 종교문화연구원 편, 『종교 문화와 대화』, 나단, 1994, pp.134-135.

그들은 아직도 비신론적 및 무신론적 종교보다는 기독교로 대표되는 유신론적 종교에 관심을 쏟고 있다. 그러나 신의 존재 자체에 관심을 쏟고 있지 않은 사람들에게 이런 '실재중심주의로 위장된 신중심주의'가 어떻게 답변이 될 수 있겠는가. 이제 종교간의 대화에 대한 논의는 진정 탈기독교화될 필요가 있다.

물론 동양 종교인은 예를 들면 신중심주의(theocentrism) 대신에 도중심주의(taocentrism)를 주장할 수 있다. 그러나 이것은 대화가 아니라 다시 신과 도의 대결로 되돌아가는 것이다. 그러므로 앞으로의 논의는 일단 기독교를 상징하는 신, 불교를 상징하는 깨달음, 중국 종교를 상징하는 도 등의 개념을 벗어난 넓은 벌판에서 진행되어야 한다.

둘째, 자기 신앙 우월주의 문제를 생각해보자. 예를 들어서, 오강남은 파울러(James Fowler)가 제시하는 신앙의 6단계를 설명한 다음에 이렇게 말한다. "파울러의 주장에서 특히 흥미로운 것은 모든 사람이 이 여섯 단계를 다 거치는 것은 아니라고 한 사실이다. 그의 연구에 의하면, 우리는 어느 단계에서든지 더 이상 발달하지 않고 그대로 주저앉고 말 수가 있다. 신앙의 여정에서 대부분의 북미 기독교인은 사실 제2단계나 제3단계에서 성장을 멈춰버린다. 그들은 교회의 권위를 절대적인 것으로 인정하고 『성경』을 문자적으로 받아들이는 단계로 일생을 끝내는데, 사실 교회는 이 단계에 있는 사람을 가장 좋아한다. 교회의 입장에서는 그런 사람을 다루기가 가장 쉽기 때문이다."[50]

여기서 오강남은 분명히 제1단계인 '직관적 · 투사적 신앙(intuitive-projective faith)'보다는 제2단계인 '신화적 · 문자적 신앙(mythic-literal faith)'이 더욱 좋고, 제3단계인 '종합적 · 인습적 신앙(synthetic-conventional faith)'보다는 제4단계인 '개성적 · 성찰적

50) 오강남, 『예수는 없다』, 현암사, 2001, p.54.

신앙(individuative-reflective faith)'이 더욱 좋고, 제5단계인 '접속적 신앙(conjunctive faith)'보다는 제6단계인 '보편화시키는 신앙(universalizing faith)'이 더욱 좋다고 말한다. 물론 옳은 말이며, 우리의 믿음도 그런 방향으로 점점 성장되어야 한다.

그러나 신앙도 근기(根機)에 따라서 서로 다를 수 있으며, 또한 주위의 환경이나 교육 조건 등에 따라 서로 다를 수 있다. 이것이 사실이라면, 우리는 어떤 사람이 어떤 단계에 머물러 있다고 해서 그를 책망할 수는 없는 것이다. 즉, 내가 현재 가장 좋다고 믿는 것을 상대방이 받아들여야 한다고 강요할 수는 없다. 물론 우리는 그의 신앙이 더욱 성장하도록 그를 도와주어야 하지만, 마지막 결정은 언제나 본인 자신의 선택이다. 그러므로 그가 어떤 경지에 있다고 해도, 우리는 일단 그를 그의 현재 상태에서 받아들일 수 있어야 한다.

예를 들어서, 나는 문자주의에 사로잡힌 근본주의자들의 신앙보다는 그 단계를 벗어난 신앙을 더욱 성숙한 신앙이라고 생각한다. 그러나 모든 사람이 현실적으로 문자주의를 벗어날 수 있는 것은 아니며, 문자주의를 고수하려는 사람은 자신의 주장을 당당히 발표할 수 있어야 한다. 이것이 진정한 신앙 복수주의적 및 종교 복수주의적 태도다.

다만 여기에는 우리가 꼭 지켜야 할 원칙이 있다. 그것은 J. S. 밀이 주장했던 위해 원칙(危害原則, harm principle)이다. 나에게 구체적인 해악을 끼치지 않는 한, 다른 사람들은 모든 자유를 가지고 있으며, 우리는 어떤 이유로도 그들의 자유를 제한할 수 없다는 원칙이다. 쉽게 말해서, 승객들이 많은 지하철 안에서 어느 기독교인이 스님을 향해 "이 마귀 새끼야!"라고 소리친다면, 이것은 그에게 구체적으로 해악을 끼치는 일이며, 이런 행위는 법적으로 제재받아야 한다. 그렇지 않은 경우라면, 나는 그저 눈을 감으면 되는 것이다. 위해 원칙을 다른 말로 표현하면 불간섭의 원칙(non-inteference principle)이 될 것이다. 모든 사람은 각기 다른 단계의 신앙을 가질 권리를 가지고 있다. 다만 그는 자신이 가지고 있는 단계의 신앙만이 옳다고 주장하면서 그것을 다른 사람에게 강요하지 말아야 한다. 오강남은 이렇게 말한다.

> 개인적으로 어느 특수한 정신적 분위기나 환경 때문에 아직 정신적 유아기를 벗어나지 못한 경우, 그런 사람에게는 '사탕 / 꿀밤' 신관이 필요하고, 또 그런 것을 그대로 가지고 있는 사람을 결코 나무랄 수는 없다. 그러나 그것을 우리가 간직하고 있어야 할 유일한 신관으로 고집하면 곤란하다는 것이다. (중략)
> 특수한 앎과 생각을 받아들이는 것이 무조건 다 나쁘다는 것은 아니다. 그런 것을 받아들이지 않으면 믿음이 없다거나, 또 그런 것을 한 번 받아들였다가 고쳐나가면 믿음에서 떠나는 것, 그래서 구원을 받을 수 없다고 주장하는 데 문제가 있다.[51]

그러면 각기 다른 단계의 신앙을 가진 사람들, 그리고 각기 다른 종교를 가진 사람들은 현실적으로 어떻게 이 위해 원칙을 지킬 수 있는가? 나는 여기서 모든 종교인들과 종교 지도자들이 '개종 반대 선언(non-conversion declaration)'을 해야 한다고 생각한다. "우리는 절대로 당신을 우리가 믿는 종교로 개종시키려고 노력하지 않겠습니다"라고 선언해야 한다는 것이다. 물론 어느 사람이 특정 종교로 개종하겠다고 진심으로 원한다면, 그 종교에 속한 사람들은 그를 형제로 받아들여야 한다. 그러나 적어도 그의 생각을 변경시키려고 노력하거나 설득하려고 하지는 말아야 한다. 그래서 석가는 어느 명망 있는 장군이 그에게 귀의하려고 할 때 그런 행위는 도리어 보통 사람들에게 커다란 혼란을 준다는 이유로 반대했다고

---

51) 같은 책, pp.165-166.

하지 않은가.

셋째, 가치 중립의 문제를 생각해보자. 현재 진행되고 있는 종교 복수주의에 대한 논의는 종종 모든 종교가 동일하거나 비슷하며, 그래서 우리가 어느 쪽을 선택해도 아무런 차이가 없다는 식으로 진행되고 있다. 기독교를 믿는 것과 불교를 믿는 것이 당사자에게 아무런 차이가 없다는 것을 은연중에 암시하고 있다.

그러나 종교란 인간 전체를 담보로 하는 실존적 행위며, 그래서 그것이 어떤 종교의 신앙으로 표현되어야 하느냐는 문제에서는 절대로 모든 방식이 비슷하거나 동일할 수 없는데, 우리는 이런 사실을 세속적인 사랑의 경우로 쉽게 설명할 수 있다.

어떤 사람에게 두 명의 애인이 있다고 하자. 그는 그 두 애인을 동일하게 사랑하는가? 절대 그렇지는 않다. 그는 어느 면에서 첫째 애인보다 둘째 애인을 더욱 사랑하는 것이며, 그래서 그는 한 사람의 애인으로 만족할 수 없었던 것이다. 그런데 참으로 희한한 일은, 어느 경우에는 둘째나 셋째 애인을 사귀면서 도리어 첫째 애인의 중요성을 더욱 실감할 수도 있다는 사실이다. 이것이 바로 기독교를 배우면 배울수록 더욱 힌두교의 훌륭한 점을 발견한 간디, 불교를 배우면 배울수록 더욱 가톨릭의 순수성을 알게 된 토마스 머튼의 경우다.

인간은 여러 종교를 섭렵할 수 있다. 그러나 그가 모든 종교에 동일하게 참여할 수는 없다. 언제나 그에게는 '가장 사랑하는 종교'가 있게 마련이며, 또한 그렇게 되어야 한다. 이른바 '동일한 사랑'은 ─ 적어도 문자적으로는 ─ 진정한 사랑이 아니다.

그러면 각기 다른 종교를 가진 사람들은 구체적으로 어떤 자세를 가져야 하는가? 나는 이 질문에 대한 답변이 바로 다음 장에서 토론하는 가종(加宗)의 개념이라고 생각한다. 가종의 개념을 받아들인 사람만이 언제나 자신이 가장 사랑하는 종교를 가지고 있으면서도 그의 신앙이 성장하도록 이웃 종교의 가르침에 귀를 기울일 수 있을 것이다.

제 8 장
개종과 가종*

1. 머리말 : 동과 서

시인 키플링은 「동서의 발라드」에서 "오, 동양은 동양이며 서양은 서양이라 / 그리고 그들은 영원히 서로 만나지 않으리라"고 선언했다. 그러나 그는 바로 그 다음에 "동양도 없을 것이며 서양도 없으리라 / 국경도 혈통도 태생도 없으리라"고 선언했다. 키플링이 이렇게 선언한 것은 이미 1889년이며, 그 후에 동양과 서양은 통신 · 정치 · 경제와 기타 분야에서 서로 융합해왔다. 유일한 예외가 있다면 종교의 경우가 되겠다.

왜 동서양의 종교들만 서로 만나지 못하고 있는가? 우리는 종교에서 참과 거짓을 명확히 구별해야 하며, P를 참으로 받아들인다는 것은 바로 P가 아닌 것을 거짓으로 받아들인다는 뜻이기 때문이다.

---

* 이 글은 황필호, 「개종과 가종」(『서양종교철학 산책』, 집문당, 1996, pp.229-239)과 「개종과 가종」(『종교철학 에세이』, 철학과현실사, 2002, pp.353-376)을 약간 수정한 것이다.

즉, 우리는 참된, 진실한, 정통적 종교와 거짓된, 이단적, 부도덕한, 미신적 종교를 구별할 수밖에 없다. 그래서 틸리히는 기독교가 예수를 그리스도라고 주장하는 것은 자연스럽고 피할 수 없는 일이라고 말한다.[1] 그러나 우리는 여기서 어떤 종교도 진리를 독점할 수 없으며, 진리 자체가 다면적(多面的)이기 때문에 모든 종교는 진리의 일부분만 가지고 있으며, 그래서 모든 종교인들을 한 종교의 신도로 만들려는 노력은 전적으로 무익(無益)하다는 사실을 솔직히 인정해야 한다.

동양에서는 개종을 별로 바람직하지 않거나 불가능한 것으로 간주해왔다. 그래서『주역』에 의하면, 우리는 각기 다른 시간에 각기 다른 길을 선택할 수 있을 뿐만 아니라 어느 경우에는 같은 시간에 각기 다른 길을 선택할 수도 있다. 현재 나는 이런 동양의 사상으로부터 서양은 중요한 교훈을 얻을 수 있다고 생각한다.

그러나 나는 진정한 종교간의 대화를 하려는 사람은 개종의 가능성을 인정해야 된다고 말한 일이 있다.

우리는 다른 종교로 개종할 수 있는 진정한 가능성을 인정해야 한다. 만약 우리가 종교간의 유사성과 차이성을 동시에 인정할 정도로 개방적이라면, 우리는 종교간의 대화를 시도하는 과정에서 다른 종교가 나의 종교보다 여러 면에서 더욱 좋다고 믿게 될 수도 있기 때문이다.

물론 모든 비교 종교학자들이 다른 종교로 개종해야 된다는 것은 아니다. 다만 그렇게 해야 된다고 느끼는 경우에, 우리는 기꺼이 개종을 단행하고, 거기에 따른 여러 가지 결과들을 감수할 용의를 가지고 있어야 한다는 것이다.

만약 우리가 이 슬픈 가능성을 ─ 정말 슬픈 가능성을 ─ 심각하게 받아들이지 않는다면, 우리는 절대로 진정한 대화를 할 수 없을 것이다.[2]

---

1) Paul Tillich, *Christianity and the Encounter of the World Religions,* Columbia University Press, 1963, p.29.

물론 어떤 사람에게는 개종이 마지막 종착역이 되지 않을 수도 있다. 예를 들면, 말년의 토마스 머튼은 불교에 대하여 공부하면 할수록 기독교에 대한 더욱 심오한 신앙을 가질 수 있었으며, 간디는 자신이 힌두교인이라는 사실을 언제나 자랑스럽게 생각하면서도 사람들이 그를 모든 종교가 아닌 힌두교의 대표자로만 인정한다는 사실을 즐거워하지 않았다. 이런 선구자들에게는 '하나의 종교와 다수의 종교'라는 갈등이 없었다. 하지만 우리 보통 사람들의 일상적 종교 생활에서 개종은 언제나 존재해왔으며 또한 현재도 엄연히 존재하고 있다.

그러나 나는 이 글에서 개종의 가능성을 강조했던 나의 옛날의 주장은 전혀 정당화될 수 없다고 논증하겠다. 즉, 나는 ① 개종은 실제로 남용되어 왔으며 또한 본질적으로 남용될 수 있으며, ② 원래 개종이란 서양의 이원론적 개념이며, ③ 순수한 개종은 현실적으로 불가능하며, ④ 그래서 우리는 개종(改宗, con-version)보다는 가종(加宗, add-version)을 받아들여야 한다고 주장하겠다. 끝으로 나는 이런 주장에 근거하여 한국이야말로 가종의 훌륭한 모델이 될 수 있으며, 그래서 한국은 동서양의 지혜소유권 확장을 위한 하나의 모범이 될 수 있다고 주장하겠다.

2. 개종의 남용

스트라찬(James Strachan)은 솔직하게 말한다. "개종은 어느 한 종교의 전매 특허가 아니다. 그것은 기독교적 사건일 뿐만 아니라 인간적 사건이다." 그러면서도 그는 동시에 이렇게 말한다. "모든 나

---

2) Philip H. Hwang, "Interreligious Dialogues : Its Reasons, Attitudes and Necessary Assumption", *Dialogues & Alliance*, vol. 3, no. 1, Spring, 1989, p.13. Cf. 이 책, pp.190-191.

라의 혈관에는 한 가지 피가 흐르고, 모든 사람의 콧구멍에는 한 가지 숨소리가 있듯이, 모든 영혼을 보호해주면서 그 속에서 활동하는 성령은 오직 하나일 뿐이다."3)

결국 그에게 개종은 한 종교로부터 다른 종교로의 자유로운 선택이 아니라 이른바 '가장 높은 부름'인 기독교로의 선택만을 지칭한다. "모든 시대의 모든 민족 중에는 빛을 향한 마음이 있으며, 새로운 사랑의 배타적 힘을 느낀 가슴이 있으며, 다행스럽게도 이상을 성취한 의지들이 있다."4) 즉, 진정한 종교인 기독교로 개종한 사람들이 많다는 것이다.

그러나 스트라찬의 이런 주장은 개종이라는 개념의 순수한 남용일 뿐이다. 왜? "우리가 각기 다른 종교의 각기 다른 개념을 어느 한 종교의 한 개념으로 설명하려고 한다면, 우리는 진정한 대화를 할 수 없다. 우리는 도교의 도(道)・유교의 인(仁)・불교의 자비・기독교의 사랑이 모든 종교를 설명할 수 있다는 착각에 빠지지 말아야 한다. 엉터리 일반화는 진정한 대화를 만들 수 없다."5) 이런 점에서 스트라찬의 '이것밖에 없다는 논증(a nothing-but argument)'은 옳지 않다.

여기서 어떤 사람은 다음과 같은 방식으로 '이것보다 저것이 더 좋다는 논증(a better-than argument)'을 제시할 것이다. "물론 개종은 모든 종교에 있다. 그러나 그들은 양과 질에서 서로 다르기 마련이다. 그래서 어떤 개종은 다른 개종보다 더욱 좋다고 말할 수 있다." 이런 관점에서 스트라찬은 "나중에 불타로 알려진 석가의 개종은 타르수스의 사울, 아시시의 프란시스, 혹은 하늘의 비전에 복종한 수많은 다른 영혼들과 마찬가지로 진정한 사건이며, 이와 비슷한 사건은 유교・이슬람교・다른 위대한 종교에서도 발견할

---

3) James Strachan, "Conversion", *Encyclopedia of Religions and Ethics*.
4) 같은 글.
5) Hwang, 앞의 글, p.11.

수 있는 현상"이라고 말하면서도, 그들의 개종과 기독교로의 개종의 차이는 너무나 크기 때문에—칼라일의 살토르 레사르투스(*Sartor Resartus*)의 한 구절을 빌리면—"플라톤에게는 환상이었고 소크라테스에게는 백일몽이었던 것이 우리 진젠도르프인들, 웨슬리안들 그리고 가장 가난한 경건주의자들과 감리교인들에게는 이제 명확하고 확실한 것이 되었다"고 주장한다.[6] 그러나 스트라찬의 논증은 A(기독교)와 B(다른 종교들)의 우열을 전제한 것이며, 이런 계층 논증(a hierarchical argument)은 결국 앞에서 토론했던 '이것밖에 없다는 논증'의 약화된 논증일 뿐이다.

3. 개종의 서양 이원론적 성격

일반적으로 학자들은 서양인의 마음을 "이것이냐 저것이냐?(either-or)"로 표현하고 동양인의 마음을 "이것도 저것도(both-and)"로 표현한다. 나는 이 점을 한국 무교(巫敎)와 서양 무교를 비교하면서 예시하겠다. 모든 무교의 근저에는 인간과 귀신 사이에는 일종의 교제가 있으며, 이 세상의 모든 일을 지배하는 주체는 인간이나 자연이 아니며, 인간의 모든 행복과 불행은 귀신에게 달려 있다. 그러므로 우리가 자연 세계와 인간 세계를 적절히 통제하려면, 우리는 우선 모든 힘의 근원인 귀신들과 올바른 관계를 가지고 있어야 한다. 다시 말해서, 우리가 원하면 우리는 언제나 귀신을 설득하고 통제할 수 있어야 한다.

그러나 동일한 무교라도 동서양 사이에는 차이점이 있다. 한국의 무당은 언제나 악한 귀신에게 부드럽고 조화롭게 호소하며, 절대로 귀신과 생사를 걸고 투쟁하지 않는다. 무당의 임무는 그들과

---

6) Strachan, 앞의 글.

싸우는 것이 아니라 그들에게 사정하거나 그들을 아우르는 것이다. 실로 한국 무교에는 린다 블레어가 나오는 「엑솔시스트」와 같은 영화가 있을 수 없다. 이런 사실은 다음과 같은 한국 무당의 노래에 잘 나타나 있다.

소년으로 죽은 몽달 귀신님
처녀로 죽은 송악 귀신님
제대로 먹지도 못하고 제대로 입지도 못하고 죽은 애기 귀신님

제발 이 신랑 신부로부터 떠나주십시오
그렇지 않으면
너희들을 쇠 구멍에 넣어서
너의 못생긴 입을 소금으로 찢어서
불지옥에 던질 것입니다.

이제 맛있는 음식을 차렸으니
마음껏 드시고 떠나주십시오
그렇지 않으면
예리한 칼로 너희들의 배를 갈라서
너희 죽은 몸뚱이를 길에 걸어놓아
사람들이 너희 몸뚱이를 열두 조각으로 찢게 하리니
제발 감지해주십시오.[7]

동양에는 착한 귀신도 있고 악한 귀신도 있다. 그러나 악한 귀신도 사람이 정복하거나 살해해야 할 대상이 아니다. 오히려 그들은 경배의 대상이다. 서양에서 이런 일은 상상할 수 없다.
이와 마찬가지로 서양인은 언제나 하나의 특정 종교에 속해야

---

7) Tongshik Ryu, "Shamanism in Korea", *A Guide to Religions.* ed. David A. Brown, London, 1975.

한다고 생각하며, 이런 상황에서 개종은 과거의 모든 신앙을 깡그리 버리고 전혀 새로운 신앙을 받아들이는 것이 될 수밖에 없다.

그러나 동양은 그렇지 않다. 예를 들어서 한국과 중국에서 군자(君子)란 유불선 삼교에 능통한 사람을 지칭해왔다. 그리하여 "서양의 여행자들이 중국에서는 한 사람이 유교·불교·도교라는 세 종교에 동시에 소속될 수 있다는 사실을 발견하면서 심히 당황했으며, 중국인들은 이 세 종교를 각기 다른 대안적 종교로 간주하는 서양인의 안목으로 보지 않고 오히려 중국인의 지속적인 삶 속에서 상호 침투하는 힘의 영역과 비슷한 것으로 생각했다는 사실을 아주 천천히 깨닫게 되었다."[8]

그래서 진영첩(陳榮捷)은 이렇게 선언한다. "중국철학사에 나타난 가장 위대한 사실은 모든 것을 종합하려는 경향과 능력이다."[9] 핑가레트(Herbert Fingarette)가 "『논어』에 나오는 공자는 엄격한 서양적 의미의 선택에 대하여 그리 상세히 토론하지 않았다"고 말하는 이유도 여기에 있다.[10] 이제 나는 이런 서양적 이원론의 결과인 개종은 본질적으로 남용되어 왔을 뿐만 아니라 엄격한 개종은 불가능하다고 주장하겠다.

4. 순수한 개종의 불가능성

첫째, 만약 개종이 — 중세 시대에 그랬던 것처럼 — 세속을 떠나

---

8) John Hick, "Foreword", Wilfred Cantwell Smith, *The Meaning and End of Religion*, Harper & Row, 1978, p.viii.
9) Wing-tsit Chan, "Syntheses in Chinese Metaphysics", Charles A. Moore, ed. *The Chinese Mind*, University Press of Hawaii, 1974, p.132.
10) Herbert Fingarette, *Confucians — The Secular as Sacred*, Harper Torchbooks, 1972, pp.18-36.

수도원으로 들어가는 것이라면, 분명히 그런 개종은 존재할 수 있다. 그러나 개종이 과거의 신앙을 완전히 청산하고 과거로부터 내려온 어떤 찌꺼기도 없이 완전히 새로운 신앙을 심정적으로나 영적으로 받아들이는 것이라면, 그런 것은 있을 수 없다.

프로이트의 무의식의 이론을 빌릴 필요도 없이, 모든 개종자들에게 과거의 신앙은 어떤 형태로든지 — 대개 왜곡된 형태로 — 그대로 남아 있다. 예를 들어서, 여기에 이슬람교에서 개종한 기독교인과 불교에서 개종한 기독교인이 있다고 하자. 그들의 종교적 태도, 행동, 신앙 체계 사이에는 분명히 어떤 차이점이 있을 것이다. 또 다른 예를 들어서, 신약성서에 나오는 가장 극적인 개종의 이야기는 사도 바울의 개종이다. 그러나 오늘날 우리는 위대한 그리스 철학자였던 그가 예수의 메시지에 나타난 여러 가지 히브리적 성격을 그리스화시켰다는 사실을 잘 알고 있다. 일부의 여성신학자들이 사도 바울은 전인적 기독교의 메시지를 그리스의 이원론으로 해석하면서 기독교의 주요 정신을 어느 정도 채색(彩色)했거나 왜곡했다고 주장하는 이유도 여기에 있다.

둘째, 개종은 기계적인 사건이 아니라 실존적인 사건이다. 그것은 어떤 사람의 생애의 특별한 시간과 특별한 장소에서 일어나는 사건이 아니다. 그것은 단 한 번의 사건이 아니라 '지속적인 과정'이다. 예수가 가장 사랑했던 베드로가 마지막 순간에 예수를 배반할 수 있었던 이유도 여기에 있다. 이것은 바로 베드로의 — 그리고 우리들의 — '재개종의 필요성'을 증명하는 것이다. 그럼에도 기계적 개종을 고수하려는 일부의 신학자들은 개종(conversion)과 재생(regeneration)의 구분을 시도한다. 스트라찬은 말한다.

동일한 경험도 인간적인 측면과 신적인 측면을 가지고 있다. 재생은 하느님의 은혜의 선물 혹은 성령이 심어준 새로운 삶의 원칙이며, 개종은 인간의 자유 의지에서 나온 행위 혹은 하느님을 향한 가슴의 의식적 전회다. 재생은 필연이다 — "너희들은 다시 태어나야 하느니라"(요한복음, 3장 7절). 그러나 개종은 인간의 의무일 뿐이다 — "회개하고 개종하라"(사도행전, 3장 19절).[11]

이런 구별이 아마 논리적으로는 가능할 것이다. 그러나 현실적인 삶의 입장에서 볼 때 이 구별은 괴변에 불과하며, 이런 뜻에서 순수한 개종은 불가능한 것이다.

5. 대안으로서의 가종

개종의 대안은 무엇인가? 나는 가종이라고 생각한다.

첫째, 종교 경험을 포함한 모든 인간 문화는 누적적(累積的)이다. 고대 철학이 없었다면 중세 철학이 없었을 것이며, 중세 철학이 없었다면 근대 철학이 없었을 것이다. 우리가 흔히 말하듯이, 현재는 과거의 결과며, 미래는 현재의 결과다. 이것은 아주 상식적인 진리다. 그러나 이런 경향은 특히 동양 사상에 더욱 뚜렷이 나타나 있다.

예를 들자. 한국에서 유교는 처음부터 문학적 측면에서 연구되기도 했으며, 정치적 활동이나 도덕적 개발의 수단으로 연구되기도 했다. 하여간 유교는 오늘날 한국에서 민족적 도덕심의 마지막 보루로 남아 있다. 비록 그것이 종종 너무 보수적이긴 하지만. 그래서 어느 특별한 종교에 소속되어 있지 않은 모든 한국인은 일단 자신의 도덕관을 유교의 도덕관으로 간주한다.

이렇게 유교는 대중의 생활 속에 깊이 뿌리를 내리고 있다. 우리

---

11) Strachan, 앞의 글.

가 사망한 부모에게 3년 상을 치르고, 나이가 많은 노인을 공경하고, 우리의 가족 제도를 지배하는 미세한 부분까지 유교적으로 살려고 노력하는 이유도 여기에 있다. 이런 뜻에서, 우리는 일단 모든 한국인은 심정적으로 유교적이며, 또한 한국인은 그들이 기독교인이나 불교인이 된 이후에도 이런 유교적 심성을 그대로 가지고 간다고 말할 수 있다. 이렇게 한국인에게 모든 종교 경험은 누적적이며, 그래서 한국인은 배타적인 개종(改宗)보다는 포괄적인 가종(加宗)을 더욱 선호하게 된다.

둘째, 우리가 개종보다 가종을 선택해야 되는 또 다른 이유가 있다. 토마스 아퀴나스가 분명히 밝혔듯이, 비록 모든 종교의 진리는 그 자체로는 완벽하고 완전하지만 인간에게는 불완벽하고 불완전할 수밖에 없다. 우리는 진리 자체보다는 우리가 진리라고 생각하는 것을 선택하게 마련이다. 그래서 『옥스퍼드 영어 사전』은 개종을 '어떤 사람에게 특별한 종교 신앙을 갖게 하는 것, 특히 거짓이나 오류로 간주되는 신앙으로부터 참으로 간주되는 신앙을 갖게 하는 것'으로 정의한다. 여기서 개종은 거짓으로부터 진리에로의 변화가 아니라 '거짓으로 간주되는 것'으로부터 '참으로 간주되는 것'으로의 변화가 될 뿐이다. 여기서 모든 종교인은 — 그들이 원하거나 원하지 않거나에 관계없이 — 항상 자신의 종교를 떠나 다른 종교를 선택할 가능성을 가지고 있으며, 그는 이런 개종을 통해 시간이 지나면서 자신의 새로운 종교 경험을 옛날의 경험에다가 더욱 추가할 수도 있는 것이다.

여기서 우리는 두 가지를 질문할 수 있다. 첫째로 가종의 개념은 모든 종교를 상대적으로 만들지 않는가? 여기에 대한 답변은 분명히 긍정적이다. 그러나 내가 보기에는 그렇게 답변하는 것이 최상의 방식이다. 종교에 관한 한, 우리는 주관적 절대성(subjective absoluteness)과 객관적 상대성(objective relativism)을 동시에 받아들여야 하기 때문이다. 윌리엄 제임스는 말한다.

우리는 우리가 아직도 부분적인 체제 속에 살고 있으며, 영적인 삶에서 이 부분들은 절대로 상호 교환적이 아니라는 사실을 솔직히 인정해야 한다. 만약 우리가 쉽게 역정을 내고 질투심이 많으면, 분명히 자아의 파괴가 우리 종교의 한 요소가 될 수밖에 없다. 그러나 만약 우리가 처음부터 다른 사람들에게 선하고 동정적이라면, 왜 이 세상에 하나의 종교만 존재해야 하는가? (중략)
어떤 종교인은 다른 종교인들보다 더욱 완전한 경험과 더욱 높은 사명감을 가질 수 있다. 마치 세상 사회에서 그렇듯이. 그러나 각자를 — 그것이 무엇이든지간에 — 자신의 경험에 머물게 하고, 다른 사람들도 그를 거기에 머물게 한다면, 이것이 분명히 가장 좋은 방식이다.[12]

둘째로 우리는 이렇게 질문할 수 있다. 가종의 개념은 혼합적 (syncretistic)이 아닌가? 여기에 대한 답변도 분명히 긍정적이다. 그러나 나는 여기서 이렇게 질문하겠다. "그래서 그것이 뭐가 나쁘단 말인가?"
유추락은 대부분의 개종자들이 그들의 종교적 및 문화적 발전 과정에서 꼭 거쳐야 하는 세 단계를 토론한다. 첫째 단계에서 "그들은 그들의 정체성을 부정한다. 그들은 자신을 그리스도 안에 있는 '새로운' 사람으로 간주하여 그들이 지금까지 간직해온 과거의 모든 것을 부정한다." 둘째 단계에서 그들은 "배척의 단계에서 수용의 단계로 넘어간다. 이 시기에 그들은 자신의 민족적 및 문화적 유산을 재발견하여 그들의 뿌리를 찾고, 새로 발견한 기독교 신앙을 그들의 문화적 유산과 타협하려는 유혹을 받는다." 그러나 이 단계는 아직도 혼합적 단계다. 셋째 단계에서 그들은 "이런 혼합적

---

12) William James, *Varieties of Religious Experience : A Study in Human Nature*, Macmillan, New York, 1961, p.379.

단계로부터 벗어나서 그들의 정체성과 자체 인식을 그리스도 안에서 뿐만 아니라 그들의 문화 속에서 동시에 주장하는 단계로 넘어간다. 이 단계에서 우리는 문화 안에 임재해 있는 그리스도를 성숙한 자세로 인정할 수 있다. 혼합주의에 대한 두려움을 전혀 갖지 않으면서."13)

그러나 "아무도 문화로부터 완전히 자유로운 신학적 명제를 만들 수 없다"면,14) 나는 이 셋째 단계에도 약간의 혼합적 요소는 그대로 남아 있을 수밖에 없다고 생각한다. 하느님은 모든 사람 속에서 그리고 그들의 문화 속에서 언제나 활동하고 있기 때문이다.15) 더 나아가서 우리는 혼합주의를 두려워할 필요가 없다. 기독교를 포함한 모든 종교는 언제나 각기 다른 종교적 및 비종교적 요소들을 혼합하고 결합하고 축적하고 추가하면서 탄생하기 때문이다. 존 힉은 말한다.

오늘날 우리가 기독교, 이슬람교, 힌두교, 불교라고 부르는 종교는 모두 역사적 및 문화적 현상의 결과물이다. 예를 들어서 기독교는 수많은 종교적 및 비종교적 요소들의 복잡한 상호 관계를 통해 발전해왔다.

기독교의 주된 이념은 그리스 철학이 제공한 지적 골격 안에서 형성된 것이며, 기독교 교회는 로마 제국의 법률 조직을 본받아서 만들어진 것이며, 가톨릭 정신은 지중해적 성향을 반영하지만 프로테스탄트 정신은 북부 독일인의 성향을 반영한다.

이렇게 역사적 기독교와 서반구에서 살아온 인간의 지속적인 삶과의 밀접한 관계를 발견하기란 그리 어려운 일이 아니다. 이런 사실은 세계의 다른 종교의 경우에도 그대로 적용된다.

---

13) Yeow Choo Lak, "Christ in Culture", Yeow Choo Lak, ed. *Theology and Cultures*, II, ATESEA (Association of Theological Education in Southeast Asia), 1995, p.5.
14) 같은 글, p.6.
15) 같은 글, p.8.

그러므로 마치 어느 문명의 참과 거짓을 말할 수 없듯이, 우리는 어느 종교의 참과 거짓을 말할 수 없다. 인간 역사의 서로 다른 문화적 조류 안에 있는 모든 종교는 바로 인간의 각기 다른 유형들, 성향들, 사고 형태들에 나타난 다양성의 표현이기 때문이다.16)

이런 점에서 혼합주의는 우리가 두려워할 대상이 아니라 오히려 신학자들과 종교변호학자들이 꼭 받아들여야 할 가장 중요한 원칙 중에 하나인 것이다. 유추락은 "혼합주의? 누가 그것을 원하겠는가?"라고 말한다. 그러나 나는 "혼합주의? 우리는 그것을 원한다"고 말하겠다.

6. 자신의 종교 안에서의 구원

나는 여기서 어느 종교인이 한 종교로부터 다른 종교로 개종하지 말아야 한다고 주장하는 것이 아니다. 원한다면 누구나 개종할 수 있다. 그러나 꼭 그렇게 해야 되는 것은 아니라는 뜻이다. 모든 사람은 자신의 종교 안에서 구원받을 수 있기 때문이다. 라다크리슈난(S. Radhakrishnan)은 복음주의(evangelism)와 개종주의(proselytism)을 구별하면서 이렇게 말한다.

1928년 예루살렘에서 열린 국제선교협회는 이렇게 선언한다. "우리는 다른 사람들의 영혼을 자신의 이익에 부합하도록 경영하기 위해 다른 사람들에게 자신의 신념과 실천을 강요하는 모든 종류의 종교 제국주의적 징후를 배척한다. 우리는 인간 의지를 존중하는 신에게 복종하며, 또한 우리는 다른 사람들의 의지를 존중하려고 한다."

---

16) John Hick, *Philosophy of Religion*, second ed. Prentice-Hall, 1973, p.124.

이어서 보고서는 신과 정신적 세계를 부정하는 사람들을 공격하는 과업에 모든 비기독교적 종교가 기독교와 협동하도록 촉구한다. "우리는 비기독교적 종교의 추종자들에게 점차 왕성해가는 세계의 물질주의를 직면하여 보이지 않는 영원한 실재에 대한 신앙을 돈독히 하고, 세속주의의 악을 대항하는 우리들과 협력하기를 바란다."[17]

또한 라다크리슈난은 각주에서 이렇게 말한다.

카우르(R. A. Kaur)는 『하리잔』(1937년 1월 30일자)에서 말한다. "개종 혹은 다른 사람의 신앙을 변경시키려는 욕망은 언제나 그리스도의 삶과 죽음의 목표였던 사랑의 가르침 자체를 배척하는 폭력적 정신으로 인도하는 자만심의 냄새를 풍긴다."

루카스(Bernard Lucas)는 『인도에서의 우리의 임무』에서 말한다. "복음주의 입장은 모든 민족의 종교적 발달 과정에 나타난 유전 법칙의 가치를 인정한다. 예를 들어서, 인도에는 수세기 동안 신이 역사한 독특한 종교 사상과 종교 생활이 존재해왔으며, 우리는 이 전통을 인도와 전 세계를 위해 앞으로도 계속 보존해야 한다." 그러면서 루카스는 만약 인도가 이런 자신의 독특한 종교적 천재성을 상실한다면, 그것은 돌이킬 수 없으며 계산할 수 없는 세계의 손실이라고 말한다. 그러므로 "힌두교인은 힌두교인으로 구원받아야 한다."

플레밍(D. J. Fleming) 박사는 『선교의 방향』(1905)에서 '주고받는 상호성(mutuality in giving and receiving)'을 강조한다. 그는 제국주의적 형태의 선교 노력에 대하여 우리는 정당하게 분노할 수 있다고 말하면서, 우리는 모든 민족이 인류 문명에 대한 특별한 재능을 가지고 있으며 또한 특별히 기여할 수 있다고 인정할 정도로 공평해야 한다고 주장한다. 그래서 그는 그의 저서 제1장의 제목을 '우월성 개념 지우기'로 명명한 것이다.[18]

---

17) S. Radhakrishnan, *Eastern Religions and Western Thought*, Oxford University Press, 1939, p.345.
18) 같은 책, pp.345-346.

유추락도 에티오피아 환관의 개종(사도행전, 8 : 26-40)과 이탈리아 기병대 백부장 코넬리우스의 개종(사도행전, 10 : 1-48)을 토론하면서 — 아마도 무의식적이겠지만 — 필자의 입장에 동의하는 듯하다. 그는 이렇게 말한다.

성령으로 나타나는 예수는 그들이 개종하기 이전에도 그들의 삶 속에서 역사하고 있었는가? 그렇지 않으면, 예수는 그들의 삶 속에 부재하고 있었다고 (그래서 그들의 문화 속에 부재하고 있었다고) 말해야 하는가? 분명히 성령으로 나타나는 예수 그리스도가 개종자들의 마음속에서 개종 이전에는 역사하지 않았다고 말할 수는 없다. 비록 그들은 의식하지 못하고 있었지만, 우리는 예수 그리스도가 그들의 문화 속에 임재해 있었다고 인정해야 한다.[19]

특히 코넬리우스의 사건에서는 먼저 세례를 받고 그 후에 성령의 은혜를 받는 일반적 순서가 완전히 뒤바뀌었다. 즉, 코넬리우스는 먼저 성령의 은혜를 받고 그 후에 세례를 받았다. 분명히 이런 사실은 초대 교회들이 쉽게 해결할 수 없는 사건이었으며, 이 문제를 해결하기 위한 새로운 통찰력을 얻기에는 '수많은 세대'를 거쳐야 했다.
코넬리우스는 신의 사랑과 공평성의 영광과 위대함을 이미 발견하여 경험하고 있었으며, 더구나 기독교인이 되기 이전에 경험하고 있었다. 그러므로 우리는 그리스도가 그가 인식하지 못하고 있던 개종 이전의 문화에도 임재해 있었다고 말할 수 있다.[20](강조점 필자)

신은 언제나 자신에 대한 증거를 남긴다. 그래서 성서는 "그는 언제나 선한 일을 통해 자신의 존재에 대한 증거를 남긴다. 그는 하늘로부터 비를 내리고 적당한 시기에 수확한다. 그는 우리에게 음식을 주시고 행복을 준다"고 말한다(사도행전, 14 : 17). 유추락은

---

19) Yeow, 앞의 글, p.7.
20) 같은 글, p.7.

이렇게 결론을 내린다.

> 만약 그리스도가 모든 문화에 임재해 있다면, 우리는 모든 문화 속에
> 서 활동하는 그를 볼 수 있을 것이다. 이런 주장은, "만약 신이 전능하다
> 면, 우리는 모든 민족 속에서 역사하는 그를 볼 수 있어야 한다"는 주장
> 과 다름이 없다. 또 다른 말로 표현하면, "만약 모든 사람이 신의 형상을
> 가지고 태어났다면, 모든 사람은 그들 자신 속에 신의 형상을 가지고
> 있다"고 우리는 말할 수 있다.[21]

요약해서 말하자. 캔트웰 스미스는 종교 생활의 내적 측면으로
서의 신앙과 외적 측면으로서의 누적적 전통(cumulative tradition)
을 구별한다. "여기서 '신앙'이란 개인적 신앙을 말한다. (중략) 우
리는 그것을 일단 어떤 특정인의 내적 종교 경험 혹은 종교 참여,
즉 그에 대한 가상적이거나 진실한 초월자의 침입이라고 하자. 그
러나 '누적적 전통'이란 현재 고찰하고 있는 어떤 공동체의 과거
종교 생활의 역사적 퇴적물을 구성하는 외적 및 객관적 자료의 전
체를 말한다."[22]

나는 스미스의 구별이 정당하다고 믿는다. 그러나 불행하게도
서양의 종교학자인 그는 신앙 자체도 그것을 가지고 있는 사람의
'과거 종교 생활의 역사적 퇴적물'이라는 사실을 간과한 것이다.

7. 하나의 모범으로서의 한국

이런 상황에서 나는 이제 한국이 동서양의 지혜 소유권 확장을

---

21) 같은 글, p.8.
22) Smith, 앞의 책, pp.156-157.

위한 하나의 모범이 될 수 있다고 암시하겠다. 즉, 한국이 — 인류 역사상 아직도 완전히 성취하지 못한 — 종교간의 대화의 가장 이상적인 모델이 될 수 있다고 제안하겠다.

많은 학자들은 현재 한국의 종교 상황을 '종교백화점'이라고 부른다.[23] 적어도 기독교, 불교, 유교, 무교, 신종교의 5개 종교가 다 같이 성행하고 있기 때문이다. 이것은 현재 세계 어느 곳에서도 발견할 수 없는 독특한 현상이다. 이 세상에는 수많은 종교들이 서로 싸우고 정복하고 비록 잠시 동안이지만 평화롭게 공존했던 여러 국가들이 있었다. 오늘날 우리가 예루살렘이라는 하나의 도시에서 유대교, 기독교, 이슬람교의 기념물들을 동시에 발견할 수 있는 이유도 여기에 있다. 그러나 이것은 모두 과거의 일이다. 현재 이스라엘은 유대교 국가가 되었고, 인도는 힌두교 국가가 되었고, 미국과 유럽의 국가들은 기독교 국가가 되었다.

오직 한국에서만 각기 다른 종교들이 비교적 평화롭게 공존하고 있다. 물론 최근에 들어와서 이를테면 기독교와 불교의 지역적 마찰이 전혀 없는 것은 아니지만, 이것은 기독교와 불교의 전체 관계에서 보면 지엽적인 일이다.

어떻게 이런 일이 가능한가? 나는 이 질문에 대한 답변이 바로 가종(加宗)에 있다고 믿는다. 모든 한국인들은 무의식적으로는 무교 신앙을 가지고 있으며, 이 무교 신앙 위에 다시 유교 도덕을 추가하고, 다시 이 무교 신앙 및 유교 도덕 위에 불교 신앙 혹은 기독교 신앙을 추가한다. 이것을 도표로 나타내면 [그림-A]와 같다.

역사적으로 볼 때 한국인의 마음을 처음 사로잡은 종교는 무교다. 이것은 전혀 이상한 사실이 아니다. 무교 신앙은 모든 원시 세계의 공통적 현상이었기 때문이다. 그런데 한국의 특징은 그런 무

---

23) 내가 앞의 글에서 처음 사용한 '종교백화점'이라는 표현은 이제 많은 학자들이 사용하는 상용어가 되었다.

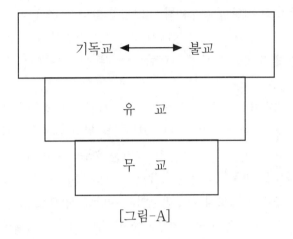

[그림-A]

교 신앙이 일반 사회 생활뿐만 아니라 모든 종교에 현재까지도 강력히 존재하고 있다는 점이다. 많은 학자들이 한국 교회의 무교화를 옳은 방식으로나 틀린 방식으로 비판하는 이유도 여기에 있다.24) 그러다보니, 한국에서는 최첨단 컴퓨터 회사의 개원식에서도 무교적 돼지머리 고사를 쉽게 볼 수 있게 된다.

무교 다음에는 중국에서 유교가 들어왔다.25) 그러나 한국인은 새로운 중국의 유교를 받아들이기 위해 지금까지 가지고 있던 무교 신앙을 송두리째 버리지 않았다. 오히려 그들은 무교 신앙 위에 유교 도덕을 받아들였다. 공식적으로는 무교가 신라, 고려, 조선 왕조 시대에 핍박을 받으면서도 민중들에게는 비공식적으로 허용된 이유도 여기에 있다.

유교 다음에는 불교가 들어왔다. 그러나 한국인은 역시 새로운 불교적 개념을 받아들이기 위해 지금까지 가지고 있던 무교적 신

---

24) 황필호,『한국 巫敎의 특성과 문제점』, 집문당, 2002, p.145.
25) 역사적으로 보면, 조선 왕조가 유교를 공식적으로 받아들이기 이전에 이미 삼국 시대와 고려 왕조는 유교를 받아들였다. 그러나 여기서는 이런 역사적인 순서가 아니라 개인의 심리적 순서를 따른 것이다.

앙과 유교적 신앙을 송두리째 버리지 않았다. 예를 들어서, 오늘날 우리는 거의 모든 불교의 절에서 삼성각을 발견할 수 있는데, 이것은 원래 불교와는 아무런 관련이 없는 무교적 전통에서 유래한 것이다.

불교 다음에는 기독교가 들어왔다. 그러나 이 경우에 특이한 일이 벌어졌다. 한국인은 새로운 기독교를 받아들이기 위해 지금까지 가지고 있던 무교적·유교적 개념을 송두리째 버리지 않으면서도 기독교를 반불교적인 입장에서 수용했으며, 이런 사실은 나중에 불교를 반기독교적으로 만들었다. 이것은 참으로 슬픈 일이다. 오늘날 기독교인들과 불교인들 사이에 적대 감정이 팽배한 이유도 여기에 있다. 이런 사실은 [그림-A]에 잘 나타나 있다.

[그림-A]는 현재 한국의 종교 상황을 묘사한다. 기독교와 불교는 다같이 무교적이고 유교적이면서도 그들은 서로 배타적이다. 그래서 오늘날 한국에서는 '불교적 기독교인'과 '기독교적 불교인'을 찾아볼 수 없다. 물론 이것은 기독교가 한국에 전래된 지 200년 밖에 되지 않았기 때문에 그럴 수도 있다. 하여간 나는 한국의 종교 상황이 앞으로는 [그림-B]와 같이 되리라고 예상한다.

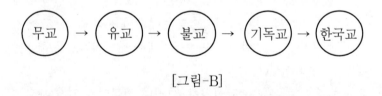

[그림-B]

한국인들이 지금까지 지켜온 중용을 앞으로도 지킨다고 가정하면, 미래의 모든 한국 종교는 결국 무교적·유교적·불교적·기독교적으로 될 것이다. 우리가 언제 이런 이상적 상황에 도달할 것이라고 쉽게 예언할 수는 없다. 그러나 그것이 앞으로 우리가 나아가야 할 방향이다. 미래는 개종의 세계가 아니라 가종의 세계가 될 것이다.

그러나 나는 마지막 단계에서 한국인은 모든 종교 위에 또 하나의 종교를 첨가하게 될 것이며, 이 마지막 종교는 아마도 한국에서 발생한 한국교(?)가 될 것이라고 생각한다. 물론 우리는 현재 그 마지막 한국교가 천도교·원불교·단군교·통일교 중에서 하나가 될 것인지, 혹은 아직까지 태어나지 않았지만 앞으로 태어날 새로운 신종교인지 예언할 수는 없다. 그리고 기성 종교 중의 한 종교가 한국교의 모태가 될 수도 있다. 하여간 한국의 종교인들은 이 마지막 단계에서 무교적·유교적·불교적·기독교적·한국적으로 될 것이며, 그래서 각기 다른 종교의 모든 지혜 소유권의 확장은 절정에 도달할 것이다.

물론 세계의 모든 종교인이 한국교인이 ─ 그것이 무엇이든간에 ─ 되어야 하는 것은 아니다. 미국인은 그들의 미국교(Americanism)를 발견해야 할 것이며, 독일인은 독일교(Germanism)를 발견해야 할 것이다. 그리고 이런 마지막 단계의 종교들은 수많은 토착화된 특징적 성격을 가지고 있으면서도 편협되지 않을 것이다. 오늘날의 모든 종교는 이 마지막 단계를 향한 과정일 뿐이다.

8. 맺음말 : 우리의 선택

이제 우리는 신중심주의(theocentrism)와 도중심주의(taocentrism)의 구분, 절대자의 인격성과 원칙의 비인격성의 구분, 서양과 동양의 구분을 모두 초월해야 한다. 모든 종교는 우리의 종교 경험을 더욱 풍요롭게 만들며, 그래서 우리는 한 종교로부터 다른 종교로 개종할 필요가 없기 때문이다. 이런 정신은 정산 종사(鼎山宗師,

宋奎 : 1900~1962)의 법어인 「세전(世典)」에 잘 나타나 있다.

　　[신앙의 길은] 타력신과 자력신을 아울러 나아가는 것이니, 신앙의
　대상을 우러러 믿고 받들어 나아가는 것과 자기의 성품 가운데 모든
　이치가 본래 갖추어져 있음을 발견하여 안으로 믿고 닦는 것을 병진(竝
　進)할 것이다.26)

　　여기서 종교의 모든 구별은 사라진다. 타력 신앙과 자력 신앙,
인격성과 비인격성, 신앙의 대상과 신앙의 원칙, 신앙과 수양, 즉
'신앙의 대상을 우러러 믿고 받들어 나아가는 것'과 '안으로 믿고
닦는 것'의 구별은 존재할 수 없다.27)
　　이제 우리는 각기 다른 종교를 순례하면서 우리들의 종교적 경
험을 더욱 추가하거나 더욱 감소시킬 수 있고, 더욱 보충하거나 더
욱 삭감할 수 있고, 더욱 증가시키거나 더욱 감퇴시킬 수 있다. 즉,

---

26) 『원불교 전서』, pp.738-739.
27) 만약 우리가 가종의 개념을 진심으로 받아들인다면, 현재 우리가 세계 도처에
서 목격하고 있는 수많은 종교 분쟁과 종교 전쟁은 존재할 필요가 없을 것이다.
28) Cf. 배형진 신부(Fr. Jacob Pais)는 나에게 보낸 서신에서 이렇게 말한다.
　"I was really thrilled to read your article. You have made a study on religion
in depth. I like the word "addversion". We don't have to convert people into
one's own religious group but deepen one's own religious experience by
contacting and learning from them."
　"Your idea on Koreanism, Christianity, Buddhism, Confucianism and
Shamanism are thought provoking. I too hope that the future of Korean religion
be an experience of interaction and genuine sharing between all religions. So
that all will be transparent to each other, without judging, condemning and
converting each other but adding to one's own religious experience from the
other. Then we will have a society where people genuinely share with each
other, not compete and fight based on one's religion. Korea could be a good
model to the whole world by establishing this concept of religion and begin
to practice it gradually. If it spreads to the whole world, we will have a world
where there is no division, discrimination, competition and war. The whole

우리는 그것을 가종으로 더욱 풍요롭게 하거나 개종으로 더욱 초라하게 만들 수 있고, 이것은 전적으로 우리의 선택이다.[28]

---

world will become a family of brothers and sisters sharing with each other in all areas of life with the mother earth."

"At present quite many religious groups are busy converting the so-called 'pagans' to their own religion. Especially the Christians. Among them the Christian fundamentalists don't see any other religion than their own. Through your new concept on religion, please help the people of Korea and the world. You are quite influential as a professor in the university and as a media person. You can get the help and support of those people who think and act in a similar way like you. I am on your side and go along with your idea on religion, especially the idea on addversion rather than conversion. Please keep up the good work you are doing to the Korean people and to humanity at large. Wish you all the best, good health and peace in life."

제 V 부

21세기의 쟁점 : 종교와 철학의 관계

제 9 장
선불교와 서양철학*

1. 머리말

선(禪)이란 무엇인가? 선에 대한 수많은 어록과 글이 있지만 이 질문은 아직도 우리에게 수수께끼로 남아 있다. 본질적으로 선이란 언어도단(言語道斷)의 세계를 다시 불립문자(不立文字)로 설정하려고 시도함으로써, 언어의 한계를 다시 언어로 설명하려는 역설이기 때문이다. 이성담은 다석(多夕) 유영모의 일좌식(一坐食) 일언인(一言仁)의 사상을 설명하면서 이렇게 말한다.

직관의 불가적 표현인 선은 종교가 아니라 진리를 낳는 어머니(子宮)라 하겠다. 종교란 진리를 가리키는 손가락의 논리지만, 선은 논리를 초월한다. 선은 사유 이전의 절대 생명에 부딪치는 체험이다. 선은 거짓나(假我)가 참나(眞我) 속에 녹아 없어짐이다. 거기에 무슨 사유가 있고,

---

* 이 글은 황필호, 「선불교와 서양철학」(강남대학교 편, 『종교와 영성』, 한들, 1998)을 약간 수정한 것이다.

논리가 있고, 교리가 있고, 의식이 있고, 우상이 있겠는가?[1]

그러나 선을 역설이라고 표현한다고 해서 모든 문제가 해결되는 것은 아니다. 역설에도 부분 모순과 완전 모순이 있다. 예를 들어서 제논의 '거짓말의 역설'은 부분 모순이라고 말할 수 있다. "내가 말하는 것은 모두 거짓말이다"라는 명제가 참이면 그 말은 거짓이 되지만, 그 명제가 거짓이라고 해서 그 말이 반드시 참이 되지는 않는다. 여기에 비하여 일반적으로 "P · -P"로 표현된 명제는 완전 모순이다. 그러면 선의 역설은 어떤 종류의 역설인가?

더 나아가서 많은 사람들이 선의 역설은 — 그것이 어떤 종류의 역설이든지간에 — 일종의 치료적 기능을 가지고 있다고 말한다. 무명에 가린 중생을 깨달음의 세계로 인도한다는 것이다. 이 주장도 문자나 논리로 설명하기란 거의 불가능한 일이다.

나는 이 글에서 선불교의 이런 문제점들을 서양 사상과 비교해서 토론하겠다. 모든 철학과 종교가 결국 인간의 궁극적 질문에 대한 일종의 답변이라면, 우리는 이와 비슷한 문제들을 서양 사상에서도 찾을 수 있을 것이기 때문이다. 나는 이 목적을 위해 일단 윤원철의 짧은 글을 시발점으로 삼겠다. 그의 글은 마침표가 아니라 물음표로 끝난다.

종교의 진리 담론은 성(聖)을 중심에 놓고 속(俗)을 주변에 놓는다. 그 하나인 불교는 상대주의를 중심에 놓고 절대주의를 주변에 놓는다. 선(禪)은 돈(頓)이나 무소의(無所依)의 기치를 중심에 놓고, 교(敎)를 점(漸)이나 소의 낙인을 찍어 주변으로 밀어낸다. 인문과학은 사회과학과 자연과학에 의해 주변으로 밀려나고, 사회과학과 자연과학은 공학(工學)에 의해 밀려난다. 그리고 탈현대의 담론은 다중심(多中心), 즉

---

1) 이성담, 「유영모의 실천적인 양생(養生)」, 박영호 편, 『다석 유영모』, 무애, 1993, p.332.

무중심(無中心)을 말하면서 종교든 학문이든 모든 진리 주장을 해체해 버린다. 그 다음은 뭘까?2)

　인간이라는 복합적인 존재를 …… 온전히 드러내고 그리하여 해체의 메스에 찢어지지 않으려면, 무엇을 어떻게 보고, 어떤 이야기를 해야 하는가? 아니면 (그러면) 해체 당하지 않을 이야기를 하겠다는 야심부 터 포기해야 하는가?3)

이런 끝맺음에 대하여, 윤원철은 유감을 표시하기는커녕 오히려 다음과 같이 말한다. "지금까지 늘어놓은 이야기를 굵고 뚜렷한 마 침표로 시원스럽게 끝내기는 어려울 것 같다. 사실 그렇게 하려고 이야기를 꺼낸 것도 아니며, 그럴 의사도 없다. 애초에 마침표보다 는 물음표를 던지기 위한 이야기였다."4) 그래서 그의 글은 몇 가지 아쉬움을 남긴다.

나는 이 글에서 그 몇 가지 아쉬움을 서양철학의 관점에서 토론 할 것이다. 그의 글은 명확한 결론이 없음에도 불구하고 여러 가지 중요한 시사점을 제시하고 있기 때문이다. 이 과정에서 독자는 모 든 종교가 각기 다른 교리와 의식을 주장하면서도 — 라다크리슈 난의 표현을 빌리면 — '하나의 위대한 영적 운동'에 참여하고 있다 는 사실을 깨닫게 되기를 바란다.5) 그리고 불교학자는 그의 주장 이 여러 가지 철학적 문제를 제기할 수 있다는 사실을 인식함으로 써 불교 자체에 대한 더욱 정확한 인식에 도움이 되기를 바란다.

---

2) 윤원철, 「불교와 영성 : 선과 교의 관계를 중심으로」, 강남대학교 대학원 세미 나(1998. 6. 1), p.7.
3) 같은 글, p.8.
4) 같은 글, p.7.
5) S. Radhakrishnan, 황필호 역, 『석가와 예수의 대화』, 다미원, 2000, pp.119-223.

2. 영성과 신비주의

윤원철은 '영성'이라는 단어는 주로 기독교에서 사용되며, 그래서 그것은 불교에서는 낯선 개념이라고 말한다. 그러면서도 그는 "영성이라는 개념을 기독교적 함의(含意)에 묶어두지 않고, 그 취지를 바탕으로 해서 다른 종교에 관한 논의에 적용하는 것이 불가(不可)한 일은 아닐 것"이며, "특정 종교에서 주로 사용되거나 고안된 개념이라 할지라도, 그 의미를 확대하여 다른 종교들에게 교차로 적용시키고, 더 나아가서 종교 일반에 관한 보편적인 논의에 동원할 수도 있을 것"이라고 말한다. 모든 종교는 신비 체험이나 영지(靈智)를 강조하는 측면과 이지적 탐구를 강조하는 측면을 동시에 가지고 있기 때문이다.

그러나 그가 기독교의 영성(靈性)과 불교의 선성(禪性)을 좀 구체적으로 비교하여 그들의 유사점과 차이점을 서술했더라면 훨씬 좋았을 것이다. '불교와 서양철학'이라는 제목의 글을 읽는 사람이라면 누구든지 우선 이런 토론을 기대할 것이다.

이지(理知)와 반대되는 영성(靈性)이 정확히 신비주의와 일치하는지는 명확하지 않다. 그러나 영성이 이지(理知)를 배척한다는 뜻에서 다분히 신비주의적 요소를 가지고 있다는 사실에는 의심의 여지가 없다. 그래서 나는 일단 영성과 신비주의를 동일시하면서 모든 종교가 가진 신비주의적 측면을 잠시 토론하겠다.

콘즈(Edward Conze)는 불교와 서양철학이 신비주의에서 만날 수 있다는 사실을 네 가지로 정리한다.

첫째, 기원전 200년과 기원 후 300년 사이에 근동 지방에서 유행했던 지혜(sophia)는 반야바라밀(prajnaparamita)의 개념과 매우 비슷하다.

둘째, 프로클로스(410~485) · 다마스키오스(468~533) 등의 신

플라톤주의자들과 오리게네스(185~253)·위 디오니소스 등의 그 노시스학파 기독교인들의 사상은 불교적 사상과 굉장히 비슷하며, 특히 위 디오니소스의 『신비적 신학에 대하여』의 일부는 '기독교 판 반야심경'이라고 할 만하다.

셋째, 에크하르트(1260~1327)·루이스브뢰크(1293~1381)·수소(1295~1327) 등의 13~14세기 신비주의자들의 사상이 불교의 사상과 비슷하다는 것은 현재 자주 논의되고 있다. 그리고 유명한 『게르만 신학(*Theologia Germanica*)』(1425년경)에도 불교적인 색채가 농후하다.

넷째, 갈릴레오 이후에 유럽의 신비주의는 거의 사라졌으나, 프랑스 혁명의 여파로 정신 생활의 중요성을 강조한 블레이크·쉘리·워즈워드·콜러리지 등의 시인들의 사상에도 불교적 사유가 어느 정도 들어 있다. 특히 이성을 반대하는 이런 세대 중에는 쇼펜하우어가 있는데, "그의 사상은 거의 기적에 가까울 정도로 많은 점에서 불교 철학의 기본 교리들과 일치한다."

쇼펜하우어 자신이 말했듯이, 그는 모든 의지 작용을 포기하는 정적주의(靜寂主義)·인간의 의지를 의도적으로 억제하는 금욕주의·인간 자신의 내면 존재와 모든 존재자들의 내부와 세계의 핵심과의 동일성을 의식하는 신비주의의 세 가지 전통을 모두 계승했다.

그는 이 세상에서의 삶은 무의미하고, 본질상 괴로움이며, 우리의 욕망을 충족시키려는 바람은 좌절될 수밖에 없다고 말한다. 그리고 그는 이러한 괴로움이 '생의 의지' 때문이라고 보는데, 이 생의 의지란 바로 욕망(*trsna*)에 해당하는 말로서, 우리를 미망에 빠뜨린다는 뜻이다. 그는 이 세계로부터의 구원은 보다 훌륭한 인식이 떠오른 결과에 의해 생의 의지가 부정됨으로써 가능하며, 또한 그것은 성자와 속세를 떠난 사람과 엄격한 고행자 등의 삶에 나타나는 금욕에 의해서 얻어진다고 본다.

또한 쇼펜하우어의 무상에 대한 혜안, 열반이 전혀 허무는 아니지만 부정적으로만 설명될 수밖에 없는 이유에 대한 통찰, 불변하는 비물질적 영혼에 대한 부정, 무신론과 환생에 대한 믿음, 도덕의 근거로서의 자비심에 대한 강조, 업적이나 역사의 순환에 대한 무관심 등도 극히 불교적이라고 볼 수 있다.6)

물론 우리는 콘즈의 이런 주장에 대하여 여러 가지 반론을 제기할 수 있으며, 특히 쇼펜하우어의 사상이 '거의 기적에 가까울 정도'로 불교 사상과 비슷하다는 그의 주장은 오늘날 지나친 표현으로 지적되고 있다. 그러나 적어도 불교와 서양 사상이 — 그리고 모든 사상이 — 신비주의라는 밭에서 공존할 수 있다는 사실에는 의심의 여지가 없다.

신비주의를 토론하면서 대전제로 받아들여야 할 명제는 단연코 "모든 신비가들은 동일한 언어를 말한다(All mystics speak the same language)"는 원칙이다. 히말라야 정상에서 고행하는 동양의 명상가나 서양의 에크하르트의 체험은 근본적으로 동일하다는 것인데, 라다크리슈난은 예수와 석가를 토론하면서 그들의 사상이

---

6) Edward Conze, "Buddhist Philosophy and Its European Parallels", *Philosophy East and West*, vol. xiii, no. 1, 1963. (에드워드 콘즈 외, 김종욱 편역,『불교 사상과 서양철학』, 민족사, 1990, p.31.)

Cf. 그러나 콘즈는 쇼펜하우어와 불교의 차이점 두 가지를 든다. 첫째, 19세기 독일의 비기독교적 지식인들은 휴식을 위해 미술관을 찾거나 야외 산책을 했다. 즉, 그들은 잘 훈련된 명상의 가치를 알지 못했다. 그래서 쇼펜하우어도 열반의 숭고한 평정 상태인 선정(禪定)의 중요성을 인식하지 못했다. "이 점에서 당시 독일의 중산층 도시인은 숲 속의 인도인보다 다소 수준이 떨어져 있었다."

둘째, 쇼펜하우어는 의지를 물(物) 자체라고 주장하지만, 불교에서는 모든 욕망은 유위(有爲)의 현상계에서 작용하며 무위(無爲)의 본체는 그 욕망을 소멸시킴으로써 얻을 수 있다고 가르친다. "요가의 수행 경험이 없었던 쇼펜하우어는 모든 인간의 밑바닥에 열반의 원형이라고 할 수 있는 고요한 평정 상태가 있다는 것을 알지 못했다." 같은 책, pp.31-32.

유사할 수밖에 없는 이유를 이렇게 설명한다.

 종교가 인간 정신의 자연스러운 추구라면, 모든 종교가 어떤 공통점
을 갖게 되는 것은 너무나 당연한 결론이다. 이런 뜻에서, 두 성인이
내세웠던 자기 희생은 기독교와 불교뿐만 아니라 모든 종교에 공통된
사실이다. 인간의 희망, 공포, 욕망, 열망은 갠디스 강의 언덕이나 갈릴
리 호수의 언덕이나 다를 것이 없다.[7]

 물론 라다크리슈난도 이 세상의 모든 신비 체험이 정확히 동일
하지 않다는 사실을 인정한다. "동일한 신비주의라도 우파니샤
드 · 기타 · 삼카라 · 라마유나 · 라마크리슈나 · 선불교 · 루미에
따라서 각기 다른 점이 있으며, 서양에서도 플라톤과 사도 바울 ·
프로클루스(Proclus : 410~485)와 타울러(Johannes Tauler : 1300~
1361) · 플로티노스(205~270)와 에크하르트(1260~1327)의 신비
주의는 동일하지 않다." 다만 그들은 우선 '동일한 언어'를 말한다
고 할 수 있을 정도로 유사한 체험을 주장하며, 이러한 유사성 안에
서의 조그만 차이점들도 그들이 속해 있는 종족 · 기후 · 지역에서
오는 차이가 아니라는 것이다.[8]
 그럼에도 오늘날의 학자들은 기독교의 신비주의와 힌두교의 신
비주의, 혹은 서양의 신비주의와 동양의 신비주의의 차이를 지역
적인 차이에서 유래한 것으로 설명하며, 그래서 슈바이처는 동양
신비주의는 삶과 세계를 부정하지만 서양 신비주의는 삶과 세계를
긍정한다고 주장하는 실수를 범하기도 했다고 라다크리슈난은 말
한다.
 그러면 각기 다른 전통에 속하는 신비주의들, 혹은 동일한 전통
에 속하는 각기 다른 신비주의들 사이의 차이점은 어디서 오는 것

7) Radhakrishnan, 앞의 책, p.170.
8) 같은 책, pp.191-192.

인가? 만약 그것이 종족·기후·지역의 차이에서 오는 것이 아니라면, 그것은 체험의 주체인 신비가들의 외적 및 내적 차이에서 오는 것이 아니라 그 체험의 대상의 차이에서 오는 것일까? 그래서 우리는 다시 인격적 실재와 비인격적 실재, 이원론적 실재와 비이원론적 실재를 토론해야 되는가? 이런 것들이 기독교의 영성과 선사들의 체험의 관계에서 토론되어야 할 문제들이다.

3. 무념과 소크라테스

윤원철은 선종의 종지(宗旨)를 직지인심(直指人心)·견성성불(見性成佛)·불립문자(不立文字)·교외별전(敎外別傳)·이심전심(以心傳心)·무념무심(無念無心)으로 설명하면서, 여기서 말하는 무념은 '망념(忘念)이 없다'는 소극적인 뜻만 가지는 것이 아니라 '無(空)의 생각', '진여(眞如)가 일으키는 생각'이라는 적극적인 뜻도 가지고 있다고 말한다. "무념은 무명이 아니라 진여가 주인이 되는 마음, 그 참마음[眞心]이 일으키는 참생각[眞念]이다."9)

이런 주장은 결국 "무념은 진념(眞念)이다"라는 명제로 요약될 수 있겠는데, 이 명제가 어떻게 소극적 역할뿐만 아니라 적극적 역할을 할 수 있단 말인가? 니르바나와 삼사라를 둘로 보지 않는 것이 소극적 역할이며, 그들을 하나로 보는 것이 적극적 역할이란 말인가? 만약 그렇다면, 이 두 가지 역할은 실제적인 수행 과정에서 어떻게 각기 다른 형태로 나타나는가? 더 나아가서, 소극적인 단계와 적극적인 단계의 관계는 무엇인가? 그것은 양적인 차이인가 혹은 질적인 차이인가?

이 문제는 소크라테스의 산파술에도 그대로 적용된다. "네 자신

9) 윤원철, 앞의 글, p.2.

을 알라!"는 그의 외침은 과연 "현재 네가 알고 있다고 생각하지만 사실은 알지 못하고 있다"는 소극적인 역할뿐만 아니라 지혜·진리 자체를 전달해주는 적극적인 역할을 할 수 있는가? 그리고 후자의 역할이 가능하다고 했을 때, 거기서 나오는 진리의 구체적인 내용은 무엇인가?

이 질문에 대한 답변은 상당히 복잡하다. 물론 우리는 이를테면 그가 주장했다고 전해져온 영혼 불멸설이나 영력(靈力)의 실재 등을 그의 적극적인 가르침의 내용으로 제시할 수 있겠다. 그러나 이런 답변은 소크라테스 자신이 진리를 탄생시킬 수 있는 은총을 신으로부터 받지 못했다는 자신의 증언과 일치하지 않는다. 야스퍼스는 이렇게 말한다.

> 소크라테스는 지혜를 넘겨주지 않는다. 다만 다른 사람들로 하여금 그들 스스로 발견하도록 만든다. 그들이 이미 알고 있었던 것을 — 그러나 현재 희미하게 알고 있는 것을 — 스스로 발견하도록 만든다.[10]

소크라테스의 이런 사상은 마음에서 마음으로 정법(正法)의 등불을 전한다는 선불교의 이심전심 이론과 완전히 일치한다고 볼 수 있다. 김태완은 이렇게 말한다.

> 마음에서 마음으로 전한다고 말하지만, 실제로 전할 그 무엇이 있는 것이 아니고, 곧바로 마음을 가리켜서 스스로의 본성(本性)을 보아 성불케 하는 것이다. 이것을 두고 "가르침과 배움이 없지는 않으나, 가르칠 것도 없고 배울 것도 없다"고 말하기도 한다. 가르치는 스승과 배우는 제자가 서로 가르치고 배우지만, 가르칠 것도 배울 것도 따로 없다. 스승은 제자가 본래 가지고 있지만 잊고 있는 것을 되돌아보고 다시 확인하

---

10) K. Jaspers, 황필호 역, 『소크라테스, 공자, 석가, 예수, 모하메드』, 강남대, 2001, p.33.

도록 자극하고 촉발(觸發)시키는 역할을 할 뿐이다.

스승은 제자의 본래 마음을 가리켜서 제자 스스로가 자기의 본래 마음을 보도록 돕는 역할을 한다. 그러므로 스승이 주는 것이나 제자가 받는 것은 아무것도 없지만, 그래도 가르침과 배움은 있다.[11]

이렇게 보면, 선의 가르침과 소크라테스의 가르침이 우리를 거짓된 지식으로부터 해방시키고, 우리에게 일상의 껍질로부터 벗어나게 하고, 무명으로부터 벗어나게 하고, 분별지의 한계를 인식하게 한다는 데 대해서는 의심의 여지가 없다. 그러나 이런 것들은 아직도 소극적인 가르침이다. 그들의 긍정적인 가르침은 무엇인가? 윤원철은 이 문제를 심각하게 취급하지 않고 있다.

4. 무심과 틸리히

윤원철은 "일체무념(一切無念)이 단무(斷無)하므로 이를 무념 또는 무심이라 부르나니, 이것이 무여열반(無餘涅槃)인 묘각(妙覺)이다"라는 성철 스님의『선문정로(禪門正路)』의 일절을 인용하면서, 불교의 깨달음을 태양과 구름의 비유로 설명한다.

분별망념(分別忘念)이 겹겹 구름으로 중생의 하늘이 되어, 본래 제 하늘인 푸른 하늘과 본래 제 정체인 부처로서의 자성(自性), 진여자성(眞如自性)의 태양을 가리고 있다. 짙은 것이든 옅은 것이든, 그러한 구름이 한 점도 남지 않고 사라져야 비로소 견성이며 성불이다.
자기가 원래 부처라는 본래면목(本來面目)을 보지 못하는 것은 스스로 번뇌의 구름으로 그것을 덮어버리고 있기 때문인데, 번뇌는 실체가

---

11) 김태완,「중국 선에서 깨달음의 구조에 관한 연구」,『철학논총』, 제14집, 1998년 여름호, p.65.

있는 것이 아니라 망상·환상일 뿐이다. 부처가 아닌 자기와 부처의 세상이 아닌 세상을 실체로 여기는 망상이다. 짐짓 지어낸 구름으로 하늘을 가리고서는 그것이 곧 하늘이라고 알고 사는 것이다.

청천백일(青天白日)을 그대로 확연히 보기 위해서는 그 구름을 걷어 내야지, 구름에 의지하거나 구름을 통해 보려고 해서는 안 된다. 아무리 옅은 것이라 해도, 구름을 통해서 보는 태양은 또 하나의 환영일 뿐이다. 중생은 분별적 사유를 바탕으로 한 자의식과 지식으로 무장하고 살아가는데, 그 무장을 철저히 해제해야만 구름의 위와 아래가 원래 하나의 세상임을 보게 된다.[12]

선가에서 자주 사용되는 이 태양과 구름의 비유는 깨달음의 실체를 잘 설명해주는 듯하다. 그러나 우리는 여기서 이런 질문을 할 수 있다. 무심이란 우리가 궁극적으로 도달해야 할 상태인가? 그렇지 않으면 깨달음이라는 궁극적 목표를 달성하기 위한 우리들의 태도인가? 다시 말해서, 무심이란 수양의 목적인가, 혹은 깨달음이라는 목적을 위한 수단인가? 그렇지 않으면, 무심은 목적과 수단을 전부 지칭하는가?

우리는 신앙을 '궁극적 관심'으로 규정한 틸리히에 대해서도 동일한 질문을 할 수 있다. 그는 궁극적 관심이야말로 무조건적(un-

---

12) 윤원철, 앞의 글, p.5.

Cf. "성철 스님의『선문정로』가 출판된 것은 1981년이었다. 돈오점수를 역설한 보조 국사가 입적한 지 761년이 되는 해였다. 근 800년 가까운 세월 동안 보조 국사의 돈오점수설은 우리나라 수행자들에게 귀감이 되어왔던 터였다. 그런데 이제『선문정로』는 그 같은 돈오점수를 선문(禪門)의 이단사설(異端邪說)이라고 부정하면서 가차없는 비판을 하고 나선 것이다." 강건기·김호성 편,『깨달음, 돈오점수인가 돈오돈수인가』, 민족사, 1992. 9. 3.

Cf. 성철 스님이 1981년 1월 20일 대한불교 조계종 종정 추대식 때 내린 게송은 다음과 같다. "圓覺이 普照하니, 寂과 滅이 둘이 아니다 / 보이는 萬物은 觀音이요, 들리는 소리는 妙音이라 / 보고 듣는 이 밖의 진리가 따로 없으니, 아아 時會大衆은 알겠는가 / 산은 산이요, 물은 물이로다."

conditional)이며 절대적(absolute)이며 전체적(total)이며 궁극적 (ultimate)이라고 말한다. 그것은 모든 다른 예비적 관심들(prelimi- nary concerns)을 포용할 수 있는 — 대문자로 표현된 — 궁극적 관심(Ultimate Concern)이다. 그러나 이렇게 '커다란 형용사들'에 의해 수식된 궁극적 관심은 상당히 애매모호할 수밖에 없는데, 힉 (John Hick)은 그 문제점을 이렇게 표현한다.

　궁극적 관심이란 관심의 태도인가 혹은 그런 태도의 대상인가? 그것은 궁극적 마음의 자세인가 혹은 그 마음의 자세가 지적하는 대상인가?
　틸리히가 사용한 네 개의 형용사 중에서 '무조건적'이라는 단어는 관심의 태도를 의미하며, '무한한'이라는 단어는 관심의 대상을 의미하며, '궁극적'과 '전체적'이라는 단어는 두 가지를 모두 의미한다.
　이 문제에 대한 틸리히의 태도는『조직신학』에서 명확하지 않다. 어느 경우에는 궁극적 관심이 관심의 태도와 대상을 다같이 의미하며, 어느 경우에는 한 가지만 의미한다. 그러나 틸리히는『신앙의 다이나믹스』라는 후기 저서에서 그의 처지를 분명히 밝힌다.
　여기서 그는 궁극적 관심이란 인간이 가질 수 있는 최고 관심의 태도와 대상을 다같이 의미한다고 말한다. "신앙이라는 행위가 지향하는 궁극적인 것과 신앙이라는 행위 자체가 의미하는 궁극적인 것은 둘이 아니라 하나다. 궁극적이고 무조건적인 것을 경험할 때는 주체와 객체의 구분이 있을 수 없기 때문이다."13)

　물론 틸리히의 이런 주장이 궁극적 관심에 대한 모든 문제를 해결하지는 못한다. 오히려 그의 이런 주장은 신인동형설(神人同型說)과 비슷해서 기독교의 본질과 더욱 멀어지는 듯하다. 불교의 무심도 언제나 '절대적', '전체적', '단박에' 등의 '커다란 형용사들'로 표현되어 있어서 그 실체가 더욱 안개에 가려 있다.

13) John Hick, 황필호 역,『종교철학 개론』, 종로서적, 1980, pp.103-104.

5. 돈점과 아우구스티누스

돈점에 대한 수많은 논의에도 불구하고, '단박에 깨친다', '몰록 깨친다'는 돈(頓)과 '천천히 깨친다', '점진적으로 깨친다'는 점(漸)의 정확한 차이가 무엇이냐는 것은 그리 확실하지 않다. 윤원철은 포르(Bernard Faure)를 인용하면서 돈오를 ① 빠른(fast), ② 절대적(absolute), ③ 직접적(immediate)이라는 세 단어로 설명한다.

그 중에도 깨달음의 '중층적인 뜻을 한꺼번에 함축'하는 'immediate'는 영어에서 'mediate(媒介, 所依)'의 부정인 무소의와 즉각을 뜻하며, 그래서 돈오는 매개(媒介)를 통한 점진적 과정의 부정인 '단박에' 혹은 '절대적'이라는 뜻을 담고 있다는 것이다. 또한 그는 '빠른'이라는 단어도 '신속'으로 이해하지 말고 '초시간적 순간'으로 이해해야 된다고 말한다.[14] 그러나 이미 말했듯이 이렇게 '커다란 형용사'들로 수식된 돈오는 아직도 장막에 쌓여 있다. 이제 돈오(頓悟)와 점수(漸修)의 차이를 일상 언어로 표현해보자.

첫째, 점수는 깨달음 이전의 과정을 인정하지만 돈오는 그것을 인정하지 않는다.

둘째, 점수는 깨달음 자체도 천천히 온다고 믿지만 돈오는 단박에 온다고 믿는다.

셋째, 점수는 깨달음 이후에도 지속적으로 수양해야 한다고 믿지만 돈오는 그것을 인정하지 않는다.

만약 우리가 돈점의 차이를 첫 번째 의미로 받아들인다면, 엄격한 의미에서의 돈오란 존재할 수 없다. 아무런 사전 준비도 없는 상태에서의 깨달음이란 있을 수 없기 때문이다. 어느 해방신학자

---

14) 윤원철, 앞의 글, p.5.

가 하느님의 절대적인 계시까지도 그 계시를 이해할 수 있는 '인간의 능력'을 전제한다고 주장한 이유도 여기에 있을 것이다. 그러므로 우리가 돈점의 차이를 말할 때는 대개 두 번째 의미로 사용하는 듯하다. 그러나 깨달음이란 어떤 언설(言說)로도 정확히 표현될 수 없다. 그래서 나는 세 번째 의미가 더욱 중요하다고 생각한다. 즉, 일단 깨달음을 얻으면, 그 다음에는 오직 그 깨달음에 대한 해설과 전파만 있을 수 있는가? 그렇지 않으면, 깨달음은 그 다음에도 수많은 다른 깨달음들로 연결되어야 하는가? 즉, 돈오돈수인가 혹은 돈오점수인가? 이 질문에 대하여, 성철은 깨달음[頓悟]과 앎[解悟]을 구별하면서 단연코 돈오점수를 배척하고 돈오돈수를 주장하는데, 목정배는 그의 사상을 이렇게 설명한다.

해오(解悟)는 추중망상(麤重忘想)을 벗어나지 못한 허환망경(虛幻忘境)임으로 객진번뇌가 항상 일어난다. 따라서 깨달은 뒤에도 번뇌망상을 제거하는 것이 점수다. 이와 반대로, 선문(禪門)에서는 추중망상은 말할 것도 없고 제팔(第八)의 미세한 알음알이[知解]마저 영단(永斷)한 공경무심(空境無心)의 대휴헐처(大休歇處)가 돈오며 견성임으로, 망멸증진(忘滅證眞)한 무심·무념·무위·무사의 금강대정(金剛大定)을 보림하는 것이 장양성태(長養聖胎)다. 이렇게 깨달음과 앎에는 커다란 차이가 있음으로, 그들은 다같이 견성이라는 말로는 표현될 수 없다.[15]

인간이 절대적 완성자가 되면, 한 번 얻어 깨달은 것으로 영원히 깨닫게 되는 것은 바로 스스로의 무한 동력(無限動力)으로 항상 일용할 동력을 부리는 것이다. 이렇게 발현되는 무한 동력은 아무리 오래 쓴다고 해도 무제한의 동력인 것이다.

이처럼 우리들의 심성을 참다운 견성으로 발현하게 한다면, 그것은

---

15) 목정배, 「현대 한국 禪의 위치와 전망」, 『깨달음, 돈오점수인가 돈오돈수인가』, 앞의 책, pp.206-207.

무한 동력을 활용하는 것과 같다. 한정된 동력을 쓰고나면 다시 충전하거나 다른 연료로 바꾸어야 하는데, 한 번의 깨침으로 무한 동력을 운용할 수 있다는 사실은 인간 생활의 위대한 전기가 될 것이다. 이러한 깨침이 자아에 정좌(定坐)하면, 그 자아는 무한한 청정성에서 생명(生命)할 것이다. 원돈(圓頓)이 선(禪)으로 성취되면 두 번 다시 퇴몰(退沒)하지 않는 불생·무생의 경지에 참입하여 일체를 전용할 것이다.16)

성철의 이런 주장이 옳다면, 우리는 당연히 점수보다는 돈오를, 돈오점수보다는 돈오돈수를 받아들여야 할 것이다. 그리고 더욱 엄밀히 말하면, 완전한 깨달음 다음에는 돈수조차 필요 없게 될 것이다.17) 그러나 법정(法頂)은 반대 의견을 제시한다.

종교의 근본은 공허한 말끝에 있지 않고 투철한 체험과 실지 행(行)에 있음을 우리는 분명히 알아야 한다. 불타 석가모니의 경우, 보리수 아래서의 깨달음은 돈오고, 45년간의 교화 활동으로 무수한 중생을 제도한 일은 점수에 해당된다. 이것이 또한 불교의 두 날개인 지혜와 자비의 길이다. (중략)
여기서 우리는 돈오점수를 자신의 형성과 중생의 구제로 풀이할 수 있다. 그리고 바로 알아야 바로 행할 수 있고, 그런 완성이야말로 온전한 해탈이요 열반이라고 할 수 있다. 중생계(衆生界)가 끝이 없는데, 자기 혼자서 돈오돈수로 그친다면, 그것은 올바른 수행이 아니고, 지혜와 자비를 생명으로 삼는 대승 보살도 아니다.18)

---

16) 같은 글, p.211.
17) 학자들이 돈오점수의 돈오와 돈오돈수의 돈오를 각각 해오(解悟)와 증오(證悟)로 다르게 설명하는 이유도 여기에 있다.
18) 법정,「권두언」,『보조 사상』, 제1집, 1987, pp.4-5.
  Cf. 점수를 극단적으로 강조하면, 완전한 깨달음의 상태란 실제로 존재하지 않으며, 오직 그런 깨달음을 얻으려는 끝없는 과정이 존재할 뿐이라는 일종의 유명론(唯名論)에 빠질 수도 있다. "인간이 가까이 가면 갈수록 깨달음 역시 한 걸음씩 멀어져간다는 차원에서 보면, 깨달음은 차라리 존재(실재)가 아니라고 해야 이 질문을 기독교적으로 표현하면 이렇다. 하느님의 계시를 받은 사람 혹은 사도 바울과 같이 특수 체험을 통해 개종까지 한 사람은 이제 그 이상의 노력이 필요 없는 것인가? 그렇지 않으면, 그도 앞으로 지속적으로 노력해야 하는가? (이 질문은 다시 아담과 이브로 나타난 하느님의 창조 사업은 완성된 것인가 혹은 지금도 계속되는 것인가 하는 문제와 연관된다.)

만약 우리가 돈오와 점수의 차이를 두 번째나 세 번째 의미로 받아들인다면, 우리는 어느 쪽을 택해야 하는가? 우리는 여기서 일단 선불교라는 테두리를 떠나서 다른 종교의 경우를 고찰할 필요가 있겠다.

아마도 기독교 역사에서 가장 극적인 개종 사건의 주인공으로는 아우구스티누스가 될 것이며, 성서에 나오는 가장 극적인 개종 사건의 주인공으로는 단연 「로마서」 7장에 나오는 사도 바울을 들 수 있다. 물론 이들의 신비 체험에 대하여는 여러 가지 해석이 있을

할 것 같다. 불교를 포함하여 동양철학 일반에서 궁극적 진리를 空·無 등과 같은 부정적으로 언표하고 있는 것도 진리의 언표 불가능성과 함께 그 비실재성을 말하는 것이다. 시간에 다함이 없는 것처럼 자기 부정(자기 초월)의 저편 역시 한없이 뒷걸음질을 칠 것이고, 그와 같이 깨달음에도 다함이 없게 된다. 그런데 어찌 종착역이 있을 수 있겠는가? 52위니 증오(證悟)니 하는 말도 관념적 상정(想定)일 뿐이며, 끝이 실제로 있는 것은 아니라고 이해해야 한다. 닦음에는 닦음이 수단으로 봉사해야 할 하등의 초월적 목적이나 목표가 별도로 존재할 수 없다는 관점에서 보면, 깨달음은 존재하지 않는다고 할 수 있으리라."

"불도무상서원성(佛道無上誓願成)에서의 무상한 불도는 상대적 세계에서의 최상의 무상이 아니라, 절대적 차원에서의 지붕도 없고 천장도 없고 정상(頂上)도 없는 본말무정상(本末無頂上)의 무상을 의미하는 것으로 생각된다. 그러한 무상불도를 영원히 추구하겠다는 것은 끝없는 깨달음을 위해서 영원한 닦음을 계속하겠다는 서원 이외의 다른 것이 아니다." 김호성, 「돈오점수의 새로운 해석」, 『깨달음, 돈오점수인가 돈오돈수인가』, 앞의 책, p.223.

우리는 이와 동일한 태도를—분명히 유명론자는 아니지만—기독교의 키에르케고르에서 쉽게 발견할 수 있다. 황필호, 『문학철학 산책』, 집문당, 1997, pp.255-310 ; S. 키에르케고르, 황필호 편역, 『철학적 조각들』, 집문당, 1998.

수 있으나, 아우구스티누스와 사도 바울이 극적인 체험 이후에도 지속적으로 노력하고 기도하고 갈구하면서 종교인의 삶을 영위했다는 사실에는 의심의 여지가 없다. 그 이유는 무엇인가?

개종이란 기계적인 사건이 아니라 실존적인 사건이다. 그것은 어느 개인이 처해 있던 특수한 시간과 장소에서 갑자기 일어나는 사건이라기보다는 '지속적인 과정의 사건'으로 보아야 할 것이다.

예수의 수제자로 이미 인정받은 베드로는 결정적인 위기의 순간에 스승을 배반했다. 이것은 바로 그의 — 그리고 모든 종교인의 — '재개종의 필요성(the need to be re-converted)'을 여실히 증명한다. 마치 종교개혁이 역사상 한 번으로 끝나지 말고 지속적으로 계속되어야 하듯이.19)

이렇게 보면, 베드로나 사도 바울이나 아우구스티누스는 돈오보다는 점수를 지지하는 듯하다. 물론 이런 사실이 선불교에서의 점수의 우위성을 확실히 결정하는 것은 아니겠지만.

6. 선교의 대립, 돈점의 대립

윤원철은 무소의와 소의, 즉 선과 교의 대립은 다시 선가 안에서 돈과 점의 대립으로 나타났다고 말한다. 돈점의 대립 구도는 사실상 선교의 대립 구도의 '연장'이며, 여기서 나타난 대립은 결코 불행한 우연이 아니라 필연이었다는 것이다. 그 이유는 무엇인가?

한마디로 아무리 훌륭한 선사라도 이 땅에 두 발을 딛고 사는 사람이며, 이런 뜻에서 그도 견문각지(見聞覺知)를 완전히 부인할

---

19) 황필호, 『서양종교철학 산책』, 집문당, 1996, p.234 ; 이 책, p.227.

수는 없다. 단지 그것이 견성성불을 위한 소의(所依)가 될 수 없다고 주장하는 것이다. 즉, 모든 분별지가 필요 없다는 뜻이 아니라 거기에 집착하거나 오염되지 말라는 것이다.

분명히 선종은 "모든 중생을 떨쳐버리라!"고 주장한다. "그러나 온갖 잡다한 생존의 요건들을 실제로 대면하며 처리해야 하는 삶의 현장에서는 초시공적(超時空的)인 원리 차원의 믿음만이 아니라 구체적인 행동 방침이 필요하다. 신장(信章)만이 아니라 수장(修章)이 필요하다. 분별의 장(場) 속에서의 적극적인 처방이 필요하다. 아무리 그것이 전략적·교육적일 뿐이라고 해도, 어차피 분별에도 의미를 부여하고 의지하는, 이를테면 방편(方便)에 관한 고려가 중요할 수밖에 없는 것이다."[20]

그래서 선교의 갈등은 지루한 투쟁에서 승리한 선문(禪門) 안에서 그대로 다시 돈점의 갈등으로 연장될 수밖에 없었으며, 이런 갈등은 인간이 불완전한 인간으로 존재하는 한에서 필연적인 것이다. 첫째로 중생은 아직 문지방을 건너지 못한 사람들이며, 둘째로 비록 구름 뒤의 태양을 본 사람이라도 그의 경험을 중생에게 전달할 때는 다시 구름에 덮인 지해(知解)의 통로를 선택할 수밖에 없기 때문이다.

나는 윤원철의 이런 주장을 탁견이라고 생각한다. 분명히 선교 갈등의 원인은 분별지의 유용성을 인정하느냐 혹은 인정하지 않느냐는 것이며, 이 갈등은 역사적으로 교(敎)를 완전히 제압한 선(禪) 안에서 다시 돈오와 점수의 갈등으로 재연되었다. 이런 뜻에서, 우리는 돈점의 대립 구도는 사실상 선교의 대립 구도의 연장이라고 말할 수 있다.

그러나 나는 여기서 선교의 관계와 돈점의 관계가 정확히 동일하지는 않을 수도 있다는 점을 말하고 싶다. 전자의 경우에는 분명

---

20) 윤원철, 앞의 글, p.6.

히 분별지를 인정하느냐에 따라서 서로 갈라지지만, 후자의 경우에는 돈과 점이 다같이 분별지를 받아들이지 않으면서도 갈라질 수 있다. 예를 들어서 '나무아미타불'을 수없이 반복하는 불교인, 혹은 묵언(默言)이나 만행(漫行)을 하면서 전국을 떠돌아다니는 승려는 분명히 돈이 아니라 점에 속할 것이다. 그렇다고 해서 그들이 어떤 분별지를 얻으려고 노력하는 것은 아니다.

이렇게 보면, 분별지는 선과 교를 가르는 요인이 되지만, 돈점의 경우에는 단지 시간적인 차이점이나 수행 방법의 차이점만이 그들을 가르는 결정적인 요소가 될 수도 있다.

돈오를 주장하는 수도자는 — 콘즈의 표현을 빌리면 — "엄격한 생활과 명상이 해탈을 가져올 것이라고 기대하는 것은 마치 벽돌을 갈아서 거울을 만들려는 것과 같다"고 믿는다.[21] 그러나 앞의 수도자들은 염불, 묵언, 만행 등의 '엄격한 생활과 명상'을 통해 해탈을 얻으려고 한다. 이렇게 보면, 선교 갈등의 원인은 깨달음 자체에 대한 본질적인 이유에 있지만, 돈점 갈등의 원인은 단지 깨달음을 얻는 시기나 수행 방법의 차이에 있다고 말할 수도 있다.

오늘날 돈점 논쟁에 대한 논문과 전문 서적은 우리나라에도 굉장히 많다. 그들 대부분은 주로 어느 한쪽이 옳다고 주장하고 있다. 또한 돈과 점뿐만 아니라 선과 교가 서로 만나야 한다는 주장도 굉장히 많지만, 실제로 만나고 있다거나 만날 수 있다는 주장은 별로 많지 않다.

이 질문에 대한 윤원철의 답변은 무엇인가? 그는 "영성과 이지의 변증법적 구도를 통한 종교의 생명력은 그대로 유지되고, 새록새록 생산될 것인가?"라고 물으면서, 이 질문은 영성주의와 교학주의(敎學主義) 중에서 어느 한쪽의 논변이나 운동으로 답변될 일이 아니라고 말한다. 그래서 그는 선의 역사를 꼭 '실패의 역사'로만

---

21) 같은 글, p.4에서 재인용.

볼 수 없다고 말한다.[22] 그렇다면 선과 교, 돈과 점은 서로 만날 수 있단 말인가? 그리고 그것이 가능하다면, 어떻게 가능하단 말인가? 그의 논변을 따라가던 필자는 다시 미궁에 빠진다.

여기서 논리의 허구성을 폭로하는 수많은 공안(公案)을 가지고 있는 선사들은 선의 본질을 논리적으로 이해하려는 필자의 태도 자체가 잘못된 것이라고 말할 것이다. 그러나 역설·초논리·반논리도 어디까지나 논리를 배경으로 해서만 이해될 수 있으며, 초시간적 깨달음도 시간 속의 사건과 대비해서만 이해될 수 있다.

오스틴(J. L. Austin)은 언어의 이 같은 이중성을 '바지 언어(trouser-words)'라고 표현한다. 마치 바짓가랑이가 양쪽이듯이, 어떤 것이 진짜(real)라는 주장은 그것이 가짜(unreal)가 아니라는 어떤 특수한 경우에 비추어서(in the light of)만 의미를 갖게 된다는 것이다. 예를 들어서, X가 진짜 오리라는 주장은 그것이 그림 오리, 플라스틱 오리, 엉터리 오리, 가짜 오리가 아니라는 뜻이다.[23] 이와 마찬가지로, 언어의 비논리성도 논리성을 전제로 해서만 이해될 수 있으며, "의미론적 입장에서 볼 때 모든 종교 경험도 그것과 반대되는 비종교적 경험에 비추어서만 의미를 가질 수 있다."[24] 최근에 선불교가 언어의 논리성과 그 논리성의 한계를 동시에 지적한 비트겐슈타인의 사상과 연관되어 활발하게 토론되고 있는 이유도 여기에 있다.[25]

하여간 선교의 올바른 관계와 돈점의 올바른 관계를 정립하려는 시도는 쓸데없는 허론(虛論)이 아닌데, 김호성은 이런 작업은 절대로 '깨달음의 대결'이 아니라고 말하면서 그 이유를 '진리의 차원'과 '사람의 차원'으로 구분하여 설명한다. "진리의 차원은 말을 떠

---

22) 같은 글, p.7.
23) J. L. Austin, *Sense and Sensibilia*, Oxford University Press, 1962, p.70.
24) 황필호, 『종교철학자가 본 불교』, 민족사, 1990, p.181.
25) 이 책, pp.275-309.

264 | 종교변호학ᵛ종교학ᵛ종교철학

나 있으므로 돈도 점도 모두 사족(蛇足)이라고 아니 할 수 없다. 그러나 사람의 차원에서 돈이냐 점이냐 하는 문제는 대단히 중요한 실존적 문제가 아닐 수 없다."[26] 즉, 이 문제는 실제로 종교인의 신앙 생활에 결정적인 영향을 줄 수 있는 실천적 문제이기도 한 것이다. 박성배는 이렇게 말한다.

> 문제는 약과 병과 환자의 삼각 관계에 있다. 문자·언어·교리·지해가 있기 때문에 '문자 → 지해'라는 병이 생겼고, '문자 → 지해'라는 병이 있기 때문에 '반문자 → 반지해'라는 약이 나왔다. 그런데 이제 '반문자 → 반지해'라는 약이 오히려 병이 되었다. 엉터리 의사들이 약을 잘못 쓴 것이다.
> 그러므로 '반문자 → 반지해' 운동은 어디까지나 제대로 된 불교의 출현을 고대하는 양심 세력들의 개혁 운동이었지, 불교의 '문자 → 지해'를 모두 없애고 버리자는 '멸문자(滅文字) → 멸지해(滅知解)' 운동은 아니었다.[27]

7. 선불교와 서양철학의 유사성

오늘날 선불교와 서양철학의 유사성을 주장하는 학자로는 에임스(Van Meter Ames)·스즈키(D. T. Suzuki)·허드슨(H. Hudson)·쉬블즈(Warren Shibles)·캔필드(John V. Canfield)·하드위크(Charles S. Hardwick)·스테프니(John Steffney)·쳉(Hsueh-Li Cheng)·로스몬트(Henry Rosemont)·제이콥슨(Nolan P. Jacobson)·미노루(Yamaguchi Minoru)·푸(Charles Fu)·마사오(Abe Masao)·

---

26) 김호성, 「돈점 논쟁의 반성과 과제」, 『깨달음, 돈오점수인가 돈오돈수인가』, 앞의 책, p.14.
27) 박성배, 「성철 스님의 돈오점수설 비판에 대하여」, 같은 책, p.257.

고형곤(高亨坤)·맥에빌리(Thomas McEvilley) 등 수없이 많다.

맥에빌리에 의하면, 소크라테스와 고르기아스의 제자인 안티스테네스(Antisthenes : 기원전 443~ 366)에 의해 창설되었으며, 그 후에 디오게네스에 의해 발전된 견유학파(犬儒學派)의 사상은 용수의 중관학파뿐만 아니라 선불교와는 여러 가지 유사점을 가지고 있다. 그것은 7세기경 혜능(慧能)에 의해 창설된 '남돈선(南頓禪)의 전조가 된다'고 말할 수 있을 정도다.

첫째, 그들은 다같이 깨달음에 이르는 '지름길'을 주장한다. 남돈선의 목표는 지적 탐구를 포함한 모든 불필요한 수행 단계를 생략하고 현생에서 바로 깨달음을 얻어야 한다고 주장하며, 견유학파도 현세에서의 모든 쾌락과 동요를 잠재우는 행복의 지름길을 주장한다.

둘째, 그들은 이 과정에서 다같이 경전에 대한 의존을 배척한다. 디오게네스는 그의 21번째 서한에서 "논설을 피하라. 논설을 통해 행복에 이르는 길은 길고도 멀지만, 일상 생활에서의 실천을 통한 길은 짧기 때문이다"라고 말하는데,[28] 이것은 "불경을 불살라 버리라"는 선사들의 주장과 완전히 일치한다.

셋째, 그들은 다같이 현전(現前)의 순간과 그것의 수용을 강조한다. 견유학파의 크라테스는 "우리는 사물을 변화시키려 해서는 안 되며, 사물과 만나 그것을 감내할 태세를 갖추어야 한다"고 말하는데,[29] 이런 주장은 보살은 "마음에 얽혀 막히는 일이 없고, 얽혀 막히는 일이 없기 때문에 궁극 열반에 이르다"는 「반야심경」의 가르침과 비슷하다. 확실히 "배고플 때 먹고 피곤할 때 잠자는 선수행자들처럼, 견유학파는 미래에 대한 반응보다는 현전의 순간에

---

28) Thomas McEvilley, "Early Greek Philosophy and Madhyamika", *Philosophy East and West*, vol. 31, no. 2, April 1981. (콘즈 외, 「초기 희랍철학과 중관학파」, 『불교 사상과 서양철학』, 앞의 책, p.135에서 재인용.)
29) 같은 글, p.136에서 재인용.

응답하면서 '그 날 그 날을 살아가는 사람'이 되려고 한다."[30]

넷째, 그들은 다같이 '돌연한 깨달음'을 주장한다. 결론적으로 맥에빌리는 견유학파와 선불교의 공통점을 이렇게 설명한다.

① 설법에 의한 가르침보다는 본을 보이는 가르침에 대한 압도적인 강조.

② 곡해를 불러일으키기 쉽고, 비합리적이며, 어느 경우에는 과격한 행위들의 빈번한 발생.

③ 완전한 헌신의 강조.

④ 충격적이면서도 수수께끼 같은 간명한 표현의 사용.

⑤ 현상에 대한 대담한 무관심, 물리적 환경에 대한 극도의 검약.

⑥ 인습에 대한 조소.

⑦ 고도의 침착성과 결코 흔들림 없는 마음의 평정 상태.

⑧ 영혼재래설이나 정화설 등과 같은 기존의 교설들을 거부하거나 부인하면서, 어떤 교리 체계까지도 비워버리는 것을 선호하려는 경향.[31]

하드위크에 의하면, 선불교와 비트겐슈타인의 후기 사상 사이에는 방법의 유사성과 목표의 유사성이 있다.

첫째, 비트겐슈타인은 그의 후기 저작에서 다음과 같은 기묘한 질문을 던진다. "기계는 독감에 걸릴 수 있는가?" "3이라는 숫자의 색깔은 무엇인가?" "우리는 어떻게 존재하지 않는 도둑을 목 매달 수 있는가?" 이런 질문들은 어떤 의미를 가지고 있는가? 물론 거기에는 아무런 의미가 없다. 그러나 우리는 여기서 의미와 비의미를 결정하는 기준을 묻게 되며, 이런 질문을 통해 우리는 "단어의 의

30) 같은 글, p.137.
31) 같은 글, pp.138-139.

미는 무엇인가?"라는 질문도 위의 질문들과 마찬가지로 기묘하게
될 수 있다는 것을 알게 된다. 이렇게 비트겐슈타인은 비의미를 통
해 '의미의 의미'를 추구하도록 하는데, 이것은 선사들의 방법과 극
히 비슷하다.[32]

둘째, 선의 목적은 깨달음이며, 깨달음에 이른 사람은 모든 잘못
된 개념화에서 유래된 고통과 불안으로부터 완전히 해방된다. 깨
달은 사람에게는 어떤 의혹도 불합리성도 모순도 존재하지 않는
다. 비트겐슈타인의 후기 저작 속에도 이런 '종교적 요소'가 포함되
어 있느냐는 문제에 대해서는 의견이 분분하다. 그러나 한 가지 분
명한 사실이 있다.

> 그의 방법에는 강력한 치료적 요소가 있으며, 그의 방법이 지닌 하나
> 의 뚜렷한 목표는 일종의 해방, 즉 비록 세상의 근심 걱정으로부터는
> 아니지만 적어도 철학함에 있어서 전통적 방식이 지닌 고민과 혼란으로
> 부터 해방되는 데 있다. 바로 이 점에서, 선과 비트겐슈타인 사이에는
> 강력한 유사성이 있다. 두 방법의 최종 결과는 일종의 구제의 형태를
> 띤다.

> 그래서 위스덤(John Wisdom)은 비트겐슈타인의 사상에 대하여 이
> 렇게 말한다. "언어 자체가 바로 그 자신의 특성에 대한 이해를 방해한
> 다. 우리가 어떻게 그렇게 되었는지를 알게 될 때, 미신은 타파된다.
> 그것은 오류의 발견이라기보다는 오히려 개심(改心)에 비교될 수 있
> 다."[33]

김종욱은 비트겐슈타인의 후기 사상과 선불교의 유사점을 세 가
지로 정리한다.

---

32) Charles S. Hardwick, "Doing Philosophy and Doing Zen", *Philosophy East
and West*, October 1963. (콘즈 외, 「비트겐슈타인과 선」, 『불교 사상과 서양철
학』, 앞의 책, pp.256-267.)
33) 같은 글, p.269.

첫째, 그들은 모두 반형이상학적인 태도를 취한다. 선불교의 이런 태도는 다음의 일화에 잘 나타난다.

> 한 스님이 조주(趙州 : 778~897)에게 묻는다.
> "모든 것이 하나로 돌아가면, 그 하나는 어디로 돌아갑니까?"
> 조주는 이렇게 답변한다.
> "내가 청주(靑州)에 있을 때 옷 한 벌을 지었는데, 그 무게가 일곱 근이더라."
> ─『벽암록(碧岩錄)』, 제45則 : "僧問趙州 萬法歸一 一歸何處 州云 我在靑州 作一領布衫 重七斤."

이와 마찬가지로 비트겐슈타인도 『철학적 탐구』(제16장)에서 "우리가 할 일은, 낱말들을 그들의 형이상학적 용법(metaphysical use)으로부터 일상적 용법(everyday use)으로 되돌아오게 하는 것"이라고 말한다.

둘째, 비트겐슈타인의 후기 사상과 선불교는 다같이 '말할 수 없는 것'의 가치를 강조한다. 선불교의 이런 태도는 다음의 일화에 잘 나타난다.

> 한 스님이 남전(南泉 : 748~834) 화상에게 묻는다.
> "사람의 말로 이를 수 없는 진리가 있습니까?"
> "있습니다."
> 그러자 스님이 묻는다.
> "어떤 것이 사람의 말로서는 이를 수 없는 진리입니까?"
> 남전은 이렇게 답변한다.
> "그것은 마음도 아니며, 부처도 아니며, 중생도 아닙니다."
> ─『무문관(無門關)』, 제27則 : "南泉和尚因僧問云 還有不與人説底法魔 泉云 有 僧云 如何不與人説底法 泉云 不是心不是佛不是物."

이와 마찬가지로 비트겐슈타인이 말할 수 있는 영역보다는 '신비'라고 표현할 수밖에 없는 또 다른 세계를 강조한다는 것은 이미 널리 알려진 사실이다. 왜 비트겐슈타인은 우리가 과학적인 탐구로 도달할 수 없는 세계를 인정하는가? 왜 그는 우리가 형이상학적인 태도로부터 벗어나려면 그냥 침묵해야 된다고 말하지 않고, '어떤 것'에 대하여 침묵해야 한다고 말하는가?

물론 여기에는 여러 가지 이유가 있을 것이다. 그러나 그 중에서 가장 중요한 이유는 존재 자체에 대하여 가지고 있던 비트겐슈타인의 경이심으로 설명할 수 있다. 우리는 꽃이나 달과 같은 어느 특수한 존재에 대하여 감탄한다. 그러나 가만히 생각해보면, 꽃과 달이 이 세상이 존재한다는 것 자체가 기적이 아닌가?

물론 존재에 대한 경외심이 바로 종교 신앙은 아닐 것이다. 그러나 그것은 우리를 종교 신앙으로 인도, 유도, 자극할 수 있을 것이다. 기독교인들은 이 존재에 대한 경외심을 "하느님이 세상을 창조했다"고 표현한다. 비트겐슈타인은 이렇게 말한다.

영원하고 중요한 것은 종종 침투할 수 없는 장막으로 인간에게 가려져 있다. 그는 거기에 어떤 것이 있다는 것을 알지만 그것을 볼 수는 없다. 그 장막은 밝음을 반영한다.

"*Culture and Value*(p.70) : What is eternal and important is often hidden from a man by an impenetrable veil. He knows : there's something under there, but he cannot see it. The veil refiects the daylight."[34]

셋째, 비트겐슈타인의 후기 사상과 선불교의 유사점은 그들의 언어관에도 나타난다. "비트겐슈타인은, 언어를 가장 잘 이해하는

---

34) 이 구절의 설명에 대해서는 다음을 참조할 것. 황필호, 『서양종교철학 산책』, 앞의 책, p.315.

방법은 개념이나 규칙 같은 것을 의식하지 말고 그냥 언어를 구사하는 것이라고 말하는데, 이것은 대상을 전혀 의식하지 않고 '그대로의 행동(just doing, 無礙行)'인 언어에 관한 선적(禪的) 경지로 들어가라는 뜻으로 해석해야 한다. 따라서 선사의 방식대로 사유로부터 자유롭게 사는 것과 그 날 그 날의 언어 사용에 충분한 이해를 가지고 전적으로 참여하는 것은 양립 가능하며, 비트겐슈타인에게서 언어의 근거는 선에서처럼 '그저 할 뿐인 실제 행동'에 있는 것이다."[35]

8. 맺음말

나는 지금까지 선불교의 여러 사상을 서양철학과 비교해서 고찰함으로써 그 사상의 독특성과 문제점을 동시에 드러내려고 노력했다. 이런 노력이 불교인뿐만 아니라 다른 종교의 신자들과 학자들에게도 필요하다는 전제 아래.

첫째, 나는 기독교의 영성과 타종교의 '영성'의 관계를 더욱 세밀하게 분석할 필요가 있다고 말했다.

둘째, 나는 기독교의 침묵·불교의 무념·소크라테스의 무지·도교의 언어도단·힌두교의 네티 사상 등이 과연 소극적일 뿐만 아니라 적극적인 역할을 할 수 있느냐는 문제를 제기했다. 기독교적으로 표현하면, 이것은 '부정의 길(via negativa)'과 '긍정의 길(via positiva)'의 관계가 될 것이다.

셋째, 나는 부정적인 '큰 형용사들'로 둘러싸인 하늘·도·무심·궁극적 관심 등의 정확한 현주소를 밝히는 일이 중요하다고 말했다.

---

35) 김종욱, 『불교 사상과 서양철학』 앞의 책, p.274.

넷째, 나는 선불교의 돈점 문제를 다른 종교와 연관해서 고려할 필요가 있다고 말했다. 근본적으로 선불교의 선과 교의 문제는 기독교의 계시와 이성의 문제와 거의 동일하기 때문이다.

다섯째, 나는 돈점의 문제로 직접 들어가서 선교의 관계가 돈점의 관계와 완전히 일치하지는 않는다고 주장했으며, 끝으로 우리가 이 두 관계를 심각하게 토론할 수 있는 현실적 및 이론적 이유를 간단히 기술했다.

여섯째, 나는 선불교와 서양철학의 유사성을 주장하는 학자들을 간단히 소개했다.

이상의 여섯 가지 문제 중에서 가장 중요한 것은 역시 돈점의 문제일 것이다. 이 문제를 토론하려면 자연히 선과 교의 문제, 계시와 이성의 문제, 실천과 이론의 문제를 토론할 수밖에 없을 것이기 때문이다.

원래 돈오점수설을 주장한 보조국사(普照國師)에 의하면, 이것은 순전히 상근승기(上根勝機)를 가진 사람과 하근열기(下根劣機)를 가진 사람의 차이일 뿐이다. 고형곤(高亨坤)은 『수심결』(修心訣, 法語集, 69쪽)을 인용하면서 보조의 사상을 이렇게 설명한다.

대상 사물에 대한 집착이 담박(淡薄)하고 순역경(順逆境)에 대한 호염(好厭)의 정이 없어서 선(善)에 선을 여의고 악(惡)에 악을 여의며, 이쇠훼예칭기고락(利衰毀譽稱譏苦樂)에 움직이지 않고, 고락(苦樂)을 받고 버림에 자유자재하는 천품(天稟)을 가진 사람은 작위(作爲)함이 없이 천진하여 동정(動靜) 그대로 자연에 합치하는 고로, 본래부터 자성(自性)에 구족한 정혜(定慧)에 따라서 그때그때 행동함으로써 족한 것이요, 사물에의 유감을 배제하기 위하여 마음의 산란(散亂)을 물리칠 필요도 없고 또 망회혼미(忘懷昏迷)에 침체(沈滯)하지 않기 위하여 마음을 성성(惺惺)하게 가지려고 애쓸 필요도 없다. 그러니 그가 어찌 수상문대치(隨相門對治)가 필요하겠는가?

그러나 비록 "번뇌망상이 본래부터 없는 것이요, 본래부터 보광명지(普光明智)가 자심(自心)에 구족(具足)하여 불(佛)과 조금도 다르지 않다"는 신해(信解)를 내 마음속에서 돈증(頓證)했다 하더라도, 업장(業障)이 무거운 열기(劣機)의 사람은 대상을 반연(攀緣)하고 대경(對境)을 호염하는 치기(稚氣)가 좀처럼 가시지 않는 고로, 순역(順逆)에 따라 진희시비(瞋喜是非)가 치연(熾然)하게 기멸(起滅)하여 객진번뇌(客塵煩惱)가 전과 다를 것이 없다.[36]

여기서 전자에 속하는 사람은 일단 깨달은 다음에 마음을 성성하게 가지려고 애쓸 필요도 없겠지만, 후자에 속하는 사람은 깨달은 다음에도 계속 정진해야 하는데, 보조국사는 후자를 다음과 같은 비유로 설명한다. 결빙(結氷)된 연못이 사실은 물이라는 것은 확실하지만, 그 얼음이 녹으려면 결국 햇빛의 도움을 받아야 한다. 이렇게 보조국사는 돈오와 점수를 수행자의 근기로 설명한다.

그러나 오늘날 이 논쟁에 참여하고 있는 대부분의 학자들은 그것을 개인의 근기 문제로 보지 않고 깨달음과 닦음의 관계의 문제로 보고 있다.

돈오돈수와 돈오점수, 어느 쪽이 옳은가? 이 질문에 대하여 박성배는 이 양자를 조화시켜서 보조국사의 돈오점수설을 '돈오돈수적 점수설'로 발전시키는 것이 바람직하다고 답변하는데, 그의 논지는 다음과 같이 요약될 수 있다.

첫째, '깨침'이라는 어휘는 어떤 사건을 지시하기도 하고 그런 경험의 궁극적인 내용을 지시하기도 한다. 전자의 경우에 우리는 누가 언제 어디서 어떤 깨침을 얻었느냐 등을 질문하지만, 후자의 경우에 우리는 그런 특수한 질문보다는 깨침의 본질이 무엇이냐를 묻는다. 이 양자를 화엄 철학에서는 각각 사적(事的) 면과 이적(理

---

36) 고형곤, 『선의 세계』, II, 운주사, 1995, p.95.

的) 면이라고 부르고, 서양철학에서는 그들을 각각 인식론적 측면과 존재론적 측면이라고 부른다. 물론 깨침이란 본래 전체적인 '생명 현상'이기 때문에 이 구별을 명확하게 하기란 거의 불가능하다. 그리고 깨침을 이렇게 이(理)와 사(事)·체(體)와 용(用)·보편과 특수·존재론과 인식론 등으로 분석하면, 그렇게 분석하는 순간에 깨침만이 갖는 고유한 생명은 죽고 만다.[37]

둘째, 그럼에도 우리는 깨침을 사적 면에서 언급하지 않을 수 없다. 우선 모든 인간이 현실적으로는 '구체적인 사적 존재'로 살고 있으며, 또한 대부분의 사람들은 아직 깨치지 못하고 있기 때문이다. 즉, 우리는 혼미한 사람들에게 일체 중생이 있는 그대로 모두 완전한 부처님이라는 사실을 알려주어야 하는데, 이 일은 단적으로 사(事)에 속한다. 그래서 "깨침의 내용은 이(理)겠지만, 이것이 개개의 미(迷)한 사람들과 관련될 때는 이를 사(事)로 다루지 않을 수 없는 것이며, 이 경우에 사로서의 깨침은 이로서의 깨침을 배반해서는 안 된다."[38]

셋째, 깨침을 사로 다루면 여러 가지 문제가 발생하기 마련이다. 우선 "우리는 깨치기 이전과 깨친 다음의 구별을 엄격히 해야 하고, 이미 깨친 상태와 아직 깨치지 못한 상태의 구별을 분명히 하고, 진짜 깨침과 가짜 깨침의 구별을 철저히 해야 한다.

그러나 우리가 일단 깨침을 이로 다루면, 일체의 인위적인 것들은 일시에 자취를 감춘다. 여기서는 시간도 부정되고, 공간도 부정되고, 부처님도 역대 조사도 일체 경전도 모두 빛을 잃는다. 물론 깨치기 이전과 깨친 다음이라는 구별조차 문제되지 않는다. 이렇게 깨침이라는 말은 똑같은데, 이를 사(事)로 다루느냐 혹은 이(理)로 다루느냐에 따라서 대화의 내용과 분위기는 판이하게 달라진

---

37) 박성배, 앞의 글, p.270.
38) 같은 글, p.272.

다."39) 여기서 나오는 결론은 무엇인가?

  돈오점수설이 깨침의 본질을 한 인간으로 인간 사회 속에서 매일매
일 어떻게 살아야 하느냐는 '닦음의 문제'와의 관계 속에서 이야기하는
매우 '넓은 의미'의 종합적 수행(修行) 이론이라면, 돈오돈수설은 이타
적 보살행에 대한 관심 표시나 구체적인 업급을 일체 거부하고 오직
깨침 하나만을 위해서 사는 깊은 산 속 수도자들의 용맹정진반 경책(驚
策)과도 같은 매우 '좁은 의미'의 특수한 수도(修道) 이론이라고 말할
수 있다. 여기서 좁다는 말은 결코 나쁜 뜻이 아니다. 너무 특수하여
거기에 해당되는 사람이 극히 제한되어 있다는 말일 뿐이다.40)

  돈오돈수보다는 돈오점수를 옹호하면서 — 아마도 '돈오점수적
돈수'는 그 자체로 불가능하기 때문에 — '돈오돈수적 점수'를 주장
하는 박성배의 설명이 여기에 관련된 모든 문제를 해결할 수 있느
냐는 질문은 독자의 판단에 맡기겠다.
  나는 이 글에서 내가 제기한 어떤 문제에 대해서도 충분히 토론
하지 못했으며, 또한 명확한 결론도 내리지 못했다. 그래서 윤원철
의 글이 물음표로 끝났다면, 나의 글은 그저 단편적인 느낌표로 끝
난 듯하다. 다만 윤원철은 처음부터 그렇게 끝내려고 의도했던 것
임에 반해, 나는 나의 역량 부족으로 그렇게 끝날 수밖에 없었다는
차이가 있을 뿐이다.

---

39) 같은 글, p.271.
40) 같은 글, pp.275-276.

제 10 장
기독교 · 불교 · 비트겐슈타인*

1. 머리말

    지금까지 비트겐슈타인의 사상은 주로 기독교와 연관되어 토론되어 왔다. 허드슨(D. Hudson)의 '문법으로서의 신학'이라는 이론이 그 대표적인 경우라고 하겠다. 그러나 나는 이 글에서 이런 경향에 반대되는 두 가지를 주장하겠다.

    첫째, 확실히 비트겐슈타인은 종교 신앙을 주로 기독교의 하느님과 그 하느님에 대한 신학적 관점에서 토론한다. 그래서 우리는 그의 종교관은 유교, 불교, 일부의 힌두교와 같은 비신론적 종교들과 18세기 서양에서 유행했던 이신론(理神論)적 및 무신론적 종교에는 해당되지 않는다고 생각하기 쉽다. 그러나 이런 관점은 유신론적인 유대교, 기독교, 이슬람교만이 성행했던 당시 서양 문화의

---

* 이 글은 황필호, 「비트겐슈타인, 기독교, 불교」(『종교철학자가 본 불교』, 민족사, 1990, pp.195-223)를 약간 수정한 것이다.

제약을 그대로 받아들인 견해일 뿐이다.

만약 우리가 비트겐슈타인의 사상을 이런 문화적 제약을 벗어난 통시적 및 통공적 시각에서 본다면, 우리는 분명히 그의 사상을 모든 종교에 적용시킬 수 있을 것이다. 앞으로 말하겠지만, 그는 종교를 사실의 문제가 아니라 의미의 문제로 보았으며, 확실성의 문제가 아니라 신앙의 문제로 보았기 때문이다.

둘째, 한 걸음 더 나아가서 나는 이 글에서 후기 비트겐슈타인의 사상은 기독교보다는 차라리 불교에 더욱 가깝다고 주장하겠다. 지금까지 일부의 학자들이 그의 사상을 불교와 연관시켜서 토론해 왔다. 그러나 정확히 나와 같은 주장을 한 사람은 아직 없는 듯하다. 나의 과문의 탓일지도 모르지만.

그러면 비트겐슈타인의 사상이 기독교보다 불교에 가깝다는 나의 주장의 근거는 무엇인가? 나는 그것을 사실과 의미의 문제, 종교적 봉헌과 그 봉헌의 대상의 문제, 자아와 무아에 대한 문제의 세 가지로 설명하겠다. 그리고 나는 이런 설명을 비트겐슈타인의 전기 사상보다는 후기 사상을 중심으로 해서 전개하고, 소승불교보다는 대승불교 혹은 선불교와 비교하면서 시도하겠다. 이 과정에서 우리는 기독교와 불교의 근본적인 차이점을 알게 될 것이며, 또한 내용적으로는 비트겐슈타인의 전후기 사상의 관계가 소승불교와 대승불교의 관계와 유사하다는 사실을 — 그러나 역사적으로는 증명되지 않은 사실을 — 발견하게 될 것이다.

2. 사실과 의미

비트겐슈타인에 의하면, 종교 신앙이란 어떤 사물이나 사건을 특별하게 경험하는 것이다. 예를 들어서 비종교인들은 금강산에 올라가서 '참 아름다워라'라고 말한다. 그러나 종교인들은 그 말을 한 다음에 꼭 '주님의 세계'라든지 '부처님의 오묘한 조화'라는 말을 덧붙인다. 그러니까 종교인들은 금강산이라는 자연물을 보면서 동시에 그것을 초자연물로 보는 것이다. 동일한 산을 비종교인들은 자연의 결과로만 보지만 종교인은 그것을 자연의 결과일 뿐만 아니라 동시에 초자연의 결과로 본다.[1)

또 다른 예를 들자. 세속적인 사학자에 의하면, 구약성서에 나오는 이스라엘의 역사 기록은 극히 엉성한 자연적 의미만을 가지고 있다. 우선 기록이 연대별로 세밀하게 되어 있지 않다. 그러나 기독교인에게 그것은 하느님이 선택한 백성을 인도하고 지도하고 훈련하는 교훈이 된다. 그래서 일반인에게 그것은 시시한 역사책에 지나지 않지만 기독교인에게는 '성서'가 된다. 석가의 전생 기록을 보면 참으로 한심한 비과학적 만담으로 보인다. 그러나 그것은 경건한 불교인에게 '경전'이 된다.

　구약성서의 예언자들은 그 당시의 사건들을 한편으로는 이스라엘과 인접 국가와의 교차에서 일어나는 사건으로 보고 다른 한편으로는 하느님이 그가 택한 백성을 인도하고 지도하고 훈련시키고 벌을 줌으로써 그의 목표를 이해시키는 도구로 본다. 세속적인 역사학자들에게는 단순히 정치·경제·사회·지역적인 사건이지만, 예언자들에게는 수세기에 걸친 하느님과 인간의 대화를 표상하는 사건이다.

　예언자들은 하나의 가정을 세우고 그 가정을 거꾸로 지나간 사실에 맞추는 역사철학을 시도한 것이 아니다. 그들은 직접 구원의 역사 속에 살고 있다고 믿었기 때문에, 그들은 실제로 일어난 사건들을 특별하게 ― 종교적으로 ― 경험한 것이다. 그들은 하느님이 직접 이 세상에서 역사하고 있다고 믿는다. 그들은 그 당시의 상황을 하느님이 직접 임재한 순간으로 경험한다. 그리하여 어느 구약 주석가는 이렇게 기록한다. "예

---

1) 황필호, 『백두산, 킬리만자로, 설악산』, 신아출판사, 2000, p.156.

레미아는 갈대아의 군사 뒤에 야웨가 그들을 위하여 싸우고 있다고 보았다."[2]

구약성서에 대한 이런 특별한 견해는 신약성서에도 그대로 이어지고 있다고 힉(John H. Hick)은 말한다.

하나의 사건을 자연적 사건과 종교적 사건으로 동시에 해석하려는 인식론적 유형은 신약에도 나타난다. 나사렛 예수라는 인간의 이야기에는 여러 가지 애매한 점이 있다. 혹자는 그가 정치에 관여했다가 예루살렘의 종교계에 대항하게 되었으며, 급기야는 그 대항에서 패배한 자칭 선지자로 본다.

그러나 성서의 저자들은 예수를 살아 있는 하느님의 아들이며 인류를 죄악으로부터 구원해줄 메시아로 본다. 그리고 여기서 예수를 하느님의 아들로 본다는 것은 바로 신앙을 갖는 일이며, 예수라는 인물을 구세주로 경험하는 것이다.[3]

비트겐슈타인은 이렇게 어떤 사물이나 사건을 특별하게 바라보는 경우를 '수수께끼 그림'으로 설명한다. 종이 위에 여러 개의 점과 어지러운 선이 그려져 있다고 하자. 아무도 그것이 무엇인지를 알 수 없다. 그런데 그것을 오랫동안 쳐다보던 사람이 갑자기 이것은 단순한 어지러운 점과 선이 아니라 작은 나무 앞에 서 있는 한 남자의 형태임을 발견했다고 가정하자. 그러면 그때부터 그 종이 위의 모든 점과 선은 아무렇게나 그려진 것이 아니라, 나무 앞에 서 있는 남자라는 특수한 형태와 관련하여 새로운 의미를 갖게 된다. 즉, 그 그림은 그것을 바라보던 사람의 '특수한 형태로 보는 행위'에 의하여 새로운 의미를 갖게 된다. 우리는 이런 행위를 '……

---

2) 같은 책, pp.158-159.
3) John Hick, 황필호 역, 『종교철학 개론』, 증보판, 종로서적, 1989, p.110.

제Ⅴ부 21세기의 쟁점 : 종교와 철학의 관계 | 279

로 본다(seeing as ……)'고 표현할 수 있으며, 이런 시각적인 경우를 조금 더 발전시켜서 '…… 로 경험한다(experiencing as ……)'고 표현할 수 있다.4) 감수성이 예민한 시인들이 자연을 '신의 사자(使者)'라고 부르는 이유도 여기에 있다.5)

그럼에도 지금까지 기독교 철학자들은 "하느님은 존재한다" 혹은 "하느님은 존재하지 않는다"는 명제를 마치 "이 방에 책상이 있다" 혹은 "이 방에 책상이 없다"와 동일한 명제로 취급해왔다. 다시 말해서, 계시·신앙·성서·신학을 모두 사실적인 명제에 대한 진위의 문제로 파악하는 명제론적 해석(propositional interpretation)에 열중해왔다. 그리하여 하느님이라는 존재에 대한 종교인의 특수한 경험보다는 하느님이 — 마치 하늘의 구름이 존재하듯이 — 실제로 존재하느냐는 문제가 더욱 중요하다고 믿어왔다. 여기서 성서는 '저곳'에 있는 틀릴 수 없는 영감(infallible inspiration)의 말씀이 된다.6)

다행히 기독교를 사실적인 입장에서 해석하려던 보수주의는 바르트(Karl Barth)를 위시한 신정통주의자들의 공격을 받게 된다. 그들은 이제 성서를 액면 그대로 받아들였던 전통에서 벗어나서 엄연한 역사적 비평의 대상으로 간주하고, 진리·계시·성서에 대한 새로운 언어를 개발하려고 노력한다. 인식론과 언어철학의 관점에서 볼 때, 이 새로운 사조는 굉장히 흥미로운 현상이다. 쳉(Hsueh-Li Cheng)은 이렇게 말한다.

신정통주의자들에 의하면 하느님의 말씀은 성서에 기록된 언어나

4) L. Wittgenstein, 『철학적 탐구』, 제2부 11절.
5) Cf. 이생진, 『아무도 섬에 오라고 하지 않았다』, 작가정신사, 1997, pp.16-17.
6) Hsueh-Li Cheng, "Zen, Wittgenstein and New-Orthodox Theology : The Problem of Communicating in Zen Buddhism", *Religious Studies*, vol. 18, no. 2, June 1982. (황필호, 『분석철학과 종교』, 종로서적, 1987, p.300에서 재인용.)

어떤 교리적인 명제와도 동일하지 않다. 엄밀히 말해서, 진리란 말하고 기록될 수 있는 것이 아니다. '저곳'에 있는 객관적 실체도 아니다. 진리란 개념화될 수 없고 객체화될 수 없다. 진리란 개인적이며, 키에르케고르가 말했듯이, 나에게 진리가 아닌 것은 진리가 아니다. 진리란 일련의 명제를 통해서 알려지고 이지적으로 수용되는 것이 아니라, 하느님이 인간의 가슴을 만질 때 '되어지는 진리(becoming truths)'다.

　진리나 하느님의 말씀을 알 수 있는 열쇠는 성서·교회 혹은 사도들의 가르침을 통해서가 아니라, 하느님과 인간의 개인적인 만남을 통하는 것이다. 그러므로 계시는 명제적 정보의 커뮤니케이션이 아니다. 성서적 발설의 의미는 진리에 대한 개인적 응답 속에서만 지각될 수 있다.[7]

　그러나 기독교의 진리를 사실의 차원으로부터 의미의 차원으로 완전히 전환시킨 사람들은 신정통주의, 신개혁주의, 변증법주의, 신개신교주의, 신초자연주의, 위기 신학, 바르트주의라는 각기 다른 이름으로 불리는 신학자들이 아니라 비트겐슈타인의 사상을 종교에 적용시킨 철학자들이라고 할 수 있다. 이들은 기독교에 대한 지금까지의 명제론적 해석을 배격하고 비명제론적 해석(nonpropositional interpretation)을 하는데, 이런 해석의 효시로는 위스덤(John Wisdom)의 '정원사의 비유'를 들 수 있다.

　두 사람이 오랫동안 버려두었던 정원에 돌아와보니 옛날에 심었던 나무 몇 그루가 잡초 속에 생생하게 살아 있다. A가 "아마 어떤 정원사가 우리들이 없는 동안에 이곳에 와서 이 나무들을 보살핀 것이 틀림없다"고 말한다. 그러나 그들은 이곳에서 일하는 정원사를 본 사람은 아무도 없다는 것을 발견한다. A는 다시 "그렇다면 정원사는 사람들이 잠자고 있을 때 이곳에 와서 일했음이 틀림없다"고 말한다. 그러나 B가 대답

7) 같은 책, p.302에서 재인용.

한다. "아니야, 그가 일했다면 반드시 누군가가 그를 목격했을 것이다. 그리고 나무를 보살피는 정원사라면 이렇게 우거진 잡초를 그대로 내버려두지는 않았을 것이다."

A는 다시 말한다. "이 나무들이 이렇게 가지런히 서 있는 것을 봐. 여기에는 분명히 어떤 목적이 있고 아름다움이 있다. 내 생각으로는 사람들의 눈에 보이지 않는 정원사가 이곳에 왔었던 것이 틀림없다. 우리가 더 세밀히 조사하면 내 말이 옳다는 것을 발견할 것이다."

그리하여 두 사람은 더욱 세밀히 정원을 조사해본다. 어떤 때는 정원사가 왔으리라는 가정을 뒷받침하는 사실을 발견하고, 어떤 때는 악의를 가진 사람이 일을 했으리라는 가정을 뒷받침하는 사실을 발견하고, 또 다른 때는 어떤 정원사도 이곳에 오지 않았으리라는 가정을 뒷받침하는 사실을 발견한다. 그리고 두 사람은 정원을 오랫동안 버려두면 어떻게 되느냐는 문제에 대해서도 서로 검토한다. 마지막에 A가 다시 말한다. "나는 정원사가 왔었다고 믿는다." 그러나 B는 정원사는 없었다고 결론 내린다.

두 사람의 결론이 서로 다른 이유는, 그들이 정원에서 실제로 본 것이나 앞으로 볼 수 있는 사실이 다르거나, 오랫동안 버려둔 정원에 대한 그들의 견해가 서로 다르기 때문이 아니다. 여기서 정원사의 가정은 실험적 성격을 벗어난다. 다시 말해, 정원사에 대한 찬성과 반대는 한 사람이 다른 사람이 모르는 어떤 증거를 가지고 있기 때문이 아니다. 그들의 의견 차이의 원인은 어디에 있는가? A는 말한다. "정원사는 아무도 볼 수 없고 들을 수 없게 이곳에 왔었다. 그리고 그 정원사의 존재는 지금 우리가 볼 수 있는 그의 작업을 통하여 알 수 있다." 그러나 B는 정원사의 존재를 부인한다. 그러므로 정원사에 대한 그들의 의견 차이는 그들이 정원 자체를 어떻게 보느냐에 달려 있다.[8]

여기서 위스덤이 제의하는 것은, 유신론자와 무신론자는 현재나

---

8) John Wisdom, "Gods", *Classical and Contemporary Readings in the Philosophy of Religion*, John Hick, ed. Prentice-Hall, 1970, p.429. (황필호, 『분석철학과 종교』, 앞의 책, pp.55-57에서 재인용.)

장래에 경험할 수 있는 어떤 사실에 대하여 의견을 달리하는 것이 아니라는 점이다. 그들은 단지 동일한 사실에 대하여 저마다 다른 반응을 보인 것이다. 그들은 상호 모순되는 주장을 하는 것이 아니라 저마다 다른 감정을 표현할 뿐이다. 그러므로 우리는 어느 한쪽이 옳다거나 그르다고 말할 수 없다. 그들은 그들이 주장하는 대로 세계를 파악하고 있을 따름이다. 이와 같은 감정 표현은 세계에 대한 사실적인 주장이 아니기 때문에 우리는 단지 어느 감정이 더욱 가치 있고 더욱 만족스러우냐를 논의할 수 있을 뿐이다.

산타야나(George Santayana)의 말과 같이, 종교란 옳거나 틀린 것이 아니라 더 좋거나 더 나쁜 것일 뿐이다. 다시 말해, 유신론자와 무신론자는 어떤 경험 가능한 사실(the experienceable facts)에 대하여 의견을 달리하는 것이 아니기 때문에, 우리는 적어도 원칙적으로는 어느 쪽의 주장이 옳다고 판단할 수 없다.

오늘날 기독교 철학자들은 아직도 명제론적 해석과 비명제론적 해석, 혹은 인식론적 해석과 비인식론적 해석을 놓고 열띤 논쟁을 벌이고 있다. 그리하여 에이어(A. J. Ayer)와 플루(A. Flew)는 명제론의 입장에서 종교 언어의 무의미성을 주장하고, 여기에 대하여 위스덤과 헤어(R. M. Hare)는 비명제론적 입장에서 종교 언어의 유의미성을 주장하고, 미첼(Basil Mitchell)과 힉(John Hick)은 종말론적 명제론의 입장에서 종교 언어를 옹호하며, 크롬비(Ian M. Crowbie)는 종교 언어가 일종의 사실적인 명제라는 기독론적 비유론을 제창한다. 또한 램지(I. T. Ramsey)는 종교 언어를 역설로 해석하며, 브레이트웨이트(R. B. Braithwaite)는 다시 비명제론적 윤리론을 제창한다. 하여간 이 논쟁은 오늘날 기독교 철학의 가장 중요한 문제로 대두되고 있다.[9]

---

9) 이들의 사상에 대해서는 『분석철학과 종교』, pp.45-96을 참조할 것.

여기에 비하여 불교는 처음부터 깨달음이라는 진리를 사실의 차원이 아니라 의미의 차원에서 제시한다. 물론 불교에도 "있는 그대로, 여실하게 보라"는 말이 있다. 그렇다고 해서, 책상을 책상으로 보고 자비심을 자비심으로 보기만 하면 깨달음을 얻을 수 있는 것은 아니다. 오직 삶을 고통으로 경험하고, 그 고통은 집착에서 나온다는 진리를 깨닫고, 그 고통을 제거하는 여덟 가지 길을 따름으로써만 깨달음을 얻을 수 있다.

불교의 근본 교설에서 중요한 위치를 차지하는 삼법인(三法印)의 첫 번째인 제행무상(諸行無常)을 생각해보자. 이 교설은 모든 사물, 인간, 인간의 마음은 끊임없이 생성하고 변하기 때문에 영원한 것은 존재하지 않는다고 말한다. 모든 사람은 태어나고 늙고 병들고 죽는다. 아무리 의술이 발달해도 인간의 불사 영생은 실현될 수 없다. 자연도 무상함을 벗어날 수 없다. 거대한 천체로부터 미진에 이르는 모든 물체는 생(生)하고 머물고[住] 변하고[變] 사라진다[滅].[10] 보편적 타당성을 가진 궁극적 인간 경험이란 존재할 수 없다. 그러므로 우리는 모든 것을 특별하게 ― 무상한 것으로 ― 경험함으로써만 깨달음을 얻을 수 있다.

불교인의 이런 주장은 '최후의 심판'에 대한 비트겐슈타인의 토론과 굉장히 비슷하다. 최후의 심판을 믿는 사람과 믿지 않는 사람이 있다고 하자. 그들은 어떤 사실에 대한 각기 다른 판단을 내린 것이 아니며, 이런 뜻에서 두 사람은 서로 모순된다고 말할 수도 없다. 그들은 단지 삶과 죽음에 대한 각기 다른 태도를 가지고 있다. 그러나 최후의 심판을 믿는 사람의 신앙은 '추론이나 상식적인 근거에 호소함으로써가 아니라 그의 전 생애를 규제한다'는 뜻에서, 그는 움직일 수 없는 신앙(an unshakable belief)을 가지고 있다고 말할 수 있다.[11] 페어스(D. Pears)는 종교에 대한 비트겐슈타인

---

10) 동국대학교, 『불교학 개론』, 1989, p.57.

의 사상을 이렇게 표현한다.

종교적 신조는 사실적인 가설이 아니다. 그것은 사실적인 가설과 다른 방식으로 우리들의 사고와 행동에 영향을 준다. 종교에 대한 이런 견해는 비트겐슈타인의 후기 사상과 일치한다. 종교적 명제의 의미는, 만약 참이라면 어떤 경우냐를 나타내는 기능이 아니라, 그것을 가지고 있는 사람들의 삶에 엄청난 차이점을 줄 수 있는 기능을 가지고 있다는 것이다.12)

물론 제행무상이라는 명제는 최후의 심판이라는 명제와 동일한 서약을 내포하지 않는다. "그러나 이 두 명제의 공통점은, 그 명제를 발설하는 사람과 발설하지 않는 사람 사이에 어떤 사실에 대한 의견의 불일치가 있는 것이 아니라는 점이다. 그럼에도 기독교에서 그 명제는 신자와 비신자를 구별하게 만들고, 불교에서 그 명제는 깨달은 사람과 깨닫지 못한 사람을 구별하게 만든다. 이것이 바로 기독교와 불교의 차이점이다. 그러나 이 차이점은·아무런 상관이 없다. 비트겐슈타인과·불교의 중도론(中道論)에서 중요한 공통점은, 종교적 주장은 사실에 상응하는 것이 아니라 독특한 삶의 태도에 상응한다는 점이다."13) 캔필드(John V. Canfield)가 비트겐슈타인의 후기 철학과 대승불교 교리는 '중요한 점에서 공통점을 가지고 있다'고 주장한 이유도 여기에 있다.14)

후기 비트겐슈타인과 불교의 유사성은 대승불교에서 한 걸음 더 발전된 선불교에서 더욱 뚜렷하게 나타난다. 신정통신학자들이나 비명제론적 해석을 하는 기독교인들과 마찬가지로, 선사들은 언제

---

11) L. Wittgenstein, *Lectures and Conversations on Aesthetics, Psychology and Religious Belief*, ed. Cyril Barrett, University of California Press, 1967, p.54.
12) D. Pears, *Wittgenstein*, 1971, p.174.
13) C. Gudmunsen, *Wittgenstein and Buddhism*, Macmillan, 1977, p.103.
14) John V. Canfield, "Wittgenstein and Zen", *Philosophy*, vol. 50, 1976, p.383.

나 경전에 얽매이지 말고 경전을 깨달음에 이르는 하나의 방편으로 삼아야 한다고 가르치며, 어느 때는 "경전을 불살라 버리라!"고 충고한다. 이러한 사실은 다음의 일화에 잘 나타난다.

『대반열반경』을 오랫동안 암송했으나 그 경전의 가르침을 이해할 수 없었던 어떤 비구니가 중국 선불교의 6대 조사인 혜능(慧能 : 638~713)을 방문했다고 한다. 그 경전을 설명해달라는 부탁에 대해 혜능은 이렇게 말한다.

"나는 문맹이오, 그러나 이 경전의 뜻을 알고 싶으면 질문하시오."
"당신이 글자도 모른다면, 어떻게 경전의 내용을 알 수 있습니까?"
"불타의 위대한 가르침은 기록된 언어와는 아무런 상관이 없습니다."

선불교의 이러한 사상은,15) 언어의 의미를 사실에서 찾지 않으며, 또한 종교 신앙을 특별한 방식(종교적 방식)으로 경험하는 행위로 간주한 비트겐슈타인의 후기 사상과 일맥상통한다. 비트겐슈타인과 선불교와 기독교의 신정통신학을 비교한 쳉은 이렇게 말한다.

신정통신학은 성서의 언어, 진리, 커뮤니케이션, 성서의 본질 등에 대하여 새로운 개념을 주장하는 '새로운 학파'같이 보인다. 그러나 종교 사적으로 보면, 이것은 절대로 새로운 사상이 아니다. 선불교인들은 이와 비슷한 개념을 이미 신정통신학보다 천 년이나 먼저 제시했던 것이다. 물론 선불교와 신정통신학 사이에는 많은 차이점이 있다.
그러나 후자와 마찬가지로, 선사들은 경전이나 어떤 교리적 명제도 액면대로 받아들이지 않는다. 불타의 다르마는 어떤 불경과도 동일하지 않다. 불교의 진리는 한 권 혹은 여러 권의 경전이라는 책 속에 있는 글자로 구성되어 있지 않다.16)

---

15) Cf. 황필호, 『삶이 무엇이냐고 묻는다면』, 자유문학사, 1986, p.243.

선에서 진리는 개인적일 뿐만 아니라 구체적이다. 진리를 언어적 진술이나 문자적 명제와 동일시하는 것은 진리를 객체화시키고 개념화시키는 것이며, 그것을 추상화시켜서 사멸시키는 것이다. 그리하여 "선불교인들은 지적으로 그럴 듯한 명제를 종종 죽은 언어로 취급한다. 신정통학파와 마찬가지로, 그들은 진리가 지적으로 이해해서 받아들일 수 있는 일련의 사실적 명제라고 생각하지 않는다."17)

지금까지 우리는 후기 비트겐슈타인의 사상과 불교의 유사성을 증명하기 위하여 사실과 의미의 문제를 두 종교를 대비시키면서 고찰했다. 여기서 기독교는 진리를 사실의 차원과 의미의 차원에서 찾는 두 줄기를 가지고 있는 반면에 불교는 처음부터 후기 비트겐슈타인과 마찬가지로 의미의 차원에서 찾았다는 것을 발견한다. 그러나 비트겐슈타인과 불교의 유사성은 봉헌과 봉헌 대상의 문제, 그리고 자아와 타자의 문제를 고찰함으로써 더욱 확연히 알 수 있다.

3. 봉헌과 봉헌의 대상

우리는 흔히 기독교는 하느님의 종교지만 불교는 인간의 종교며, 예수는 하느님의 아들이지만 석가는 사람의 아들이며, 기독교

---

16) 황필호, 『분석철학과 종교』, 앞의 책, p.304에서 재인용.
17) 같은 책, p.306에서 재인용. Cf. 쳉은 이 글에서 비트겐슈타인의 사상과 선불교의 사상이 절대로 동일하지 않다고 말하면서, 그 이유로 전자는 일상 언어로 표현되어 있으나 후자는 일상 언어뿐만 아니라 초일상적 혹은 형이상학적 언어로 표현되어 있음을 지적한다. 그러나 우리는 비트겐슈타인의 후기 철학에도 여러 가지 형이상학적 전제를 가지고 있다는 사실을 잊지 말아야 한다. 이 점에 대해서는 특히 다음을 참조할 것. John W. Cook, "Wittgenstein and Religious Belief", *Philosophy*, vol. 63, no. 246, October 1988, pp.427-452.

는 타력 신앙(他力信仰)을 강조하지만 불교는 자력 수양(自力修養)을 강조한다고 말한다. 그래서 기독교는 경건한 봉헌 의식이 있지만 불교에는 그런 봉헌 의식이 없다고 생각하기 쉽다. 그러나 이런 관찰은 잘못된 것이다. 오히려 대승불교가 예불과 봉헌을 굉장히 강조한다는 것은 누구나 아는 일이다. 그리하여 거드문센(C. Gudmunsen)은, 특히 반야부 경전에는 소승불교의 기준으로 봐서도 지나칠 정도의 봉헌적 요소가 있다고 말한다.18)

그러나 기독교인의 봉헌과 불교인의 봉헌 사이에는 한 가지 현격한 차이가 있다. 기독교인의 봉헌에는 하느님·예수님·성령님과 같은 대상이 있지만, 불교인의 봉헌에는 그런 대상이 없다. 물론 불교인도 '거룩하신 세존'이라든지 '지혜의 완성이신 석가'라는 봉헌의 구절을 항시 마음에 간직하고 있거나 직접 염송한다. 그러나 석가는 어디까지나 우리의 깨달음을 위한 발판, 나룻배, 달을 가리키는 손가락에 불과한 것이다. 거드문센은 이렇게 말한다.

반야부 경전에서 강조하는 봉헌은 특수한 성격을 가지고 있다. 이 봉헌은 확실히 어떤 사람이나 물체에 대한 존경심이다. 그러나 다른 한편으로 그런 존경심의 대상인 사람이나 물체는 존재하지 않는다. 우리가 여기서 발견하는 것은 '대상 없는 봉헌(devotion without objects of devotion)'이다.19)

예수는 "나를 믿으라!"고 권유하지만, 석가는 "나의 가르침을 따르라!"고 권유한다. 즉, 석가는 "나는 길이요 진리요 생명"이라고 말하지 않는다. 석가라는 사람이 중요한 것이 아니라 석가의 가르침이 중요하다는 뜻이다. 기독교와 불교의 이런 차이는『석가와 예수의 대화』에 잘 나타나 있다.

---

18) Gudmunsen, 앞의 책, p.108.
19) 같은 책, p.108.

석가 : 자아라는 개념이 바로 환상의 근원입니다. 우리가 그 개념으로부터 자유롭게 될 때 우리는 진실로 자유로울 것입니다.

예수 : 여기에 바로 당신과 나를 구별하는 차이점이 있습니다. 나는 자아가 중요할 뿐만 아니라 무한하고 취소될 수 없는 가치를 가지고 있다고 믿습니다. 환상의 근원이기는커녕 오히려 진리의 근원입니다.

석가 : 무한한 가치라고요? 진리의 근원이라고요? 당신이 정말로 그렇게 생각한다면, 당신과 나 사이에는 커다란 차이가 있습니다. 나는 우리가 이 문제에 대하여 서로 이해할 수 있기를 바랍니다. 나는 당신이 사람들에게 그들의 자아를 버리고 '길'을 따라야 한다고 말해서 상당히 기뻐했습니다. 그러나 그 길이 바로 당신을 따르는 길이라고 말해서 상당히 걱정되었습니다. 당신이 나의 자아, 너의 자아, 모든 자아, 더 나아가서 자아라는 개념까지 버려야 된다는 가르침을 모르고 있기 때문입니다. 이제 당신은 당신이라는 사람과 당신의 가르침을 구별해야 될 것입니다. 바로 이 혼동이 당신이 현재 직면하고 있는 모든 시비의 근원이라는 것을 모르십니까?

예수 : 사실은 나도 당신의 삶은 평화롭게 끝났는데, 나는 사람들로부터 엄청난 미움을 받는다는 사실을 걱정하기는 했습니다.

석가 : 그렇습니다. 내가 이렇게 말하는 것을 허용한다면, 당신은 당신이라는 인격에 너무 큰 의미를 주고 있습니다. 실제로 중요한 것은 당신이 아니라 당신의 가르침일 뿐입니다.

예수 : 내 메시지가 나라고 말하면 당신은 놀라시겠지요? 나는 나 자신 이외에는 아무것도 줄 수 없습니다.[20]

불교의 대상 없는 봉헌이라는 개념은 종교인의 신앙을 '그림을 사용하는 것(using pictures)'으로 설명한 비트겐슈타인의 사상과 매우 흡사하다. 예를 들어서, 여기에 '전지전능한 하느님'이라는 봉헌적 발설을 "하느님의 눈은 모든 것을 본다"고 표현했다고 하자. 비트겐슈타인에 의하면, 이 표현은 하느님이라는 객체에 대한 발

---

20) Carrin Dunne, 황필호 역, 『석가와 예수의 대화』, 다미원, 2000, pp.65-66.

설이 아니라 모든 것을 감찰하는 하느님이라는 '그림'을 자신의 삶의 지표로 삼고 있다는 표현일 뿐이다. 그리하여 "하느님의 눈은 과연 눈썹을 가지고 있는가?"라는 질문은 처음부터 제기될 수 없다. 여기서 사용된 '하느님의 눈'이란 표현은 사실적인 명제가 아니라 '하느님의 눈이라는 그림'을 간직하고 살겠다는 종교인의 의지의 표현이기 때문이다.21) 비트겐슈타인은 말한다.

어떤 사람이 병이 나서 "내가 벌을 받는다"고 말하고, 나는 "나는 병이 나도 그것을 전혀 벌이라고 생각하지 않는다"고 말했다고 하자. 여기서 사람들이 나에게 "당신은 그 사람과 정반대되는 것을 믿는가?"라고 묻는다면 나는 그렇다고 답변할 수 있다. 그러나 이 경우의 정반대는 우리가 일상적으로 말하는 '정반대'와는 전혀 다르다. 나는 그와 달리 생각하며, 다른 방법으로 생각한다. 나는 내 자신에게 다른 것을 말한다. 나는 다른 그림(different pictures)을 가지고 있다.22)

비트겐슈타인에 의하면, 기독교인들이 말하는 '심판자인 하느님'이란 표현도, 최후의 심판이라고 불릴 수 있는 엄청난 사건이 미래 언젠가는 일어날 확률이 높다는 뜻이 아니라, 단지 최후의 심판이라는 그림을 항상 가슴에 품고 살겠다는 인생관의 표현일 뿐이다. 그래서 비트겐슈타인은 이렇게 말한다. "어떤 그림이 항상 나를 충고해주는 중요한 역할을 한다거나, 혹은 내가 그런 그림을 언제나 생각한다고 말했다고 하자. 여기서 그 그림을 언제나 우선적으로 간주하는 사람들과 그 그림을 전혀 사용하지 않는 사람들 사이에는 엄청난 차이가 있다."23)

그러므로 비트겐슈타인에게 종교 신앙은 어떤 대상에 대한 신앙

---

21) Wittgenstein, *Lectures & Conversations*, 앞의 책, p.71.
22) 같은 책, p.55.
23) 같은 책, p.56.

이 아니다. 그것은 단지 신자가 사용하는 그림일 뿐이다. 그러면 우리는 그 그림을 어떻게 사용해야 하는가? 허드슨은 말한다.

기독교 신학자는 하느님에 대한 기독교인들의 그림과 일관성 있는 방향에서 세계의 기아 현상, 속죄, 거기에 관련된 문제에 답변해야 한다. 그는 신자들이 사용하는 그림을 그대로 받아들여야 한다. 만약 그가 이 세상의 기아 현상은, 하느님이 피조물에 대하여 아무런 관심이 없기 때문이라고 말했다고 하자. 이 답변은 기독교인들이 사용하는 '하느님이라는 그림'과는 전혀 일관성이 없으므로 설명으로 간주될 수 없다.

그러나 그가 이 세상의 기아 현상은 인간의 이기심에서 나온 것이며, 하느님은 인간에게 자유 의지를 선사함으로써 인간에 대한 자신의 권한을 필연적으로 제한할 수밖에 없는 선(善)의 하느님이라고 말했다고 하자. 이런 답변은 일단 신자들이 사용하는 그림에 나타난 하느님의 선과 권한에 대한 더욱 적절한 설명이 될 것이다.24)

분명히 비트겐슈타인은 종교에서 봉헌적인 요소가 필수적임을 인정한다. 그러나 그것은 대상 없는 봉헌이며, 이런 점에서 그의 사상은 불교의 사상과 일치한다. 그리하여 거드문센은 불교의 제행무상이라는 개념을 설명하면서 "우리는 '무상'이라는 단어를 설명할 때 이 세상 밖으로 나갈—그리하여 절대자에게 호소할—필요가 없다"고 말하며,25) 카츠(Nathan Katz)는 석가는 자신을 전능한 분으로 칭송하는 그의 애제자 사리풋타(Sariputta)를 책망하는데, 그 이유는 그가 인간이 알 수 있는 이상의 것을 말했기 때문이라고 말한다.26)

---

24) Donald Hudson, *Ludwig Wittgenstein*, Lutherworth Press, London, 1968. (황필호, 『분석철학과 종교』, 앞의 책, p.98에서 재인용.)
25) Gudmunsen, 앞의 책, p.106.
26) Nathan Katz, "Nagarjuna and Wittgenstein on Error", Nathan Katz, ed. *Buddhist and Western Philosophy*, Sterling Printers, New Delhi, 1981. (황필호,

한마디로, 기독교는 하느님 중심의 종교며 불교는 인간 중심의 종교다. 그래서 쳉은 신정통신학과 선불교를 비교하면서 이렇게 말한다. "신정통신학에서 인간은 인간의 노력으로 하느님을 발견할 수 없다. 진리는 하느님으로부터 오는 것이며, 구원은 하느님의 은혜며 선물이다. 진리의 발견과 전달은 궁극적으로 인간 밖에 있는 실재에 달려 있다. 그러나 선불교의 깨달음은 하나의 특수한 자각이며 실현이다. 그것은 인간 자신의 마음에 달려 있다. 선불교인들은 창조주와 구세주로서의 하느님을 믿지 않는다. 그들은 불타를 초월적인 신성으로 경배하지 않으며, 불타에게 특별한 존재론적 상태를 부여하지도 않는다."27)

그럼에도 우리 주위에는 석가를 봉헌의 대상으로 칭송함으로써 불교를 기독교화시키는 불교인들이 너무나 많다. 이것은 불교인들이 기독교를 비판하면서도, 결국 봉헌이 있다면 그 봉헌의 대상이 있을 수밖에 없다는 기독교인의 주장을 그대로 받아들인 것이다. 참으로 한심한 일이다. 이런 사람들은 비트겐슈타인의 다음과 같은 말을 경청할 필요가 있다. "만약 내가 어떤 사람이 그림을 사용한다고 말한다면, 나는 그가 말하지 않으려던 어떤 것도 말하고 싶지 않다."28)

4. 자아와 무아

기독교는 모든 인간이 하느님의 형상을 가지고 태어났다고 말하고, 불교는 모든 인간이 깨달음을 얻을 수 있는 불성을 가지고 태어

『분석철학과 종교』, 앞의 책, p.295에서 재인용.)
27) 같은 책, p.310에서 재인용.
28) Wittgenstein, *Lectures & Conversations*, 앞의 책, p.71.

났다고 말한다. 그래서 우리는 쉽게 기독교와 불교가 다같이 인간의 존엄성을 인정한다고 말할 수 있다. 그러나 우리는 여기서 기독교와 불교의 근본적인 차이점을 잊지 말아야 한다. 그들은 다같이 인간의 완성가능성(perfectability)을 인정한다. 그러나 그 완성가능성의 실현 방법에서, 기독교는 인간이 자신을 절대적 타자인 하느님에게 완전히 내맡겨야 된다고 주장하지만, 불교는 어느 타자의 도움도 바라지 말고 스스로 수양해야 된다고 말한다.

그래서 우리는 불교가 나, 자신, 자아를 굉장히 강조한다고 오해하기 쉽다. 그러나 불교는 절대적 타자를 인정하지 않는다는 점에서는 일부 무신론적 힌두교와 다름이 없지만, 역설적이게도 힌두교와는 달리 진정한 자아는 존재하지 않는다고 주장한다. 불교는 "브라만이 곧 아트만"이라는 힌두교의 사상이나 "사람이 곧 하늘[人乃天]"이라는 동학 사상을 전면적으로 배척한다.

즉, 석가는, 차르바카(Carvaka)와 같이 자아란 육체에 불과하며 육체가 죽은 다음에는 자아가 존재할 수 없다는 식으로 유아론을 부정하지도 않고, 산자야(Sanjaya)와 같이 자아를 인정할 수도 인정하지 않을 수도 없다는 회의론을 주장하지 않는다. 그의 무아론은 단순한 자아나 타자의 부정도 아니고, 유아(有我)의 반대 개념도 아니다. 다만 그는 우리들이 사용하는 '자아'나 '무아'와 같은 단어들은 아무런 실체를 가지고 있지 않다는 것이다. 이런 자아와 무아에 대한 기독교와 불교의 차이점도『석가와 예수의 대화』에 잘 나타나 있다.

석가 : 대부분의 사람들에게 자아의 생각과 자아의 욕망을 포기한다는 것은 쉬운 일이 아닙니다. 그러나 한 번 운명적인 첫 단계를 밟기만 하면, 아주 쉽게 될 수도 있습니다.
예수 : 당신은 내가 사람들에게 자아를 버리라고 말할 때 즐거워하고, 그 대신 나를 따르라고 말할 때 슬퍼했습니다. 나는 이제 나를 따르는

것이 가장 극단적인 자기 포기의 형태라고 말하겠습니다.

석가 : 아직도 당신의 말을 이해하지 못하는 나를 용서해주십시오. 내가 자아를 버리라고 말하는 것은 어떤 특별한 자아를 지칭하는 것이 아니라 모든 자아를 지칭하는 것입니다. 그것이 특수한 자아든지 보편적인 자아이든지 간에, 그리고 인간의 자아든지 신성의 자아든지 간에. 당신은 사람들에게 그들의 자아를 버리고 또 다른 자아에 — 당신이라는 자아에 — 매달리게 함으로써 당신의 자아가 그들에게 새로운 세계를 제시한다고 말합니다. 그들의 욕망 대신에 당신의 욕망, 그들의 생각 대신에 당신의 생각을 제시합니다.

예수 : 당신의 말을 듣고 보니, 왜 사람들이 나를 미쳤다고 말하는지 알겠습니다. 그러니까 나는 자아라는 집착에 사로잡힌 미친 사람이겠군요.

석가 : 죄송하지만 그렇습니다.

예수 : 물론 나 자신을 하느님으로 생각하는 것은 정말 무서운 일입니다.

석가 : 그것보다는 좀더 겸손한 자세가 더욱 합리적이고 건전하다고 생각하지 않습니까? 그들이 배척하는 것은 자신을 자신 이상으로 높이려는 한 개인입니다. 왜 당신은 하느님이 되어야 하며, 보통 사람 중의 하나가 될 수 없습니까?[29]

자아에 대한 비판은 『왕문경(王問經)』에 잘 나타난다. 밀린다 왕은 나가세나(那先, Nagasena)라는 승려와 무아론을 토론한다. 그 왕도 우리들과 마찬가지로 언어의 질병 때문에 혼란을 일으킨다. "도대체 자아가 없다면 '나가세나'라는 단어는 무엇을 지시하는가?" 이 질문에 대하여 나가세나는 이렇게 답변한다.

대왕이여, 나는 나가세나로 알려져 있고 나의 형제들도 그 이름으로 나를 부릅니다. 부모님은 나가세나, 수라세나, 바라세나 혹은 시하세나와 같은 이름을 줍니다. 그러나 이런 이름들은 일반적으로 이해된 단어

---

29) Dunne, 앞의 책, pp.66~67.

에 불과하며, 일상 언어에서 사용될 뿐입니다. 거기에 해당하는 영구적 개인은 존재하지 않습니다.[30]

여기서 나가세나는 "자아에 관한 언어를 면밀히 검사하여 거기서 나오는 오류가 문법적인 오류임을 발견한 것이다. 다시 말해서, '자아'라는 단어를 사용한다고 해서 반드시 거기에 상응하는 실체가 존재해야 되는 것은 아님을 간파한 것이다. 그리하여 석가는 자아가 존재한다고 생각하는 주장의 근거를 심리적으로 밝히고, 거기서 나오는 질환의 치료법을 제시한다. 이것은 확실히 비트겐슈타인 이상의 역할을 한다고 말할 수 있다. 그러나 중요한 점은 '자아'라는 언어에 대한 석가의 분석이 비트겐슈타인의 분석과 극히 유사하다는 것이다."[31]

근대 이후의 기독교 신학은 인간의 본질은 생각하는 자아며, 이 생각하는 자아는 나의 육체가 아니며, 우리는 다른 사람들의 자아에 접근할 수도 없다는 데카르트의 자아론을 각기 다른 형태도 수용하면서 전개되어 왔다고 말할 수 있다. 그래서 커르(Fergus Kerr)는 『비트겐슈타인 이후의 신학』이라는 저서에서 "데카르트와 칸트가 근대 철학에 부여한 자기 의식적, 자기 의존적, 자기 투명적, 자기 책임적 개인이라는 그림은 수많은 근대 신학자들의 저서에 여러 가지 형태로 위장해서 나타난다"고 말한다.[32]

또한 '무명의 기독교인'이라는 개념으로 널리 알려진 라너(Karl Rahner)는 결국 "대화는 언어에서 나오며, 언어는 개념에서 나온다"는 데카르트의 전통을 그대로 따르고 있으며, 칼 바르토는 신학적 인류학을 열렬히 비판하면서도 결국 데카르트의 자아를 특이한

---

30) Max Muller, ed. *Sacred Books of the East*, tr. Rhys-Davids, *The Questions of King Milanda*, 1975, pp.1-40.
31) Katz, 앞의 글. (황필호, 『분석철학과 종교』, 앞의 책, p.277에서 재인용.)
32) Fergus Kerr, *Theology After Wittgenstein*, Basil Blackwell, 1986, p.5.

형태로 받아들이고 있으며, 큉(Hans Küng)은 모든 것이 환상일 뿐이라는 니체 식의 허무주의에 대한 유일한 대안은 "모든 인간은 실재에 대한 그의 근본적 태도에 따라 자신의 삶을 스스로 결정한 다"는 태도라고 말함으로써 데카르트를 완전히 벗어나지 못하고 있으며, 커피트(Don Cupitt)는 다른 사람들의 도덕 법칙과 일치하는 자신의 도덕 법칙을 창조하는 새로운 현대인을 강조하고 있으며, 오그덴(Schubert Ogden)은 숨어 있는 자아(a hidden self)를 강조하고 있으며, 오코넬(Timothy O'Connell)은 비육체화된 데카르트적 자아를 강조하고 있다는 것이다.[33]

비트겐슈타인의 후기 철학은 바로 이런 자아 중심적 신학을 뿌리로부터 배격한다. 그러면 그는 어떻게 이 과업을 수행하는가? 우리는 이 질문에 대한 답변을 『탐구』의 첫머리에 나오는 아우구스티누스에 대한 비트겐슈타인의 비판에서 찾을 수 있다.

일찍이 비트겐슈타인은 그의 역작인 『철학적 탐구』를 어떤 문제로부터 시작해야 되느냐에 대하여 굉장히 고심했다고 한다. 그리하여 그는 1931년에 "만약 내가 이 책을 어떻게 시작해야 되느냐에 대한 확신이 없다면, 그것은 내가 아직도 어떤 문제에 대하여 확실하지 못하기 때문"이라고 고백하기도 했다.[34]

결국 그는 지금까지 고찰한 신학자 중에서 가장 존경하는 아우구스티누스의 『고백록』의 일절부터 시작하기로 결정했는데, 이 점에 대하여 맬컴은 이렇게 말한다. "그는 아우구스티누스의 저작들을 존경했다. 그는 나에게 아우구스티누스의 『고백록』의 인용으로 『탐구』를 시작하겠다고 말했는데, 그 이유는 그가 이 인용문에 나타난 개념을 다른 철학자들에게서 찾을 수 없었기 때문이 아니라

---

33) 같은 책, pp.11-19.
34) Wittgenstein, *Culture and Value*, tr. Peter Winch, University of Chicago Press, 1980, p.8.

아우구스티누스와 같은 위대한 사상가가 가졌던 개념은 굉장히 중요한 것이어야 하기 때문이었다."35)

하여간 비트겐슈타인은 『탐구』의 첫머리에 아우구스티누스를 인용하면서 이렇게 평가한다. "이 말들은 인간 언어의 본질에 대한 특별한 그림을 우리에게 제시하는 듯이 보인다. 그것은 바로 이렇다. 언어에 나오는 개별적 단어는 객체를 명명(命名)하고, 문장은 이런 이름들의 집합이다. 또한 우리는 언어에 대한 이런 그림에서 다음과 같은 관념의 뿌리를 발견한다. 모든 단어는 의미를 가지고 있으며, 이 의미는 다른 단어와 연관되어 있으며, 이런 뜻에서 단어는 객체를 대신(stand for)한다."36)

언어가 객체를 대신하는 것이라면, 여기서 우리는 다음과 같은 질문을 할 수 있다. 인간은 어렸을 때 어떻게 언어를 배우게 되는가? 물론 우리는 쓰고 말하는 것을 배운다. 그러나 우리는 어렸을 때 모든 객체를 알기 때문에 언어를 사용하는 것이 아니다. 그러므로 우리들의 어딘가에 자리잡고 있는 자아는, 마치 플라톤의 경우와 같이, 옛날에 알고 있다가 망각한 것을 다시 상기(想起)시키는 역할을 한다고 말할 수밖에 없다. 그리하여 아우구스티누스적인 어린애는 그가 생각하고 원하는 것을 처음부터 알고 있었다. 다만 그는 현재 그의 이런 생각을 다른 사람들도 이해하도록 팔, 다리, 입술 등을 사용해서 표현하는 방법을 배우고 있는 것이다.

비트겐슈타인은 바로 이런 내적인 자아, 의식 자체로서의 자아 혹은 우리가 일반적으로 '영혼'이라고 부르는 자아에 근거한 철학을 뿌리로부터 배척한 것이다. 그러면 아우구스티누스의 언어관에 나타난 영혼(자아)은 어떤 존재인가? 커르는 말한다.

---

35) Norman Malcolm, *Ludwig Wittgenstein : A Memoir*, Oxford University Press, 1958, p.59.
36) Wittgenstein, 『탐구』, 1절.

『고백록』에서의 은폐된 형이상학적 바람은 연설의 형태, 말의 억양, 혹은 "나는 어디 있었으며, 나는 누구였는가?"라는 슬픈 질문의 형태로 종종 나타난다. 아우구스티누스는 계속해서 자신을 성서의 비유에 나오는 탕자로 투영시킨다. 그가 방탕한 생활로 돈을 전부 탕진한 그 먼 나라는 인간 조건의 무상성으로 인식된다. 하느님에 대한 지식은 개인의 추억 어린 휴식 시간에만 추구될 수 있다. 여기서 우리는 플라톤의 상기설과 영혼의 전생 존재설의 또 다른 형태가 이 책에 나오는 가장 인상적인 부분에 나타남을 알 수 있다. 『고백록』을 펼치면, 우리는 지금까지의 크리스천의 신령성과 자아에 대한 데카르트와 현대 철학에 큰 영향을 준 '영혼에 대한 신학적 주문(呪文)'에 사로잡히게 된다.37)

비트겐슈타인은 바로 이런 내적 자아와 외적 육체로 나타나는 형이상학적 이원론, 그리고 영혼에 근거한 인식론적 위험성을 지적함으로써 '신학이 포기된 다음까지도 그대로 남아 있는 자아의 패러다임'을 제거하려고 한 것이다. 커르는 다시 말한다.

『탐구』를 아우구스티누스의 『고백록』의 구절로 시작함으로써, 비트겐슈타인은 신학이 사라진 다음까지도, 하느님의 견지에서 본 '나'를 만들어내는 대화의 문맥 속에 그대로 남아 있던 자아의 인식론적 위험성을 탐구하는 것을 자신의 최대 목표로 삼았다. 지금까지 신학에서는 언제나 성서적 언어와 형이상학 이원론이 혼동되고, 자서전이 송영(頌詠)과 혼동되고 있었다. 이러한 자아의 개념 중에 가장 인기 있는 이론은 언제나 데카르트라는 이름과 연결되어 있었다.
비트겐슈타인은 이런 자아관을 다른 철학자들에게서도 발견할 수 있었다. 그는 여기서 아마 『논고』의 저자를 생각했을 것이다.
그러나 결국 그는 『탐구』의 첫머리에서 기독교 전통에서 가장 위대한 자서전에 독자의 관심을 돌리기로 결정했다. 실로 『고백록』에 나오는 영혼의 인식론적 위험성을 탐구하는 것은 5세기 이래 기독교적 자기

37) Kerr, 앞의 책, p.40.

이해를 형성해 온 신학적 인간학에 [결정적] 상처를 입히는 것이다. 비트겐슈타인이 그가 하는 이런 작업의 중요성을 모르고 있었다고 보기는 굉장히 어렵다.[38]

여기서 나는 비트겐슈타인의 후기 사상과 대승불교 혹은 선불교가 동일하다고 주장하지 않는다. 확실히 불교는 비트겐슈타인의 가르침 이상을 제공한다. 마치 모든 종교는 이데올로기적이면서도 언제나 이데올로기 이상을 제시하듯이.[39] 캔필드는 말한다.

비트겐슈타인은 선사상을 포용할 수 있는 이론적 기틀을 제공한다. 물론 여기서 말하는 '이론적'이라는 표현은 딱딱한 철학으로서의 이론이 아니라 선사상과 통할 수 있는 언어관을 말한다.

그러나 선은 일반적 관점에서 이론적이 아니며, 비트겐슈타인 식으로 이론적이지도 않다. 우리는 비트겐슈타인을 통하여 이해는 사고를 필요로 하지 않는다는 사실을 알 수 있다. 그러나 선의 입장에서 보면, 이것은 극히 미세한 가치를 가지고 있을 뿐이다. 선에서 더욱 중요한 것은 지적인 인식이 아니라 실제로 사고를 없애버림으로써 인간의 불성(佛性)을 직접 대면하는 것이다.[40]

한 걸음 더 나아가서, 카츠는 불교적인 입장에서 보면 비트겐슈타인의 철학까지도 '치료되어야 할 질병'에 불과하다고 말한다.

불교에서 모든 철학적 문제는 궁극적으로 심리적 문제에 뿌리를 두고 있다. 자아에 대한 신념도 — 물론 문법적인 실수이긴 하지만 — 결국 자아가 있어야 한다는 인간의 욕망으로부터 나온 것이다. 삶은 치료되어야 할 질병이다. 삶을 연구하는 철학도 치료되어야 할 질병에 불과하

---

38) 같은 책, p.42.
39) 황필호, 『이데올로기, 해방신학, 의식화 교육』, 종로서적, 1989, pp.92-93.
40) 황필호, 『분석철학과 종교』, 앞의 책, p.248에서 재인용.

다. 철학자가 야만인인 이유는 끝없는 삶과 죽음의 윤회의 야만성에 사로잡혀 있기 때문이다. 이런 언어적 치료를 한 다음에 불교는 언제나 심리적 치료를 제공한다. 용수가『중론송』을 쓴 다음에『보행왕정론(寶行王正論)』을 쓰고, 불타가 마룽키아푸타(만동자)의 철학적 욕망을 잠재운 다음에 고요한 명상을 권유한 이유도 여기에 있다.

확실히 '언어가 휴가를 갔'을 때 철학적인 문제가 발생한다. 그리고 이 휴가는 철학자만의 질병이 아니라 우리 모두의 질병이다. 여기서 용수의 관심은 — 모든 불교인이 그렇듯이 — 근본적으로 철학적이라기 보다는 종교적이라는 점을 우리는 잊지 말아야 한다. 그에게 분석철학 은 명상하기 전에 마루를 청소하는 행위와 비슷하다. '인식적 오욕'은 오직 '감정적 오욕'의 예비 단계에 불과하다. 그러나 양자가 실제로 떨어 질 수는 없다.41)

비트겐슈타인은 어디까지나 종교인이라기보다는 철학자다. 그 러나 우리는 적어도 그의 후기 사상이 기독교보다는 불교에 더욱 가깝다는 점을 사실과 의미의 문제, 봉헌 대상의 문제, 자아와 무아 의 문제를 고찰함으로써 확인할 수 있었다. 우리는 후기 비트겐슈 타인 사상의 이러한 해석을 '불교적 전회(Buddhistic turn)'라고 부 를 수 있겠다. 그리하여 이제 우리에게 남은 과제는, 비트겐슈타인 과 이 불교적 전회의 관계를 철학사적으로 어떻게 설명하느냐는 굉장히 흥미로운 질문이 되겠다.

5. 비트겐슈타인은 불교의 영향을 받았는가

비트겐슈타인은 확실히 천재적인 철학자며, 그의 사상은 굉장히 독창적이다. 우리는 이 사실을 부인할 수 없다. 그러나 우리는 동시

---

41) 같은 책, p.296에서 재인용.

에 모든 사상이 역사의 산물이라는 사실을 잘 알고 있다. 그렇다면 도대체 비트겐슈타인은 어떻게 불교적 사유와 비슷한 사상을 갖게 되었는가?

비트겐슈타인은 그의 철학이 기독교적 사상에 근거한 서양에서 엄청난 변혁을 시도하고 있다는 사실을 모르고 있지는 않았을 것이다. 그리하여 캔필드는 비트겐슈타인이 언어를 '의도적'으로 선불교적으로 해석했다고까지 말한다. 비록 캔필드가 '확실히 단언할 수는 없지만'이라는 단서를 붙이고는 있지만.42) 하여간 비트겐슈타인의 사상을 대승불교적 혹은 선불교적으로 해석할 수 있다는 사실을 부인할 수는 없다.

그러면 비트겐슈타인은 직접적으로나 간접적으로 불교를 알고 있었는가? 이 질문에 대하여 거드문센은 우리가 비트겐슈타인과 불교를 연관시켜서 논해야 되는 이유는 단순히 그의 사상을 불교적으로 해석할 수 있다는 사실 이상의 중요한 이유가 있다고 말한다. 그는 논리 원자주의와 그것을 박차고나온 후기 비트겐슈타인과의 관계가 아비다르마와 그것을 박차고 나온 대승불교의 관계와 극히 비슷하다고 말한다. 다시 말해서, 러셀과 후기 비트겐슈타인의 차이점은 아비다르마와 중도론의 차이점과 극히 비슷하다고 말한다.43)

---

42) 같은 책, p.247에서 재인용.
43) 아비다르마란 법(dharma)에 대한 연구(abhi)라는 뜻인데, 석가의 입멸 후 100여 년경의 부파 불교 시대에 성립한 교법에 대한 연구를 말한다. 교리의 내용은 색법(色法)·심왕법(心王法)·심소유법(心所有法)·심불상응행법(心不相應行法)·무위법(無爲法)으로 표현된 오위칠십오법(五位七十五法)으로 대표되는데, 인간의 내면 세계와 객관 세계를 이분법으로 분석하여 체계적으로 분류하는 특성을 가지고 있다.
   중관론(中觀論)은 종종 제2의 석가라고 불리며 팔종(八宗)의 조사(祖師)라는 찬탄을 받고 있는 용수(Nagarjuna, 150-250)가 체계화한 사상이다. 그는 생(生), 멸(滅), 상(常), 단(斷), 일(一), 이(異), 거(去), 래(來)라는 팔미(八迷)의 극단을 불

"러셀은 종교란 '유용성'의 문제가 아니라 '진위'의 문제라고 말한다. 그리고 종교가 진위로 결정된다는 것은 그것이 실제로 사실에 상응하느냐에 달려 있다는 뜻이다. 그러므로 '하느님이 존재한다'는 명제는 사실적 명제며 하느님에 대한 인간의 태도를 말하는 것이 아니다. 이와 마찬가지로, 아비다르마주의자들에게 니르바나는 인간이 추구해야 될 가치 있고 빛나는 실체적 대상 ─ 존재하는 대상 ─ 이다."44) 그리하여 유사한 우주관을 주장했던 논리 원자주의와 아비다르마를 각각 배척하면서 출발한 후기 비트겐슈타인 사상과 대승불교의 중도론은 자연히 비슷한 방향으로 전개되었을 것이다.

논리적 원자주의	→	후기 비트겐슈타인
아비다르마	→	대승불교 (중도론)
명제론적 해석	→	비명제론적 해석
사 실	→	의 미
자 아	→	무 아
대상에 대한 봉헌	→	대상 없는 봉헌

그러면 비트겐슈타인이 직접적으로나 간접적으로 불교를 알고 있었을 것이라는 가설은 어떻게 가능할 수 있는가? 그것은 우선 쇼펜하우어(1788~1860)가 불교를 공개적으로 찬양한 철학자며,

---

생(不生), 불멸(不滅), 불상(不常), 부단(不斷), 불일(不一), 불이(不異), 불거(不去), 불래(不來)의 팔불(八不)로 분쇄함으로써 극단에 치우치는 사견(邪見)을 시정한 중관(中觀), 정관(正觀), 중도(中道)의 철학자다. 그의 무아론은 단순한 유아(有我)의 반대가 아니라 자아의 개념 자체를 부정하는 이론이다.
44) Gudmunsen, 앞의 책, p.106.

비트겐슈타인은 그를 통하여 불교를 알게 되었을 것이라는 가설이다. 첫 번째 주장에 대하여 거드문센은 이렇게 말했다.

가디너(Patrick Gardiner)는 "쇼펜하우어는 그의 철학적 결론이 우파니샤드와 불교 경전, 특히 대승불교 경전에 암시된 중요한 개념들과 전체적으로 일치한다는 것을 수차에 걸쳐 지적했다"고 말한다. 그리고 콘즈(E. Conze)는 한 걸음 나아가서 "쇼펜하우어와 불교 간에 존재하는 유사점은 그들간의 다른 평행 관계를 판단할 수 있는 기준을 제공한다"고 말한다. 그리고 그는 쇼펜하우어의 사상의 일부분은 인디아 사상의 영향이며, '불교 철학의 교리와 거의 기적적으로 일치하는 곳이 여러 군데 있다'고 말한다. 또한 그는 쇼펜하우어가 힌두교와 불교에 대한 저서를 직접 읽었으며 그 영향을 받았다는 콘즈의 주장에 동의한다. 그래서 그들의 일치점이 '거의 기적적'이라는 표현에는 동의할 수 없다고 말한다.

쇼펜하우어 자신도 이렇게 말한다. "내가 나의 철학적 결론을 진리의 기준으로 삼을 수 있다면, 나는 불교의 탁월성을 인정하지 않을 수 없다. 나의 가르침이 많은 사람들의 종교와 밀접한 합일점이 있다는 것은 즐거움이 아닐 수 없다. 나는 이 합일점을 즐거워한다. 나는 나의 철학 수업의 과정에서 불교의 영향을 받은 것은 아니니까."[45]

그러나 만약 우리가 쇼펜하우어의 말을 그대로 받아들인다면, 그와 불교의 관계는 그가 주장한 만치 밀접하지 않다고 주장할 수도 있다. 우선 그는 독자적으로 자신의 사상을 발전시켰으며, 나중에 자신의 사상이 불교의 중요 원리들과 일치한다는 것을 발견했다. 또한 쇼펜하우어는 확실히 "우파니샤드와 같이 아름답고 고양된 저서는 이 세상에 없다. 그것은 내 인생의 위안이며, 나의 죽음의 위안이 될 것이다"라고 말했지만,[46] 그가 『의지와 표상으로서

45) 같은 책, pp.111-112.
46) 황필호 편역, 『비교철학 입문』, 철학과현실사, 1989, p.14에서 재인용.

의 세계』를 처음 출판한 1818년에 유럽에는 불교에 대한 서적이 별로 없었다. 그러므로 우리는 "그가 언급한 어느 책도 그에게 용수의 중도론을 자세히 알려줄 수는 없었으며, 또한 만약 알려주었다고 하더라도 그 사상이 그의 저서에는 나타나 있지 않다"고 생각할 수 있다.[47]

이렇게 보면, 우리는 쇼펜하우어가 우파니샤드의 사상과 불교 사상(특히 용수의 사상)의 차이점까지도 자세히 모르고 있었다고 추측할 수 있다. 내가 이렇게 추측하는 이유는, 쇼펜하우어가 앞의 저서의 한 부분인 「죽음과 우리의 내적 본성과의 관계」에서 죽음의 문제를 토론하면서도 브라만교와 불교를 구별 없이 칭찬하고 있기 때문이다. 결론은 무엇인가?

아직까지도 쇼펜하우어와 불교의 관계는 그리 간단하지 않다. 우선 쇼펜하우어가 직접적으로나 간접적으로 불교의 영향을 받았다는 주장은 그가 불교와는 전혀 다른 길을 걷다가 나중에 불교와 동일한 목적지에 도달하게 되었다는 자신의 주장과 부합되지 않는다.

또한 쇼펜하우어의 사상이 우파니샤드나 불교의 사상과 동일하다거나, 힌두교와 불교의 사상이 동일하다는 주장은 전혀 말이 되지 않는다. 우파니샤드와 불교, 그리고 힌두교와 불교는 그들의 근본 교리에서 서로 상이하기 때문이다.

또한 쇼펜하우어가 생각했던 불교가 어떤 지파의 불교 사상인지도 정확하지 않다. 하여간 오늘날 쇼펜하우어와 불교의 관계에 대한 정확한 이해는 아직도 불교 학자들의 탐구를 기다리고 있다.[48]

---

47) Gudmunsen, *Wittgenstein and Buddhism*, 앞의 책, p.112. Cf. 현각,『만행 : 하버드에서 화계사까지』, 제1권, 열림원, 1999, p.129 : "쇼펜하우어의 주저인『의지와 표상으로서의 세계』가 나온 1818년까지만 해도 불교는 서양에 전래되지 않았던 데다 유럽에도 알려지지 않았다. 그러나 쇼펜하우어는 26년이 지난 1844년 제2판에 이렇게 적고 있다. 그가 그동안 불교를 접하면서 자신의 생각이 불교에 닿아 있음을 아주 자랑스럽게 생각했다고."

그러나 이상의 몇 가지 지적에도 불구하고 쇼펜하우어 사상과 불교의 유사점을 완전히 부인할 수는 없다. 그러면 비트겐슈타인은 쇼펜하우어를 통하여 불교를 접하게 되었을까? 이 문제에 대하여 거드문센은 이렇게 답변한다.

일반적으로 『논고』의 마지막 부분, 특히 윤리 · 종교 · 의지를 취급한 부분은 쇼펜하우어의 영향인 것으로 알려져 있다. 그러나 우리가 여기서 발견한 것은 비트겐슈타인과 쇼펜하우어의 연관성이 아니라 비트겐슈타인과 불교의 연관성이다. 그리고 이 점에 대한 유일한 연결점은, 쇼펜하우어가 의지에 관련된 개념들을 (원하고 의도하고 노력하고 선택하는 것 등과 같은 의지의 개념들을) 일상 생활에서 철학자들이 생각했던 것보다 훨씬 복잡한 개념으로 — 비록 간접적으로나마 — 지적했다는 것이다.

실로 내적인 성찰로 각기 다른 여러 가지 '내적인 사건들'을 지적함으로써 의미를 파악할 수 있다는 데카르트 식의 발상은 사고와 언어에 나타난 개념들을 너무나 단순화시키는 것이다. 이런 뜻에서 쇼펜하우어는 데카르트에 대한 철학적 도전, 즉 비트겐슈타인과 라일(Gilbert Ryle)의 도전을 이미 예견했던 것이다.[49]

만약 비트겐슈타인이 대승불교의 사상을 알고 있었으며 또한 대승불교의 영향을 받았다는 가설이 사실이라면, 이것이야말로 철학사적으로 '폭탄 선언'이 될 것이다. 그러나 비트겐슈타인과 불교의 관계는 각각 논리적 원자주의와 아비다르마라는 '유사한 자극에 대한 유사한 반응'일 뿐이며, 그러므로 비트겐슈타인과 불교의 유사점은 우연의 일치일 뿐이라고 거드문센은 결론 내린다.

---

48) 황필호, 『종교철학 에세이』, 철학과현실사, 2002, pp.67-68.
49) Gudmunsen, *Wittgenstein and Buddhism*, 앞의 책, p.112.

우리는 비트겐슈타인이 불교로부터 그의 사상을 얻지 않았다는 두 가지 이유를 들 수 있다. 첫째, 쇼펜하우어와 불교의 유사점은 쇼펜하우어와 비트겐슈타인의 유사점과 일치하지 않는다. 둘째, 비트겐슈타인과 불교의 유사점은 불교의 영향을 받아서 자신의 사상을 구축하지 않았다는 쇼펜하우어를 통하여 성립하기에는 너무 상세한 점이 있다.

그러므로 쇼펜하우어가 비트겐슈타인에게 대승불교를 자세히 알게 할 수 있는 유일한 방법은 그가 비트겐슈타인에게 불교에 대한 관심을 고조시켰다는 것이다. 그러나 이 가설에 대하여는 아무런 근거가 없다. 필자의 견해가 틀리지 않다면, 비트겐슈타인과 불교의 유사점은 '유사한 자극에 대한 유사한 반응'일 뿐이다. 그들의 유사점은 철학적 전통에 의한 것이 아니다. "『탐구』의 저자는 철학적 선배를 가지고 있지 않다. 다만 선구자를 가지고 있을 뿐이다."50)

6. 맺음말

나는 거드문센의 결론을 반박할 아무런 자료를 가지고 있지 않다. 그리하여 현 상황에서는 그의 결론을 받아들일 수밖에 없다. 만약 그의 결론이 틀리다는 것이 증명된다면 굉장히 흥미로운 일이겠지만. 하여간 우리는 여기서 몇 가지 흥미로운 사실을 발견할 수 있다.

첫째, 이미 지적했듯이 비트겐슈타인과 불교 사이에는 여러 가지 차이점이 있다. 그럼에도 그들간에는 '진정한 유사점'이 있다. 특히 용수의 사상과 비트겐슈타인은 다같이 언어의 질병을 지적한다.

둘째, 모든 불교인은 사실과 의미의 문제, 봉헌 대상의 문제, 타자와 무아의 문제에서 '비트겐슈타인적'이라고 말할 수 있다. 거드문센은 이렇게 말한다. "모든 중도론의 추종자는 비트겐슈타인적이지만,

---

50) 같은 책, p.113.

모든 비트겐슈타인의 추종자가 불교인이 될 필요는 없다."[51]

셋째, 거드문센의 비교 작업은 비교철학의 특수한 분야를 제공한다. 비교철학은 A라는 철학과 B라는 철학을 직접 비교할 수 있지만, 어느 경우에는 A와 A와 비슷한 A′의 관계와 B와 B와 비슷한 B′의 관계를 간접적으로 비교할 수도 있다. 전자를 비례(比例, proportion)에 의한 비교라고 한다면 후자를 비율(比率, proportionality)에 의한 비교라고 말할 수 있다.

예를 들어서, 하느님의 지혜와 인간의 지혜를 직접 비교하는 것은 비례의 비교다. 그러나 인간이 눈으로 사물을 관찰하듯이 하느님의 눈은 우주를 관찰한다는 주장의 비교는, 하느님과 인간의 직접 비교가 아니라 인간의 눈과 사물의 관계를 하느님의 눈과 우주의 관계와 간접적으로 비교하는 것이다. 전자를 (A≒B)로 표현할 수 이 있다면, 후자를 [(A→A′)≒(B→B′)]로 표현할 수 있다.

후자의 대표적인 실례로는 중세 시대에 유행했던 조명설(照明說)을 들 수 있다. 이 이론에 의하면, 인간의 눈은 사물을 관찰한다. 그러나 태양 빛이 없다면 관찰할 수 없다. 이와 마찬가지로 인간 지성은 사물을 분별한다. 그러나 인간 지성도 '하느님의 빛'이 없다면 전혀 사물을 판단할 수 없다는 것이다.

이미 지적했지만, 캔필드는 비트겐슈타인의 후기 철학과 선불교의 중심 사상인 대승불교 교리는 중요한 공통점을 가지고 있다고 말한다. 그는 이 결론을 비트겐슈타인과 선을 직접 비교해서 얻은 결론이다. 이것은 비례에 의한 비교의 실례다. 그러나 거드문센은 비트겐슈타인과 대승불교를 직접 비교하지 않고 그들을 각각 러셀의 사상과 아비다르마에 대한 대응으로 간접적인 비교를 시도한다. 이것은 비율에 의한 비교의 실례다.[52]

---

51) 같은 책, p.115.
52) 황필호, 「비교철학이란 무엇인가」, 『철학』, 제29집, 1988년 봄호, p.29.

넷째, 그러나 이 글의 가장 중요한 점은, 비트겐슈타인의 후기 사상이 기독교보다는 불교에 더욱 가깝다는 주장이다. 내가 보기에, 이 주장은 굉장히 혁신적으로 보이지만 정당한 듯이 보인다. 세계 사상의 관점에서 불교를 연구하는 많은 사람들의 솔직한 견해를 기대한다.

제VI부

부록 : 현대 한국인의 자화상

제 11 장
새로운 대학교수상*

1. 머리말 : 누워서 침 뱉기

　1980년대야말로 우리나라 현대사에서 가장 소란스러웠던 변동기가 아닐 수 없다. 1980년 5월의 아픈 시련으로 시작된 이 시기는 드디어 1987년 6월의 시민 항쟁으로 정점을 이루었다. 우리는 이 항쟁을 통하여 민주화 운동과 조국 통일 운동이 사회 구성원 모두의 최대 과제임을 인식하게 되었다. 그러나 1987년 12월 대통령 선거의 참담한 결과, 전국 대학의 소용돌이, 몇몇 불법 방북 인사들로 시작된 공안 정국, 7·7 선언에 대한 조급한 국민의 기대와 실망, 아직도 해결의 실마리를 찾지 못하고 있는 5공 청산 작업 등은 6월 항쟁의 목표 실현을 극히 불투명한 상태로 몰아넣고 말았다.

* 이 글은 황필호, 「한국의 대학 교수, 무엇이 문제인가」(『자기 철학을 가지고 살려는 사람에게』, 산호, 1992, pp.284-309)를 거의 그대로 전재한 것이다. 완전히 새로 쓰고픈 마음도 있었으나 나의 1980년도 생각을 그대로 옮기기 위해 다시 쓰지 않았다.

다만 한 가지 확실한 사실은, 이 격동의 와중에서 대학은 긍정적으로나 부정적으로나 막대한 위세를 떨쳤으며, 또한 대학의 역할은 앞으로 더욱 증대될 것이라는 점이다. 물론 미래의 한국 사회는 정치권, 경제권, 사회권, 대학권 모두의 활동에 의하여 결정될 것이다. 그러나 아직도 민주화의 새로운 물결을 완전히 이해하지 못하고 있는 정치권, 돈만 벌면 된다고 믿는 경제권, 뚜렷한 세력을 형성하지 못하고 이른바 보수와 혁신의 대결장으로 변모하고 있는 사회권을 감안하면, 대학의 임무는 더욱 막중함을 알 수 있다. 그래서 우리는 어느 정도의 성급한 일반화의 위험을 무릅쓰고 "한국 사회의 미래는 대학에 달려 있다"고 주장할 수도 있겠다.

물론 이 시점에서 대학의 주체가 정확히 교수, 학생, 동창, 행정 당국, 직원 중에서 어느 계층이어야 하느냐는 질문은 쉽게 답변할 수 없다. 그러나 대학은 우선 배움의 터전이라는 점에서 가장 중요한 계층은 학생과 교수일 것이며, 그 중에도 교수는 4년이 지나면 흩어지는 학생과는 달리 대학의 지속성을 유지하는 주체다. 이런 뜻에서 우리는 교수를 '대학의 주체 중의 주체'라고 표현할 수 있다.

그럼에도 대학에 대한 최근의 여러 가지 논의 중에서 가장 음지에 놓여 있는 분야가 바로 교수의 올바른 상(像)에 대한 논의다. 그 이유는 어디에 있는가? 한마디로 대학 사회에서 교수의 올바른 상을 논의할 수 있는 계층은 바로 대학 교수뿐이다. 교수에 대한 직원들의 논의는 무조건 인격 모독으로 보는 경향이 있으며, 학생들의 논의는 마치 자식이 부모를 비판하는 행위와 비슷한 것으로 고려되며, 행정 당국의 논의는 오히려 교수들의 눈치를 보아야 할 정도며, 동창회의 논의는 친목의 단계를 넘어설 수 없다.

교수만이 교수를 논할 수 있다는 사실. 거기에다가 정치권, 경제권, 사회권의 논의가 지금까지 악용되어서 모든 종류의 논의를 일단 불신과 거부감으로 받아들일 수밖에 없다는 사실. 이것은 참으로 불행한 일이 아닐 수 없다.

교수도 이 사회의 한 계층을 유지하고 있다면, 당연히 각계 각층으로부터의 충고와 비판과 격려를 받을 자격이 있다. 그런데 현실적으로 교수는 자체 평가에만 의존할 수밖에 없다. 개인에게도 자기 반성이란 그리 쉬운 일이 아니다. 교수 사회의 계층은 더욱 그럴 것이다. 그러므로 교수만이 교수를 논할 수 있다는 현실은 교수 사회의 자랑이 아니라 한국적인 비극이다.

여기서 나오는 결론은 무엇인가? 그것은 교수상을 논의하는 교수는 누워서 침 뱉는 사람이라는 것이다. 지금까지 교수 사회의 올바른 자리매김에 대한 논의가 눈에 띄지 않았던 이유도 여기에 있다. 그러나 누군가는 제 얼굴에 침 뱉기를 해야 한다.

지금까지 무기력하게 정권의 앞잡이나 무언의 동조자로 전락했던 지난날의 괴로운 양심을 만천하에 선언하려면, 이제 '교수의 권위'라는 방패로는 더 이상 교수들의 한심한 작태를 변호할 수 없게 되었다. 그러므로 교수상에 대한 교수의 논의는 양심 선언이 되지 않을 수 없다. 그런데 요즘엔 양심 선언까지도 개인의 인기 전술, 당리당략의 지지 활동, 반대자를 궁지에 몰아넣으려는 '너 죽고 나 죽자'는 식으로 발생할 수도 있다. 진정한 고해성사여야 할 양심 선언까지도 타락할 수 있다는 것이다.

다시 말하지만, 올바른 교수상에 대한 교수의 논의는 누워서 침 뱉기다. 그러나 그것이 단순히 "엽전은 무조건 때려야 한다"는 식의 침 뱉기로 끝나지 않으려면, 그 속에 양심 선언이 포함되어야 하고, 그 양심 선언이 정략의 차원을 넘어서려면 그 속에 진정한 고해성사의 태도가 포함되어야 한다. 나에게 이 글은 누워서 침 뱉기다. 나는 누워서 침 뱉기의 필요 조건인 양심 선언을 포함하고, 양심 선언의 충분 조건인 고해성사를 포함하도록 노력하겠다. 물론 그 판단은 독자에게 달려 있지만.

나는 이 글을 쓸 자격이 없다. 도대체 이 점에 대해서는 한마디의 변명도 할 수 없다. 우리나라 대학과 대학생의 문제는 그것이 무엇이든지간에 교수의 책임이며, 나는 그 교수라는 기성 세대의 공범자다. 이 점에서 방관자나 제3자란 존재할 수 없다.

그러므로 이 글은 '늦게 철든 어른'의 간절한 소망이기도 하다. 말할 자격이 없는 사람의 말, 나의 치부를 드러내는 말, 실수에 대한 변명은 또 하나의 실수일 뿐이라는 명제를 재확인시키는 말, 그러나 눈물을 머금은 간절한 말이다. 그래서 일단 당당히 말하겠다. 냉혹한 비판을 받기 위하여.[1]

2. 진리의 세 기능

대학 교수를 논하려면 먼저 대학의 기본적 특성에 대한 논의를 필요로 한다. 일반적으로 우리는 중·고등학교는 초등학교의 연장이며, 대학은 중·고등학교의 연장으로 생각한다. 그러나 이것은 어디까지나 물리적인 관점에서 본 판단이다. 사상사적으로 보면, 중·고등학교와 대학 사이에는 질적인 차이가 있다. 실라이에르마커가 "고등학교는 배우는 장소며, 대학은 배우는 방법을 배우는 장소"라고 말한 이유도 여기에 있다. 우리는 고등학교와 대학의 이런 사상사적 차이점을 '진리의 전당'이라는 어휘로 표현한다.

그러면 대학이 진리의 전당이란 무슨 뜻인가? 우리는 이 문제를 진리라는 측면과 전당이라는 측면에서 교수의 역할에 초점을 맞추어서 고찰할 필요가 있다.

첫째, 당연한 말이겠지만, 진리란 비진리의 반대다. 그러므로 모든 주장이 진리가 되는 것은 아니다. 교수라는 권위에 의해서 진리

---

1) 황필호, 「젊은이들에게 주는 글」, 『월간 조선』, 1989년 8월.

가 되는 것은 더욱 아니다. 반대로 교수의 권위는 진리를 전수함으로써만 성립되는 것이다. 그러나 실재를 진리와 비진리로 분류하는 이런 입장이 반드시 이원론적 세계관을 함유하는 것은 아니다. 진리와 비진리에 대한 탐구는 이가 논리(二價論理)뿐만 아니라 다가 논리(多價論理)로 전개될 수도 있다. 다만, 비트겐슈타인이 정확히 지적했듯이, P라는 주장은 P가 아니라는 주장을 반대한다는 뜻에서만 의미를 가질 수 있다는 뜻이다. 모든 소리가 말이 아니듯이, 교수의 모든 주장이 진리가 되지는 못한다.

둘째, 진리는 시간과 장소에 따라서 변할 수밖에 없으며, 또한 변해야 한다. 영원 불변하는 진리란 실제로 존재하지 않는 '기계 속의 유령'일 뿐이다. 그럼에도 우리들 주위에 이른바 절대적 진리를 소유하고 있다고 믿는 교수들이 상당히 많다는 것은 슬픈 사실이 아닐 수 없다. 물론 그들은 "진리는 하나지만 시간과 장소에 따라서 다르게 나타날 뿐"이라고 말한다. 그러나 이런 주장과 "하나의 진리는 존재하지 않는다"는 명제 사이에는 현실적으로 아무런 차이가 없다. 새 술은 새 통에 담아야 한다. 새로운 시대는 새로운 문제를 제기하고, 새로운 문제는 새로운 해결책을 필요로 한다. 그러므로 20년 전의 노트를 그대로 학생들에게 읽어주는 교수는 진리의 개념조차 이해하지 못하는 월급쟁이일 뿐이다.

셋째, 그렇다고 해서 진리(what is true)는 존재하지 않으며 진리같이 보이는 것(what seems to be true)만 존재한다는 뜻은 아니다. 이것은 이른바 강력한 논증을 약하게 만들고 약한 논증을 강력하게 만드는 궤변론자들의 주장일 뿐이다. 분명히 진리는 비진리를 배척하며 비진리는 진리를 동반할 수 없다. 다만 진리의 본질은 고정되어 있지 않고 시간과 장소에 따라서 새롭게 태어날 수 있는 역동성을 가지고 있다는 뜻이다. 그러므로 동양의 시중(時中)이라는 개념은 시류에 따라 변할 수 있는 서양의 상황 윤리와 동일하지 않다.

나는 여기서 모든 교수가 진리를 확실히 소유하고 있어야 한다고 말하지는 않겠다. 그렇게 말하고픈 강력한 유혹을 받지만. 다만 모든 교수는 진리를 추구하려는 꾸준하면서도 성실한 자세, 그 과정을 절대로 포기하지 않으려는 의지, 자신의 진리 탐구를 방해하는 교내외의 모든 압력과 탄압을 전인적으로 대항하려는 투쟁심, 그리하여 자신의 진리 탐구가 전혀 불가능하다고 판단될 때는 교수직을 미련 없이 버릴 수 있는 열린 마음을 모든 교수는 소유하고 있어야 한다고 말하겠다.

그러면 대학은 어떻게 진리의 전당, 마당, 터전, 장소가 되는가? 진리의 마당이 된다는 것은 구체적으로 무엇을 뜻하는가?

첫째, 교수는 진리를 발견하고 창조하고 연구해야 한다. 여기서 우리는 "추구할 수 없는 진리는 없다"는 원칙을 잊지 말아야 한다. 어떤 이익, 이념, 정치 세력, 종교적 신념도 진리 추구를 차단할 수 없다. 그러므로 논문, 번역, 저서가 부실한 교수는 우선 침묵할 필요가 있다.

물론 어떤 진리는 우리에게 즐거움보다는 슬픔을 줄 수도 있다. 그러나 그것은 어디까지나 일시적인 현상이다. 긴 안목으로 보면, 우리는 역시 "잔인한 진실은 없다"는 명제를 받아들여야 한다. 진리 탐구에 자율성이 절대로 필요한 이유도 여기에 있다.

둘째, 교수는 새로운 진리를 발견하고 창조하는 데 그치지 말고 그 진리를 모든 학생에게 교수, 전달, 교육해야 한다. 물론 어느 경우에는 진리 교육에 적당한 환경이 조성되지 않을 수도 있으며, 피교육자들이 진리 교육을 거부할 수도 있다. 그러나 교수는 교육의 자유(Lehrbreiheit)가 있듯이, 학생은 학습의 자유(Lernbreiheit)가 있다. 그러므로 교수는 어떤 경우에도 진리 전달을 포기하지 말아야 한다. 혼자만의 진리는 존재하지 않는다. 표현되지 않는 진리는 진리가 아니다. 그리하여 교양 교육의 선구자인 밀(J. S. Mill)은 사상의 자유는 표현의 자유를 전제로 해서만 의미를 가질 수 있다고 단정했던 것이다. 진리는 전달되어야 한다.[2]

셋째, 교수는 진리를 혼자서 연구하여 학교라는 제도적 기구 안에서 학생들에게 소신 있게 전달할 뿐만 아니라 그 진리의 사회적인 함축 의미를 기회가 있는 한 사회에 선언, 선전, 지적해야 한다. 대학은 대학이기 이전에 사회에 두 발을 딛고 있는 엄연한 사회적 실체이기 때문이다.

대학의 이런 사회성은 서양의 최초 대학이라고 할 수 있는 플라톤의 아카데미를 보면 쉽게 알 수 있다. 20세에 소크라테스의 제자가 되었던 플라톤은 스승의 죽음에 큰 충격을 받았다. 그리하여 그는 스승의 처형 직후에 이집트, 소아시아, 시실리, 남부 이탈리아로 서글픈 나그네의 여행을 떠났다. 그러나 그는 그의 스승이 그렇게도 전달하려다가 실패한 아테네라는 동굴로 다시 돌아왔던 것이다. 진리는 연구되고, 전달되고, 밖으로 선언되어야 한다.

특히 오늘의 세계는 교통 수단과 통신 수단의 발달로 '하나의 세계'가 되었다. 이 세계의 모든 인류는 이제 인류 공동의 운명을 걱정하고 인류 공동의 복지를 생각하지 않을 수 없는 경지에 이르렀다. 강 건너 불은 있을 수 없다. 20세기의 로빈슨 크루소는 존재할

---

2) 여기에는 한 가지 심각한 철학적 문제가 있다. 그것은 바로 진리를 소유하지 못한 사람이 — 혹은 소유했다고 확신하지 못하는 사람이 — 어떻게 타인에게 진리의 길을 제시할 수 있느냐는 것이다. 이 질문이야말로 선생이 과연 진리, 덕, 지혜를 제자에게 전달할 수 있느냐는 덕의 교육 가능성(the teachability of virtue)의 심각한 교육 철학적 문제다. 이 문제에 대한 답변으로는 크게 세 가지가 있다. 첫째는 확실히 선생은 진리를 알 수 있을 뿐만 아니라 제자에게 가르칠 수 있다는 입장이며, 둘째는 어느 사람도 진리를 확인할 수 없으며 또한 안다고 하더라도 타인에게 전달할 수 없을 것이라는 입장이며, 셋째는 선생은 확실한 진리를 전달할 수는 없지만 제자는 선생을 통하여 — 소크라테스적 산파술에 의하여 — 진리를 배울 수도 있다는 입장이다. 세 번째 입장이 나의 입장이다.

수 없다. 그러므로 대학은 사회를 떠날 수 없다.

물론 대학은 사회의 제약을 받는다. 그러나 대학은 현실을 따라가는 시녀가 아니다. 언제나 현실을 추종하지 않으면서도 현실과 관련을 맺으면서 존재해야 한다. 대학이 사회를 무조건 추종하는 사회는 이미 병든 사회다. 대학은 사회에 대한 진리 선언의 의무를 가지고 있다.[3] 조요한은 이렇게 말한다.

> 고전적 의미에서 대학은 '학술의 수도원'이었지만, 현대적 의미에서 대학은 많은 기능을 수행하는 '일반 사람들을 위한 주유소'의 구실을 담당한다. 따라서 오늘날의 대학은, 학생 조합으로 운영되던 볼로냐대학의 방식이나 교수들이 학부의 중심으로 모든 권한을 행사했던 파리대학의 방식으로 운영될 수 없다. 현대 대학은 단일 공동체가 아니다.
> 시민의 옷(타운)과 대학의 옷(가운)이 다르다고 생각했던 것은 옥스브리지의 고전적 개념이지, '흰 타일'과 '판유리'로 일컬어지는 현대의 대학에서는 시민과 대학인의 구별이 없어졌다. 그래서 대학은 학내 구성원들의 요구뿐만 아니라 학외 구성원들의 요구에도 귀를 기울여야 한다.[4]

3. 추구할 수 없는 진리는 없다

우리는 이제 진리라는 개념과 진리의 터전에 대한 이상의 고찰로부터 몇 가지 현실적인 교훈을 얻을 수 있다.

첫째, 진리의 연구·교수·선포 중에서 가장 중요한 것은 진리의 연구다. 진리를 부단히 추구하지 않는 사람은 진리를 교수하거나 선언할 자격이 없다. 물론 어떤 사람은 과거의 연구 업적을 가지

---

3) 황필호, 『이데올로기, 해방신학, 의식화 교육』, 종로서적, 1985, pp.90-102.
4) 조요한, 「대학의 민주화」, 『대학 교육』, 통권 41호, 1989년 9월.

고 어느 기간 동안 자신의 임무를 수행할 수 있을 것이다. 그러나 그것은 잠시뿐이다. 진리는 계속해서 변하고 새로 솟아나고 새로 출현한다. 이렇게 발전하는 진리의 역동성을 따라가지 못하는 사람은 교육자의 자격을 상실한 사람이다.

둘째, "추구할 수 없는 진리는 존재하지 않는다"는 원칙은 우리에게 두 가지 교훈을 준다. 먼저 우리는 우리의 진리 추구를 그 이외의 어떤 목적을 위한 수단으로 사용할 수 없으며, 다른 목적을 위하여 포기할 수도 없다. 진리 추구는 교수의 생명이다. 또한 이 원칙은 다른 사람들의 진리 주장에 대하여 우리가 극히 개방적인 태도를 가져야 함을 알려준다. 나는 나의 진리를 추구하고 너는 너의 진리를 추구한다. 나의 진리만이 옳다는 발상은 이미 진리 추구의 진정한 자세가 아니다.

셋째, 교수는 진리를 개인적으로 연구할 뿐만 아니라 학생에게 전달하고 사회에 선포하는 사람이다. 그러나 아는 것과 가르치는 것이 항상 일치하지는 않는다. 쉽게 말해서 교수는 단순한 학자가 아니라 선생이다. 분명히 우리는 존재, 시간, 세계, 공간, 초월 등의 한 분야를 자신의 평생 과제로 삼고 주야로 묵상하고 연구하는 사람을 존경해야 한다. 그렇다고 그런 사람이 바로 교수의 자격을 갖게 되는 것은 아니다. 그럼에도 우리나라 대부분의 교수는 진리 연구를 삶의 가장 중요한 과업으로 간주하고 있지 않으며 (아마, 나도 그 중의 한 사람이겠지만), 또한 진리 탐구에 온 정력을 기울이는 소수의 교수는 그것만으로 자신이 선생의 자격을 갖추고 있다고 생각한다. 참으로 한심한 일이다.

누가 선생인가? 한마디로 선생은 자신의 진리 연구에 직접 관련되지 않는 일, 하기 싫은 일, 현실적으로 인정해주지 않는 일 등을 학생이나 사회를 위해 할 수 있는 사람이다. 자신의 연구에 방해되는 일체의 과업에 손을 대지 않는 사람은 진리 연구조차 하지 않는 사람보다는 훌륭한 사람이겠지만, 이 시대의 학생과 사회는 교수의 희생적인 참여를 절대적으로 고대하고 있다는 사실을 잊지 말아야 한다.

예를 들어서, 여기에 신 존재의 문제, 그 중에도 우주론적 논증인 토마스 아퀴나스의 세 번째 논증과 신토미스트들의 논증에 평생을 바친 학자가 있다고 하자. 그 사람은 훌륭한 학자다. 그러나 그렇다고 해서 그가 선생의 자격을 가진 사람은 아니다. 마치 인간성만 좋다고 해서 선생의 자격을 얻을 수 없듯이. 이런 뜻에서 학자와 선생은 동일인이 아니다.

권위와 인간성은 교수의 자격 요건이 아니다. 교수는 어디까지나 연구 업적으로 말해야 되며, 동시에 그 업적의 전달에 온 심혈을 기울여야 한다. 목소리가 큰 교수, 보직을 생명으로 생각하는 교수, 자신의 해박한 지식만 가지고 만족하는 교수는 각각 무능 교수, 어용 교수, 무용 교수가 아닐 수 없다. 여기서 무용 교수란 굉장히 유능하지만 대학에서는 필요 없는 사람이라는 뜻이다.

넷째, 우리는 진리의 연구·교육·선언 중에서 사회에 대한 진리 선언이라는 교수의 세 번째 기능을 강조할 필요가 있다. 이것은 교수의 본질적인 임무다. 그것은 민주화를 열망하는 운동권 학생들이 교수를 삭발한 사건, 사이비 양심 선언 사건, 진압 경찰의 참사 사건, 동료 학생 구타 살인 사건 등을 빌미로 대학의 자율권을 원천 봉쇄하려는 사회의 일부 계층에 대한 반발의 표현으로 절대적으로 필요한 임무다. 어느 교수는 오늘의 대학 현실을 이렇게 표현한다.

교육의 일차적 주체인 교사와 교수는 학원 운영의 일반 의사 형성 주체로 인정되기보다는 금력과 권력의 조작 대상으로 간주되어 학원과 사회의 파행적 운영을 정당화하는 데 봉사하는 이념적 도구의 역할을 강요받고 있다. 교수를 비롯한 각 부문의 연구자들은 반민주적 권력과 독선적 행정 당국 및 위헌적 억압 기구들로부터 끊임없이 현시적이거나 잠재적인 강제·감시·회유·협박·징계·구속·형벌에 시달리면서, 사회 비판은 물론 개인적 및 집단적 자기 반성의 실천적 표현조차 봉쇄 당하고 있다.

봉건 윤리와 외세 의존과 권력 존중의 강요된 교과 내용을 비판하거 나, 교육부의 승인을 받지 않은 보조 학습 자료를 사용하는 행위는 권력 에 의해 금지된다. 금지된 행위를 하는 교육자에 대해서는 어린 학생과 중립적 학부모 및 교원의 친인척과 친지를 동원해서까지 고발토록 권장 된다. 결국 학생들의 현재와 미래의 삶을 이루는 다양한 인간 활동 영역 에 대한 자유롭고 개방적인 토론이나, 학생 개개인 속에 잠재한 소질과 기능의 개발을 위한 체험 학습도 실질적으로 금기시된다.

외세 종속, 금권 권력의 이익과 편의를 위한 각종 행사에 학생과 교육 자를 동원하는 수업권과 교육권 침해는 정당화되고, 정규 수업 이외의 학생이나 교원의 자율적 행사는 불법시된다. 제도 교육의 비리를 비판 적 및 합리적으로 고쳐나갈 합법적 통로는 정당한 국민적 합의에 도달 하지 못하도록 보수 언론과 제도 야당을 포함한 권력 집단의 명시적 및 암묵적 연대에 의해 차단된다.[5]

또 다른 교수는 우리나라 대학이 이렇게 반민주적, 반통일적, 반 교육적일 뿐만 아니라 대학은 처음부터 자본가 계급의 헤게모니 재생산에 연관되어 발전되어 왔다고 진단한다.

19세기말 과학과 기술의 발전은 벌써 독점 자본의 수중에서 생산성 향상에 절대적으로 기여해야 한다는 명제에 의해 규정되었으며, 이에 따라 과학을 연구하는 사람과 장소가 별도로 필요해졌다. 또한 과학이 생산 과정에 적용되었을 때, 그 기술을 운용할 인력을 키우는 일이 필요 했다. 이런 기능적 요구에 대응해서 대학이 생성되고 발전한 셈이었다.

---

5) 유초하, 「교육의 제 문제와 민중 운동」, 『대학 정론』, 1989년 10월 12일.

이런 변화는 우선 생산직 노동자와 기술 전문직 종사자를 구분하여 후자에게 더 많은 사회적 보장을 주는 사회 체제 발전과 병행되었다. 또한 기계의 대량 생산 체제에 근거한 독점 대기업은 노동 계급을 통제하는 하나의 방편으로서 육체 노동과 정신 노동을 분리시켜, 육체 노동은 소위 과학적 관리 방법에 따라 단순하고 반복적인 노동만을 강도 있게 수행케 했다. 정신 노동은 이러한 과학적 관리 방법을 관장하고, 생산 과정을 기획·관리·통제하는 전문 관리층으로서 하나의 계층을 형성하게 되었다. 그리고 후자를 전문적으로 양성하고 공급하는 곳이 바로 미국에서 전형적으로 보여지듯이 대학에 맡겨지게 되었고, 대학은 이러한 두 가지 맥락에서 성장했다.

미국의 주요 대학이 19세기의 독점 자본으로 발전한 대기업들에 의해 설립되었다는 점이 이를 잘 나타낸다. 이런 대학은 봉건 국가로부터 내려온 전통적 대학의 위상과는 또 다른 의미를 갖는다.6)

나는 여기서 위의 두 교수의 주장에 대한 정당성을 토론하려는 것이 아니다. 그들의 주장에는 지나친 판단도 없지 않다. 문제는 현재 우리나라에 이런 식으로 주장하는 지성인들이 상당수에 달하고 있으며, 또한 그들의 주장이 전부 틀렸다고 단정할 수 없는 형편이라는 사실이다. 이런 상황에서 어떻게 교수가 사회에 대한 책임을 회피할 수 있겠는가. 순수한 교수라면 현실 상황에 참여할 수밖에 없는 것이 바로 오늘날 우리의 처지다.

우리는 지금까지 대학을 '상아탑'이라고 불러왔다. 그러나 그것은 일제 식민지 통치 기간에 침략자 일본인들이 즐겨 쓰던 말이었고, 그것을 우리가 그대로 답습하여 1970년대까지는 거의 무비판적으로 수용해왔던 것이다. 그러나 이제 대학은 더 이상 상아탑일 수 없다.7)

---

6) 김진균, 「해방 후 대학의 위상과 역할」, 『대학 정론』, 1989년 10월 19일.
7) 강정구, 「한국 대학의 모순 구조」, 『동대신문』, 1989년 9월 20일.

다섯째, 오늘날의 교수는 단순히 '부모의 입장(*in loco parentis*)'에서 학생을 열심히 가르치면 된다는 생각을 버려야 한다. 대학은 교수와 학생 이외에도 대학원 · 특수 대학원 · 비학자적인 행정 요원 등으로 구성되어 있으며, 밖으로는 이사회 · 동문회 · 경제 단체 · 종교 단체 · 노동조합과 긴밀히 연관되어 있다.

그러므로 "대학 운영에서 직원과 학생들의 민주적 참여는 불가피한 일이다. 이때 교수와 직원들은 그들의 지식과 경험을 통하여, 학생들은 그들의 정열과 순수성을 통하여 — 그리고 대화에 의하여 — 대학의 민주화를 수행해나가야 한다. 그것이 우리에게 부과된 시대적 사명이다."[8]

여섯째, 끝으로 진리의 연구 · 교육 · 선포는 자율성을 근거로 해서만 성취될 수 있음을 잊지 말아야 한다. 대학은 자유의 공기를 숨쉬고 사는 진리의 전당이다. 여기서 자유란 한마디로 비판 정신의 자유로운 표현이라고 볼 수 있다. 비판이 없는 곳에는 민주주의가 꽃필 수 없으며, 비판 정신이 없는 곳에서 진리는 논의조차 될 수 없다. 그러므로 "교수는 교수를 비판하는 학생에게 감사 드려야 한다. 정부는 정부를 비판하는 학생에게 감사 드려야 한다."[9] 이것이 진정한 자율성의 표현이다.

우리는 흔히 대학의 고유 권한을 침해하는 요인으로 정치 권력, 어느 집단의 금력, 종교 집단의 간섭 등을 열거한다. 그러나 오늘날 대학의 권한은 이런 외부적인 요인과 더불어 내부적인 요인에 의하여 더욱 심각하게 파괴되고 있는 실정이다. 박덕원은 이렇게 말한다.

최근의 보고서들에 의하면, 학문의 자유와 교권은 오히려 교수들 자

---

8) 조요한, 「대학의 민주화」, 앞의 글.
9) 황필호, 『이데올로기, 해방신학, 의식화 교육』, 앞의 책, p.107.

신들에 의해서 더욱 미묘하고 심각하게 침해되고 있다고 한다. 학문적 도전과 비판을 거부하는 다수 교수들의 폐쇄적 학문 분위기가 그 대표적인 것 중의 하나다.[10]

이제 교수는 교권 침해의 원인을 외부의 압력과 학생들의 난동으로만 돌리지 말고, 진실로 자기 반성의 기회를 가져야 한다. 대학의 자치권이나 교권은 외부로부터 주어지는 것이 아니라 획득하는 것이다. 그것은 침해에 도전하고, 진리를 수호하려고 노력하는 일에 능동적으로 참여하는 사람만이 누리게 되는 권리다.

자유는 그냥 주어지는 것이 아니다. 그것은 싸워서 쟁취하는 것이다. 자유의 극치인 대학의 자율도 우리 대학인 스스로가 피나는 노력을 경주함으로써만 얻을 수 있다.

4. 보직파 · 정치파 · 연구파 · 낭만파

우리는 지금까지 대학을 진리의 전당으로 규정하면서, 이런 규정에서 나오는 몇 가지 교훈을 생각해보았다. 우리는 이제 이런 분석을 바탕으로 해서 우리나라 교수를 다음의 네 가지로 분류할 수 있겠다.

첫째, '보직파 교수'는 연구보다는 언제나 과장, 실장, 학장, 처장, 총장이 되려고 하는 사람들이다. 그리고 교수의 권위가 바로 이런 '자리'로부터 나온다고 믿는 사람들이다. 물론 대학도 하나의 엄연한 사회 기관이기 때문에 최소한의 제도를 갖지 않을 수 없으며, 누군가는 이 '더러운 일'을 충실히 해야 된다. 그러나 그것이 교수의 본업이 될 수는 없는 일이다.

---

10) 박덕원, 「대학의 자치와 교권에 관한 세미나」, 『대학 교육』, 앞의 책, pp.113-114.

보직파 교수에게는 몇 가지 특성이 있다. 우선 그들은 한결같이 보직을 싫어한다고 말하며, 가능한 한 빨리 벗어나서 연구에 몰두하겠다고 주장한다. 그러나 그것은 새빨간 거짓말이다. 또한 그들은 한결같이 바쁜 삶을 영위하고 있다고 큰소리치며, 그렇게 바쁜 삶이 마치 대학을 위한 희생인 양 겉치레한다. 그러나 그것도 실제로는 매일 밤 술좌석을 순례하느라고 바쁜 삶일 뿐이다.

어떤 교수는 30년 이상을 보직에 종사한 사람도 있다. 우리는 과연 이런 사람을 교수라고 부를 수 있을까? 그런데 우리는 여기서 이런 교수들은 교수 사회의 극히 일부를 차지하고 있다는 사실을 잊지 말아야 한다. 내가 근무했던 80년의 역사를 가진 어느 대학교의 경우 이런 보직 교수는 40여 명 내외에 불과하다. 보직파 교수는 그만큼 소수면서도 언제나 대학 사회의 대변인 같은 취급을 받는 것이 오늘날의 실정이다.

둘째, '정치파 교수'는 여야 정치권에 추파를 보내면서 기회만 있으면 '한자리' 하려고 호시탐탐 기회를 노리고 있는 사람들이다. 물론 그들은 정부 편의 자문 위원이 될 수도 있고, 반정부 편의 운동권에 속할 수도 있다. 그러나 그들은 언제나 "현실적인 것이 가장 이상적"이라는 헤겔의 명제를 내걸면서 세속적 명예를 추구한다는 공통점을 갖고 있다.

이미 지적했듯이, 교수의 임무는 진리의 연구와 교육뿐만 아니라 사회에 대한 선언을 포함한다. 그러므로 교수도 장관이나 자문 위원이나 민주화를 위한 어느 재야 단체에 관여할 수 있으며, 또한 어떤 경우에는 직접 참여해야 할 때도 있다. 그러나 교수의 첫 번째 의무는 역시 진리 탐구에 있다는 대원칙을 잊어서는 안 된다. 이것은 비단 인문학문뿐만 아니라 사회학문이나 자연학문을 전공하는 교수에게도 그대로 해당되는 대원칙이다.

나는 여기서 정권이 바뀔 때마다 아부하여 출세하는 정치파 교수와 이 나라 민주화를 위하여 가시밭길을 가는 교수를 동일한 부류로 매도하지는 않겠다. 그러나 후자의 경우에도 정치는 역시 교수의 '본래 자리'가 아님을 잊지 말아야 한다. 이것은 정치학 교수에게도 그대로 해당된다. 그는 정치하는 사람이 아니라 정치학을 전공하는 사람이다.

사실 오늘날 우리나라의 교수를 포함한 지성인들은 모든 문제를 사회학문적으로만 해석하고 해결하려는 편견을 가지고 있다. 인문학문자나 자연학문자도 모이기만 하면 사회학문자와 다름없이 정치 얘기로 시간을 보낸다. 물론 인간은 사회적 동물이기에 타인과 사회에 대하여 진지한 관심을 가져야 한다. 그러나 인문학문자와 사회학문자의 최소한의 차이는 존재해야 되지 않을까. 하여간 삶의 모든 문제를 사회학문적 요술 방망이로 해결할 수 있다고 믿는 것이 요즘 교수들의 일반적인 견해다. 이 점에서는 순수한 민주화를 위하여 헌신하는 교수들도 예외는 아니다.

이념 운동은 중요하다. 그러나 그것을 마무리지을 수 있는 것은 문화 운동이다. 이른바 운동가들이 모든 문제를 해결할 수 있다는 발상은 정말 웃기는 일이다. 인류 지성사의 핵심은 응용 학문이 아니라 순수 학문이며, 사회학문이 아니라 인문학문이다. 그래서 어느 교수는 "지금 우리나라에서는 너무 사회학문적으로 모든 것을 해결하려고 하고 있을 뿐, 인문학문이라는 강력한 무기를 휘두를 수 있는 통재(通才)가 없다"고 말한다. 인류 역사상 가장 성공적인 운동가였던 마하트마 간디가 "하느님에 대한 경외심이 없는 사람은 절대로 비폭력 저항을 실천할 수 없다"고 말한 이유도 여기에 있다.[11]

사실 삶의 모든 문제를 사회학문적으로 해결할 수 있다고 믿는 것은 철학이나 종교와 같은 상부 구조는 경제라는 하부 구조에

---

11) 황필호, 「젊은이에게 주는 글」, 앞의 글, p.301.

의지하고 있다는 마르크스의 아류에 불과한 발상이다. 이런 사람들은 중세 철학을 정치, 경제, 사회의 측면에서 해석하려는 의도야말로 '정당화될 수 없는 요구'일 뿐이라는 코플스톤(Fredrick Copleston)의 경구를 다시 회상할 필요가 있다.[12]

셋째, '연구파 교수'는 다른 것에 전혀 신경 쓰지 않고 자신의 진리 탐구에만 전념하는 사람들이다. 진주만 공격도 모른 채 연구에만 몰두해 있었다는 어느 일본 교수가 이런 부류의 사람이다. 그러나 우리나라에서 이런 순수한 연구파 교수는 극히 소수에 불과하다는 것이 나의 증명되지 않은 결론이다. 나는 아직 이런 사람을 만나지 못했다. 내가 과문한 탓이기를 바란다. 여기에 속하지 못하는 내가 이 글을 쓰는 행위가 바로 누워서 침 뱉기가 되는 이유가 여기에 있다.

넷째, 우리나라 교수의 대부분은 '낭만파 교수'다. 그들은 — 적어도 겉으로는 — 보직에 연연하지도 않으며, 사회에 지대한 관심을 쏟는 것도 아니며, 그렇다고 해서 연구에 몰두하지도 않는다. 그저 그렇고 그렇게 살아가고 있다. 겉으로 보기에 이들은 가장 초연한 중용의 입장을 취하는 듯이 보인다. 그러나 그들이야말로 위의 어느 부류보다도 저열한 부류가 아닐 수 없다. 그들은 '초월한 사람'이 아니라 '무능한 사람'이며, 대학 교수라는 막중한 직책을 그저 살아가는 방편으로 — 그 중에서도 가장 안이한 방편으로 — 간주하는 월급쟁이일 뿐이다.

낭만파 교수는 '존재하는 것'과 '사는 것'을 구별한 아우구스티누스의 사상을 회고할 필요가 있다. 인간이란 그저 먹고 숨쉬는 존재의 차원이 아니라 그 존재를 다시 반성할 수 있는 삶의 차원에서 그 가치를 찾아야 한다. 조나단 리빙스턴 시갈의 표현에 의하면,

---

12) Frederick Copleston, *A History of Philosophy*, vol. 2. Image books, 1962, p.24.

삶이란 밥 먹고 똥싸는 것 이상이다.

사람은 그저 존재하지 말고 살아야 한다. 특히 지성의 대표자인 대학 교수의 경우에는 더욱 그렇다. 하여간 우리는 이렇게 삶을 곁눈질하면서 자신의 삶을 마치 남의 삶처럼 착각하는 사람을 모든 욕망을 초월한 동양의 도인과 혼동하지 말아야 한다. 도가의 초연한 사람은 아무것도 하지 않는 사람이 아니라 겉으로는 아무것도 하지 않는 듯이 보이지만 모든 것을 하는 사람이다. 자연을 따르는 무위(無爲)가 위무위(爲無爲)가 되는 이유가 여기에 있다.[13] 그러므로 낭만파 교수는 자신을 합리화시키지 말아야 한다.

5. 새로운 교수 문화의 정립

우리나라에는 현재 3만여 명의 교수가 있다고 한다. 그럼에도 '교수 문화'라고 꼭 집어 말할 수 있는 문화는 없는 실정이다. 그저 상이한 보직파, 정치파, 연구파, 낭만파가 오합지졸 식으로 모여 있기 때문이다.

일본의 일류 대학인 경도대, 동경대, 쓰쿠바대 등은 각기 다른 학문의 성향, 시설과 환경, 분위기, 독특한 개성을 가지고 있다. 그럼에도 모든 교수들에게는 어떤 공통점이 있다. 즉, "그들은 예외 없이 한여름에도 긴 팔 셔츠를 입고, 넥타이를 단정히 맨 정장 차림을 하고 지낸다. 길을 걸을 때도 상체가 흔들리지 않는다. 어떤 대화나 토론에서도 목소리를 높이지 않는다. 그리고 적어도 한 가지 이상의 특기나 취미를 갖고 있다. 전공 분야 이외에도 문화적 전통과 관련된 어떤 분야에 깊이 통달해 있다."[14]

---

13) 황필호, 『분석철학과 종교』, 종로서적, 1987, pp.125-128.
14) 김인회, 「대학의 교수 문화」, 『대학 교육』, 앞의 책, p.23.

그러나 우리나라 교수 사회에서는 다른 어떤 집단에서도 찾아볼 수 없을 정도의 동질성이 없다. 물론 우리는 이 현상을 문화적 다양성이라고 표현할 수도 있겠다. 그러나 엄격히 말하면 교수 문화의 부재라고 보지 않을 수 없다. 그러면 우리는 이제 어떻게 해야 되는가? 김인회는 교수 사회의 구성원을 세대별로 고찰하면서,[15] 우리나라 교수 문화의 정립을 위하여 세 가지를 충고한다.

첫째로 "모든 교수는 학문을 대하는 태도에서 준엄함과 고고한 기상을 가져야 한다."

둘째로 "모든 교수는 풍부한 문화적 교양과 인격적 기품을 가져야 한다. 전공 분야 이외의 교양 분야에서도 학생보다 무식해서는 곤란하다. 예의범절, 말씨, 마음 씀씀이, 행동 등을 통해 풍기는 인격과 기품이 학생들에게 업신여김을 받을 정도가 되어서도 안 된다. 인생을 관조하는 안목과 젊은이를 이해하는 도량에서 학생들보다 한 단계 높아야 한다. 최소한 정초에 세배하러 온 학생들 앞에 기다렸다는 듯이 방석과 화투를 꺼내놓고 함께 노는 것을 부끄럽게 느낄 줄도 모르는 수준에 머물지는 말아야 한다. 허나 학생들과 여행을 가서도 교수들끼리 고스톱으로 밤을 새우는 무교양이 교수 문화 속에 포함되어 있는 것이 오늘의 현실이다."

셋째로 "모든 교수는 도덕적 엄격성과 자기 통제의 규범을 가져야 한다. 원래 교육이란 도덕성을 기초로 해서만 성공할 수 있다. 도덕성이 결여된 채 지식이나 기능의 전수만을 능사로 삼는 교육은 훈련이거나 학습일 수는 있어도 교육은 아니다. 그럼에도 교수와 교수 사이의 주먹다짐, 심지어는 칼부림까지 벌어지는 예가 없지 않은 것을 우리는 알고 있다. 그러나 알고만 있을 뿐, 과연 교수 일반이 이런 일들을 얼마나 교수 사회의 수치로 여기고 있는지는 잘 모르겠다. 심지어 특정 교수의 성 윤리나 금전과 관련된 추문이

---

15) 같은 글, p.25.

학생들만의 소문이 아니라 실제 사실로 드러나는 예가 없지 않았던 것을 생각하면, 요즘 일부 학생들이 재단과 경영진의 부정과 비리를 폭로하는 것이 유행처럼 된 것이나, 교수의 머리를 삭발하고 연구실은 물론 총장실까지 때려부수는 것을 마치 장한 자랑거리라도 되는 것처럼 여기게 되어버린 것 등이 하루 이틀 사이에 별안간 생겨난 대학 문화의 변화라고 말하기는 어려울 성싶다. 교수 사회 일각에서 소수에 의해 벌어져온 도덕적 파렴치 행위의 문화적 영향이 누적된 결과가 아닌가싶다."16)

나는 김인회 교수의 세 가지 충고를 모든 대학 교수는 첫째로 학자가 되어야 하고, 둘째로 교양인이 되어야 하고, 셋째로 인격자가 되어야 한다는 충고로 받아들이고 싶다. 그리고 나는 그의 이런 충고에 충심으로 동의할 뿐만 아니라 필연적으로 누워서 침 뱉기라는 비판을 받을 각오로 구체적인 실례를 들어서 지적한 그의 용기에 찬사를 보낸다.

그러나 나는 여기서 이상의 세 가지 사이의 논리적인 선후 관계를 첨부하고 싶다. 이론적(존재론적)으로 보면, 교수는 먼저 인격자가 되어야 하고, 인격자가 된 사람만이 교양인이 될 수 있고, 인격자와 교양인이 된 사람만이 학자가 될 수 있다. 그러나 현실적(인식론적)으로 보면, 교수는 우선 학자여야 하며, 그 다음에 교양인과 인격자가 되도록 노력해야 한다. 모든 교수는 학자면서 교양인과 인격자가 될 수 있지만, 교양인과 인격자가 곧바로 교수가 되는 것은 아니다. 교수와 인격자, 선생과 교양인은 동일하지 않다. 내가 대학은 진리를 연구·교수·선포하는 기관이지만 그 중에서 가장 중요한 것은 진리의 연구며, "아는 것과 가르치는 것이 항상 일치하지는 않는다"고 주장한 이유가 바로 여기에 있다.

그러므로 교수는 오로지 학문적 업적으로 말해야 된다. 공연히

---

16) 같은 글, p.24.

목소리만 높이는 사람은 남대문 시장의 장사꾼과 다름이 없다. 연기자는 화려한 사생활이 아니라 연기로 말하고, 성직자는 신앙으로 말하고, 교수는 학문으로 말해야 한다.

우리는 오늘날 교수의 딜레마는 "사회에 대하여 발언할 것인가? 그렇지 않으면 학문에만 몰두할 것인가?"라는 말을 흔히 듣는다. 그러나 이것은 허구의 딜레마일 뿐이다. 현재 사회에 대하여 관심을 쏟을 시간이 없을 정도로 학문 연구에 몰두하는 교수가, 나를 포함해서, 과연 몇 명이나 되겠는가.

6. 맺음말 : 새로운 교수상의 정립

그러면 새로운 교수 문화를 정립시킬 수 있는 바람직한 교수상은 어떤 것이어야 하는가? 오늘날의 모든 교수가 학자, 교양인, 인격자가 되려면 어떤 마음가짐을 가져야 하는가? 나는 이 질문에 대한 전제 조건으로 지금까지 내려온 두 가지 전통적 개념에 대한 비판과 미래의 새로운 교수상을 위한 두 가지 인식의 전환을 제안하겠다. 두 가지 전통적인 개념에 대한 비판은 낭만주의적 및 관념주의적 과거가 지나가고 '새로운 현재'가 도래했다는 뜻이며, 두 가지 인식의 전환은 과거 지향적이고 권위주의적인 현재를 청산하고 '새로운 미래'를 맞이하자는 뜻이다.

첫째, 오늘날 교수는 군사부 일체라는 전통적 개념으로부터 벗어나야 한다. 우선 역할의 측면에서 볼 때 군사부는 절대 일체가 될 수 없는 것이 오늘의 실정이다. '군'으로 대표되는 정치 지도자는 이젠 굉장한 영웅이 아니라 누구든지 국민의 지지만 있으면 직무를 수행할 수 있게 되었으며, 교수는 고도의 전문성을 요구하는 직분이며, 부모의 역할은 학자나 교양인이 아니어도 인격자로서 자녀 교육을 담당하는 직분이다. 그러므로 군사부 일체의 개념은 각기 다른 역할을 하나로 통합시키려는 시대착오적 발상이 아닐 수 없다. 쉽게 말해서, 누구든 정치가나 부모가 될 수 있다. 그러나 모든 사람이 교수가 될 수 있는 것은 아니다.

옛날에는 "제자는 스승의 그림자도 밟지 않는다"고 했다. 그러나 이런 낭만적 발상은 이제 좁은 캠퍼스의 대학에서는 물리적으로 불가능할 뿐만 아니라, 이 말을 충심으로 신봉하는 교수나 학생은 실제로 존재하지 않는다. 그러므로 군사부 일체라거나 스승의 그림자라는 표현은 그저 교수들이 땅에 떨어진 자신의 권위를 — 비록 잠시나마 — 유지하기 위한 일종의 변명에 불과한 것이다. 이제 군사부일체론에 포함된 낭만주의는 없어져야 한다.

둘째, 오늘날 교수는 상아탑으로서의 대학이라는 개념을 배격해야 한다. 대학은 이제 상아탑이 아니라 이 사회 속에 우뚝 솟은 진리의 전당이다. 대학이 사회와 어느 정도 거리를 유지하거나 완전히 절연되어야 한다는 생각은 이제 시대 착오적인 발상이 아닐 수 없다. 상아탑론에 포함된 관념주의는 이제 사라져야 한다. 대학은 민족, 사회, 국가, 세계와의 더욱 긴밀한 연관 속에서만 진정한 자신의 목소리를 낼 수 있다.

대학은 학문을 통하여 인간 해방과 민족사의 과제를 규명하고, 교육을 통하여 학생의 자아 실현을 도와주는 기능을 담당한다. 그런데 학생의 자아 실현도 기본적으로는 민족 공동체에 대한 참여를 통하여 실현되므로 학생은 민족 공동체의 발전과 불가분의 관계를 가질 수밖에 없다. 따라서 대학은 인간 해방과 민족 공동체의 발전을 자기의 영역에 포함시킨다. 대학이 이런 기본적 임무를 상실할 때, 대학은 한낱 지식 상품 시장으로 전락하게 된다.[17]

---

17) 최상천, 「대학 교수의 교육 활동 방향」, 『대학 교육』, 앞의 책, p.27.

셋째, 새로운 교수 문화를 정착시키려는 교수는 대학의 행정 운영과 학사 운영에 학생의 참여를 인정하는 인식의 전환을 가져야 한다. 아직도 우리나라 대부분의 교수들은 이것을 교권에 대한 침해로 간주한다. 그래서 그들은 '아무리 세상이 바뀌어도……'라는 과거지향주의를 버리지 못하고 있다. 왜?

이것은 단순히 해방 이후 교수들이 학생들 앞에서 교수 노릇을 잘 해내지 못한 데서 오는 어쩔 수 없는 인식의 전환만은 아니다. 그보다 더욱 본질적인 이유는, 교육이란 교육자와 피교육자·아는 사람과 모르는 사람·진리를 떠 먹여주는 사람과 받아먹는 사람의 이원론적인 것이 아니라, 민족과 인류의 역사에 공동 참여자로 일해야 하는 과업이다. 최상천은 이렇게 말한다.

우선 학생을 교육의 주체로 인정하는 것이 전제되어야 한다. 이제까지 우리 교육은 학생을 단순히 피교육자로만 인식해왔기 때문에 학생을 통제의 대상, 교육 내용의 무조건적 습득의 대상으로 취급한 권위주의적 교육이 횡행했다. 이러한 교육은 체제 순응적인 인간을 만드는 데는 상당히 기여했지만 학생의 자아 실현과 창조적 능력 개발에는 큰 문제를 가져왔다. 물론 학생은 인격적으로 완성되어 있지 않다. (사실 교육자도 인격적 완성자는 아니다. '인격의 완성'이란 실체가 없는 허구에 가깝다.) 그러나 학생도 인격적 주체임에는 틀림이 없다.

교육은 완성된 인격체가 불완전한 인격체를 마치 공장에서 제품을 만들 듯이 제작하는 것이 아니다. 교육은 인격 주체들의 만남과 상호 교류를 전제로 해서만 실현될 수 있다. 다만 교육에 참여하는 형식의 차이가 있을 뿐이다. 즉, 교수는 교육의 내용을 제시하고, 학생은 제시된 내용을 질의하고 토론한다. 그러므로 교수는 가치 선택의 다양한 가능성을 제시하면서, 학생과의 토론을 통하여 올바른 가치관과 해석력을 얻어낼 수 있어야 한다. 일방적 가치 주입은 교육이 아니라 동물 사육과 다름이 없다.[18]

일부의 교수들은 학생의 행정 운영에의 참가는 인정할 수 있더라도 교과 과정 운영에는 절대로 참여할 수 없다고 믿는다. 교과 과정이야말로 교수의 고유 권한이라는 것이다. 그러나 이런 교수들은 우선 현대 학문의 상호 연관성, 모든 학문의 다변화 현상, 대화적 교육의 필요성을 아직 인식하지 못하고 있다. 오늘날 엄격한 의미의 '전공'이란 존재할 수 없을 정도로 모든 학문은 서로 연관되어 있다. 또한 그것은 어느 한 사람도 한 분야를 완전히 통달할 수 없을 정도로 세분화, 다변화, 다양화되었다. 끝으로 일방 통행의 주입식 교육은 이제 쌍방 통행의 대화식 교육이 되어야 한다. 이런 뜻에서 우리는 '선생'이라는 뜻을 문자적으로 해석할 필요가 있다. 교수는 무지자(無知者)에 대한 지자(知者)가 아니라 단지 '먼저 태어난 사람'일 뿐이며, 그래서 먼저 죽는 사람일 뿐이다. 의식화 교육의 선구자인 프레이리(Paulo Freire)는 이렇게 말한다.

지금까지의 교육은 피교육자를 '영양 결핍증 환자'로 취급하는 교육이다. 그리하여 피교육자는 타인으로부터 전수 받는 지식을 '먹어서 소화시키는 수용자'의 단계에 머물러 있다. 여기서 피교육자는 교재 속에 내재해 있는 의식에 따라서 낱말들을 그들의 창조적 노력에 의하여 획득하는 것이 아니라, 단순히 '채워 넣어지는 대상'이 된다.
여기서 피교육자는 배움의 주체가 아니라 그저 수동적 객체가 된다. 그리고 객체로서의 그의 임무는 그가 속해 있는 문화적 및 사회적 현실과 전혀 상관이 없거나 거의 상관이 없게 되고, 오직 교재의 내용을 암기하는 것이 된다.19)

프레이리는 이런 일방 통행적 교육의 폐단을 라틴 아메리카에서

---

18) 같은 글, p.29.
19) 황필호,『이데올로기, 해방신학, 의식화 교육』, 앞의 책, p.150. Cf. 황필호,『인문학·과학 에세이』, 철학과현실사, 2002, pp.303-325.

5월 1일에 맞이하는 노동절에 대한 교재의 내용을 가지고 설명한다. "교과서는 사람들이 이 날 해변에 나가서 수영을 하거나 일광욕을 즐긴다고 설명하고 있다. 노동절 기념식은 어디서 어떻게 진행되는지, 노동자의 투쟁의 역사, 노동의 불가피성과 신성성 등에 대해서는 전혀 언급이 없다. 그저 노동절은 휴일이고, 휴일에는 해변에 나가서 수영이나 일광욕을 즐겨야 하므로, 노동자들은 광장에 나가서 동료 조합원들과 자기들의 문제를 토론하는 대신에 해변에 나가야 한다는 결론이 나온다. 이런 분석은 이 교재가 인간, 현실, 인간과 현실의 상호 관계, 현실 속에서 진행되는 문맹 퇴치 교육의 과정 등에 대하여 단순하기 그지없는 개념을 가지고 있음을 드러내준다."[20] 오늘의 우리나라 현실과 너무나 흡사하다. 학생의 참여권 인정은 과거지향주의의 청산이다.

넷째, 새로운 교수 문화를 정착시키려는 교수는 "실력이 교권이다"라는 인식의 전환을 가져야 한다. 교수의 권리와 권위는 어떤 보직, 정치적 파벌, 인기도에서 나오지 않는다. 오직 실력만이 교수의 권위를 보장한다. 이러한 발상은 결국 지금까지 내려온 권위주의의 청산이 된다.

일찍이 프레이리는 "진정한 정치 지도자는 민중과의 일치를 끊임없이 증명해야 된다"고 말했다. 물론 지도자는 창조적인 혁명 과정에서 민중에 대한 실망을 경험할 수 있다. 그렇다고 해서, 그가 민중에 대한 신뢰를 포기하고 자신의 새로운 '신화'를 구축한다면, 그는 이미 혁명가의 필수 조건인 민중을 사랑할 수 있는 능력(a capacity to love)을 상실한 사람이 될 것이며, 그 결과로 그는 다시 해방이라는 미명 아래 과거의 구속보다 더욱 극심한 구속을 초래하게 된다는 것이다.[21]

---

20) 황필호, 『이데올로기, 해방신학, 의식화 교육』, 앞의 책, p.152.
21) 같은 책, p.163.

이와 마찬가지로, 진정한 교수는 학생과의 연대감을 끊임없이 증명해야 한다. 물론 교수도 인간이기에 학생에게 실망할 수 있다. 그렇다고 해서 그가 군사부일체론이나 상아탑론을 내세워서 자신의 권위를 그대로 유지하려고 한다면, 그는 이미 선생의 필수 조건인 학문과 학생을 사랑할 수 있는 능력을 상실한 사람이다. 그리고 학생에 대한 사랑은 결국 자신의 실력에 의해서만 표현될 수 있는 것이다.

이제 우리는 군사부일체론의 낭만주의와 상아탑론의 관념주의를 배격하는 교수, 학생의 참여권을 인정하고 실력만이 권위라는 인식의 전환을 가진 교수가 되어야 한다. 그리하여 진리를 연구, 교수, 선언하는 대학에 진정 기여할 수 있는 새 시대의 교수가 되도록 노력해야 한다. 그런데 현실은 어떤가? 대부분의 교수들은 정치적으로나 학문적으로 주어진 기득권을 그저 향유하면서 무사안일주의에 빠져 있다. 그래서 우리는 역설적으로 한국이야말로 '교수들의 천국'이라고 말할 수 있다. 최장집은 이렇게 말한다.

지금 대학 교수의 대부분은 정치에 대한 무관심, 보수 질서가 복원되고 있는 반혁명에 대한 불감증에 빠져 있을 뿐만 아니라 모든 진보적 개혁을 표방하는 정치적, 사회적, 문화적, 학문적 운동과 흐름에 적대적이기까지 한 것이 오늘의 실정이다. 한 사회 집단으로서의 대학 교수들은 어느덧 우리 사회의 보수 세력 가운데서도 이론적으로나 심정적으로 가장 강고한 보수 세력으로 자신을 드러내고 있다.

6월 항쟁 이전까지만 해도 교수들은 민주 개혁에 대한 학생들의 요구를 어느 정도 지지하고 이해했으며, 학생들을 감싸주었고, 스스로 행동하지 않는 데 대한 상당한 도덕적 부끄럼까지 느낄 때도 많은 터였다. 그러나 오늘의 상황은 너무나 판이해졌다. 교수와 학생과의 관계, 특히 교수들이 학생을 바라보는 태도는 거의 적대적이기까지 하다. 교수들 스스로의 가치관과 시국관에 입각하여 학생들을 급진 좌경 폭력 세력이 아닌가 하고 불신과 사시의 눈으로 보는 것이다. 그것도 아무런 부끄럼 없이 개인적 소신과 도덕적 신념을 갖고 그렇게 한다.

교수들은 정의로운 사회가 어떤 것이고, 이를 어떻게 실현할 것인가에 관심을 갖기보다 사회의 안정과 능률을 어떻게 제고할 것인가에 보다 큰 관심을 갖는다. 이것은 교수들이 사회에 대한 비판적 퍼스펙티브와 미래 사회에 대한 비전을 상실한 '기술 지식인'으로 변질되고 있음을 말한다.

오늘날 교수의 직위와 권위는 기존의 보수적 사회 질서를 유지하는데 기여하는 그들의 역할에 대한 반대 급부에 의해, 아울러 상대적으로 높은 신분적 지위에 의해, 그리고 사제간의 권위주의적 관계를 미화하는 편리한 전통에 의해, 사실상의 종신 교수 임용제나 다름없는 신분 보장 제도에 의해, 그리고 교수의 연구를 평가할 수 있는 명확한 평가 기준이 없음에 의해, 거의 자동적으로 그것도 평생토록 보장되어 있다. 세계에서 이보다 좋은 교수 자리가 어디에 있겠는가?[22]

지금이야말로 이 땅의 모든 교수가 누워서 침 뱉기와 양심 선언과 고해성사를 해야 할 시기다. 교수는 학문과 변혁의 주체다.

---

22) 최장집, 「교수의 역사적 책무와 역할 제고」, 『대학 정론』, 1989년 11월 23일.

제 12 장
종교학적으로 본 현대 한국인의 성격*

1. 머리말

모든 개인, 가정, 사회, 국민, 민족, 인종은 제나름대로의 특성을 가지고 있다. 물론 하루아침에 설립된 국가의 국민은 오랜 역사를 지니고 있는 민족성과 같은 뚜렷한 성격을 전혀 갖고 있지 않거나, 혹은 아직 성숙하지 못한 개인과 마찬가지로 희미한 성격만을 형성하고 있을 수도 있다. 그러나 그런 국민도 앞으로 형성될 성격의 밑바탕은 이미 주어져 있다고 말할 수 있다. 그것은 마치 아직 성숙하지 못한 개인이 앞으로 닥칠 환경에 따라서 그의 독특한 성격을 형성해나가면서도, 이미 그의 환경이 어느 정도는 결정되어 있다는 뜻에서 — 예를 들면 그의 부모와 자라날 사회가 이미 결정되어 있다는 뜻에서 — 앞으로 형성될 개성의 밑바탕이 이미 주어져 있

---

* 이 글은 황필호, 「한국인의 성격에 대한 종교학적 고찰」(『이데올로기, 해방신학, 의식화 교육』, 종로서적, 1985, pp.169-214)을 약간 수정한 것이다.

다고 말할 수 있는 경우와 마찬가지다.

그런데 모든 개인, 가정, 사회, 국민, 민족, 인종은 그들의 발전과 향상에 도움이 되는 긍정적인 성격을 가질 수도 있고, 오히려 발전과 향상을 저해하는 부정적인 성격을 가질 수도 있다. 물론 정확히 무엇을 향상이나 퇴보라고 규정하느냐는 것은 어려운 일이며, 더 나아가서 그들의 성격이 그들의 발전이나 퇴보에 작용하는 인과적 변수를 구체적으로 제시하기는 더욱 어려운 일이다.

그러나 우리는 과거만 존중하는 개인은 미래 지향적 발전을 이룩하기가 어렵고, 미래만 존중하는 개인은 그의 전통과 과거의 유산을 무시함으로써 그의 미래 지향적 발전까지도 방해할 수 있다는 상식을 받아들일 수 있다. 그렇다면 국민이나 민족의 성격도 그들의 발전이나 퇴보에 대하여 직접적 혹은 간접적 영향을 준다고 믿어도 좋을 것이다.

물론 이런 주장은 개인이라는 부분으로부터 가정, 사회, 국민, 민족이라는 전체로 옮겨가는 '복합의 오류'를 범하는 논리라고 주장하는 사람도 있을 것이다. 그러나 우리는 독일인은 근면 성실하고, 미국인은 진취적이고, 한국인은 단결심이 부족하다는 등의 주장이, 지나친 단순화의 경향이 있으면서도, 다른 한편으로는 어느 정도의 타당성이 있다는 것을 인정할 수 있다. 일부의 독일인이 게으르고, 일부의 미국인이 보수적이고, 일부의 한국인이 협동심이 많다고 해서 이상의 주장이 전혀 근거가 없는 것은 아니다.

더 나아가서 우리는 국가의 흥망성쇠가 다분히 그 국민의 성격에 좌우된 사실을 역사적으로 알고 있다. 예를 들어서 16~17세기에 세계의 대강국이었던 스페인이 18세기에 완전히 쇠퇴한 것은 당시 스페인 국민의 지나친 타성화에 기인하고 있으며, 로마 제국의 멸망도 당시 국민의 지나친 방탕에 기인하고 있으며, 삼국을 통일한 신라도 화랑 정신이 있었기 때문이라고 말할 수 있다. 여기에 바로 우리가 개인 정신, 가정 전통, 사회 심리, 국민 성격, 민족 정신을 과학적으로 연구해야 할 필요성이 있다. 부정적인 성격을 개조 및 제거하고 긍정적인 성격을 향상 및 창조함으로써 그 개인, 가정, 사회, 국민, 민족을 더욱 발전시킬 수 있기 때문이다.

2. 질문의 가능성

그러나 필요성이 바로 가능성을 뜻하는 것은 아니다. 아무리 국민 성격에 대한 과학적인 연구가 필요하더라도, 그러한 연구가 실제로 불가능할 수도 있다. 그것은 마치 원사각형(圓四角形)이 개념적으로는 가능하고 필요하겠지만 실제적으로는 불가능한 경우와 마찬가지다.

국민 성격에 대한 과학적인 연구가 불가능하다는 주장은 크게 두 가지로 나눌 수 있다. 첫째는 모든 개인이나 가정, 사회, 국민, 민족의 구성원은 개인이나 구성원이기 이전에 인간이며, 그러므로 각 개인이나 단체의 특성은 시간과 장소에 따라서 잠시 동안 나타나는 우연적인 현상에 불과하며, 그들의 본질적 특성은 존재하지 않는다는 주장이다. 둘째는 국민 성격에 대한 과학적 연구가 논리적으로 가능하다고 하더라도 여러 가지의 현실적 문제점 때문에 실제적으로는 상식의 수준을 벗어날 수 없다는 주장이다. 전자를 '논리적 불가능성'이라고 한다면, 후자는 '현실적 난해성'이라고 말할 수 있다. 이제 나는 이 두 문제를 좀더 생각해보겠다.

첫째, 물론 시간과 장소에 아무런 구애를 받지 않는 영원 불변하는 국민 성격은 역사적으로 존재한 일이 없고, 또한 존재할 수도 없다. 더 나아가서 인간의 모든 특성도 인간이 가진 공통성을 완전히 초월할 수는 없다. 아무리 타락한 인간이라도 동물이 될 수는 없으며, 아무리 훌륭한 인간이라도 천사가 될 수는 없다. 이러한 사실은 원시인과 현대인, 혹은 원시 종교와 고등 종교의 차이가 본질적인 차이가 될 수 없다는 인류학자들의 주장이나,[1] 모든 인간이 하느님의 형상을 가지고 태어났다거나 모든 인간이 불성을 소유하고 있다는 종교인들의 주장에 잘 나타나 있다.

그러므로 우리는 인류 공통의 요건을 무시한 개별성이란 아무런 뜻이 없다고 결론지을 수 있으며, 인간성이라는 공통 분모를 무시한 개성의 연구나 국민 성격의 연구는 결국 그 개인이나 국민의 퇴보를 의미한다고 말할 수 있다.

그러나 공통성을 무시한 개별성이 무의미한 것과 마찬가지로, 개별성을 무시한 공통성도 무의미한 것이다. 개인을 떠난 사회나 개인의 자유를 무시하는 민주주의가 존재할 수 없듯이, 모든 공통성은 바로 개별성의 승화된 표현이어야 한다. 어디든지 통하는 보편주의는 실제적으로는 아무데도 적용되지 않는 것이다. 사회적 특수성을 극복하기 위하여 그 특수성에 의존하지 않는 보편성이란 실제적으로 존재할 수 없다.[2]

여기에 바로 보편주의와 특수주의가 서로 역동적(力動的)으로 만나야 하는 이유가 있다. 우리가 이러한 보편주의와 특수주의를

---

1) 예를 들어서 Levi-Strauss는 이렇게 말한다. "원시인의 신비적 사고에 나타난 논리는 현대 과학의 논리와 동일한 것이다. 그들과 현대인의 차이는 지적 과정의 질(the quality of the intellectual process)에 있는 것이 아니라, 그 논리를 적용시키는 사물의 성격에 있다. 논리적 과정은 과학과 신화에 공통된 것이다." Jerome S. Brunner, *Toward a Theory of Instruction*, Haward University Press, 1966, p.88에서 인용함.
2) 김형효, 「한국 현대 사회 사상에 대한 반성」, 『국민윤리 연구』, 제6호(1977. 10), p.162. Cf. 이 글에서 김형효는 4·19혁명을 3·1운동과 6·25동란 이후의 반공 운동에 이은 '세 번째의 총체적 국민 저항 의식'이라고 규정짓고, 5·16혁명을 '4월 혁명이 표현한 보편적 민주 의식을 다시금 특수적 민주 의식에 접목시킨 것'이라고 주장한다. 후자의 주장에 대해서는 앞으로 역사학자들의 토론이 요청된다.

배타적인 선택의 대상으로 취급할 때, 우리는 공허한 휴머니즘이나 편협한 국수주의로 빠지게 된다. 그러므로 어느 국민의 성격에는 아무런 특수성이 없다는 주장이나, 그 특수성을 과학적으로 연구할 수 없다는 주장은 논리적으로 타당하지 않다.[3]

둘째, 이제 우리는 국민 성격에 대한 연구가 논리적으로 가능하다고 해도 여러 가지의 현실적 문제점 때문에 실제로는 상식의 수준을 벗어날 수 없다는 주장을 고찰해보자. 필요성이 곧 가능성이 아니듯이 가능성이 곧 현실성을 의미하지는 않는다. 국민 성격에 대한 연구는 수많은 — 어떻게 보면 무한한 — 난점을 포함하고 있다.

① 모든 국민은 그들의 사회적 신분이나 교육 정도에 따라 다르게 마련이다. 도시인과 농촌인, 남자와 여자, 지배 계급과 피지배 계급에 따라 다르게 마련이다. 그러므로 모든 국민 성격의 총체적 파악은 극히 어려운 일이다.[4] 이것을 '포괄성(包括性)의 난점'이라고 부를 수 있다.

② 개성의 경우도 마찬가지겠지만, 국민 성격은 몇 가지 형태로 단순하게 표현될 수 없다. 예를 들어서 '진취적'이라거나 '단결심이 없다'는 표현도 그 속에 수많은 변수를 포함하고 있기 때문에 국민성도 몇 개의 원색적 형태나 흑백 논리로 표현할 수 없다. 이것을 '다원성(多元性)의 난점'이라고 부를 수 있다.

---

3) 국제 정치에서 보편주의와 특수주의는 세계주의(globalism)와 지역주의(regionalism)로 나타난다. 어느 주장이 옳으냐는 문제는 물론 상황에 따라 다르게 마련이다. 이런 문제의 실례에 대하여는 Morton A. Kaplan, *Global Policy : The Challenge of the 1980's*, 1982, p.78을 참조할 것. 그리고 지역주의가 곧 국지주의(parochialism)를 뜻하는 것은 아니다.
4) 이런 사실은 과거의 국민성 연구에 커다란 장애물이 될 수도 있다. 예를 들어서 조선 왕조의 국민성은 당시 지배적이었던 유교라는 이념이 주로 양반들로 대표되는 엘리트들에 의해서만 숭상되었기 때문에 서민의 성격으로 연구되기가 굉장히 어렵다. (이제 '이씨 조선'이라는 일제의 식민지적 명칭을 버리고 '조선 왕조'라고 부를 때가 되었다.)

③ 국민 성격의 연구는 필연적으로 서술적인 단계를 지나서 규범적인 단계로 나아가지 않을 수 없다. 그러나 프로타고라스가 지적한 대로, 모든 문제는 양면성을 지니고 있게 마련이다. 진취성이 항상 좋은 것은 아니며, 자족하려는 성향이 항상 나쁜 것도 아니다. 모든 긍정적 성격은 바로 부정적 성격이 될 수 있으며, 그 반대도 가능하다. 그러므로 국민 성격에 대한 모든 가치론적 진단은 언제나 시비의 대상이 되지 않을 수 없다. 이것을 '양면성(兩面性)의 난점'이라고 부를 수 있다.5)

④ 국민 성격에 대한 바람직한 연구는 단순히 어느 시기의 성격을 기술하지 말고, 그 성격이 역사적 맥락에서 어떻게 발생했으며 어떻게 변질되어 왔는가를 고찰해야 된다. 이러한 '역사성(歷史性)의 난점'은 국민 성격 연구를 더욱 어렵게 만든다.

⑤ 국민 성격의 연구는 이론적 해석을 뒷받침할 수 있는 실례를 제시해야 하고, 이 실례는 언제나 그것과 반대되는 실례보다 더욱 무거운 비중을 가지고 있어야 한다. 그리고 이러한 '실례(實例)의 난점'은 언제나 연구자의 역사관에 좌우되게 마련이다.

⑥ 진정 바람직한 국민 성격의 연구는 다른 국민과의 비교 고찰에서만 가능한 것이다. 비교되지 않은 긍정적 성격이나 부정적 성격은 아무런 의미를 가질 수 없다. 이것을 '비교 연구(比較研究)의 난점'이라고 부를 수 있다.

⑦ 국민 성격의 연구는 인문학문, 사회학문, 자연학문의 어느 한 과목이 담당할 수 없다. 인간은 단세포 동물이 아니기 때문이다. 이것을 '종합 연구(綜合研究)의 난점'이라고 부를 수 있다.

⑧ 국민 성격의 연구는 언제나 대안을 제시해야 한다. 정교한 이론에 의한 진단은 구체적인 처방을 동반할 때만 가치가 있다. 이것

---

5) 유능한 개인이나 국민은 그들의 약점을 장점으로 이용할 수 있어야 한다. 공격이 최상의 방어가 될 수 있고, 방어가 최상의 공격이 될 수 있기 때문이다.

은 이론보다는 실천을 중요시했던 공자와 소크라테스의 사상, 혹은 사회에 대한 이론보다는 사회를 변혁시키는 데 관심을 쏟았던 마르크스의 경우도 마찬가지다. 그러나 앞에서 지적한 여러 가지의 난점을 극복하고 과연 우리가 구체적인 국민 성격 향상의 방향을 제시하기란 ─ 아주 불가능한 일이 아니라면 ─ 극히 어려운 일이 아닐 수 없다. 이것을 '대안 제시(代案提示)의 난점'이라고 부를 수 있다.

실로 국민 성격에 대한 연구는 몇 가지의 통계나 잠시 동안의 사고로 해결할 수는 없는 것이다. 그러나 이 연구는 이렇게 어려운 일이기 때문에 더욱 가치가 있다. 구체적인 대안까지 제시하기가 극히 어렵기 때문에, 우리는 구체적인 대안의 가치와 중요성을 알고 있다. 이런 뜻에서 우리나라 국민 성격의 연구는 절대적으로 필요하고 시의적으로 긴요한 사업이다.

포터(David M. Potter)에 의하면, 국민 성격을 연구한 근대 이후의 학자들은 크게 두 가지로 분류될 수 있다. 절대주의자들은 국민 성격을 시대에 따라서 변하지 않고, 더 나아가서 어느 국가의 모든 국민에게 보편적으로 존재하는 것이라고 주장한다. 그러나 상대주의자들은 국민 성격은 시간과 장소에 따라서 변할 뿐만 아니라 그것은 한 국민의 성격이 다른 국민보다 더욱 높은 비율로 나타나는 통계적인 경향에 불과한 것이며, 모든 국민에게 내재하는 것이 아니라 국민의 다수에 나타나는 것이므로, 국민 성격이란 결국 '변화하는 조건에 대한 변화하는 반응'으로 취급해야 된다고 주장한다.6) 우선 절대주의자들의 근거는 어디에 있는가?

첫째, 그들은 인간의 성격이란 사회나 국가가 결정하는 것이 아니라 유전적으로 이미 종족에 따라 다르게 마련이라고 주장한다.

---

6) David M. Potter, *People of Plenty : Economic Abundance and the American Character*, Chap. 1. 1954.

한때 히틀러가 유대인을 멸종시키려고 노력한 것, 흑인에 대한 백인의 본질적인 우월성을 주장하려는 이론, 악질적인 유전병자나 범죄자들의 자손을 멸종시키기 위한 단종법(斷種法) 등의 시도가 모두 여기에 속한다. 이런 주장에 의하면, 국민 성격의 개조는 유전인자를 변경시켜서 더욱 우수한 인간을 창조해내는 우생학(優生學, eugenics)에 의해서만 가능하다.[7] 그러나 이러한 사상은 아직 완전히 증명된 사실이 아니며, 개체의 유전을 변종시킴으로써 모든 인간을 우질화(優質化)하는 것이 시간적으로 오래 걸릴 뿐만 아니라, 과연 윤리적으로 용납되느냐는 문제가 남아 있다.

둘째, 또 다른 절대주의자들은 인간의 성격이 자연 환경에 의하여 결정된다고 생각한다. 이러한 주장은 열대 지방의 인종이 흑인이며 온대 지방이나 한대 지방의 인종이 황색인이나 백인이라는 일반적 상식에 맞는 주장이다. 특히 지역에 따라서 인간의 우열을 가리려는 사상은 고대인에게는 공통적인 경향이었다. 그리하여 중국인은 그들만이 세계의 중심인이라고 믿었으며, 그리스인은 그들만이 문명인이라고 믿었다. 아리스토텔레스는 이렇게 말한다.

유럽의 추운 지방에 사는 사람들은 기상은 있으나 지성과 기술이 없기 때문에 상대적인 자유를 누리면서도 다른 민족을 통치할 수 있는 정치적 행정력이 없다. 아시아인들은 지성과 발명력은 있으나 기상이 없기 때문에 언제나 노예나 피지배자의 노릇을 한다.

그러나 그 중간에 위치한 그리스인들의 성격은 중간적이기 때문에 기상과 지성을 동시에 가지고 있다. 그들은 자유로운 통치를 즐기고, 한 국가로 연합하면 세계를 다스릴 수 있을 것이다.[8]

---

7) 문학에서 이런 사상은 George Orwell의 『1984년』과 Aldous Huxley의 『용감한 신세계』에 나타난 '부정적인 이상향(negative utopia)'에 잘 표현되어 있다.
8) Aristotle, *Politics*, 1327b, 24-32.

이런 절대주의자들에 의하면, 국민 성격의 개조는 인간에게 더욱 좋은 환경을 제공하는 우경학(優境學, euthenics)에 의해서만 가능할 뿐이다. 그러나 이런 주장도 자연계와 인간계에 돌연변이가 있을 수 있다는 일반적인 상식에 맞지 않는다.9) (그러나 우리는 여기서 공해, 도시의 인구 집중, 봉건 사상의 잔재 등을 해소함으로써 더욱 좋은 환경을 만들고, 더욱 좋은 환경이 국민 성격 향상에 도움이 된다는 것을 잊지 말아야 한다. 파괴적인 환경 속에서의 건설적인 국민 성격의 기대는 극히 어려운 일이다.)

하여간 상대주의자는 물론이며 절대주의자까지도 국민 성격의 개조를 완전히 부인하지는 않는다. 여기에 바로 우리가 국민 성격의 긍적적 측면과 부정적 측면, 건설적인 성향과 파괴적인 성향을 동시에 연구할 필요가 있다. 긍정적인 성격을 조장하고 부정적인 성격을 억제 및 제거해야 하기 때문이다.

피히테(J. G. Fichte)는 『독일 국민에게 고함』이라는 저서에서 나폴레옹과의 전쟁에서 패배한 독일인의 성격을 비판하면서 그들의 긍정적인 측면과 부정적인 측면을 동시에 강조했다. 먼저 부정적인 요소로서는 개인주의적 이기심·진리에 대한 냉담과 무관심·도덕적 타락을 지적하고, 이에 대한 대책으로는 민족 공동체 의식의 개발·소아적 이해 관계의 지양·도덕적 인성의 함양을 내세웠다. 그리고 그는 독일인의 긍정적 요소의 원류를 찾아내려는 근원성, 정서의 감동성, 형이상학의 내면성과 사색성을 더욱 함양시켜야 된다고 주장했다.10)

국민 성격의 긍정적인 측면과 부정적인 측면을 동시에 연구한다는 것은 곧 특수주의와 보편주의, 애국주의와 세계주의를 결합시

---

9) 원래 'eugenics'와 'euthenics'는 각각 'eugenes'(우량)와 'eutheno'(번영) 혹은 'euthenia'(건전)라는 그리스어에서 유래되었다. Cf. 김두헌, 「우리 국민성의 고찰」, 『국민윤리 연구』, 1977. 10. pp.16-17.
10) 김형효, 앞의 글, p.164.

키려는 노력이다. 국민 성격의 긍정적인 측면만 내세우면 세계주의와 보편주의를 결여한 국수주의가 되고, 국민 성격의 부정적인 측면만 내세우면 애국주의와 특수주의를 결여한 공허한 세계주의가 된다.11)

그럼에도 우리나라의 국민 성격을 연구했던 과거의 지도자들은 주로 우리 국민의 위대한 점만을 지적한 감이 없지 않다. 예를 들어서 문인으로 알려진 안백산(安白山)은 우리나라 국민의 성격을 조상 숭배 정신, 조직 정신, 예절, 순후 다정(淳厚多情), 평화 낙천(平和樂天), 실제주의(實際主義), 인도주의(人道主義)의 7개 항목으로 규정했다. 역시 문인이었던 이광수(李光洙)는 우리 국민의 부수적(附隨的) 성격의 결함을 지적하면서도, 근본적으로는 관대·박애·예의·순결·자존·자주 독립·쾌활·무용(武勇) 등으로 추켜세웠다. 그리고 최현배(崔鉉培)는 한국민이 지(知)·정 (情)·의(意)의 세 가지 방면에서 인류 구제(人類救濟)와 인문 발달(人文發達)의 건국 사상(建國思想)을 가졌으며, 문자와 여러 가지의 기계를 발명했다고 자찬했다.

물론 이런 경향은 근래에 많이 시정되었다. 그러나 외국인이나 재미 교포를 격하시킴으로써 우리들의 우수성을 과시하려는 비겁한 사고 방식은 그대로 상존하고 있는 실정이다.12) 서양인과 다른 동양인, 일본인과 다른 한국인, 서양 사상을 배척하는 동양 사상은 쉽게 드러낼 수 있다. 그러나 진정한 자기 정체성은 배타성에서가 아니라 '동일한 인간'이라는 포괄성에서 찾아야 한다.

---

11) 신칸트학파의 W. Windelband는 Fichte(1762~1814)의 『독일 국민에게 고함』을 애국주의와 세계주의의 쌍생아라고 평가한다. 같은 책, p.164.
12) 이러한 경향의 실례로는 근래에 출간된 베스트셀러를 보면 쉽게 알 수 있다. 전상국의 『아베의 가족』까지도 재미 교포를 이렇게 묘사하고 있다.

3. 종교학적 방법

이미 말했듯이, 국민 성격의 연구는 구체적인 대안을 제시해야 된다. 국민 성격에 대한 단순한 이론적 진단뿐만 아니라, 그 국민 성격의 긍정적 측면을 더욱 조장시키고 부정적 측면을 억제시킬 수 있는 구체적 방안을 제시해야 된다. 여기에 바로 국민 성격에 대한 종교적 연구의 필요성이 있다. 국민 각자의 삶의 태도를 근본적으로 움직이려면 종교보다 더욱 강력한 힘이 없기 때문이다. 정치적 이념이나 윤리적 가르침보다 더욱 인간의 가슴 깊이 파고들 수 있는 것이 종교다.

우리나라 국민 성격의 종교적 연구의 필요성은 크게 두 가지로 논증될 수 있다. 첫째는 종교 자체가 인간에게 미칠 수 있는 무한한 역량을 인정하는 것이며, 둘째는 우리나라 국민의 특수한 신앙심을 들 수 있다.

첫째, 오늘날 유대인들이라고 불리는 민족은 원래 아브라함·이삭·야곱·야곱의 12명 아들로 시작되는 12개 씨족이 야웨라는 민족신(民族神)을 경배함으로써 시작된 종족이다. 그들은 사울, 다윗, 솔로몬과 같은 현왕을 통하여 12개 부족을 통합한 통일 국가를 이루었다. 그러나 솔로몬이 죽은 다음에는 사마리아를 수도로 하는 북부의 이스라엘과 예루살렘을 수도로 하는 남부의 유대라는 두 국가로 분열되었다. 그 후 그들은 페르시아, 그리스, 로마의 식민지가 되었다가 기원 후 70년의 해방 전쟁에서 참패한 후에 고향으로부터 완전히 추방되는 신세로 변했다. 결국 유대인들은 언어, 풍습, 문화가 다른 세계 각 국으로 쫓겨나서 그 나라의 국민이 되었다.

그러나 세계 각 곳에 흩어진 유대인들은 꼭 한 가지의 공통성을 잃지 않고 있었다. 그것은 그들의 민족 종교인 유대교라는 종교였다. 이집트에 살면서도 이슬람교로 개종하지 않았고, 스페인에 살면서도 가톨릭에 귀의하지 않았고, 러시아에 살면서도 그리스정교로 개종하지 않았다. 그래서 그들은 결국 나라를 잃은 지 2000년이 지난 19세기에 일어난 시온주의를 기저로 해서 기적적으로 이스라엘이라는 나라를 재건할 수 있었다.

여기에 바로 종교의 위대한 힘이 있는 것이다. 일제 36년의 거의 55배가 되는 기간 동안 흔적조차 사라진 조국을 다시 세울 수 있었던 힘이 바로 그들의 투철한 신앙심이었다.[13] 국민 성격의 단합에 — 특히 흩어진 민족이나 분단된 민족의 단합에 — 절대적으로 필요한 것이 바로 국민의 종교심이다. 우리나라 국민 성격에 대한 종교적 연구의 필요성이 바로 여기에 있다.

둘째, 우리나라의 국민 성격을 종교적으로 연구해야 되는 또 다른 이유는 한민족이 원래부터 신앙심이 극히 돈독한 민족이었다는 사실이다. 상고 시대에는 5월에 풍년을 기원하는 제천(祭天) 의식을 거행했으며, 10월에는 풍년을 감사하는 제천 의식을 거행했다. 그리고 이 제천 의식이 되면 남녀가 모여서 음주가무(飮酒歌舞)하고 통일가성(通日歌聲)하기도 했다. 이런 의식은 곧 모든 인류의 공통적 신이었던 하늘을 숭상하는 것이었다. 삼국 시대에는 명산대천(名山大川)에 신을 설정하고 신앙했으며, 동시에 조상의 영혼을 숭배했다.

더 나아가서 한민족의 신앙심은 불교, 유교, 기독교와 같은 외래 종교까지도 전통 종교와 융합시키면서 크게 번창했다. 한마디로 한민족은 '믿지 않고는 살 수 없는 민족'이었다. 철저한 종교적 민족이었다. 그리고 이러한 신앙심은 오늘날 가장 최근에 유입된 기

---

13) 오늘날까지도 이스라엘이나 세계에 흩어진 유대인들은 신앙심과 애국심을 동일시하고 있다. Cf. 황필호,『벌거벗은 한국인 : 황필호 세계 일주 여행기』 공화출판사, 1972, pp.154-174.

독교계와 무수하게 번성하는 신종교에 잘 나타나 있다.

물론 한민족이 외래 종교를 외래 종교 자체로 받아들였는지 혹은 제화초복(除禍招福)이라는 전통 종교의 근간 위에서 받아들였는지는 토론의 여지가 없지 않다. 다만 분명한 사실은, 한민족의 돈독한 신앙심은 정치나 사회의 소용돌이 속에서도 면면이 흘러왔다는 것이다.

종교적 연구를 제외한 한민족의 연구는 공허한 것이다. 물론 종교적 연구만으로 된다는 뜻은 아니다. 다만 종교적 연구가 우리나라 국민 성격의 연구의 근간이 되어야 한다는 뜻이다. 그리하여 최근의 많은 학자들이 문학적, 정치적, 역사적, 심리적, 사회적으로만 연구해오던 한민족의 성격을 무교적인 입장에서 연구했으며, 신종교의 성격을 분석함으로써 우리나라의 국민성을 파헤치려는 노력도 있었다.[14]

그러나 기성 종교의 입장에서 국민 성격을 파악하려는 노력은 거의 없었으며, 모든 종교를 객관적으로 보는 종교학적 입장에서의 연구는 전무했던 것이다. 여기에 바로 우리나라 국민 성격에 대한 종교학적 연구의 절실한 필요성과 한계성이 있다.

종교에 대한 연구는 크게 세 가지로 나눌 수 있다. 첫째로 본인이 신봉하는 신앙의 입장이나 어느 정도의 동정적인 태도를 가지고 있는 종교의 입장에서 종교를 연구하는 변호학적 접근 방법이 있다. 둘째로 어느 종교의 입장이 아니라 역사 속에 나타난 모든 종교 표현, 종교 재료, 종교 현상을 고찰함으로써 종교의 본질을 찾아내려는 종교학적 접근 방법이 있다. 셋째로 종교 교리의 철학적 가능성을 탐구하고, 역사 속에 나타난 종교 현상보다는 그 종교 현상의 근본적인 전제 조건을 파헤치려는 철학적 접근 방법이

---

14) 황필호, 『한국 巫教의 특성과 문제점』, 집문당, 2002 ; 유동식, 「토착 종교와 신비주의」, 크리스챤아카데미, 『한국인의 사상 구조』, 1975, pp.80-89.

있다.15)

　여기서 종교학은 역사 속에 나타난 종교 현상만을 취급하기 때문에 독단에 빠지기 쉬운 종교변호학이나 사변으로 빠지기 쉬운 종교철학을 중성화시킬 수 있는 학문이다. 특정 종교의 입장에서 다른 종교를 단정하는 변호학적 오류와 모든 면에서 모든 것을 파악하려는 철학적 이성의 방황을 동시에 견제할 수 있는 중간자인 것이다. 종교학은 종교변호학의 단점을 논리적으로 보완하고, 종교철학의 단점을 변호학적으로 보완할 수 있다.

　이제 국민 성격은 사회학적으로나 심리학적으로만 연구되어서는 안 된다. 그것은 동시에 종교학적으로 연구되어야 한다. 종교학자인 엘리아데는 이렇게 말한다.

　　종교는 결국 인간의 행위이기 때문에 사회적, 언어적, 경제적이다. 그러므로 종교란 언어와 사회를 떠나서는 생각할 수조차 없는 것이다.
　　그러나 종교를 사회적 동물이나 언어적 동물이라는 개념으로만 설명하려는 것은 극히 희망이 없는 작업이다. 그것은 마치 『보봐르 부인』을 사회적, 경제적, 정치적 사실로 해석하려는 시도와 마찬가지다. 그런 해석은 문학 작품으로서의 『보봐르 부인』과는 아무런 상관이 없는 것이다.16)

　여기에 바로 모든 현상을 다루는 종교학이 데카르트의 신화가 남긴 절대적인 객관성을 포기하고 상대적인 객관성을 주장할 수 있는 근거가 있다. 한편으로는 종교 현상을 주관적 차원에서만 보려는 종교변호학의 장점과 약점을 흡수하고, 다른 한편으로는 종교 현상을 객관적 차원에서만 보려는 철학의 장점과 단점을 흡수

---

15) 이 책의 제1장을 참조할 것.
16) Mircea Eliade, *Patterns in Comparative Religion*, A Meridian Book, 1968, p.xiii.

하는 중간자(mediator) 및 화해자(reconciliator)가 될 수 있는 근거가 있다.

물론 모든 종교 현상은 여러 측면에서 연구될 수 있다. 이와 마찬가지로 모든 비종교 현상도—사회 현상이나 심리 현상과 같은 것들도—종교학적으로 연구될 수도 있고 사회학적으로나 심리학적으로 연구될 수도 있다. 더 나아가서 종교 현상과 사회 현상은 언제나 확연히 구분되어 있지 않다. 사회 현상을 전혀 포함하지 않은 순수한 종교 현상이나, 종교 현상을 진혀 포함하지 않은 순수한 사회 현상은 존재하지 않는다. 종교 현상과 비종교 현상은 언제나 서로 얼키고설켜 존재하기 때문이다.

그러나 일단 '종교 현상'이라는 이름으로 나타나는 현상을 사회학적으로 연구할 수 있듯이, '사회 현상'이라는 이름으로 나타나는 현상을 종교학적으로 연구할 수 있다는 것은 상식적인 일이다. 사회학이 인간을 '사회적 동물'로 간주하듯이, 종교학은 인간을 '종교적 동물'로 볼 수 있기 때문이다.

물론 인간이 종교적 동물이라는 주장은 인간이 종교적 동물만이라는 것은 아니다. 인간이 사회적 동물, 정치적 동물, 지혜의 동물, 도구를 만드는 동물, 상징적 동물, 언어적 동물임과 동시에 종교적 동물이라는 속성을 가지고 있다는 뜻이다. 그러므로 인간은 언어적으로나 상징적으로 연구될 수 있듯이, 언제나 종교적인 측면에서도 연구될 수 있다. 인간은 단세포 동물이 아니다. 인간은 사회적이면서 종교적이며, 심리적이면서 상징적이다.

그러면 민족 성격이나 국민 성격과 같은 사회 현상에 대한 종교학적 연구가 이론적으로는 가능하더라도, 그것이 실제적으로 필요할 것이냐는 질문이 제기된다. 종교가 곧 삶이었던 고대나 중세에서 삶에 대한 고찰은 곧 종교에 대한 고찰이었다. 그러나 오늘날의 종교는 자신의 신성성(神聖性)을 상실하여 일상적으로 방문하는

'우편국의 개념'으로 전락하고 말았다.17) 더 나아가서 종교 자체가 가지고 있던 신성뿐만 아니라, 종교에서 파생된 도덕적인 명령도 오늘날에는 아무런 힘이 없게 되었다. 형벌이나 지옥과 같은 종교적 통제는 반도덕적으로 타락하고 말았다.

그리고 종교는 그 자체의 신성성과 도덕성을 상실했을 뿐만 아니라, 본래 성(聖)의 표현이었던 종교는 완전히 속(俗)의 지배에 놓이게 되었다. 틸리히가 종교와 종교의 만남보다 더욱 중요한 일은 종교가 사회주의, 국가주의, 휴머니즘과 같은 세속주의와의 만남이라고까지 주장한 이유도 여기에 있다.18) 이러한 상황에서 사회 현상인 국민 성격을 과연 종교학적으로 연구할 필요가 있는가? 그것은 쓸데없는 시간 낭비가 아닌가?

첫째, 분명히 오늘날 종교는 여가 선용의 한 수단으로 전락되어 있다. 우리 사회와 문화도 점점 종교적 상징과 종교적 조직으로부터 벗어나려는 세속화의 길을 걷고 있다.19) 그러나 우리는 "종교는 언제나 사회 통제와 사회화의 총대리점"이라는 엄연한 사실을 잊어서는 안 된다.20) 그러므로 종교의 변화가 개인적 결심의 동기 · 변화하는 성향 · 변화하려는 사회적 의식 속에서 거의 힘없는 듯이 나타난다고 해서, 종교가 사회 구조의 어느 부분을 수정하거나 파괴할 수 있는 정부의 법률보다 덜 효과적이라고 판단해서는 안 된다. 인간의 본질적인 감정과 그 감정의 표출인 개인 생활과 그 개인 생활의 집합체인 국민 성격에 가장 강력한 힘을 발휘하고 작용할

---

17) Bryan Wilson, *Contemporary Transformation of Religion*, Clarendon Press, 1976, p.33.

18) Cf. 틸리히는 세속주의를 '거짓 종교(pseudo-religions)'가 아니라 '유사 종교(quasi-religion)'로 규정한다. Tillich, 앞의 책, p.5.

19) Peter L. Berger, *The Sacred Canopy : Elements of a Sociological Theory of Religion*, A Doubleday Anchor Book, 1967, p.107.

20) Wilson, 앞의 책, p.3. "Religion has been a primary agency of social control and of socialization."

수 있는 것이 바로 종교다.

더 나아가서 종교를 미신으로 정죄했던 현대 사회는 다시 종교를 되찾으려고 애쓰고 있다. 현대 문명과 기술이 몰고온 여러 가지의 부정적인 결과는 다시 '원시적'인 종교의 향수를 그리워하고 있다. 그것은 마치 탕자(蕩子)의 귀향과 같은 것이다.

둘째, 국민 성격과 같은 사회 현상을 종교학적으로 연구해야 되는 더욱 직접적인 이유는 종교가 '나'라는 개인의 경지에 머물러 있지 않고 언제나 '우리'라는 공동체의 방향으로 진행된다는 데 있다. 종교의 본질은 '나의 구원'과 더불어 '너의 구원'을 추구하는 것이다. 그리하여 예수는 땅 끝까지 복음을 전파하라고 말했으며, 석가는 모든 사람이 부처가 되도록 노력하라고 말했다. 이와 같은 종교의 집단적 성격은 세속화된 종교에서 더욱 뚜렷하게 드러나고 있다.

셋째, 더 나아가서 오늘날 우리나라는 '종교백화점'이라고 불릴 정도로 종교적인 사회가 되어 있다. 무엇이라도 믿지 않으면 살 수 없다는 강박 관념에 사로잡혀 있다고 말할 수 있다. 그래서 수많은 신흥 종교와 기성 종교는 최대의 번영을 누리고 있으며, 그들이 사회에 끼치는 막대한 영향을 쉽게 알 수 있다.

현재 노도와 같이 일어나는 종교 현상이 진정한 종교 현상이냐는 문제는 따질 필요가 없다. 다만 이 엄청난 현실이 우리들의 국민 성격에 미치고 있는 엄청난 영향력을 부인할 수는 없을 것이다.21) 여기에 바로 종교 현상을 사회학적으로 연구할 뿐만 아니라 사회 현상을 종교학적으로 연구할 필요성이 있다.

---

21) 황필호, 「인간의 종교성」, 『철학적 인간, 종교적 인간』, 범우사, 1983, pp.159-181.

4. 한국인의 성격

이미 지적했듯이, 국민 성격에 대한 연구는 여러 가지 난점을 가지고 있다. 우선 특정 국민의 특수성을 인정하지 않는 이론적인 불가능성의 논리가 있다. 그리고 논리적으로 가능하다고 하더라도 포괄성의 난점, 다원성의 난점, 양면성의 난점, 실례의 난점, 비교 연구의 난점, 종합 연구의 난점, 대안 제시의 난점과 같은 현실적인 어려움이 도사리고 있다.

그러나 국민 성격의 연구에서 가장 심각한 문제는 바로 기준의 문제다. 도대체 어떤 기준에 의하여 국민 성격의 장단점을 진단할 수 있는가? 우리나라에도 김태오(金泰午), 윤태림(尹泰林), 정한택(鄭漢澤), 김두헌(金斗憲), 김대환(金大煥), 이규태(李圭泰), 차재호(車載浩), 최재석(崔在錫), 이어령(李御寧), 그리고 일부의 외국인들이 한국인의 성격을 제시했다. 그러나 그들의 대부분은 구체적인 기준을 제시하지 않고 단순히 그들의 선험적 결론을 제시한 감이 없지 않다. 그래서 나는 우선 막연하나마 현대 한국인의 성격을 진단하는 기준의 원칙을 제시하겠다.

첫째, 나는 모든 개인은 개인이기 이전에 가족의 일원이고, 가족의 일원이기 이전에 사회의 일원이고, 사회의 일원이기 이전에 국민과 민족의 구성원이며, 민족과 국민의 구성원이기 이전에 인간이라는 전제를 받아들이겠다. 그리하여 나는 모든 인간에게 공통되는 살려는 의지(will to live)의 원리로부터 출발하는 '보편성의 원칙'을 적용하겠다. 이러한 접근은 현대 한국인이라는 특수 상황을 인류 공통의 입장으로부터 출발함으로써 현상학에서 논의되고 있는 '전제 없는 철학'의 입장을 취하는 것이다.

둘째, 그러나, 이미 지적했듯이, 특수성을 무시한 보편성이란 공허한 것이다. 그리하여 나는 이상의 보편적 원칙에다가 국민을 구성하는 개인으로부터 시작하는 '특수성의 원칙'을 적용시키겠다. 개인으로부터 가정이나 사회와 같은 집단으로 추론하고, 그 집단의 집합체로서의 국민을 논의하는 방향으로 접근하겠다.

셋째, 이렇게 해서 나는 개인, 가정, 사회, 국민을 꿰뚫을 수 있는 한 가지의 개념을 도출하려고 노력하겠다. 국민성이란 각기 다양한 성격의 집합이기 때문에 몇 가지로 규정지을 수 없는 것이다. 그러나 다양한 성격의 주류를 이루고 있는 어떤 기본적인 줄기를 찾으려는 '하나의 원칙'을 시도해보겠다.

모든 인간은 의지의 동물이다. 인간이 희망하고 추구하고 쟁취하려는 모든 노력도 바로 이 의지의 표현이다. 그런데 인간의 의지는 그저 의지이기 때문에 작용하는 것이 아니다. 의지란 일종의 지향성을 가지고 있다. 엄밀히 말해서 '순수한 의지'나 '백지 같은 의지'는 존재하지 않는다. 의지란 '…… 에 대한' 의지다.

그런데 인간은 한 가지 의지만 가진 동물이 아니다. 삶에 대한 의지, 권력에 대한 의지, 자손 번식에 대한 의지와 같은 여러 가지 의지를 가지고 있다. 그러나 이 모든 의지 중에서 가장 중요한 것은 '살려는 의지'다.[22] 생명이나 삶이 없으면 권력 의지까지도 아무런 의미가 없다. 인간이 가장 원하는 것은 삶이다. 종교에서 천당이나 극락이 행복이 될 수 있는 이유도 그것이 바로 삶의 연속이기 때문이다. 인간의 삶이 육체의 죽음과 함께 영원한 없음의 심연으로 떨어져버린다면 내세라는 개념도 있을 수 없다.[23]

그러면 인류 공통의 삶에 대한 의지를 오늘 우리나라 사람들은

---

22) '살려는 의지(will to live)'와 '존재하려는 의지(will to exist)'는 구별되어야 한다. 그저 존재하는 것과 인간적인 삶을 영위하면서 존재하는 데는 커다란 차이가 있기 때문이다. 아우구스티누스도 존재와 삶을 구별했으며, 삶이란 곧 '존재를 알고 있는 상태'라고 말한다.

23) 황필호, 「살려는 의지로서의 인간」, 『철학적 인간, 종교적 인간』, 앞의 책, pp.103-127.

어떤 형태로 표현하고 있는가? 나는 그것을 개인적 현세주의, 집단적 분파주의, 전체적 숙명주의로 표현하겠다. 첫째 성격은 '눈에 보이는 것만을 숭상하는 성향'이고, 둘째 성격은 '끼리끼리 살려는 성향'이고, 셋째 성격은 '되는 대로 살려는 성향'이다.

그러나 이 세 가지 성격은 결국 한 가지 성격의 변형된 형태라고 말할 수 있다. 개인적 현세주의가 충족되지 않을 때 우리는 비슷한 이익을 추구할 수 있는 분파를 조성한다. 그러므로 분파주의는 집단적 현세주의다. 그리고 집단적 현세주의가 그 목적을 달성하지 못할 때 우리는 더욱 노력하는 대신에 우리들의 실패를 운명으로 돌리는 숙명주의로 빠진다.

이런 뜻에서, 우리는 숙명주의의 모태는 분파주의며 분파주의의 모태는 현세주의며, 결국 그들은 모두 현세주의의 변형된 형태라고 말할 수 있다. 즉, 현세주의라는 '하나의 원칙'이 '특수성의 원칙'을 거쳐서 '보편성의 원칙'이 된다는 것이다. 이제 나는 이 세 가지 성격을 차례대로 상세히 설명하겠다.

1) 현세주의

현세주의는 눈에 보이는 것만 숭배하는 사상이다. 사람이 육체와 정신으로 구성되어 있음에도 불구하고 정신의 행복은 제쳐놓고 육체의 행복만 추구하는 사상이다. 더 나아가서 우정, 사랑, 의리, 정과 같이 보이지 않는 보물들도 금전이나 권력과 같이 보이는 것으로 계산해버리는 사상이다.

현대 우리나라 국민의 현세주의는 크게 금전만능주의(金錢萬能主義), 권력지향주의(權力志向主義), 결과제일주의(結果第一主義)의 세 가지 형태로 나타난다.

첫째, 과거의 한국인은 금전이나 물질에 대하여 극히 비타산적이었다. 특히 선비에게 재물은 삼강오륜을 직접 해치는 요인이었다. 그리고 일반 부녀자의 경우에도 거지에게 보리쌀 한 줌 집어준 것까지 헤아리는 며느리는 박복하다고 말했고, "아예 계집은 그릇 한 죽 헤아릴 줄 몰라야 복 받고 산다"고 믿었다.24) 이것은 타산하는 단위마저 몰라야 복을 받는다는 뜻이다.

그러나 요즈음의 우리나라 사람들은 완전히 돈 버는 기계의 역할에 만족해 있다. 그래도 옛날에는 출세나 권력을 잡기 위해 돈을 벌었지만, 요즈음에는 돈을 벌기 위해 출세를 하는 것이다. 예를 들어서, "우리도 잘 살 수 있다"는 표현은 정신과 육체가 조화를 이룬 이상적인 삶이 아니라, 우리도 돈을 벌어서 남과 같이 흥청망청 쓸 수 있다는 개념으로 타락되어 있다.

더구나 우리의 금전만능주의는 신용에 의한 금전이 아니라, 어디까지나 현금과 현물에 의한 현찰주의다. 수표보다는 현금으로 월급 받기를 원하고, 보증 수표보다는 현금을 가져야 마음이 놓인다. 신용 거래, 공채, 채권 같은 것을 손해보면서도 현금과 교환하는 것도 당장 급해서만은 아니다. 손으로 직접 만지고 눈으로 직접 보아야 안심한다. 요즘 사과 상자나 골프 가방의 현찰 뇌물이나 돈 세탁이 유행하는 이유도 여기에 있다.

더 나아가서 우리의 금전만능주의는 차근차근 노력해서 얻으려는 것이 아니라, 단번에 끝장을 보려는 한탕주의로 기울어지고 있다. 사다리를 한 계단씩 오르는 대신에 몇 계단씩 뛰어오르려고 하고, 가능하면 단 한 번의 '쇼부'로 끝장을 내려고 한다. 단 한 번의 모험으로 넝쿨째로 떨어지는 호박을 기대한다. 그러므로 현금만능주의, 현찰주의, 한탕주의로 표현된 현세주의는 내세보다는 현세를

---

24) 이규태, 『한국인의 의식 구조』(하권), 문현사, 1981, p.106. 앞으로는 단순히 『상권』과 『하권』으로 표시하겠다. 그리고 필요에 따라서는 저자의 원문을 약간 수정해서 인용함을 미리 알려둔다.

주요시하고, 내일보다는 오늘을 중요시하고, '나중에 보자는 놈'보다는 '지금 당장 보자는 놈'을 무서워한다.

둘째, 현금만 숭배하는 현세주의는 권력지향주의로 나타난다. 우리는 권력의 허무함을 절실하게 체험했다. 그럼에도 돈을 벌려면 우선 출세해야 되고, '뭐니뭐니 해도 끗발이 세야' 돈을 번다고 믿는다. 권력에 대한 비굴한 태도는 다음과 같은 표현에 잘 나타나 있다. "한번 맛을 보여주겠다", "칼자루 잡은 놈이 제일이다", "반드시 죄가 있어서 욕을 보나?", "털어서 먼지 안 나오는 사람은 없다", "코에 걸면 코걸이 귀에 걸면 귀걸이."[25] 악착같은 입시 공부나 고시 공부도 순수한 공부라기보다는 출세하려는 것이고, 요즈음의 여성 잡지는 온통 남성 출세시키는 방법으로 꽉 차 있다.

셋째, 현금만 숭배하고 현금 수확의 수단으로 권력을 지향하는 현세주의는 결과제일주의를 신봉한다. 모든 것은 결과에 달려 있다. 나무는 그 열매를 보고 판단할 일이다. 아무리 열심히 공부했어도 대학에 입학하지 못한 고등학생과 취직하지 못한 대학생은 낙제생인 것이다. 대학 교수인 것이 문제가 아니라, 자가용을 굴리느냐가 문제다. 결과를 생산하지 못하는 학문은 마치 생산품을 제조하지 못하는 공장과 다름이 없다. 범죄자를 다스리는 경우에도 '왜?'라는 동기보다는 그가 어떤 행위를 실제로 했느냐는 것만을 중요시한다. 그러므로 결과제일주의는 '보이는 것'만 숭상하는 극단적인 공리주의인 것이다.

지금까지 설명한 현세주의의 세 가지 특성을 부정적으로 표현해 보자.

첫째, 현세주의는 금욕주의가 아니다. 옛날의 한국인은 밥 먹는 손을 부끄럽게 여기고, 본능 행위의 노출을 억제하면서 살았다. 술은 반취(半醉)가 좋고, 꽃은 반개(半開)가 좋고, 복은 반복(半福)이

---

25) 최재석,『한국인의 사회적 성격』, 개문사, 1980, p.70.

좋은 것이었다. 너무 만족한 상태를 바라는 것은 극히 위험하며, 도리어 눈물의 씨앗이 된다고 믿었다. 지지소이불태(知止所以不殆)라는 노장(老莊)의 소욕지족(小慾知足) 사상과 공수래공수거(空手來空手去)라는 불교의 무상(無常) 사상을 믿었다.[26]

둘째, 지나칠 정도로 권력을 추구하는 현세주의는 자신의 능력과 상황을 냉철히 판단해서 행동하는 현실주의 — 혹은 실재주의 — 가 아니다. 그것은 자신의 형편에서 만족할 수 있는 자족감이나 차선(次善)에 만족할 수 있는 능력이 없는 지나친 과욕의 소산이다. 모든 사람이 대통령이 될 수 없고, 모든 사람이 출세할 수는 없다는 상식을 저버린 생각이다. 그러므로 현세주의는 민주주의의 기초가 되는 현실주의를 배반하는 사상이다.

셋째, 결과만 중요시하는 현세주의는 미래를 조명할 수 있는 이상주의가 아니다. 그것은 미래보다는 현재를 중요시하고, 이상보다는 찰나를 중요시하고, 늙은 다음보다는 '노세 노세 젊어서 노세'를 외치는 사상이다. 현실의 개혁보다는 그저 현실에 순응하고, 역사의 창조보다는 역사에 끌려가려는 사상이다.

이상에서 설명한 현세주의는 근래에 생긴 것이 아닌 듯이 보인다. 한민족은 옛날부터 내세보다는 현세를 중요시하고, 내세까지도 현세의 연장으로 간주했기 때문이다. 그러나 금전·권력·결과만을 중요시하고 금욕·현실·이상을 전적으로 무시하는 현세주의는 아무래도 최근에 생긴 현상인 것이다. 금당(金堂) 사건, 하(河) 형사 사건, 주(朱) 교사 사건, 장(張) 여인 사건, 주 여인 사건 등이 이를 잘 증명하고 있다.

물론 현세주의에 나타난 성취 의식(成就意識)이나 상향 의식(上向意識)이 항상 나쁜 것은 아니다. 다만 그런 의식이 정신적 성취, 인간의 내면성, 인격적 대화의 길을 전혀 고려하지 않는다는 데 문

---

26) 이규태, 『상권』, pp.226-227.

제가 있다. 그러나 인간은 '보이는 것'과 더불어 '보이지 않는 것'의 가치를 인식하고 추구할 줄 알아야 된다. 그리하여 조나단 시갈은 "인생은 먹는 것 이상"이라고 말했으며, 성서는 "사람은 빵으로만 살 수 없다"고 말한다.

2) 분파주의

분파주의는 끼리끼리 살려는 사상이다. 모든 인간이 공동체를 이루어서 합리적으로 토론하고 타협하면서 사는 대신에 몇 명 혹은 몇 개의 집단만이 행복하게 살려는 사상이다. 그러므로 현세주의가 이기주의라면 분파주의는 집단적 이기주의 혹은 집단적 현세주의다. 현대 우리나라 국민의 분파주의는 크게 친소구분주의(親疎區分主義), 가족제일주의(家族第一主義), 차별주의(差別主義)의 세 가지 형태로 나타난다.

첫째, 우리는 혈연·학연·인척·친지에 따라서 아는 사람과 모르는 사람·안면 있는 사람과 안면 없는 사람·친한 사람과 친하지 않은 사람·동창과 동창 아닌 사람·고향 사람과 타향 사람을 완전히 구별하고, 그들에 대한 태도까지도 달라진다. 각자의 일관된 생활 원칙을 가지고 남을 대하지 않고, 상대방에 따라서 다른 생활 원칙을 적용시킨다. 보편적 원칙보다는 특수한 인간 관계를 유지하면서 생활한다.

친소를 확연히 구분하려는 분파주의에서 나온 결과가 바로 인정과 의리의 개념이다. 인정이 여성적이라면 의리는 남성적이다. 그러나 인정과 의리는 다같이 자신이 속해 있는 사람에게만 친절한 것이다. 현재 우리는 인정과 의리를 한국인의 자랑으로 여기고, '인정 없는 사람'이나 '의리 없는 사람'이라는 표현은 극히 나쁜 대명사로 사용하고 있다. 그러나 원칙적으로 인정은 독립적 인간 관계가 아니라 의존적 인간 관계며, 그 바탕에는 '응석'이 깔려 있다. 그리고 의리는 책임, 정열, 의무에서 나온 것이 아니라 '신세'를 진 데서 나오는 감정적 심성이다.[27]

친소를 구분하는 분파주의에서 나온 또 다른 결과는 힘이 센 집 단이나 국가에 대한 사대주의다. 물론 사대주의는 근래에 생긴 것 은 아니다. 천 → 천자 → 임금 → 부친으로 이어지는 경천 사상, 욕 망을 극소화시키려는 도가 사상, 중국을 중원(中原)으로 존경하고 우리나라를 동이(東夷)로 보았던 유교 사상의 결과다.

그러나 요즈음의 사대주의는 권력자나 경제권을 가진 사람에 대 한 지나친 자기비하(自己卑下)의 형식으로 나타난다. 잘난 체하면 무조건 손해를 보기 때문에 잘나도 못 난 체함으로써 안주할 수 있다고 믿는다. 더 나아가서 잘난 사람일수록 자기를 비하시키고, 겸손하면 남에게 존경을 받을 수 있다고 믿는다. 이러한 사실은 영 어의 'I'나 'You'에 해당하는 평등 호칭이 없고, 우리나라의 일인칭 이나 이인칭은 모두 자기를 비하시키거나 상대방을 존중하는 칭호 뿐인 데 잘 나타나 있다.[28]

친소를 구분하는 분파주의의 또 다른 결과는 사색당쟁(四色黨 爭)으로 불리는 파쟁(派爭)이다. 여기서 사람들은 다른 분파에 속 한 사람과의 공평한 경쟁이 아니라, 무조건 자파를 두둔하고 상대 방을 극단적으로 무시하고 잔인할 정도로 대하는 것을 당연하게 여긴다. 선의의 경쟁 대신에 당파에 얽힌 차등 의식을 발휘한다.

---

27) 같은 책, pp.170-178. Cf. 여기서 이규태는 ⓐ 인정과 의리는 상반된 것이 아니 며, ⓑ 인정의 국민인 한국인은 인정권을 벗어나면 원심력이 작용하지만, 의리의 국민인 일본인은 구심력이 작용하고, ⓒ 미국인의 의리는 본심으로 돌아가겠다는 독립적 판단에서 우러나오지만, 한국인의 의리는 본심은 그렇지 않으면서도 돌아가 지 않을 수 없다는 강요된 판단에서 나오며, ⓓ 미국인은 공공권에 보다 성숙해 있고, 한국인은 인정권에 보다 성숙해 있다고 주장한다. 같은 책, pp.178-190.
28) 같은 책, pp.254-255.

별로 친하지 않은 동창생에게는 강제로 술을 사면서도 길가에 앉아 있는 거지에게는 극히 무심하고, 신문 지상에 발표한 공개 모집까지도 실제로는 '들러리 구실'밖에 못할 수도 있다. 예를 들어서 대부분의 동인전(同人展)도 화풍(畵風)이 같은 사람들의 모임이 아니라 대학교 동창생들의 모임인 것이다.

둘째, 분파주의의 가장 전형적인 형태로는 가족제일주의를 들 수 있다. 그런데 요즈음의 '가족주의'는 전통적인 '가정주의'와는 그 양상을 달리한다. 효도와 조상 숭배는 없어지고, 어디까지나 부부와 자녀들로 구성된 핵가족을 중요시하고 있다. 자녀를 다른 아이들보다 좋은 학교로 보내고, 좋은 직장에 취직시키고, 남편을 더욱 출세시키고, 아내를 더욱 예쁘게 가꾸는 것만이 가장 충실하게 사는 것으로 여긴다. 가정을 버리고 국가와 사회를 돕는다는 생각은 이제 옛날의 이야기로 간주한다.

오늘날의 가족제일주의는 전통적인 가정 의식이나 조상 의식과는 전혀 다른 개념이다. 명절 때마다 객지에 흩어져 있던 가족들이 모여서 성묘를 하고 제례를 지내던 협동적인 가정주의가 아니다. 그것은 부부 동반으로 자녀와 같이 일류 음식점에 가서 식사를 하는 가족주의가 되었다. 그리하여 나이 40이 되도록 슬하에 자녀가 없음은 탄식할지언정 "불효삼천(不孝三千)에 무후위대(無後爲大)라 하였으니 조상 향화를 누가 받들 것이냐?"고 탄식하지는 않는다. 한마디로 사회와 연결되지 못한 집단적 이기심의 가족주의가 판을 치고 있다.

셋째, 우리나라의 분파주의는 연령, 남녀, 학벌, 관민에 따른 차별주의로 나타난다. '선배한테 감히 ……'라는 표현은 흔히 듣는 말이며, 하다 못해 학문의 세계에서도 학문적 업적보다는 선후배와 스승과 제자라는 외적 도식으로 판단한다. 그리고 '출신'에 따라서 출세하는 것은 거의 상식화되었고, 동일한 경우에 여성보다 남성을 채용하는 것을 오히려 당연하게 여기고 있는 실정이다.

그러나 더욱 나쁜 현상으로는 관존민비(官尊民卑) 사상이다. 그리고 관존민비 사상을 뒤집어놓은 현상으로서의 반관(反官) 사상과 면전복배(面前腹背) 사상은 더욱 나쁜 것이다. 관직(官職)에 대한 존경심이나 인간에 대한 존경심이 없으면서도 비굴하게 굽실거려야 생존할 수 있다고 믿는다. 그리고는 "좋은 것이 좋은 것"이라는 표현으로 우리들의 허위성을 위장한다.29)

지금까지 설명한 분파주의의 세 가지 특성을 부정적으로 표현해 보자.

첫째, 친소구분주의는 개인주의가 아니다. 그것은 공사(公私)를 구분하고, 인간과 인간의 직능을 구별하는 개인주의가 아니라, '우리 편'과 '남의 편'으로만 생각하는 사상이다. 인간의 독창성, 독립성, 창조성을 무시하고 분파에 속한 원자체로 간주하는 사상이다. 우리는 "뭉치면 살고 헤어지면 죽는다"는 속담까지도 이상과 같은 분파를 만드는 데 이용하고 있다.

둘째, 가족만 중요하게 여기는 분파주의는 공동체주의가 아니다. 원칙과 대의에 의해 모이지 않고, 집단적 이기심의 결과로 모인다. 분파주의는 기능, 공덕심, 단결심보다는 맹목적인 충성심을 강요한다. "우리가 남이가?"라는 표현이 이를 잘 증명한다.

셋째, 차별적 분파주의는 인간주의가 아니다. 인간이기 때문에 비슷한 행복을 누릴 수 있다고 믿는 사상이 아니라, 어디까지나 이기적인 단독주의에서 나온 것이다. 분파주의는 인류 전체가 문제가 아니라 자신의 나라만이 문제며, 국가가 문제가 아니라 자신의 정당이 문제가 된다.

---

29) "좋은 것이 좋다"는 명제는 마치 "사업은 사업(Business is business)"이라는 명제와 마찬가지로 실제로는 분석적인 명제가 아니라 종합적인 명제다. Cf. Wesley Salmon, *Logic*, Prentice Hall, 1973, p.133.

그러므로 분파주의는 상하 관계와 이중성으로 나타난다. 서양과 같은 횡적(橫的) 서열 관계가 아니라, 어디까지나 의리와 인정에 호소함으로써 맹목적인 충성심과 성실성을 강요하는 종적(縱的) 서열 관계로 나타난다. 그리고 '남'과 '우리'의 관계에 따라 각기 다른 인생관을 적용시키는 이중성의 소유자가 된다. '우리'에게는 무조건 관대하고 '남'에게는 극단적으로 잔인하기를 강요한다.[30]

3) 숙명주의

숙명주의는 되는 대로 살려는 사상이다. 현세주의에 사로잡힌 사람들은 그들의 이익을 추구하기 위하여 분파를 만든다. 그러나 분파를 만들어서도 그들의 이익이 충족되지 않으면, 다른 방법으로 몇 번이라도 노력하는 대신에 '어차피'라든지 '타고난 팔자'니 할 수 없다는 숙명론으로 빠진다. 그러므로 현세주의의 연속이 곧 분파주의며, 분파주의의 연속이 곧 숙명주의다.

한국인이 흔히 말하는 타고난 팔자란 자기 의지의 힘으로 자신의 생애를 개척해나가는 노력이 어떤 요인 때문에 무위로 돌아가는 결정적 순간의 감정으로서 표현된다. 자신에게 주어진 조건이 자신의 희망에까지 이르지 못하고, 그 이상은 용납지 않는다는 한계 의식이요, 그 한계에 대한 체념과 원한과 자학이 복합되어 나타난다.

그러나 운명을 실천함으로써 의지를 진행시키는 서양의 운명론과 운명에 패배하여 속으로 곪는 한국의 숙명론에는 차이가 있다. 서양의 것이 외향적이며 개척적이라면, 한국의 것은 내향적이며 폐쇄적이다.[31]

---

30) 최재석은 분파주의의 결과로서 포멀(formal)한 생활과 인포멀(informal)한 생활의 혼동, 이성과 감성의 혼동, 정치 생활과 사회 생활의 혼동, 공사의 혼동, 공동체에 가입한 연한의 존중, 개인 책임감의 결여, 적당주의를 든다. 최재석, 앞의 책, pp.189-200.

현대 우리나라 국민의 숙명주의는 언뜻 보기에 인생을 여유 있게 달관한 자족론으로 보인다. "인생이란 다 그렇고 그런 것"이라는 여유 있는 삶의 태도같이 보인다.

그러나 실제로는 불타는 욕망을 이루지 못하고, 그 이루지 못한 욕망을 겉으로는 나타내지 않고 스스로 삼켜버리려는 자학 의식이 숨어 있다. 즉, 밖으로 발산하지 않고 속으로 참으려는 자학 의식이 숨어 있다. 그리고 이러한 자학이 극단적인 상황에 이르면 자신의 재산을 포기하거나 육체의 일부를 희생하고, 더 나아가서는 죽음까지도 감수하는 과격한 행동으로 표출된다.

특히 옛날에는 불공을 해도 팔뚝에 불심지를 켜는 소비 기도(燒臂祈禱)를 하고, 효도를 해도 열 손가락에 기름을 묻혀 불을 켜는 소지 효도(燒指孝道)를 했다. 그리고 옛날에는 상소(上疏)를 하면서도 도끼로 목을 쳐달라는 뜻으로 지부 상소(持斧上疏)를 했고, 항의를 해도 분신(焚身)으로 했다.[32]

그러나 오늘날의 자학이 이렇게 극단적으로 발전된 경우는 그리 많지 않다. 이미 말했듯이 자학의 이유가 정신적인 자학이 아니라 육체적 및 현세적 자학이며, 정신적 자학이라도 그 원인이 육체적 자학에 있기 때문이다. 즉, 물질적 욕구가 채워지면 곧 정신적 자학을 벗어날 수 있다. 그러므로 오늘날의 자학적 숙명론은 극단적인 자기 폭발도 할 수 없는 소극적 자학인 것이다.

현대 우리나라 국민의 자학적 숙명주의는 크게 열등 의식(劣等意識), 은폐 의식(隱蔽意識), 내향성(內向性)의 세 형태로 나타난다.

첫째, 우리의 자학적 숙명주의는 우리들 자신을 '조센진'이나 '엽전'으로 부르는 열등 의식에 잘 나타나 있다. 물건은 국산보다 외제를 좋아하고, 언어는 외국어를 사용해야 지성의 상징이 된다고 생

---

31) 이규태, 『하권』, p.153.
32) 같은 책, p.285.

각하는 타생 문화(他生文化) — 자생 문화(自生文化)의 반대 개념 — 에 철저하게 의존하고 있다.[33] 그리고 이러한 경향은 '우리 것'을 찾아내자는 학계를 제외한 일반 국민에게 더욱 심화되고 있는 실정이다.

둘째, 우리의 자학적 숙명주의는 열등 의식을 뒤집어놓은 은폐 의식, 체면 의식, 외면치례와 허영심, 눈치 작전으로 나타난다. 우리는 가급적이면 선택된 소수의 사람들과 가까운 친교를 맺기를 원하며, 많은 사람을 대할 때도 절대로 자신의 추악한 점을 드러내지 않으려고 노력한다. 우리나라에 자신의 실수나 과오를 솔직하게 기록한 회고록이 없는 이유도 여기에 있다. 그러므로 서양인이 남이 알고 있는 나의 부분인 공적 자기(public self)의 영역이 넓다면, 한국인은 남이 모르는 나의 부분인 사적 자기(private self)의 영역이 넓다고 말할 수 있다.[34]

셋째, 우리의 자학적 숙명론은 끝없는 내향성으로 나타난다. 그것은 가학(加虐)으로 상황 극복을 꾀하는 대신에 자학으로 상황 탈출을 꾀하는 내향성으로 나타난다. 환란과 고난을 정면 대결하여 싸우려는 의지 대신에 상황을 비겁하게 회피하는 배면 반응(背面反應)의 내향성으로 나타난다. 그리고 이러한 내향성은 개성 있는 창조와 변화보다는 반복과 모방에 치중함으로써 진취적 발전 요인을 거세할 뿐만 아니라, 항상 라이벌을 외부에서 찾지 않고 내부에는 찾는 성향을 조장시킨다.[35]

결국 "이래도 한평생, 저래도 한평생"으로 나타나는 우리의 숙명주의는 "호박같이 둥근 세상 둥글둥글 살자"는 적당주의로 발전하고, "하늘이 무너져도 솟아날 구멍이 있다"는 무기력주의(無氣力

---

33) 허웅, 「외래어와 한국인」, 『한국인의 사상 구조』, 크리스챤아카데미, 1975, pp.308-317.
34) 이규태, 『상권』, p.145.
35) 같은 책, p.303.

主義)로 발전하고, "노세 노세, 젊어서 노세"의 향락주의와 무위도
식주의(無爲徒食主義)로 발전한다.

또한 숙명주의는 모든 실패의 원인을 자신으로부터 찾지 않고
조상·전통·외세·상대방에게 돌리며, 숙명주의를 박차고 일어
나서 성공한 사람을 공연히 시기하고 질투하게 된다. "사촌이 논을
사면 배가 아프고, 사촌이 논을 팔면 체증이 내려간다."

지금까지 설명한 숙명주의의 세 가지 특성을 부정적으로 표현해
보자.

첫째, 숙명론은 '적당히' 살려는 사상이다. 인간이 소유한 능력
과 독창성을 경시하거나 무시함으로써 개성 있는 삶을 포기하는
태도다.

둘째, 숙명론은 그저 물결 흐르는 대로 '신념 없이' 살려는 사상
이다. 모든 현실을 단순히 '주어진 것'으로 받아들임으로써 현실에
대한 적극적인 참여를 회피하는 사상이다. 지조나 절개를 무시하
고, 되는 대로 살려는 사상이다.

셋째, 숙명론은 '속되게' 살려는 사상이다. 비록 속된 존재로서
속된 세상에 살면서도 성스러운 삶을 살려고 노력해야 된다는 성
속(聖俗)의 변증법을 무시하는 사상이다.

나는 다음 절에서 현세주의, 집단적 현세주의인 분파주의, 분파
주의의 결과인 숙명주의로 규정지은 현대 한국인의 성격을 종교학
적으로 고찰하고, 현대 한국인의 특징을 '한쪽으로 치우친 종교성'
으로 규정하겠다.

5. 종교학적으로 본 한국인의 성격

모든 종교 현상이나 사회 현상을 종교학적으로 본다는 것은 그

현상에다가 의미(意味), 구속(救贖), 해답(解答), 응답(應答)과 같은 개념을 첨가함으로써 현상을 현상 그대로 보지 않고 현상 이상의 것으로 파악한다는 뜻이다. 다시 말해서 현상을 초현상으로 보고, 인간적인 것을 초인간적인 것으로 보고, 일상적인 것을 초일상적인 것으로 본다는 것이다. 현상을 현상 그대로 번역(translate)해서 보지 않고 그것을 다른 것으로 변용(transform)시켜서 본다는 뜻이다.[36]

예를 들자. 여기에 하나의 돌이 있다. 그 돌은 다른 돌과 아무런 차이가 없다. 그러면서도 그 돌은 부처상이라는 형식을 갖고 있기 때문에 돌 이상의 것을 나타낸다. 그러므로 현상은 그저 현상이 아니라 그 이상의 어떤 것을 나타내고(represent) 있다. 다시 말해서 그 이상의 어떤 것이 돌이라는 물체 속에 나타나(mantfest) 있다고 믿는 것이다. 그것은 인간이 상상할 수조차 없는 위대한 힘일 수도 있고, 인간보다 무한히 성스러운 존재일 수도 있고, 인간을 무한히 초월하는 신성일 수도 있다. 이와 같은 초현상이 현상 속에 현현(顯現)되어 있다고 믿는다.[37]

종교학은 어느 개인이나 단체가 가지고 있는 현상을 현상 그대로 관찰하면서도 그 현상이 또 다른 초현상을 가지고 있다고 믿는다. 그리고 종교학은 그런 현상을 기술하는 유형을 신현(神顯,

---

36) 종교 현상을 정교하게 사회학적으로 연구한 학자로서는 버거를 들 수 있다. 그는 세속화의 급격한 과정을 밟고 있는 오늘날의 종교에 대해서는 전통을 재인식(reaffirmation of traditions)하려는 연역적 방법(deductive possibility), 전통을 현대화(modernization of traditions)하려는 환원적 방법(reductive possibility), 전통으로부터 경험(from traditions to experiences)으로 되돌아오려는 귀납적 방법(inductive possibility)의 세 가지가 있다고 주장하고, 세 번째 방법만이 생존할 수 있다고 주장한다. Peter L. Berger, *The Heretical Imperative : Contemporary Possibility of Religious Affirmation*, Anchor Books, 1980, pp.61-143.
37) Mircea Eliade, *The Sacred and the Profane : The Nature of Religion*, Willard Trask, tr. A Harvest Book, 1959, pp.30-67.

theo-phany), 성현(聖顯, hiero-phany), 역현(力顯, krato-phany)
의 세 가지로 분류한다. 신현은 초월적인 신성이 일상적인 현상에
나타나 있다고 믿는 것이며, 성현은 성스러운 것이 속된 것 속에
나타나 있다고 믿는 것이며, 역현은 초인간적인 힘이 인간 속에 나
타나 있다고 믿는 것이다. 물론 이러한 구분이 실제로 개인이나 단
체에 명확히 드러나 있지는 않다. 오히려 세 가지 성격은 서로 복합
적으로 하나의 현상 속에 나타난다. 그러나 어느 성격이 더욱 뚜렷
하게 나타나느냐에 따라서 그 현상을 가진 개인이나 국민의 성격
을 판가름할 수 있을 것이다.

즉, 모든 현상은 — 종교 현상뿐만 아니라 비종교 현상까지도 —
제나름대로의 신현, 성현, 역현의 성격을 가지고 있겠지만 시대와
장소에 따라서 한 가지 속성이 다른 속성을 완전히 제압할 수도
있고, 언뜻 보기에는 다른 속성을 전혀 가지고 있지 않은 듯이 보이
기도 한다. 여기에 바로 개인이나 국민의 성격을 종교학적으로 고
찰할 수 있는 이유가 있다.[38]

---

38) 이러한 논의는 엘리아데로부터 힌트를 얻어서 자신의 독창적인 사상으로 발
전시킨 정진홍의 견해다. 그러나 정진홍은 두 가지 면에서 엘리아데와 의견을
달리한다.

첫째, 엘리아데에게 마나, 토테미즘, 아니미즘 등으로 표현되는 역현은 '성을
가장 단순하게 나타내는 양식(a simple and undisguised modality of the sacred
made manifest)'이라는 뜻에서, 그것은 어디까지나 '성현의 기초적 단계'며, 예수
의 수육과 같은 신현도 성현의 고차원적인 단계에 불과하다. 그러므로 성현이나
역현은 곧 성현의 각기 다른 형태인 것이다(Eliade, *Patterns in Comparative
Religion*, 앞의 책, pp.18-30). 그러나 정진홍은 이 세 가지를 각기 다른 현상 기술
의 유형으로 사용한다.

둘째, 엘리아데는 모든 현현이 선택을 전제로 하고 있다는 사실을 특히 강조한
다. 어느 물건, 인물, 시간, 장소를 거룩한 것으로 본다는 것은 곧 그들과 다른
것들을 거룩하지 않은 것으로 본다는 것을 뜻하기 때문이다(같은 책, p.33). 그러
나 정진홍은 이러한 선택을 덜 강조하는 경향이 있다. 정진홍, 「종교와 국민성」,
『정화』, 1981. 11, pp.38-31 ; 「종교학적 측면에서 본 한국 사상의 원류」, 『민족 문
화의 원류』, 한국정신문화연구원 편, 1980, pp.127-134.

첫째, 신현의 문화를 가진 민족은 무한하고, 스스로 존재하며, 창조주며, 인격적이며, 사랑과 선의 존재며, 성스러운 절대자와 이 절대자에 상응하는 관계로서 인간을 파악한다. 그리고 이 절대자를 인간을 초월하면서도 인간 속에서 활동하는 내재의 존재로 받아들임으로써, 인간이라는 존재를 지속시키는 근원적 힘으로 파악한다.

이러한 종교 문화 속에서 살아온 민족의 성격은 대체로 종교적 상징에 의해 단합되고, 드높은 윤리적 이상을 실현하는 것을 삶의 근원적 의미로 받아들인다. 이른바 사회 통합의 계기가 신의 초월성이나 절대성에 의하여 유효하게 가능할 뿐만 아니라, 현실의 윤리까지도 신의 계율에 의하여 억제되고 순화된다고 믿는다. 또한 신과 인간의 관계에서 모든 존재의 기본적인 질서를 찾기 때문에 인간 상호간의 관계도 자연스러운 조화보다는 결단과 선택을 전제로 수행된다. 그리고 신의 창조 섭리를 이해하고, 그 창조 섭리를 성취하려는 종교인들은 막연한 내세 지향적인 은둔보다는 좀더 적극적으로 역사에 참여하게 된다.[39]

이런 민족으로는 유대교, 이슬람교, 기독교를 대표하는 셈족을 들 수 있다. 그들은 신과 인간의 관계뿐만 아니라 정신과 육체, 너와 나, 긍정과 부정의 정확한 이원론(二元論)에 의하여 생활하기 때문에 다른 민족에 대하여는 배타적이고 독선적인 경향이 있으며, 이러한 사상은 소위 선민 의식(選民意識)을 통하여 다른 민족을 재판하고 심판하려는 경향으로 나타난다. 그러나 그들은 동시에 강인한 삶의 의지, 역사에 대한 적극적인 참여, 철저한 윤리 의식이라는 긍정적인 면을 가지고 있다.

둘째, 성현의 문화를 가진 민족은 절대자, 초월자, 인격자라는 개념을 존경하지 않는다. 다만 인간의 일상적인 가치 체계를 초월하

---

39) 정진홍, 「종교와 국민성」, 앞의 글, p.29.

는 실재가 있으며, 그 실재가 곧 인간의 가치 체계를 가치 체계로 받아들이게 하는 의미 부여의 역할을 한다고 믿는다. 속(俗)을 떠난 성(聖)이 존재하며, 속은 성에 의하여 속이 될 수 있다고 믿는다. 우리는 이렇게 현상 뒤에서 현상을 현상이게끔 하는 원리를 쉽게 '자연의 섭리'라고 표현될 수 있다. 여기서 인간은 그 섭리를 인격적인 존재로 승화시키지 않는다. 다만 그 섭리 속에 포용되면서 동시에 그 섭리를 포용하는 소우주적(小宇宙的)인 삶을 최고의 이상으로 삼는다.

이런 종교 문화권 안에 있는 민족들은 신현의 문화권 안에 있는 민족들보다는 역사 창조라는 본원적(本源的) 시간관을 결여하고 있다. 오히려 자연의 순환과 그 섭리에 조화되어 '커다란 하나'가 되기를 원한다. 따라서 죄의식에서 나오는 윤리 의식보다는 인위(人爲)가 아닌 무위(無爲)에서 나오는 자연스러운 삶을 윤리의 목표로 삼고 있다. 초월적 실제에 대한 이념적 논구가 결코 부족하지는 않으면서도, 그 실재로부터 유래되는 계율의 준수를 중요시하지 않는다. 오히려 자아 안에 이미 내재해 있는 실재를 직접 실현하는 것을 중요시한다.[40]

이런 민족으로는 힌두교, 불교, 유교를 신봉하는 사람들을 들 수 있다. 그들은 언제나 신현의 민족이 구사하는 '이것이냐 저것이냐'의 양자택일(兩者擇一)의 논리보다는 '이것도 저것도'라는 양자합일(兩者合一)의 논리를 받아들이고, 자연과 사회와 인간을 분리해서 생각하지 않는다. 그리하여 그들은 독선적이기보다는 포용적이고, 배타적이기보다는 포괄적이기 때문에 이질적인 문화까지도 쉽게 받아들여서 공존시키게 된다.

그들의 나쁜 성격으로는, 긍정과 부정의 확실한 태도를 결여하고 있기 때문에 삶에 대한 확고한 신념이 없고, "인생이란 그저 그

---

40) 같은 글, p.30.

렇고 그런 것"이라는 체념을 면치 못한다. 합리적 사유보다는 자연이나 대원칙에 대한 합일이나 깨달음이 중요하다고 믿기 때문에 역사 창조의 주역으로서의 인간의 독창성을 무시하기 쉽다.

셋째, 역현의 문화를 가진 민족은 인격적인 절대자나 자연의 실현으로 인간의 삶을 영위하지 않는다. 다만 삶이 부딪히는 실존적인 한계 상황에서 뼈저린 좌절과 패배를 경험하면서 인간의 한계를 초월한 인간 이상의 어떤 힘에 대한 의존과 희구, 그리고 힘에 의한 위안을 통하여 삶을 영위한다. 그들은 형이상학적인 종교 이론이나 윤리적인 강직성을 요청하지 않는다. 단지 위대한 힘의 이용을 통한 현실적 위기의 타개를 모색할 뿐이다.[41]

그 힘은 하늘·비·구름·태양·달·나무·바위와 같은 자연물이 될 수도 있고, 특수한 사회 계층이나 권력을 가진 사람이 될 수도 있다. 다만 중요한 것은 '지금 여기서' 살아남는 것이다. 무슨 수단을 써서라도 살아남고 볼 일이다. 아첨, 비굴, 굴종, 아부가 되어도 당장 내가 살아남을 수 있는 길만을 모색한다.

이런 민족으로는 현세를 극히 중요시하는 무교(巫敎)나 언제나 현실을 중요시하는 유교를 신봉하는 사람들을 들 수 있다. 그들의 특성은 현실주의적이며, 수단과 방법의 정당성에 관심을 두지 않은 채 주어진 목적 달성만을 추구한다. 윤리적이거나 원리적인 이념보다는 실용적인 이해와 개인적 편의를 중요시한다.[42]

나는 지금까지 민족의 성격을 신현, 성현, 역현이라는 세 가지 종교학적 유형으로 구분해서 설명했다. 배타적이면서도 창조적인 신현의 민족, 포용성이 있으면서도 체념에 빠지기 쉬운 성현의 민족, 현실적이면서도 이기적인 현세주의로 빠지기 쉬운 역현의 민족으로 구분하여 설명했다. 그러나 우리는 여기서 몇 가지 점에 유

---

41) 같은 글, p.30.
42) 같은 글, p.30.

의할 필요가 있다.

첫째, 신현·성현·역현의 성격은 현실적으로 뚜렷하게 구분되어 존재하지 않는다. 모든 민족이 신현·성현·역현의 성격을 가지고 있다. 다만 정도의 차이가 있을 뿐이다.

둘째, 신현·성현·역현은 모두 제나름대로의 장점과 단점을 가지고 있다. 역현이 장단점을 가지고 있듯이, 신현과 성현도 장단점을 가지고 있다. 그러므로 이상의 논의는 가치 판단적인 서술이 아니라 기능적인 논의임을 명심해야 된다.

셋째, 이상의 구분과 특정 종교와의 관련성은 극히 일반적인 논의로써 제시된 것이다. 민족의 성격을 한마디로 규정할 수 없듯이 종교의 성격도 쉽게 규정할 수 없다. 그러므로 특정 종교와 특정 현현과의 관련성은 '지나친 단순화'의 성격을 벗어날 수 없다.

넷째, 그러나 신현·성현·역현은 모두 인간 이상의 '그 어떤 것'에 의지하려고 한다는 공통점을 가지고 있다. 인간이 필연적으로 종교적 동물이라면, 인간은 언제나 인간 이상을 믿고 의지하고 희구하면서 살게 마련이다.

그럼에도 우리는 어느 속성이 더욱 지배적이냐에 따라서 민족성의 특성을 고찰할 수 있고, 더 나아가서는 그 민족의 특성을 특정 종교의 테두리 안에서 토의할 수 있다. 구분이 명확하지 않다고 해서 반드시 구분이 없는 것은 아니기 때문이다. 나는 이제 이상의 도식을 이용하여 현대 한국인의 성격을 규정해보겠다.

현대 한국인의 성격은 우선 잘 먹고 잘 살자는 현세주의, 그 현세주의의 욕심을 충족시키기 위하여 모인 집단인 분파주의, 그리고 분파주의라는 집단적 현세주의가 달성되지 않을 때 빠지는 숙명주의의 세 가지로 규정지을 수 있다. 그러나 '되는 대로 살겠다'는 숙명주의는 결국 분파주의의 결과며, '끼리끼리 살겠다'는 분파주의는 '보이는 것'만을 숭상하는 현세주의의 집단적 형태인 것이다. 그러므로 현대 한국인의 성격은 '지금 여기서' 잘 먹고 잘 살겠다는 현세주의로 집약될 수 있다. 이런 한국인의 성격을 종교학적으로는 어떻게 표현할 수 있을까?

첫째, 대부분의 한국인은 내세를 무시하고 건전한 공동체를 외면하고 기계적인 운명에 무조건 복종하기 때문에, 우리는 그것을 비종교성이나 반종교성으로 특징지을 수 있을 것 같다. 그리고 이러한 주장은 현대뿐만 아니라 옛날의 경우에도 그대로 해당되는 듯이 보인다. 예를 들어서, 고대 한민족의 천신은 '절대화되지 못하고, 현실주의적으로 인간화되는 종교성의 결핍병(缺乏病)'을 가지고 있거나, '성자적 신격이 되지 못하고, 인간적이고 개인적인 신으로 타락한 비종교성'으로 보인다.[43]

그러나 이런 주장은 어디까지나 특정 종교나 특정 이념에 기초한 판단에 불과하다. 종교학적인 입장에서 보면, 모든 인간은 필연적으로 종교적 동물이며, 그의 종교성은 시간이나 장소에 따라서 각기 다른 양태로 나타날지언정 완전히 종교성을 상실한 인간은 존재할 수 없다. 엘리아데가 인간이 접촉하고 느끼고 사랑하는 모든 것들이 성현이 될 수 있고, 춤이나 놀이와 같은 모든 일상적인 행위까지도 원래는 종교적 의미에서 시작되었다고 주장하는 이유도 바로 여기에 있다.[44]

---

43) 김선풍, 「민속학적 측면에서 본 한국 사상의 원류」, 『민족 문화의 원류』, 앞의 책, p.158.
44) "왜 어떤 특수한 것이 성현이 되거나 성현이었다가 일상적으로 되돌아가느냐는 것은 별개의 문제다. 확실한 사실은 인간이 만지고 느끼고 접촉하고 사랑하는 모든 것들이 성현이 될 수 있다는 것이다. 예를 들어서 모든 몸짓, 춤, 어린이의 유희나 장난감까지도 원래는 종교적인 예배의 대상이었다는 것을 우리는 알고 있다. 이와 마찬가지로 음악 기구, 건축 기구, 동물이나 배와 같은 운송 수단까지도 성스러운 물체며 성스러운 행위였다. 아마도 이 세상에 존재하는 모든 동물, 식물도 옛날에는 종교적 의미를 가지고 있었을 것이다." Eliade, *Patterns in*

둘째, 현세주의와 분파주의와 숙명주의로 나타나는 현대 한국인의 성격이 비종교성이나 반종교성이 아니라면 적어도 '종교성의 상실'인 듯이 보일 수도 있다. 그러나 이러한 주장도 과거 언젠가는 순수한 종교성의 시대가 있었을 것이라는 근거 없는 가정에 기초한 것이다. 사회학적으로 보면, 순수한 기독교의 시대였다는 서양의 중세까지도 완전한 기독교적 시대는 아니었으며,45) 종교학적으로 보면 속(俗)을 결여한 순수한 성(聖)의 시대란 실재로 존재한 일이 없다.46) 인간은 언제나 종교적이며, 다만 그 종교성의 방향이 각기 다를 뿐이다.

그러므로 우리는 현대 한국인의 성격을 종교학적으로 고찰할 때 두 가지 실수를 할 수 있다. 마치 옛날에는 순수한 종교성이 있었는데 오늘날에는 종교성이 없어졌거나 상실되었다고 믿기 쉽고, 다른 한편으로는 옛날에는 전혀 비종교적이었으나 오늘날에 와서 — 예를 들어서 기독교의 전래 때문에 — 비로소 종교성을 갖게 되었다고 믿기 쉽다. 그러나 이러한 주장들은 다같이 인간의 원초적 종교성을 무시한 입장이다.

이렇게 볼 때, 현대 한국인의 성격은 종교학적으로 '편향된 종교성(biased or onesided religiosity)'으로 규정되어야 한다. 신현보다는 성현 쪽으로 치우쳐 있고, 성현보다는 역현 쪽으로 치우쳐 있다고 규정되어야 한다. 역현으로 기울어져 있다는 것은 성현이나 신현의 성격이 아주 없다는 뜻이 아니다. 다만 신현이나 성현보다는 — 종교적일 뿐만 아니라 이념적일 수도 있고 정치적일 수도 있는 — 위대한 힘이나 권위에 맹목적으로 의존하고 살아가려는 역현 쪽으로 더욱 기울어져 있다는 뜻이다. 즉, 현대 한국인의 성격을

Comparative Religion, 앞의 책, pp.11-12.
45) Wilson, 앞의 책, p.11.
46) Eliade, *The Sacred and the Profane*, 앞의 책, p.13.

한마디로 규정지을 수 있는 현세주의가 곧 이러한 역현의 경우로 나타났다는 뜻이다.

물론 이런 현상은 오늘날 갑자기 생긴 일이 아니다. 우리의 전통적인 무교(巫敎)는 바로 역현으로 치우친 종교다. 무교에서 가장 중요한 것은 신과의 인격적인 조우도 아니고 거룩한 의미나 가치를 이념적으로 수용하는 것도 아니다. 다만 현세의 좌절을 해소시킬 수 있다고 믿는 기능적인 힘들을 제시하고 위무함으로써 이를 이용하려는 것이 근원적인 요소다. 현실적 기능이나 실제적 권위가 궁극적 관심보다 우위가 되는 현세주의적 민족성을 구성했다. 즉, 한민족에게는 직접적이고 현실적인 영향을 미칠 수 있는 힘에 쉽게 종속되고, 그것을 획득하여 구사하려는 의도가 사회 규범의 저변에 깊게 깔려 있었다.[47]

물론 그 당시에도 신현이나 성현의 구조가 전혀 없었던 것은 아니다. 예를 들어 고대인들은 기능신의 효능이 한계에 부딪히면 언제나 '사라진 신(deus otiosus)'인 하늘님[天神]을 되찾곤 했다.[48] 그러나 일반적으로 한민족의 고대는 역현의 시대였다.

이러한 고대의 역현 사상은 성현의 성격이 뚜렷한 불교와 유교를 역현 속으로 흡수·통합했으며, 신현의 성격이 뚜렷한 기독교까지도 동일한 맥락에서 수용해버렸다. 그런데다가 오늘날의 산업화 경향과 정치적 불안은 더욱 역현의 구조를 심화시킴으로써 현세주의, 분파주의, 숙명주의를 고조시켰다. 물론 불교, 유교, 기독교의 외래 종교가 성현이나 신현의 성격을 조금도 추가하지 않은 것은 아니다. 그러나 유교는 물론이며 불교까지도 현실 회피와 현실 무관심의 종교로 성장해왔고, 오늘날 소위 성령 운동으로 최고의 번영을 누리고 있는 개신교까지도 신현이나 성현보다는 현세적인

47) 정진홍, 「종교와 국민성」, 앞의 글, p.31.
48) 정진홍, 『종교학 서설』, 전망사, 1980, pp.313-324.

역현의 현상에 의해 발전하고 있다. 그러므로 현대 한국인의 성격에 대한 종교학적인 성격 규정은 옛날보다 더욱 짙은 '한쪽으로 치우친 종교성'으로 표현될 수 있다.

많은 학자들이 한국인의 현세주의를 휴머니즘이라고 칭찬하고 있다. 그러나 '보이는 것'만을 추구하는 현세주의는 현실을 공평하게 바라보는 현실주의가 아니며, 집단적 현세주의인 분파주의는 공동체주의나 인간주의가 아니다. 그것은 숙명으로 빠질 수밖에 없는 이기주의면서도 개인주의가 되지 못하고, 현재를 중요시하면서도 미래를 지향하는 이상주의가 되지 못한다. 우리는 이제 감상적인 자화자찬에서 벗어나서 한쪽으로 치우친 종교성을 되잡으려는 엄숙한 노력을 기울여야 한다.

6. 어떻게 개조할 것인가

국민 성격의 개조가 불가능하다는 주장이 없지는 않다.

첫째, 이미 말했듯이 국민 성격은 유전이나 환경에 의하여 결정된다는 주장이 있다. 그래서 우리는 "세 살 적 버릇이 여든까지 간다"고 말한다. 그러나 이러한 주장은 바로 그 유전이나 환경을 변화시키려는 우경학(優境學)이나 우생학(優生學)의 입장에서 볼 때 별로 신빙성이 없다. 일상적으로 "사람은 열 번 된다"는 표현이나 종교에서 말하는 중생(重生)의 개념은 언제나 인간성과 인간성의 집합체인 국민 성격 개조의 가능성을 말해준다.

둘째, 국민 성격은 바로 그 당시의 사회가 기대하는 성격이기 때문에 국민 성격의 개조는 원칙적으로 불가능하다는 주장이 있다. 예를 들어 침략의 위협을 받는 사회는 방어적인 국민 성격을 갖게 되고, 경제적으로 풍요하고 평화로운 사회의 국민 성격은 으레 소비 지향적으로 되게 마련이다. 그러나 이런 주장은 국민 성격에 미치는 사회의 영향력을 설명하면서도, 사회를 이끌고 나가는 국민 성격의 영향력은 설명하지 못한다. 그러므로 우리는 사회의 영향력을 무시하지 않으면서도 그 사회를 형성, 발전, 지속시켜 가는 국민 성격의 힘을 인정해야 된다.

셋째, 국민 성격이란 원칙적으로 가치 중립적이기 때문에 개조란 있을 수 없다고 주장할 수도 있다. 그러나 이러한 주장도 어떤 국민 성격이 사회를 부흥시키는 것일 수도 있고 파괴시키는 것일 수도 있다는 엄연한 사실을 무시한 것이다.

그러면 우리는 구체적으로 어떻게 국민 성격을 개조할 수 있는가? 나는 먼저 국민 성격 개조에 필요한 일반적 원칙을 서술하겠다.

첫째, 국민 성격의 개조는 주관적 정신과 그 정신의 객관적 표현인 문화가 동시에 개조되어야 한다. 교육, 종교, 도덕을 통한 정신의 개조와 정치나 경제를 통한 제도의 개혁이 동시에 이루어져야 한다. 건전한 정신이 없을 때 건전한 제도는 불가능하며, 건전한 제도가 없을 때 건전한 정신이란 기대할 수 없는 것이다. 그러므로 국민 성격의 연구는 언제나 주관적 정신과 객관적 제도에 관한 연구가 동시에 수행되어야 한다.[49] 이것을 '공동 주관의 원칙'이라고 부를 수 있다.

둘째, 객관적 정신의 개조는 종합적 연구에 의해서만 가능한 것이다. 물론 종교란 인간의 물음에 대한 해답을 제시한다는 의미에서 구속적(救贖的)인 기능을 가지고 있고, 이러한 기능은 국민 성격에 결정적인 영향을 준다. 그렇다고 해서 종교가 우위에 서서 국민의 사유와 특질을 기계적으로 결정할 수 있는 것은 아니다. 국민 성격의 개조는 종교, 심리, 역사, 사회의 종합적 노력으로써만 가능한 것이다. 이것을 '종합의 원칙'이라고 부를 수 있다.

---

49) 이규호, 「국민성은 개조될 수 있는가」, 『정화』, 1980. 11, p.49.

셋째, 국민 성격의 개조는 단기 전략보다 장기 전략을 채택해야 되고, 전면 개혁(全面改革)보다는 점진 개혁(漸進改革)을 목표로 삼아야 되고, 정부 주도적 차원보다는 국민 주도적 차원이 되어야 한다. 너무 성급한 개조나 전면적 혁신은 언제나 부작용을 동반한다. 이것을 '점진 개혁의 원칙'이라고 부를 수 있다.

넷째, 국민 성격의 개조는 한 번으로 끝나는 것이 아니다. 바람직한 국민 성격은 사회의 변화에 따라서 언제나 변하게 마련이다. 국민 성격의 개조는 원칙적으로 꾸준히 언제나 계속되어야 한다. 이것을 '지속의 원칙'이라고 부를 수 있다.

다섯째, 국민 성격의 개조는 언제나 중용의 입장에서 이루어져야 한다. 극단적인 진취성이나 극단적인 근면성의 주장은 언제나 부정적 요소를 포함하고 있다. 아무리 좋은 구호라도 지나치면 — 비록 그것이 반공(反共)이라는 구호일지라도 — 언제나 오해를 사기 쉽다. 이것을 '중용의 원칙'이라고 부를 수 있다.

여섯째, 국민 성격의 개조는 긍정적 요소를 더욱 고무하는 고가치화(高價値化, revaluation)와 부정적 요소를 저하시키는 저가치화(低價値化, devaluation)가 동시에 이루어져야 한다. 부정적 요소를 무시한 자화자찬이나 긍정적 요소를 무시한 정죄는 언제나 부작용을 일으킨다. 이것을 '공동의 원칙'이라고 부를 수 있다.[50]

7. 맺음말

그러면 '편향된 종교성'으로 대표되는 현대 한국인의 성격은 어떻게 개조될 수 있는가? 이제 나는 구체적인 대안보다는 역현 쪽으로 치우친 종교성을 '조화 있는 종교성'으로 유도할 수 있는 몇 가

---

50) Eliade, *Patterns in Comparative Religion*, 앞의 책, pp.25-26.

지 방향을 제시하겠다.

첫째, 역현·성현·신현은 각각 장점과 단점을 가지고 있다. 역현의 성격이 언제나 부정적으로만 나타나는 것이 아니고, 신현의 성격이 언제나 긍정적으로만 나타나는 것이 아니다. 역현, 성현, 신현 중에서 어느 것이 더욱 좋다는 가치 판단이란 있을 수 없다.

그러므로 우리는 왜 오늘날의 한국인이 신현, 성현, 역현 중에서도 긍정적인 측면보다는 부정적 측면을 받아들였는가를 먼저 고찰해야 한다. 신현의 창조성보다는 배타성을 받아들이고, 성현의 관용성보다는 사회와 역사에 대한 무관심을 받아들이고, 역현의 활동성보다는 권력에 아부하는 성격만을 받아들였는가를 고찰해야 한다. 왜 우리가 불교, 유교, 기독교 등의 외래 종교를 수용하면서도 그들의 장점보다는 단점을 받아들인 이유를 고찰해야 한다.

둘째, 왜 우리는 신현과 성현과 역현의 성격을 골고루 갖지 못하고 역현 쪽으로 치우친 종교성을 갖게 되었는가를 고찰해야 한다. 성현과 신현의 종교까지도 역현으로 수용해버린 이유를 구체적으로 연구해야 된다. 건전한 사회는 편향된 종교성이 아니라 신현과 성현과 역현이 조화 있게 공존하는 데서만 가능한 것이다.

역현의 특성은 그 역현의 대상에 대한 반대 감정의 병존(ambi-valence)에 있다. 한편으로는 그 대상을 열렬히 존경하고 부러워하고 접촉하려고 노력하면서도, 다른 한편으로는 그 대상을 두려워하고 멀리하려고 노력하며, 직접 접촉이 이루어지면 큰 재액이나 죽음을 몰고 온다고 믿는다. 종교에서의 금기가 바로 여기에 속한다. 성스러운 음식은 가장 맛있는 음식이면서도 먹지 말아야 하고, 성스러운 나무나 돌은 존경하면서도 만지지 말아야 되고, 왕에게는 함부로 말을 하거나 쳐다볼 수도 없는 것이다. 죽은 사람은 조심스럽게 다루어야 되고, '살이 낀' 물체는 접촉을 피해야 된다. 역현의 현상이 권력에 대한 비굴한 태도와 이중성을 설명할 수 있는 이유가 바로 여기에 있다.

물론 역현의 대상은 임시적인 것도 있고 영원히 지속되는 것도 있다. 전쟁에 나갈 때 금기였던 것이 평소에는 아무런 금기가 아닐 수 있고, 첫날밤의 금기는 시간이 지남에 따라 해소될 수도 있다. 그러나 왕이나 귀족 등으로 대표되는 특정한 지위의 인간과 하늘·해·산천 등으로 대표되는 물체는 영원한 역현의 주체로 인정받는다. 누가 왕이 되었느냐에 관계없이 단지 그가 왕이라는 한 가지 사실 때문에 경외의 대상이 되는 것이나. 즉, 금기는 인정받고 있는 사람이나 물체의 특수한 존재 양식에 근거를 두고 있다.51) 결국 역현의 민족은 권력이나 금력을 가진 사람을 초인간적 힘의 대상으로 보게 된다.

셋째, 우리는 우리들이 수용한 외래 종교에 대한 근본적인 재검토를 단행해야 한다. 예를 들어서 우리가 유교를 받아들일 때 이미 역현으로 변질된 유교를 받아들였는지, 혹은 한국에 들어와서 역현으로 변질되었는지를 고찰해야 된다. 그리고 성현의 성격을 가진 불교가 왜 부정적으로 수용되었는가를 고찰해야 된다. 특히 여기서 중요한 일은 기독교의 수용에 대한 전면적인 재검토가 있어야 한다. 한국인은 지금까지 약간의 성현적 성격을 가지고 있으면서도 근본적으로는 역현의 문화를 살아왔다고 할 수 있으며, 신현의 문화는 아직도 경험하지 못했다고 말할 수 있다. 즉, 기독교를 기독교로 받아들이지 않고 전통적인 유·불·선의 사상으로 받아들이지 않았는지를 신중하게 검토할 필요가 있다.52)

공자의 유교는 전통적인 무교의 역현을 개조시키지 못했으며, 불교는 성현의 성격을 약간 추가시켰으나 근본적으로는 역현으로

---

51) 같은 책, p.16.
52) 기독교의 수용에 대한 이상과 같은 견해는 박봉호, 「종말론과 내세주의에 접목된 기독교」, 크리스챤아카데미, 『한국인의 사상 구조』, 1975, pp.101-104에 잘 나타나 있다.

흡수되었으며, 기독교는 이상과 같이 혼합된 사상에 신현의 속성을 결정적으로 추가하지 못한 것 같다. 이런 사실은 무교의 여러 가지 개념과 의식이 유교, 불교, 기독교에 오늘날까지 건재하게 살아 있는 데 잘 나타나 있다. 오늘날 우리에게 절실히 필요한 일은 성현의 문화를 더욱 고취시키고 신현의 창조성을 재수입하는 것이다.[53]

  이러한 과업을 수행할 사람은 일차적으로 한국의 종교인들이다. 그러나 불행하게도 대부분의 한국 종교인들은 역현으로 치우친 종교 생활을 영위하고 있으며, 그러한 생활을 도리어 성현이나 신현의 교리로 합리화시키고 있다. 종교와 사회의 대화를 부르짖고 있으면서도 종교와 종교 간의 대화조차 이루어지지 않고 있는 이유도 바로 여기에 있다. 즉, 현세주의적 이기심과 분파주의에 사로잡힌 숙명주의로 살고 있는 것이 오늘날 종교인의 실태다. 여기에 바로 종교인을 각성시킬 비종교인의 책임이 있다. 그러므로 현대 한국인 성격의 개조는 종교인과 비종교인을 포함하는 모든 국민의 작업인 것이다.

---

53) Cf. 황필호, 『한국 巫敎의 특성과 문제점』, 집문당, 2002.

□ 황 필 호

서울대학교 문리과대학 종교학과(학사)와 미국 오클라호마대학교 철학과(석사·박사), 미국 세인트 존스대학교 교육학과(석사)를 졸업한 뒤, 덕성여자대학교와 동국대학교 철학과 교수를 거쳐, 현재는 강남대학교 신학부 소속 종교철학 전공 대우교수로 있으며, 사단법인 생활철학연구회의 이사장으로 봉직하며, 수많은 텔레비전 프로그램에 출연해왔다. 저서와 역서로는『서양종교철학 산책』,『통일교의 종교철학』,『중국종교철학 산책』,『철학적 여성학』,『우리 수필 평론』,『영어로 배우는 철학』,『한국 철학수필 평론』,『인문학·과학 에세이』,『종교철학 에세이』,『한국 무교(巫敎)의 특성과 문제점』,『데이비드 흄의 철학』,『엔도 슈사꾸의 종교 소설 읽기』,『베단타·예수·간디』,『석가와 예수의 대화』 등 2003년 현재 50여 권의 저서와 역서가 있다.

종교변호학▼종교학▼종교철학

초판 1쇄 인쇄 / 2004년 2월 5일
초판 1쇄 발행 / 2004년 2월 10일

■

지은이 / 황 필 호
펴낸이 / 전 춘 호
펴낸곳 / 철학과현실사
서울특별시 서초구 양재동 338의 10호
전화 579—5908~9

■

등록일자 / 1987년 12월 15일(등록번호 : 제1—583호)

■

ISBN 89-7775-472-0 03200
*잘못된 책은 바꾸어 드립니다.

값 15,000원